Axel Germek

Gelassen und professionell führen

„Ich möchte, dass wir anständig miteinander umgehen."

Axel Germek, Managementtrainer und Coach

Axel Germek

Gelassen und professionell führen

Das Werkstattbuch für Führungskräfte

www.tredition.de

© 2016 Axel Germek

Verlag: tredition GmbH, Hamburg

ISBN
Paperback: 978-3-7345-0966-7
Hardcover: 978-3-7345-0967-4

Printed in Germany

Inhalt

Danke

Vorwort

Bedienungsanleitung

Teil 1: SELBSTFÜHRUNG

Teil 2: MITARBEITERFÜHRUNG

Anhang

Das Selbstverständnis meines Tuns

Meine offenen Seminarprogramme

Zu meiner Person

Danke

Wie so häufig, hat auch dieses Buch eine ausgedehnte Vorgeschichte. Neben der Vielzahl kleiner Impulse von verschiedenen Seiten, gibt es einige Menschen, die mich und meine Sache auf den Weg gebracht haben und die letztendlich auch schuld daran sind, dass Sie dieses Buch nun in Händen halten.

Danken möchte ich:

Prof. Dr. Rainer Förderreuther, Fachhochschule München,
der mir auf die Sprünge geholfen hat, das, worüber ich mich heute definiere, zu entdecken.

Dr.Rainer W.Stroebe, Managementtrainer,
bei dem ich in einem seiner legendären Seminare bei Hewlett-Packard hospitieren durfte - er hat mich damals sehr inspiriert. Während dieser viertägigen Veranstaltung habe ich beschlossen, Managementtrainer zu werden.

Herrn Gerhard Schuler, Gründer und ehem. Inhaber der Homag AG, Schopfloch
der mir in seinem Unternehmen die Chance, den Freiraum und das Vertrauen gab, mich als Trainer zu entwickeln.

Holger Zimmermann und Marc Iori, Netzwerkpartner,
die mich seit Jahren begleiten und mir im Jahr 2006 zu meinem fünfjährigen Firmenjubiläum dieses kleine Moleskine Notizbüchlein geschenkt haben mit der Aufforderung, darin doch nun endlich mal die Inhalte meines Buches zu skizzieren.

Außerdem danke ich den vielen Seminarteilnehmern und Geschäftspartnern der letzten 20 Jahre für die unzähligen Impulse und Rückmeldungen, die mich ermutigten, mich ständig weiterzuentwickeln.

Vorwort

Tja, wären wir schon bei einigen zentralen Fragen: „Warum wollen Sie eigentlich Menschen führen?" oder „Wie kommen Sie auf die Idee, dass man Sie als Führungskraft getrost auf die Menschheit loslassen kann?" oder „Was ist Ihre Leidenschaft, wenn Sie an Führung denken?" oder „Was denken Sie, welchen Nutzen können Sie Ihren Mitarbeitern durch Ihre Führung bieten?"

Mit solchen und weiteren Fragen fordere ich regelmässig Teilnehmer in meinen Seminaren heraus. Einige wenige haben ein klares Bild dazu, die Mehrzahl tut sich eher schwer damit. Die Antworten reichen von Ratlosigkeit (Zitat: „Hab ich ehrlich gesagt noch nie darüber nachgedacht") bis zum leidenschaftslosen Herunterbeten von Textstellen aus der momentan angesagten Managementliteratur.

Zur Ehrenrettung aller, die sich jetzt gerade denken „Das könnte ich jetzt auch nicht gleich beantworten.", sei gesagt: „Keine Sorge, das ist ziemlich normal!". Und zwar sowohl bei Nachwuchskräften, die voller Elan von der Meisterschule oder einer Hochschule kommen, als auch bei erfahreneren Führungskräften, deren Motive zur Führung oft von den vermeintlich wichtigen Dingen des Tagesgeschäftes verdeckt werden. Egal zu welcher Gruppe Sie sich zählen, lieber Leser, Sie sind offenbar gewillt, dieses Buch zu lesen. Sie haben sich schon aufgemacht, nach Antworten auf Ihre (vielleicht noch gar nicht gestellten) Fragen zu suchen. Mit diesem Buch möchte ich Sie mit gezielten Impulsen, bewährten Tools und hocheffizienten Strategien dabei unterstützen, Ihren persönlichen Weg zu finden, Mitarbeiter gelassen und professionell zu führen.

Wollen wir kurz in die Zukunft blicken?

Was sehen Sie auf Ihrem eigenen Videofilm, wenn wir ihn jetzt mal nach vorne spulen, sagen wir 5-10 Jahre? Sie haben Ihren Weg einer partnerschaftlichen Mitarbeiterführung gefunden und fühlen sich wohl damit. Sie haben sich einige Tools angeeignet und diese auf Ihre Belange entsprechend angepasst. Sie sind authentisch, wahrnehmbar, transparent und leben Ihren Weg konsequent. Um Sie herum sehen Sie engagierte, eigenverantwortliche Mitarbeiter, die richtig Leistung bringen. Man erkennt Ihre Mitarbeiter unter anderem daran, dass sie sich selbst organisieren, Ihre Aufgaben mit einer gewissen Leichtigkeit erledigen und meistens auch zufrieden sind. Meinungsverschiedenheiten oder Streitigkeiten erkennen Sie nicht an der Lautstärke einer Unterhaltung, sondern an der konzentrierten, aufmerksamen Art und Weise, wie die Betroffenen damit umgehen, während Sie eventuell mit einer Tasse Kaffee moderierend dabei sitzen. Mitarbeiter kommen zu Ihnen, um sich von Ihnen coachen zu lassen, wenn sie nicht weiterkommen – sie betteln nicht um von Ihnen vorgekaute Lösungen. Sie gehen ab und zu einfach mal so durch die Abteilung und reden mit Ihren Mitarbeitern.

Das erste, was Sie bei Ihrer Rückkehr in die Firma von einer interessanten Tagung oder aus einem 3-wöchigen Urlaub machen, ist, gemütlich einen Kaffee mit Ihren Mitarbeitern zu trinken und die Neuigkeiten auszutauschen. Ihr Stellvertreter hat sie neulich auf dem Meeting, an dem Sie nicht teilnehmen konnten, bestens vertreten. Alle waren angetan, wie er die Linie Ihrer Abteilung vertreten hat. Mit Kollegen oder Externen treffen Sie sich, um sich auszutauschen. Sie spüren eine diebische Freude, wenn Ihre Mitarbeiter erfolgreich sind und die gemeinsame Sache voranbringen. Sie empfinden es zwar erst als unangenehm, wenn Sie von Ihren Mitarbeitern kritisiert werden, spüren aber auch gleich die Sicherheit, dass da jemand mitdenkt und Sie nicht ins Messer laufen lässt. Ihr Chef bindet Sie in weiterführende Projekte ein und nutzt Sie als Sparringspartner. Ihr Personalentwickler gibt Ihnen täglich einen aus, weil er zum einen keine Arbeit mit Ihrer Abteilung hat und Sie ihm darüber hinaus wertvolle Nachwuchskräfte liefern.

Wäre das ein lohnendes Bild für Sie? Dann lesen Sie weiter...

Das Bild von Führung, das in diesem Buch zugrunde liegt, ist das des Coaches. In der Coachingrolle begleiten Sie Ihren Mitarbeiter auf dem Weg des Lernens und wie er zu Höchstleistungen entwickelt. Sie machen ihn erfolgreich – und damit auch sich selbst und Ihren Verantwortungsbereich. Wie in dem Bild erkennbar, sitzen Sie im Seitenwagen und Ihr Mitarbeiter lernt unter Ihrer Führung fahren.

Um diese Coach-Rolle erfolgreich auszufüllen, arbeiten Sie an drei Dingen:

1. einer entsprechenden inneren Haltung (siehe Teil 1 Selbstführung),
2. der handwerklich richtigen Anwendung von Kommunikations- und Führungstools (siehe Teil 2 Mitarbeiterführung)
3. die Entwicklung von insgesamt sechs persönlichen Schlüsseleigenschaften (siehe Kapitel 3.8).

Liebe Leserin, lieber Leser, mit diesem Buch stelle ich Ihnen für ihre tägliche Führungsarbeit 10 griffige Tools und darüber hinaus hocheffiziente Strategien zur Verfügung. Das Extrakt aus über 20 Jahren meiner Seminar- und Coachingarbeit mit Führungskräften. Ich wünsche Ihnen, dass Sie dem oben beschriebenen Zukunftsbild ein ganzes Stück näher kommen.

Axel Germek, Frühjahr 2016

Bedienungsanleitung

Dieses Buch hat zwei Teile:

1. Selbstführung (ca. 25%)
2. Mitarbeiterführung (ca. 75%)

Die Selbstführung verwenden Sie in der stillen Arbeit mit sich selbst. Es ist sozusagen der mentale Teil mit dem Sie das Fundament für eine gute Führungsperformance legen. Sie denken über Ihre Antriebe zu führen nach, definieren Ihr Selbstverständnis und finden Wege, mit dem Mehr an Belastung aktiv umzugehen.

Der Teil Mitarbeiterführung ist ein Nachschlagewerk für Anwender, sozusagen eine Art Werkstattbuch für Führungskräfte, die erprobte hocheffiziente Strategien und Tools zur Optimierung Ihrer Führungsarbeit suchen. Es soll Sie dabei unterstützen, gelassener und professioneller zu führen.

Haben Sie in letzter Zeit eine Führungssituation erlebt, die nicht optimal gelaufen ist (z.B. Rückdelegation)? Dann schlagen Sie in diesem Buch nach, reflektieren Sie und holen Sie sich Anregungen zur Optimierung für das nächste Mal. Steht eine bestimmte Situation bevor (z.B. Führungsgespräch)? Finden Sie im entsprechenden Kapitel Strategien, um sich besser vorbereiten und sicherer damit umgehen zu können. Interessieren Sie sich gerade für ein bestimmtes Thema (z.B. Eskalationsmodell)? Machen Sie sich einfach schlau. Oder wollen Sie hocheffiziente Strategien zu den wichtigsten Standardsituationen kennenlernen, mit denen eine Führungskraft konfrontiert sein kann? Dann blättern Sie zum letzten Kapitel.

A r b e i t e n Sie mit diesem Buch und konsumieren Sie es nicht nur. Bleiben Sie ein aktiver Leser, der aufnimmt, umformt, feilt, anpasst und spüren Sie die Lust, die so gewonnenen Strategien rasch auszuprobieren bzw. umzusetzen.

Bitte übernehmen Sie nicht blind, was ich Ihnen vorschlage, selbst wenn ich direkte Formulierungen verwende. Ich stelle Ihnen insgesamt 10 Tools und darüber hinaus viele praktische Strategien und Handlungsimpulse zur Verfügung – quasi wie an einer Sushi-Bar. Sie entscheiden, was Sie davon herunternehmen und was Sie vorbeiziehen lassen. Passen Sie die Dinge so an, dass es für Sie Sinn macht. Schalten Sie Ihren gesunden Menschenverstand ein und hören Sie auf Ihr inneres Spiel, das Ihnen normalerweise den richtigen Weg zeigt. Verändern Sie, passen Sie an, mischen Sie, aber kopieren Sie niemanden. Sie müssen sich am Ende damit wohl fühlen und authentisch rüberkommen.

Sie tragen viele Antworten auf Ihre Fragen bereits mit sich herum, erkennen sie aber nicht immer gleich. Ich helfe Ihnen sozusagen, Ihre Antworten zu finden. Setzen Sie Ihre Erkenntnisse rasch um, indem Sie es einfach ausprobieren. Warten Sie nicht, bis Sie alles bis ins kleinste Detail durchdacht haben, sondern *machen* Sie es. Sammeln Sie Erfahrungen und verfeinern Sie im Tun.

Ich arbeite in meinen Seminaren und Coachings seit über 20 Jahren mit diesen 10 Kommunikations- und Führungstools. Sie sind von mir erprobt und weiterentwickelt. Vieles musste ich in der Vergangenheit verändern oder auch weglassen, weil es sich nicht bewährt hat. Das, was ich heute in diesem Buch anbiete, funktioniert. Da ich aufgrund meiner technischen Ausbildung eher pragmatisch geprägt bin, sind diese Tools einfach und anwenderfreundlich, ohne viele Schnörkel und kein Versuch, etwas komplizierter zu machen, als es ist bzw. unbedingt sein muss.

Den Inhalt des folgenden Werkzeugkastens stelle ich Ihnen Stück für Stück vor:

Haltung und Leitbild

5 K-Tools   Aktives Zuhören

Fragetechnik

Ich-Botschaft

Spiegeln

Situationsbarometer

5 F-Tools   Typgerecht Führen (DISG)

Delegation

Zielvereinbarung

Führungsgespräch

Moderation

Standardsituationen

Sechs Schlüsseleigenschaften

Noch etwas, um nicht mit dem AGG in Konflikt zu kommen: wenn ich Begriffe wie „lieber Leser", „die Führungskraft", „Kollege", „Mitarbeiter", „Partner" und so weiter gebrauche, meine ich damit natürlich immer Mann *und* Frau. Der Einfachheit halber verwende ich aber die männliche Formulierung.

Teil 1: SELBSTFÜHRUNG

1 Selbstführung

1.1 Fragenpool

Bevor Sie in die einzelnen Kapitel einsteigen, empfehle ich Ihnen, die Fragen und Themen zu formulieren, die Sie zum Thema Selbst- und Mitarbeiterführung bewegen. Schreiben Sie diese einfach in den Pool, so, wie es Ihnen in den Kopf kommt.

Was interessiert Sie besonders beim Thema Führung? In welchen Situationen fühlen Sie sich eher noch unsicher? Was möchten Sie endlich mal ändern oder lösen? An welche Situationen trauen Sie sich gar nicht heran? Welches Steinchen fehlt Ihnen noch in Ihrem Mosaik? Und so weiter…

Mit Ihren Fragen und Themen lenken Sie automatisch Ihre Wahrnehmung und es fällt Ihnen dann leichter, die Dinge auf der Sushi-Bar zu erkennen, die Sie für sich brauchen können. Es macht Sinn, während der späteren Lektüre ab und zu wieder auf den Fragenpool zu schauen, um ihn weiter zu präzisieren.

Also, schreiben Sie nun Ihre Fragen und Themen auf.

....

....

....

....

....

....

....

1.2 Leitbild Führung

In diesem Kapitel geht es einerseits darum, sich die Frage zu beantworten, warum Sie führen wollen und andererseits um Ihr Persönliches Leitbild in der Führung. Zwei grundsätzliche Dinge, die das Fundament für Ihre Führungsperformance bilden.

Sind Sie, lieber Leser, schon länger in Führung und haben entsprechend Erfahrung, so verstehen Sie dieses Kapitel als Möglichkeit, sich zu reflektieren, zu hinterfragen, mit dem Ziel, Ihr Führungsleitbild wieder auf Vordermann zu bringen. Sind Sie gerade auf der Schwelle zur Führung und möchten sich darauf vorbereiten, dann ist dieses Kapitel genau richtig, einige grundsätzliche Fragen für sich zu klären, um in Sachen Führungsleitbild klarer zu werden.

„Als Führungskraft sind Sie öffentlich – nur ohne Paparazzi.“

Axel Germek

1.2.1 Warum wollen Sie führen?

Meines Erachtens ist das mit eine der anspruchsvolleren Fragen, die man einer Führungskraft stellen kann. In aller Regel kann man sie als Führungskraft nicht spontan beantworten, da sie sehr viel Tiefgang hat. Um an die wirklichen Antriebe für eine Führungsaufgabe heranzukommen, sollte man sich etwas Zeit nehmen. Egal ob Sie nun schon in Funktion sind oder sich darauf vorbereiten möchten, stellen Sie sich diese Frage! Die gefundenen Antworten geben Ihnen die Sicherheit, in entscheidenden Situationen den richtigen Weg einzuschlagen bzw. die richtigen Maßnahmen zu setzen – und damit ein Stück mehr Gelassenheit.

Denken Sie beispielsweise an den folgenden Klassiker: Ihr Mitarbeiter geht mit seinem Anliegen zu Ihrem direkten Chef, das heißt er umgeht Sie. Ihr Chef trifft eine Entscheidung und informiert Sie anschließend. Was löst das bei Ihnen aus? Was tun Sie jetzt? Tun Sie überhaupt etwas? Jemand, der sich die Frage „Warum wollen Sie führen?“ noch nicht beantwortet hat, neigt dazu, die Sache als erledigt zu betrachten, denn es gibt ja jetzt eine Lösung und außerdem ist es in gewisser Weise für Sie auch praktisch, denn wenn es nicht funktioniert, sind ja nicht Sie schuld, sondern Ihr Chef.

Jemanden, der über diese Frage schon nachgedacht hat, erkennt man daran, dass sich bei ihm etwas regt, wenn die Sache so läuft wie beschrieben – und dass er damit ein Problem hat. Er hat möglicherweise für sich festgelegt, dass er mit seiner Führungsaufgabe einen gewissen Führungsanspruch verbindet, das heißt er möchte gestalten, seinen Verantwortungsbereich selbst beeinflussen und für seine Entscheidungen und die damit verbundenen Konsequenzen gerade stehen. Er lässt sich infolgedessen auch nur an den Ergebnissen messen, die er selbst beeinflussen kann. Wenn die Sache aber an ihm vorbei läuft (wie oben beschrieben), wird er in zweierlei Hinsicht reagieren. Zum einen wird er seinem Mitarbeiter klar machen: „Mit deinem Anliegen kommst du generell zuerst zu mir und wir suchen eine Lösung.“ und zum anderen wird er mit seinem Chef vereinbaren: „Wenn einer meiner Mitarbeiter bei dir auftaucht, treffe bitte keine Entscheidungen, sondern schicke ihn umgehend zu mir und informiere mich, dass er bei dir war.“ Das hat übrigens nichts mit Meuterei zu tun, sondern ist die logische Konsequenz aus seinem Selbstverständnis zu führen (Führungsanspruch).

Antriebe zu führen gibt es genug, das Spektrum der Antworten ist sehr differenziert. Es gibt kein Richtig oder Falsch. Aus vielen Seminaren und Coachings heraus kann ich allerdings bestimmte Themen erkennen, die immer wieder kehren:

- Macht und Einfluss, bestimmen können, Chef sein, wichtig sein
- Selbstbestimmung, Spielraum, individuelle Freiheiten
- Gestalten können, bestimmen statt bestimmt werden, Maslow ganz oben
- Persönliche Weiterentwicklung, Wachsen durch Verantwortung
- Eigenes Ego, stolz sein, ich bin wer, Anerkennung im privaten Umfeld
- Funktionierende Systeme schaffen, Anerkennung im Business
- Abwechslung, interessante Projekte
- Anderen helfen können, Menschen erfolgreich machen
- Mehr Geld, Dienstfahrzeug, materielle Anreize

In persönlichen Gesprächen können dann schon mal Aussagen kommen wie: „Ich finde die Macht, die man da hat einfach geil!" oder „Beim Semestertreffen sagen zu können, dass ich 200 Mitarbeiter führe, ist schon cool." oder „Ich habe viele Ideen – die kann ich dann auch ausprobieren." oder „Ich will es einfach schaffen, dass der Laden läuft!"

Welche Antriebe bleiben übrig, wenn Sie materielle Anreize und den täglichen Personalärger mal ausser Acht lassen?

Also:

Warum wollen Sie führen? Was reizt Sie an der Führung?

Was ist Ihre Leidenschaft/Ihr Spirit für die Führung?

Was ist für Sie die „Erotik" des Führens?

Was bleibt übrig, wenn Sie materielle Anreize mal ausser Acht lassen?

....

....

....

....

....

....

....

....

....

....

Welches Bild von Führung haben Sie?

Versuchen Sie einmal, die Antworten von vorhin in ein Bild zu übersetzen. Malen Sie Ihr Bild von Führung oder fertigen Sie eine Collage an. Legen Sie ein Blatt A3 Papier vor sich hin, ein paar Buntstifte und legen Sie los. Oder basteln Sie Ihr Führungsbild. Ob gegenständlich oder abstrakt, ob vollflächig oder als Skizze, ob naiv oder symbolisch – fangen Sie an und seien Sie neugierig, was dabei heraus kommt.

Vielleicht finden Sie Vergleiche in der Natur, dem Sport oder einfach in unserem gesellschaftlichen Leben. Da gibt es das Wolfsrudel, den Bienenschwarm, den Dirigent mit seinem Orchester, den Kapitän auf seinem Schiff, den Hirten, den Fußballtrainer, den Spielemacher, den Diktator, … Eine gute Quelle für Anregungen, um eine Collage anzufertigen, findet man auch in Gesellschaftsmagazinen, die im Wartezimmer beim Arzt liegen. Oder Sie ziehen sich für einige Stunden oder gar Tage zurück und lassen die Stille auf sich wirken.

Ein Blatt Papier, Stifte, Schere, Kleber… und los geht´s!!

„Führung darf man spüren.“

Paul Maisberger

1.2.2 Persönliches Leitbild

Wenn ich bei Ihnen im Team als Mitarbeiter anfangen würde und ich meine zukünftigen Kollegen (Ihre Mitarbeiter) fragen würde, was der Chef eigentlich für einer ist bzw. wie der tickt oder worauf ich bei dem aufpassen muss - was würden sie mir sagen? Welche Antworten würden Sie sich von Ihren Mitarbeitern wünschen? Welche Ihrer Regeln (ungeschriebene Gesetze) können sie mir eindeutig wiedergeben? Wie klar empfinden sie die Orientierung, die sie von Ihrem Chef (also von Ihnen) bekommen?

Eine gute Führungskraft hat einen *Stand-Punkt*, ist deutlich *wahrnehmbar*, bezieht *Position* und handelt *bewusst*. Wie machen Sie Ihren Mitarbeitern klar, welche Regeln es bei Ihnen gibt, was Ihnen wichtig ist, was das absolute No-Go ist? Welchen Filter haben Sie, entscheiden zu können, ob das Verhalten eines Mitarbeiters noch innerhalb Ihres Toleranzrahmens liegt oder ob Sie korrigieren werden? Können Sie mir diese Regeln in einem elevator pitch schlüssig vermitteln? Sie haben auf der Fahrt mit dem Aufzug mit mir 60 Sekunden Zeit, mir Ihr *Leitbild* zu vermitteln. Wie erkenne ich Ihren Standpunkt, wie deutlich wahrnehmbar sind Sie für mich? Beziehen Sie mir gegenüber Position? Handeln Sie bewusst?

Ich möchte Sie in diesem Kapitel auf eine Reise zu sich selbst schicken, zu Ihrem Selbstverständnis in der Führung. Erarbeiten Sie Ihr *Persönliches Leitbild*. Lassen Sie sich dazu von dem folgenden Fragenkatalog anregen, viel Material über sich selbst zu sammeln. Schreiben Sie die Antworten auf Puzzleteilchen (z.B. Post-it Zettel) und legen Sie diese vor sich aus, um sie später zu einem Bild zusammenzufügen.

Jetzt zu den Fragen:

SPIRIT

- Warum will ich führen? (Damit haben Sie sich schon im vorherigen Kapitel beschäftigt)
- Was ist meine Leidenschaft/mein Spirit des Führens?
- Was ist die „Erotik" des Führens für mich?
- Was bleibt an Antrieb übrig, wenn ich materielle Dinge außer acht lasse?

WERTE

- Was ist mir wichtig, was sind meine Werte?
- Was erwarte ich von Mitmenschen im geschäftlichen Umfeld?
- Woran messe ich meine Mitarbeiter im Hinblick auf Werte?
- Was ist bei mir ein absolutes No-Go?

MISSION

- Warum bin ich hier?
- Welchen Auftrag habe ich als Führungskraft?
- Warum gibt es mich als Führungskraft?
- Welcher Sinn steckt für mich dahinter?
- Welchen Nutzen kann ich Mitarbeitern mit meiner Führung bringen?

VISION

- Was ist mein Bild von Führung?
- Wo will ich hin als Führungskraft, was will ich gestalten?
- Was ist in 3, 5, 10 Jahren?
- Was möchte ich hinterlassen in meinem Wirken als Führungskraft?
- Was soll mal auf meinem Grabstein stehen?
- Was ist für mich ein erfülltes Führungsleben?

BEFÄHIGUNG

- Warum sollte ich Führungsverantwortung übernehmen?
- Was befähigt mich zur Führung?
- Welchen Nutzen hat mein Mitarbeiter von meiner Führung?

MARKE

- Wofür stehe ich?
- Wie möchte ich wahrgenommen werden?
- Was ist mein Markenzeichen?
- Woran erkennt man mich?
- Mit welchen drei Begriffen beschreiben mich andere? (Fragen Sie 5-10 Menschen, deren Meinung Ihnen wichtig ist, auch Ihre größten Kritiker)

HALTUNG

- Was ist mein Menschenbild?
- Was ist für mich ein Mitarbeiter?

- Was sind die wichtigsten Spielregeln im Umgang mit mir?
- Welcher DISG-Typ bin ich? (siehe Kapitel „Typorientiert führen")
- Wie lobt/kritisiert man mich am besten?
- Wie gewinnt man mich am besten für eine Sache/Idee?
- Was bzw. welches Verhalten erwarte ich von meinem Umfeld?
- Welche Umgangsarten bevorzuge ich?
- Auf welche Umgangsarten reagiere ich positiv bzw. negativ?
- Welche „Macke" in meinem Verhalten möchte ich mir leisten dürfen?

Sammeln Sie erst einmal, scheren Sie sich nicht um die Überschriften dieser Checkliste. Sie sind nur da, um Ihnen einen gewissen Überblick zu geben. Lassen Sie sich weiter von Bildern, Gesprächen oder sonstigen Recherchen anregen und sammeln Sie. Wenn Sie den Eindruck haben, dass Ihre Sammlung gut ist, wenn sich die Dinge wiederholen, die Sie auf die Zettel schreiben, dann clustern Sie, finden Sie Gemeinsamkeiten und geben Sie den Häufchen Überschriften. Daraus formen Sie eine Art Landkarte Ihres Führungsverständnisses – Ihr persönliches Leitbild. Versuchen Sie, es so kompakt wie möglich zu halten, alles auf ½ bis 1 A4 Seite. Viel Erfolg dabei.

Warum eigentlich nochmal ein Leitbild? Es soll Sie leiten. Deshalb sollten Sie sich erst mal selbst Ihrer Positionierung und Antriebe klar werden (innere Orientierung). Auf dieser Basis geben Sie Ihrem Umfeld die so wichtige äußere Orientierung, die es braucht, um zu wissen, woran man bei Ihnen ist und wie man sich auf Sie einstellen kann – nach außen getragen durch Ihr konsequentes Handeln und nicht zuletzt, weil Sie es jemandem erzählen können. Die Gefahr, herumzueiern - heute so, morgen so – sinkt gewaltig. Sie wissen was Sie wollen und was nicht. Sie *handeln bewusst* und *konsequent* – was übrigens schon zwei der sechs Schlüsseleigenschaften einer Führungskraft sind (siehe Kapitel 3.8).

1.3 Positionierung

Als Führungskraft sind Sie öffentlich und damit automatisch in einer Vorbildfunktion. Ihr Umfeld verfolgt sehr genau, was Sie tun, wie Sie es tun und wie schlüssig bzw. konsequent Ihr Handeln ist. Wer Kinder hat, weiß davon ein Lied zu singen. Jeder Verstoß gegen eine von Ihnen aufgestellte Regel wird genau registriert und umgehend an Sie zurückgemeldet. In der Führung ist das sehr ähnlich – und wenn Sie Glück haben, bekommen Sie von Ihren Mitarbeitern sogar noch Feedback.

Wenn Sie Pünktlichkeit bei Meetings einfordern und selbst häufig zu spät kommen, woher soll diese Disziplin bei Ihren Mitarbeiten dann kommen? Wenn Sie einfordern, wertschätzend miteinander umzugehen und Mitarbeiter bei jeder Gelegenheit anschnauzen, wie kommen Sie auf die Idee, dass diese in einem ordentlichen Ton mit Ihnen reden? Ähnlich wie bei den eigenen Kindern stelle ich fest, dass auch Mitarbeiter Ihnen Vieles nachmachen, das Positive genauso wie auch das Negative. Überlegen Sie sich also gut, welche und wie viele Regeln Sie aufstellen, Sie müssen sie alle auch selbst einhalten. Und ich komme immer mehr zu dem Schluss, dass Mitarbeiterführung und Kindererziehung vieles gemeinsam haben. Vielleicht kommt auch daher der manchmal verzweifelte Ausspruch von Führungskräften „Das ist ja der reinste Kindergarten hier!".

Nachdem Sie im vorherigen Kapitel Ihre Antriebe zur Führung identifiziert haben, können Sie nun an Ihrer Positionierung arbeiten, Ihr Leitbild präzisieren und, falls Sie am Anfang einer Führungskarriere stehen, überlegen, wie Sie sich Ihren Kollegen gegenüber aufstellen, wenn Sie deren Chef werden.

„Sie entscheiden zum Wohl des Unternehmens –
das muss aber nicht zwingend gegen die Mitarbeiter gehen."

Axel Germek

1.3.1 Das Burger-Modell

Sich klar zu positionieren gibt Sicherheit und Orientierung für alle Beteiligten. Der Führungskraft einerseits, weil sie sicherer Entscheidungen trifft und dem Mitarbeiter andererseits, weil er genau weiß, woran er ist und womit er rechnen kann.

Das Burger- Modell stellt sehr schön den Zielkonflikt dar, den Sie als Führungskraft haben und auf welcher Seite Sie letztendlich stehen.

Die obere Brötchenhälfte stellt die Ziele, Interessen und Bedürfnisse des Unternehmens bzw. des Managements dar, die untere Hälfte die der Mitarbeiter. Das Unternehmen möchte in der Regel erfolgreich sein und wirtschaftlich arbeiten, das heißt Umsatz machen mit möglichst geringen Kosten und es möchte mit seinen Produkten und Dienstleistungen möglichst viele Kunden für sich gewinnen und halten. Die Mitarbeiter wollen mit einem überschaubaren Aufwand ordentlich Geld verdienen, eventuell Spaß dabei haben und einen sicheren Arbeitsplatz. Ein klassischer Zielkonflikt. Mal abgesehen davon, dass Sie selbst ja auch noch Interessen und Bedürfnisse haben.

Sie als Führungskraft stecken dazwischen, praktisch zwischen zwei Stühlen. Ihre ehrenvolle Aufgabe ist es, mit diesem Zielkonflikt so umzugehen, dass beide Seiten zufrieden sind. Aber ist das überhaupt schaffbar? Alleine, dass ich diese Frage geschlossen stelle, deutet darauf hin, dass es kein „jein" gibt. Sie werden sich früher oder später für eine Seite entscheiden, sprich positionieren – ja oder nein, oben oder unten. In der Mitte reiben Sie sich auf.

Als Führungskraft sind Sie der Anwalt des Unternehmens, das heißt Sie entscheiden sich für oben, für die „richtige" Seite. Sie vertreten in erster Linie die Interessen des Unternehmens, verwalten den Geldbeutel der Geldgeber. Sollte Ihnen das in dieser Konsequenz schwer fallen, so rate ich Ihnen, Ihren Führungsjob bzw. den Plan dazu an den Nagel zu hängen. Sie sind nahezu täglich mit diesem Zielkonflikt konfrontiert und werden im Tagesgeschäft oft gegen Mitarbeiterinteressen entscheiden. Wenn Sie dann jedes Mal Skrupel haben und es nur schwer über´s Herz bringen, werden Sie darunter persönlich leiden, Sie beginnen zu schwimmen. Sie sind weder für das Management noch für die Mitarbeiter eindeutig positioniert und einschätzbar, was oft der Beginn einer schwachen Führungsperformance ist. Vielleicht sollten wir aber an dieser Stelle einmal differenzieren, was es eigentlich heißt, die Interessen des Unternehmens zu vertreten.

Was tun Sie beispielsweise, wenn Sie Ihr Mitarbeiter wegen einer Lohnerhöhung anspricht? Als Anwalt des Mitarbeiters werden Sie sich für ihn einsetzen und schauen, was Sie für ihn tun können. Sie wollen ja nicht riskieren, dass er Dienst nach Vorschrift macht oder gar das Unternehmen verlässt. Sollte es nicht klappen, argumentieren Sie, dass der Chef oben es abgelehnt hätte. Als Anwalt des Unternehmens stellen Sie zuerst die Frage „Warum glauben Sie, mehr Geld bekommen zu müssen.?" Sie werden ihn auffordern, es zu begründen. Gehört er dann auch noch zu den Lowperformern, werden Sie ihm eröffnen, dass er erst mal auf 100% kommen soll (wofür er übrigens vertraglich gesehen seinen Lohn bekommt), bevor Sie mit ihm über mehr Geld reden. Würde er nämlich dauerhaft drunter bleiben, müssten Sie ihm eigentlich etwas abziehen (was arbeitsrechtlich natürlich nicht geht). Ihn zu verlieren, birgt für Sie ein überschaubares Risiko. Hat er es aber wirklich verdient, weil er zu den Topperformern gehört, so werden Sie alles daran setzen, dass er eine Lohnerhöhung bekommt. Und warum tun Sie das? Weil es im Sinne des Unternehmens ist, solche Leute entsprechend bei der Stange zu halten.

Ein weiteres Beispiel. Aufgrund einer absehbaren schwachen Auslastung, gibt es den Managementbeschluss, im 2.Halbjahr die Stundenkonten auf Null oder wenn nötig ins Minus zu fahren. Wie geben Sie das an Ihre Mitarbeiter weiter? Als Mitarbeiter-Anwalt zeigen Sie Ihr Unwohlsein (weil Sie ja eventuell auch nicht davon begeistert sind), geben denen Recht, die meinen, dass Sie mit der Freizeit jetzt gar nichts anfangen können und begründen letztendlich die Aktion, dass die Geschäftsführung das so beschlossen hat und wir das jetzt halt machen müssen. Der Unternehmens-Anwalt zeigt Verständnis für die Argumente der Mitarbeiter, begründet die Aktion mit der wirtschaftlichen Lage und ergänzt, dass das „wir" beschlossen haben, das heißt ein Beschluss des gesamten Managements.

Aber es muss nicht immer gegen den Mitarbeiter gehen, wenn Sie im Sinne des Unternehmens handeln. Fragt beispielsweise ein guter Mitarbeiter kurzfristig nach Urlaub, um etwas erledigen zu können oder wegen eines Geburtstages mit seiner Familie etwas zu unternehmen, so werden Sie ihm diesen Urlaub (auch möglicherweise gegen den Widerstand Ihres Chefs) unterschreiben. Warum? Wenn Sie ihm jetzt Urlaub geben, kommt er das nächste Mal am Samstag auch rein, wenn Sie ihn brauchen. Die Balance aus Geben und Nehmen ist ausgeglichen und die Motivation bleibt hoch, was sehr wohl im Sinne des Unternehmens ist. Fragt ein mittelmäßiger Mitarbeiter danach, der unter Umständen öfter mal tageweise auch krank ist, werden Sie zurückhaltender sein.

Ein mittlerweile brisantes Thema ist der Gebrauch eines Smartphones während der Arbeitszeit. Speziell bei der Generation Y und Z darf man sich als Führungskraft fragen, was dem Unternehmen mehr bringt. Es kategorisch zu verbieten und eine durchaus ernst zu nehmende Demotivation zu riskieren oder es im gesunden Rahmen zu erlauben und Verständnis zu zeigen, dass es mittlerweile ein fester Teil des Sozallebens dieser Generationen ist. Erhöhen Sie bei dieser Gelegenheit auch mal die Flughöhe. Welches Unternehmen ist auf dem heutigen engen Arbeitsmarkt für potenzielle Bewerber attraktiver? Eindeutig das, wo das Geben und Nehmen in Balance ist – und Sie entscheiden es im Sinne des Unternehmens.

1.3.2 Früher Kollege – heute Chef

Ein typischer Werdegang. Max Mustermann ist ein junger, engagierter und gut ausgebildeter Facharbeiter, der kürzlich noch den Meister gemacht hat. Er ist seit Jahren gut in seinem Team integriert und hat ein nettes Verhältnis zu seinen Kollegen. Öfter geht man abends noch auf ein Bier oder unternimmt am Wochenende etwas. Man kennt sich gut und die Buschtrommel funktioniert reibungslos. Max bekommt sofort mit, wenn etwas im Team läuft, da solche Dinge immer am Kaffeeautomat „besprochen" werden. Das Verhältnis zu seinem Teamleiter ist ok, wenngleich Max auch manchmal den Eindruck hat, dass so manche seiner Entscheidungen eher dem Unternehmen nützen und der Mitarbeiter nichts davon hat. Im Jahresgespräch wurde Max neulich von seinem Chef angesprochen, ob er sich vorstellen könnte, etwas mehr Verantwortung zu übernehmen. Erst als Stellvertreter und später vielleicht auch als Teamleiter.

Da Max seine Meisterausbildung nicht umsonst gemacht haben wollte und weil er schon auch vorhat, noch etwas weiterzukommen, hat er das Angebot seines Chefs angenommen, da es ihn seinem Ziel näher bringen wird.

Die Zeit als Stellvertreter hat Max genossen, da er gewisserMaßen schon etwas mehr zu sagen hatte, außerdem hat er die ein oder andere interessante Aufgabe bekommen, die ihn reizte. In der Zeit, in der sein Chef im Urlaub war, hat er das Tagesgeschäft am Laufen gehalten und kleine Entscheidungen getroffen, was aber niemandem sonderlich auffiel. Bei gewissen Dingen hat er lieber gewartet, bis sein Chef wieder aus dem Urlaub zurück war. Aber abgesehen von der Urlaubszeit hat er nie über größere Dinge entschieden, da das letztendlich sein Chef gemacht hat. Wenn z.B. einer seiner Kollegen einen Fehler gemacht hat, hat das Gespräch selbstverständlich sein Chef übernommen.

Eines Morgens wurde er zum Produktionsleiter gerufen, der ihm eröffnete, dass sein Teamleiter befördert wird und Max ihm ab sofort folgen solle, da er ja schon eingearbeitet sei. In der Bedenkzeit, die Max sich erbeten hat, ging ihm so einiges durch den Kopf. Die gesamte Verantwortung ist nochmal etwas anderes, aber da er ein sehr gutes Verhältnis zu den Kollegen hat und er auch die meiste Fachkompetenz besitzt, hat er zugesagt.

In der wöchentlichen Produktionsbesprechung am Montagmorgen, die er bisher nur im Vertretungsfall besucht hat, wird er ab jetzt mit den Vorgaben für die Woche versorgt. Das Paket, das er mitbekommt ist schwer: ehrgeizige Termine, zusätzliche Messeaufträge, Überstunden anweisen, teilweise Stundenkonten abbauen, Qualitätsprobleme lösen, Ordnung an einigen Arbeitsplätzen verbessern (5S) und so weiter und so fort. Voller Elan geht Max an die Arbeit. Da er ja einer von ihnen ist und er alle gut kennt, bekommt er das sicher hin.

Mit der Zeit fallen ihm aber ein paar Dinge auf. Wenn er z.B. an den Kaffeeautomat kommt, werden alle still und unterbrechen Ihre Unterhaltung und auch am Mittagstisch war es schon lockerer mit den Anderen. In Einzelgesprächen fühlt er sich etwas ausgebremst und alles ist generell etwas distanzierter geworden. Zum Feierabendbier wird er nicht mehr so oft mitgenommen und am Wochenende unternimmt er nur noch mit Einzelnen etwas zusammen. Das Verhältnis zu seinen Kollegen ist merklich abgekühlt. Schwerer wird es übrigens auch mit Kollegen, die älter sind als er. Er traut sich gar nicht richtig, ihnen etwas anzuschaffen. Diese Veränderungen verunsichern ihn und er lässt sich Einiges einfallen, um wieder näher an seine Kollegen heranzukommen – es sind ja doch auch einige gute Kumpels dabei. Er meint, dass er seine Aufgaben am besten lösen kann, wenn das Verhältnis wieder so wird wie früher.

Doch es funktioniert einfach nicht, er bekommt immer öfter Streit mit seinen Kollegen. Dass er nicht so recht voran kommt, merkt natürlich auch sein Chef, von dem er aufgefordert wird, dass er sich durchsetzen muss, um seinen Mitarbeitern zu zeigen, wer hier der Chef ist. Das widerstrebt ihm aber, weil er befürchtet, so Freunde zu verlieren, was er natürlich nicht will. Er fühlt sich, als ob er zwischen den Stühlen sitzt, links von ihm die Manager, rechts die ehemaligen Kollegen – und er in der Mitte (Burger!).

Nun, was ist passiert? Max hat krampfhaft an den Beziehungen zu seinen früheren Kollegen – heute Mitarbeiter! – festgehalten, wollte immer der beste Kumpel sein. Eine Folge daraus war, dass er sich auch nicht mit der Managementebene identifizieren konnte, er war sozusagen noch nicht „auf der richtigen Seite" angekommen. Er hat das neu entstandene „oben – unten" (=Max – Mitarbeiter) nicht zugelassen und hat versucht, weiter auf Augenhöhe mit seinen Kollegen zu bleiben.

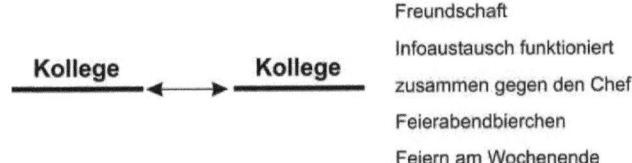

Kollege ⟷ **Kollege**

- Freundschaft
- Infoaustausch funktioniert
- zusammen gegen den Chef
- Feierabendbierchen
- Feiern am Wochenende

Damit kamen seine Mitarbeiter nicht zurecht. Anweisungen oder Vorgaben von einem Gleichgestellten anzunehmen ist ungleich schwieriger für sie, als von einem über ihnen. So etwas wie Führungsanspruch war kaum zu erkennen. Er wollte, dass alle mitentscheiden und stellte fest, dass nur wenige sich dafür hergaben. Was Max besonders an die Nieren ging war, dass er die freundschaftlichen Beziehungen zu den meisten seiner früheren Kollegen – heute Mitarbeiter! – teilweise verloren hatte. Hinzu kam auch noch, dass sein Chef wiederum mit ihm nicht zufrieden war, weil er nicht wirksam führen konnte/wollte und zu weich war.

Erst als er sich „auf der richtigen Seite" positionierte, ein „oben" und „unten" zuließ, seine persönliche Beziehung zu seinen Mitarbeitern neu definierte und deutlich zeigte, dass er die Führung übernehmen wird, wurde er von seinen Mitarbeitern und Teamleiter-Kollegen akzeptiert. Erst als er seine Rolle neu definierte, konnte er einen guten Führungsjob machen.

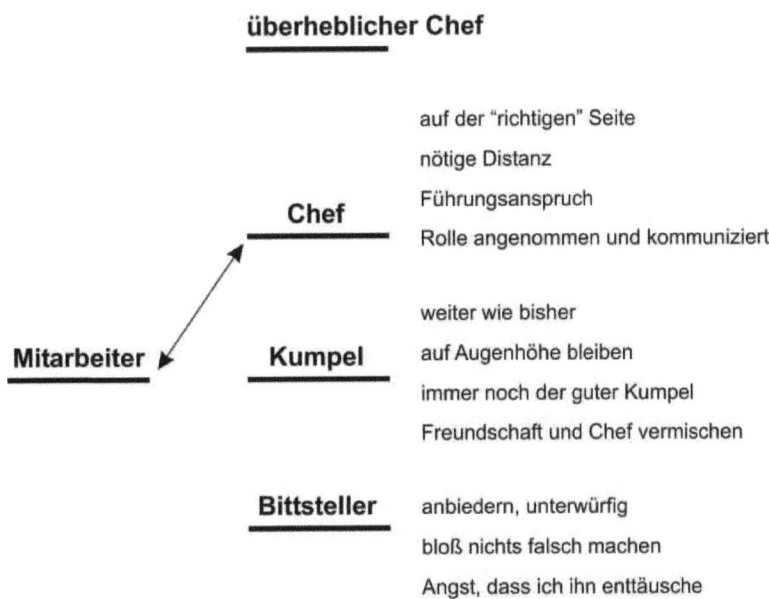

überheblicher Chef

Chef
- auf der "richtigen" Seite
- nötige Distanz
- Führungsanspruch
- Rolle angenommen und kommuniziert

Mitarbeiter → **Kumpel**
- weiter wie bisher
- auf Augenhöhe bleiben
- immer noch der guter Kumpel
- Freundschaft und Chef vermischen

Bittsteller
- anbiedern, unterwürfig
- bloß nichts falsch machen
- Angst, dass ich ihn enttäusche

In meiner Arbeit mit Nachwuchsführungskräften stoße ich regelmässig auf diese Themen und ich stelle fest, dass manche sehr lange brauchen, sich in Ihre Rolle einzufinden und diese so zu akzeptieren. Ich habe schon Fälle erlebt, in denen dieser Prozess 1-2 Jahre dauerte – eine lange Zeit des Leidens übrigens. Ich habe noch einen Teamleiter gut in Erinnerung, der mich eines Tages anrief und klagte, dass sein Team einen Ausflug geplant habe ohne ihn miteinzubeziehen. Ich habe ihm daraufhin gratuliert mit den Worten: „Jetzt hast Du es geschafft!".

Aber wie kann man sich gegenüber den früheren Kollegen (heutigen Mitarbeitern) positionieren? Hier steht eine offene Kommunikation an erster Stelle. Einige Gespräche mit dem Team und kontinuierliches Feedback helfen, dem Team die neue Rolle zu vermitteln, sich zu positionieren. Vorher ein Leitbild gemacht zu haben, macht in diesem Zusammenhang viel Sinn (siehe Kapitel Positionierung) und gibt Ihnen die nötige

Sicherheit. Stellen Sie z.B. die Frage „Wie geht es Euch jetzt mit mir als Chef?" oder „Was erwartet Ihr von mir in meiner neuen Rolle?" oder „Was tun wir in Zukunft, wenn...?". Holen Sie die Mitarbeiter in Ihrer Verunsicherung ab, klären Sie die gegenseitigen Erwartungen und Ihre Rolledefinition ab.

Verteilung Fach- und Führungsaufgaben

Häufig beobachte ich, dass Führungskräfte – übrigens nicht immer nur die Nachwuchskräfte – Ihre Führungsrolle sehr deutlich fachlich definieren, das heißt über Ihr Fachwissen und Ihre Erfahrung. Die typischen Führungsaufgaben sind auf Ihrer Prioritätenskala nicht selten weit unten positioniert. Die Zielvereinbarung, das Mitarbeitergespräch, das Führungsgespräch, das Coaching, die Delegation und so weiter, all diese Aufgaben werden nicht gerne oder nur dann wahrgenommen, wenn nach all den Fachaufgaben noch Zeit dafür ist (was häufig nicht der Fall ist). Schade eigentlich, besonders wenn man bedenkt, dass bereits schon zu Beginn der Karriereleiter ein ganz ordentlicher Zeitanteil auf Führung entfällt. Die Betrachtung der folgenden Darstellung kann für Nachwuchskräfte nützlich sein, um die eigenen Erwartungen mit der Realität abgleichen zu können:

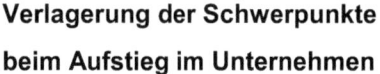

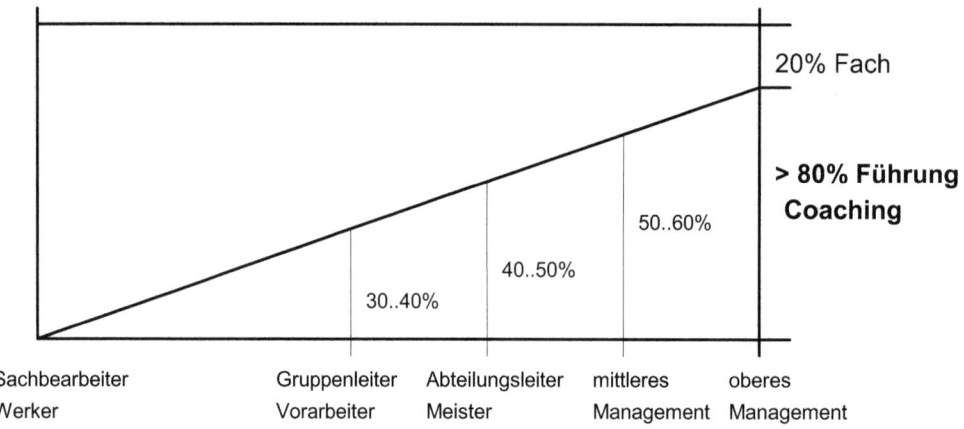

Demnach dürfen Sie sich durchaus mit dem Gedanken anfreunden, dass Sie bereits als Meister bzw. Abteilungsleiter bis zur Hälfte an den Ergebnissen Ihrer Führungsfähigkeiten gemessen werden und nicht mehr an dem, was Sie selbst fachlich leisten. Mit anderen Worten, nur, weil Sie z.B. eine Meisterausbildung haben, sind Sie noch nicht automatisch eine gute Führungskraft. Eine CNC-Maschine zu bedienen ist eine Sache, Menschen mit all Ihren Befindlichkeiten zu Höchstleistungen zu führen die andere. Interessant ist übrigens auch zu beobachten, dass Studenten in den Abschluss Semestern suggeriert wird, dass sie Ihr Studienabschluss per se befähigt, erfolgreich Führungspositionen zu bekleiden. Das Erwachen folgt in der Regel gleich in den ersten Führungsgesprächen, wo sich die jungen Akademiker mit Mitarbeitern konfrontiert sehen, die blockieren und Ihrem Weg nicht folgen wollen. Da hilft Ihnen all Ihr Fachwissen nichts mehr, jetzt sind Sie in Sachen Sozialkompetenz gefordert. Sie werden sich mit Ihrer Beförderung also zunehmend über Ihre Führungsaufgaben definieren, das heißt in Ihrer Fähigkeit, Menschen so zu führen und coachen, dass sie zu Höchstleistungen auflaufen und dem Unternehmen Ihr gesamtes Potential zur Verfügung stellen.

Der Mensch ist aber keine Maschine – so anerkannt diese Wahrheit ist, so häufig wird Sie von Führungskräften nur allzu gerne „übersehen". Ich bin mir mit Ihnen darüber einig, dass ein Unternehmen eine Leistungsorganisation ist, die den Zweck hat, wirtschaftlich zu arbeiten. Dem hat sich vieles unterzuordnen. Ich bin mit vielen von Ihnen aber nicht darüber einig, wenn Sie so tun, als ob die Menschen eines Unternehmens (und damit meine ich Sie selbst und Ihre Mitarbeiter) wartungsfreie Systeme wären. Wenn Sie es vielleicht für sich selbst noch so sehen (ist dann letztendlich Ihre Sache), so bitte ich in Betracht zu ziehen, dass Menschen auch soziale Wesen sind, die vor allem auch Aufmerksamkeit und Pflege brauchen. Interessanterweise stelle bei meinen Industriekunden sogar fest, dass Maschinen häufig noch mehr Aufmerksamkeit und Pflege bekommen als Mitarbeiter.

Die folgende Tabelle soll deutlich machen, wie die Menschen eines Unternehmens im Vergleich zu den Maschinen oft vernachlässigt werden und sie macht den Versuch, für einen menschengerechten Umgang zu sensibilisieren.

	Maschine	Mensch
Planung	Unheimlich viel Aufwand, Pflichtenheft, Planung, Konstruktion, nur das Beste	Stellenbeschreibung? Auswahlkonzept? Bedarfsplanung? Einarbeitungsplan?
Instandhaltung	Wartungspläne, regelmässig, qualifizierte Fachkräfte (Mechaniker) pflegen+schmieren, auf Geräusche achten	Betreuung? Nachschauen, wie´s geht? Mitarbeiter-Pflege durch qualifizierte Führungskraft? Zuhören?
Reparatur	Sofort, ohne Zeitverlust schadhafte Stelle beheben Gleich Ersatzteil besorgen	Hat man Zeit für den Mitarbeiter? Analysiert man das Problem, hilft man, das Problem zu lösen? Zusätzliche Schulung?
Bedienungsanleitung	Die Funktionsweise ist genau beschrieben	Weiß man, wie der Mitarbeiter „funktioniert", wie man ihn führt? DISG-Typ?
Energieversorgung	Nur bester 380V Drehstrom, Druckluft, Wasser	Energie durch Lob oder Anerkennung? Wertschätzung? Unterstützung, seelischer Schmierstoff? Positive Verstärkung?
Werkzeuge	Immer möglichst scharf, Neuanschaffung	Seele abgestumpft? Motivation und Antrieb?
Rüsten	Alles eingestellt und vorbereitet. EDV-Daten komplett	Informationen für die anstehende Arbeit komplett? Kommunikation OK?

1.4 Lebensbalance

Ich möchte an dieser Stelle gleich eine persönliche Duftmarke setzen: den Begriff „Work-Life-Balance" halte ich für Blödsinn, obendrein ist er meines Erachtens irreführend.

Nimmt man diesen Modebegriff wörtlich, so müsste man es ja schaffen, Arbeiten und Leben auszubalancieren. Ich frage mich an dieser Stelle aber: „Wird da nicht das Arbeiten an sich negativ belegt, ja geradezu kriminalisiert?" Ist denn Arbeiten nur eine lästige Unterbrechung meines Lebens? Das würde ja implizieren, die Zeit von Montag bis Freitag einfach irgendwie überstehen zu müssen (wegzuwerfen?), um am Wochenende leben zu können. Management by Robinson Crusoe – alle warten auf Freitag? Verfällt man dann am Sonntag Abend nach dem Tatort in diese allgemeine und gottgegebene Depression, wenn man an Montagmorgen denkt?

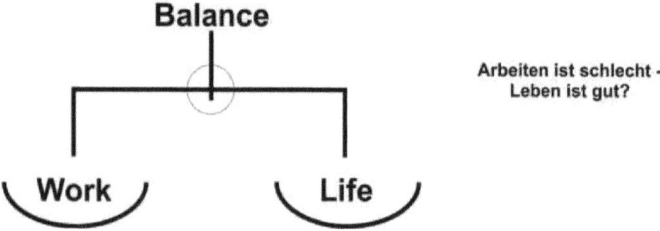

Ja, zugegebenermaßen ist das etwas polemisch und überzogen formuliert, aber es macht den für mich existierenden Widerspruch deutlich. Um meiner Wahrnehmung etwas näher zu kommen, würde ich dieses Wortpaar gerne um einen dritten Begriff ergänzen, nämlich „Nicht-Arbeiten"

Leben ist meines Erachtens die Mischung aus Arbeiten und Nicht-Arbeiten. Arbeiten ist keine lästige Unterbrechung des Lebens, sondern ein elementarer Teil dessen. Arbeiten ist unter Umständen Berufung und Leidenschaft und beantwortet oft zu einem guten Teil auch die Sinnfrage des Lebens. Nicht-Arbeiten ist nicht die Abwechslung vom Muss, sondern ein aktiver und notwendiger Teil des Ganzen (Leben).

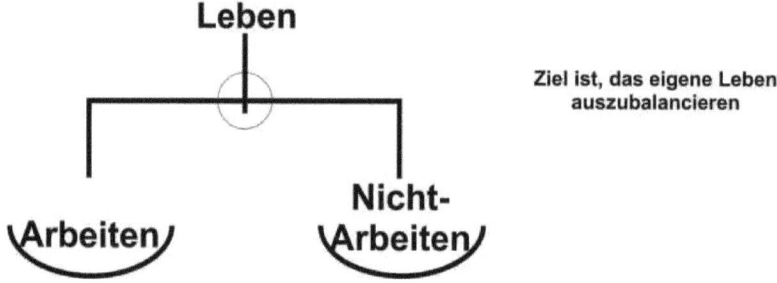

Häufig kann ich aus meiner Beobachtung heraus gar nicht mehr unterscheiden, ob jemand arbeitet oder nicht-arbeitet. Wo würden Sie beispielsweise jemand einstufen, der sich nach einem harten Arbeitstag am Abend für einen Verein, eine Glaubensgemeinschaft o.ä. engagiert, indem er bis in die Nacht das anstehende Fest am kommenden Wochenende organisiert und selbst mit aufbaut? Arbeiten, Freizeit, Nicht-Arbeiten, Leben, müssen, wollen? Damit beantwortet jemand eventuell gleich mehrere Fragen für sich: Sinn, Aufgabe, Freundschaften, mentale Gesundheit… Wo ist die Abgrenzung bzw. gibt es die überhaupt?

Ziel ist es, das eigene Leben auszubalancieren, so weit, so gut. Bei genauerem Hinsehen bemerkt man allerdings ganz schnell, dass das Leben etwas vielschichtiger ist als diese einfache Abgrenzung „Arbeiten - Nicht-Arbeiten". Was gibt mir Sinn oder Motivation im Leben? Welchen Zusammenhang hat das eventuell mit der Karriere, dem sozialen Umfeld, der körperlichen Gesundheit? Wie hängt das alles zusammen?

Angelehnt an das Balancemodell von Lothar Seiwert kann ich mich einem erfüllten Leben annähern, wenn ich diese vier grundlegenden Felder ausbalanciere:

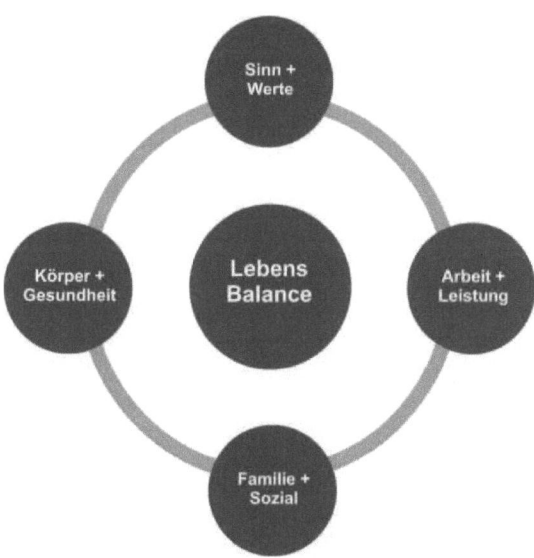

Arbeit+Leistung

Hier ist das Geschäft, die Karriere, das Erwerbsleben, eben die Arbeit definiert. Ob das Ihr erwerbsmäßiges Führungsdasein ist oder der/die Haushaltsmanagerin. Hier erbringen Sie Leistung, die sich aus Ihren persönlichen Anforderungen sowie aus den Anforderungen Ihres Umfeldes definiert. Da dies ein Managementbuch ist, adressiere ich hier natürlich in erster Linie die Führungskarriere und Ihre Investition in selbige. Der Mensch ist ein Hochleister (bei entsprechender Motivation). Ohne Leistungsanreiz, den man auch als Aufgabe definieren kann, geht er meines Erachtens zugrunde.

Familie+Sozial

Gemeint sind in diesem Feld die eigene Familie und Verwandtschaft sowie das soziale Umfeld, z.B. Partnerschaften, Freunde, Bekannte, Vereine, und so weiter. Der Mensch ist ein Rudeltier und lebt als Sozialwesen nicht isoliert, sondern in Netzwerken, in denen er seinen Platz hat. Ohne funktionierendes soziales Umfeld geht er meines Erachtens zugrunde.

Körper+Gesundheit

Damit ist sowohl die physische als auch die mentale Gesundheit gemeint. Wir reden hier über Gesundheit (also nicht krank sein), Bewegung/Sport, Entspannung, Wellness und Ernährung sowie über ein gerütteltes Maß an Ausgeglichenheit/Gelassenheit und einen gewissen Grad an Selbstbestimmung. Der bewusste und offensive Umgang mit MINDFUCK´s (von Petra Bock) ist ein sehr zentrales Moment, wenn es um den

Umgang mit Belastung geht (siehe nächstes Kapitel). Der Mensch ist einerseits ein Bewegungstier und andererseits freiheitsstrebend. Kommen die oben genannten Dinge zu kurz, geht er meines Erachtens zugrunde.

Sinn+Werte

In diesem Feld sind Ihre Werte definiert sowie das, was für Sie Sinn macht im Leben. Hier werden die folgenden drei Fragen beantwortet: „Warum bin ich hier?", „Was treibt mich an?" und „Was ist mir wichtig?" Fast immer wird dieses Feld von Dingen aus den anderen drei Feldern gefüllt – oder eben leider auch nicht. Der Mensch wird von langfristigen Motiven angetrieben, die sich je nach Lebensphase ändern bzw. anpassen. Fehlen diese Motive oder macht es keinen Sinn, geht er meines Erachtens zugrunde.

Alle vier Felder sollten ein Gleichgewicht bilden, das individuell und entsprechend den gesetzten Prioritäten erfahrungsgemäß sehr unterschiedlich ausfällt. Es gibt dafür keine allgemeingültige Formel, sondern immer nur die bewusste und individuelle Entscheidung. Da Sie, lieber Leser, höchstwahrscheinlich eine Führungskraft sind oder eine werden wollen, werden Sie eventuell versucht sein, viel Energie in das Feld „Arbeit+Leistung" zu investieren, was verständlich wäre. Meiner Meinung nach wäre das aber etwas zu kurz gegriffen und höchstwahrscheinlich auch gefährlich.

Nehmen wir mal an, Ihnen ist Karriere machen sehr wichtig und Sie arbeiten mit Hochdruck 10-12 Stunden pro Tag daran. Sie spüren zwar den Druck und erkennen die Entbehrungen, aber Sie haben sich bewusst dafür entschieden und können damit auch umgehen. Es nährt Ihren Anspruch an Macht und materiellen Dingen und beantwortet zu einem guten Teil die Sinnfrage. Sie investieren viel Zeit und Gesundheit in Ihren Job, um ein tolles Haus zu haben und sich mit teuren Freizeitaktivitäten belohnen zu können. Bitte verstehen Sie mich nicht falsch. Wenn Ihnen diese Dinge wichtig sind, ist das OK und ich akzeptiere das selbstverständlich. Ich möchte Sie ja nicht zum Systemausstieg bewegen. Ich denke, ein Blick auf die aus dem Gleichgewicht geratene Lebens Balance wirft einige Fragen auf, über die man durchaus nachdenken kann.

Familie+Sozial: Wieviel Zeit und Energie haben Sie noch für Ihre Familie oder Freunde? Was sagt Ihr Partner dazu? Haben Sie noch Zeit für Hobbies?

Körper+Gesundheit: Welche Stresssymtome drücken Sie laufend weg (Tinitus, Kopfweh, Verspannungen, Bandscheibe, Herz/Kreislauf, …)? Wieviel Bewegung/Sport haben Sie noch in der Woche? Welche pharmazeutischen Hilfsmittel setzen Sie ein? Was machen Ihre Gewichtsprobleme? Wann nehmen Sie sich Ihren Burnout?

Sinn+Werte: Macht das wirklich Sinn für Sie? Ist das Erreichen dieser Dinge wirklich der Grund, warum Sie auf der Welt sind? Ist Geld machen ein Selbstzweck oder steckt hinter dem Geld ein tieferer Sinn? Was ist wirklich wichtig für Sie? Gehen Sie in die Arbeit, nur um Ihre Existenz zu finanzieren? Oder bringt Sie Ihr Tun Ihrer Lebensqualität näher und Sie finanzieren sich nebenbei noch Ihre Existenz? Warum sind Sie hier?

Mir ist bewusst, dass ein Leser mit 30 Sommern auf dem Buckel, der gerade dabei ist eine Familie aufzubauen, noch anders über diese Fragen nachdenkt, als einer mit 50, der sich mit dem Thema Loslassen der Kinder beschäftigt und über das Älterwerden nachdenkt. Die Prioritäten und Dringlichkeiten ändern sich. Eines sollten Sie aber immer wachsam im Blick behalten: Ihre persönliche Balance. Interessant ist in diesem Zusammenhang auch, wenn Sie sich einmal mit jemanden unterhalten, den es schon „erwischt" hat (Burnout, Herz, Unfall, …). Diese Menschen setzen, ausgelöst durch ein einschneidendes Ereignis, deutlich andere Prioritäten als vorher. Die Fragen „Was ist wirklich wichtig für mich?" und „Was gibt mir ein erfülltes Leben?" rücken in den Vordergrund.

Wollen Sie mal eine Bestandsaufnahme des Ist-Zustandes Ihrer persönlichen Lebens Balance machen? Nehmen Sie sich ein Blatt A4 Papier, teilen Sie es in vier Quadranten ein und notieren Sie, was Ihnen zu den vier Feldern einfällt. Gewichten Sie die Einträge optisch (z.B. mit etwas dickeren Punkten), indem Sie abschätzen, wieviel Energie (mental, körperlich, zeitlich) Sie dafür investieren.

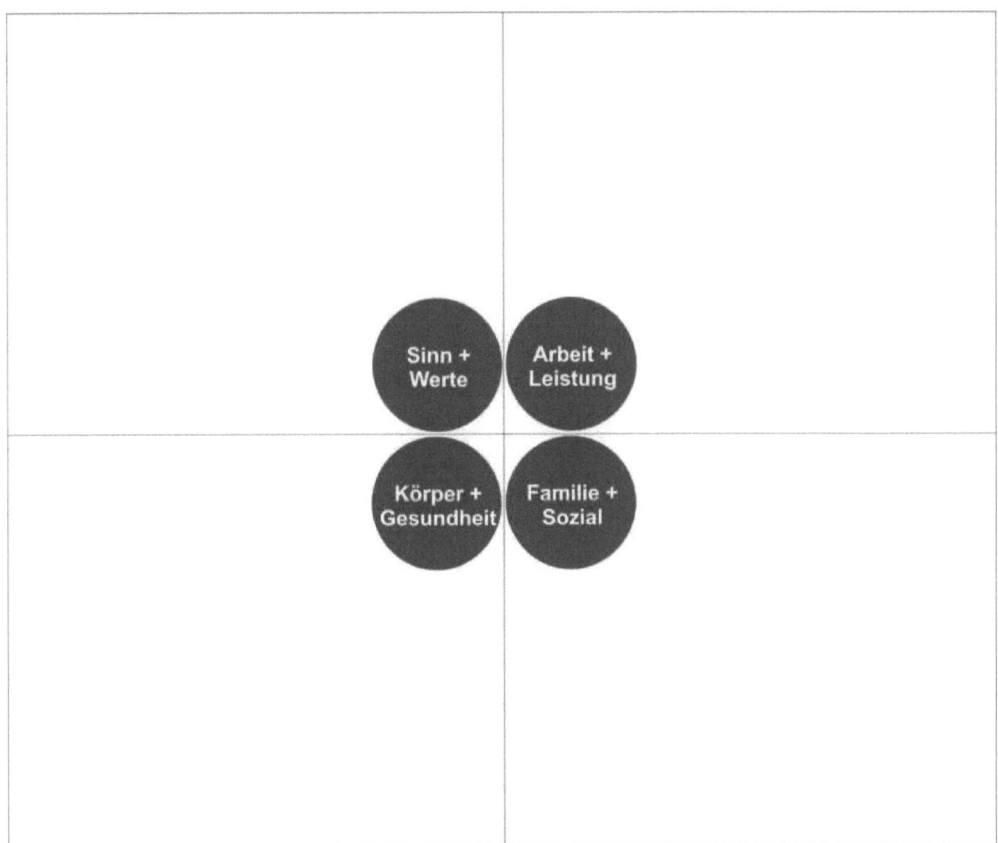

Wenn Sie den Fragen „Was ist der Zweck meiner Existenz?" und „Warum bin ich hier?" etwas mehr auf den Grund gehen möchten, so empfehle ich Ihnen zwei hervorragende Bücher/Hörbücher von John Strelecky: „The Big Five For Life" und „das Café am Rande der Welt" (siehe auch Literaturverzeichnis).

Wer bzw. was hindert uns, unser Leben auszubalancieren? Sind es die Dinge und der Stress von außen (Chefs, Kunden, Mitarbeiter, Kollegen)? Oder sind es Regeln, Ansprüche oder Restriktionen, die wir (bzw. unser Wächter) uns selbst auferlegen – die MINDFUCK´s? Ich möchte Sie einladen, mir ins nächste Kapitel zu folgen, in dem es um den Umgang mit Belastung geht.

1.5 Umgang mit Belastung

Ich möchte Ihnen zu Beginn dieses Kapitels eine kleine Geschichte erzählen. Die Geschichte vom Fischer und dem Geschäftsmann (siehe „Das Café am Rande der Welt" von Strelecky).

Ein Geschäftsmann macht gerade in einem kleinen Dorf am Meer Urlaub, um dem Geschäftsalltag zu entfliehen und seine Akkus wieder aufzuladen. Er beobachtet die Dorfgemeinschaft für ein paar Tage und stellt fest, dass von allen Bewohnern ein Fischer am glücklichsten war. Er will wissen, woran das liegt und fragt den Fischer, was er den ganzen Tag so mache.

Der Fischer antwortet ihm, dass er jeden Morgen mit seiner Familie frühstückt. Dann gehen seine Kinder zur Schule, er fährt zum Fischen raus und seine Frau malt. Ein paar Stunden später kehrt er mit genügend Fisch für das Abendessen zurück und macht ein Nickerchen. Nach dem Abendessen gehen er und seine Frau an den Strand und sie genießen den Sonnenuntergang, während seine Kinder im Meer schwimmen.

Der Geschäftsmann ist fassungslos.

Geschäftsmann:	„Und das machst jeden Tag?"
Fischer:	„Normal schon, ja, manchmal mache ich auch etwas anderes, aber so sieht mein Leben aus."
Geschäftsmann:	„Und du kannst jeden Tag genügend Fische fangen?"
Fischer:	„Ja, es gibt viele Fische."
Geschäftsmann:	„Könntest du mehr fangen, als du für deine Familie brauchst?"
Fischer:	„Oh ja, häufig fange ich viel mehr und lasse sie wieder frei. Du musst wissen, ich liebe das Fischen."
Geschäftsmann:	„Aber warum fischst du nicht den ganzen Tag und fängst so viele Fische wie du kannst? Dann könntest du den Fisch verkaufen und viel Geld verdienen. Bald könntest du ein zweites Boot kaufen und ein drittes. Du könntest weitere Fischer anstellen, die noch mehr Fische fangen. In ein paar Jahren könntest du dir ein Büro in der Stadt einrichten und ich wette, dass du innerhalb von 10 Jahren ein internationales Fischhandelsunternehmen aufbauen könntest."
Fischer:	„Und warum sollte ich das alles tun?"
Geschäftsmann:	„Nun, wegen des Geldes. Du würdest eine Menge Geld verdienen und dich dann zur Ruhe setzen."
Fischer:	„Und was würde ich dann in meinem Ruhestand tun?"
Geschäftsmann:	„Na ja, was immer du willst. Du kannst dir alles leisten und endlich das tun, was dir Spaß macht."
Fischer:	„Etwa mit meiner Familie jeden Tag frühstücken?"
Geschäftsmann:	„Ja zum Beispiel (schon etwas verärgert, weil der Fischer nicht so auf seine Idee einsteigt)."
Fischer:	„Und weil ich so gerne zum Fischen gehe, könnte ich jeden Tag ein bisschen fischen?"
Geschäftsmann:	„Ich wüsste nicht, was dagegen spräche. Vielleicht wird es dann nicht mehr so viel Fische geben, aber vermutlich wären schon noch genügend da."

Fischer:	„Vielleicht könnte ich dann die Abende mit meiner Frau verbringen. Wir könnten am Strand spazieren gehen, den Sonnenuntergang geniessen und unsere Kinder beobachten, während sie im Wasser sind?"
Geschäftsmann:	„Na sicher, alles, was du willst und was du dir bis dahin erträumt hast! Wobei deine Kinder dann schon erwachsen sein dürften."

Der Fischer lächelt den Geschäftsmann an, gibt ihm die Hand, wünscht ihm gute Erholung und geht wieder fischen.

> „Gib mir die Gelassenheit, die Dinge zu ertragen, die ich nicht ändern kann,
> gib mir den Mut, die Dinge zu ändern, die ich ändern kann,
> und gib mir die Weisheit, das eine vom anderen unterscheiden zu können."
>
> *n.n.*

1.5.1 Systemausstieg?

Warum bin ich hier? Was ist meine Bestimmung? Was brauche ich für meine Zufriedenheit und was nicht? Warum folge ich nicht mehr meiner Bestimmung und mache das, was mich erfüllt? Wer bestimmt meine Ansprüche, wer bestimmt, ob ich zufrieden bin oder nicht – mein Umfeld oder ich selbst? Gehe ich arbeiten, um nur Geld zu verdienen, oder auch um meine Erfüllung zu finden? Lassen Sie diese Geschichte wirken, nachhallen. Die Fische aus der Geschichte sind die Dinge, die der Fischer zu seiner Erfüllung braucht bzw. einfach haben möchte. Bei dem Fischer sind es halt andere Dinge als bei dem Geschäftsmann. Achtung, beide haben wohl Ihre Erfüllung gefunden!

Nun, lieber Leser, ich möchte Sie auf keinen Fall zum Systemausstieg animieren und Sie dazu bringen, als Eremit im Wald zu leben – wobei ich es auch nicht gänzlich ausschließen würde, wenn es Ihrer Bestimmung näher käme. Ich möchte Ihnen in diesem Kapitel einige Impulse geben, damit Sie mit unserem System, welches von Leistung und kontinuierlicher Weiterentwicklung geprägt ist, und mit sich selber besser umgehen können.

Mein Ansatz ist, dass wir uns nicht einfach herausziehen und das System negieren können - immerhin leben und profitieren wir davon - wir aber bewusster und gelassener damit umgehen können, sodass wir unser Leben in Balance halten und unserer Bestimmung bzw. Lebensqualität näher kommen. Und dieses Umgehen beginnt in der Regel bei uns selbst, unseren Ansprüchen, Blockaden und Zwängen. Bereiten Sie sich im Folgenden auf etwas Mentalarbeit vor und darauf, dass Sie ehrlich und selbstkritisch zu sich selbst sind.

In unserem System kommt es vor, dass gewisse Dinge einfach zu tun sind und die man auch nicht wegdiskutieren kann. Es wäre unrealistisch so zu tun, als ob sie nicht da wären. Ob der Chef etwas von einem will, der Kunde Termine setzt, die Heizung repariert werden oder das Kind wegen einer Verletzung ins Krankenhaus muss.

Ich möchte Ihnen zur Einstimmung in das Thema „Umgang mit Belastung" ein Beispiel geben: Denken Sie z.B. an den kurzfristigen dringenden Auftrag Ihres Chefs von heute Nachmittag, dessen Erledigung zur Folge hat, dass Sie heute nicht wie geplant um 17 Uhr, sondern erst um 19 Uhr aus der Firma kommen. Dummerweise wollten Sie aber heute Abend mit Ihrem Partner ausgehen. Wie können Sie jetzt damit umgehen? Zuerst sei angemerkt, Sie haben die Wahl! Sie haben *immer* die Wahl! Sie können wählen, wen Sie enttäuschen, Ihren Chef oder Ihren Partner. Kein Mensch schreibt Ihnen vor, was Sie jetzt tun *müssen*. Sie sind also kein Opfer, mit dem man so umspringt wie es einem passt, sondern ein Täter, der selbst und bewusst (selbstbewusst!) Entscheidungen trifft. Bitte machen Sie sich das grundsätzlich klar.

Jede Entscheidung hat natürlich auch Folgen. Sie treffen eine bewusste Entscheidung *für* etwas (Chef oder Partner) und damit gleichzeitig auch immer *gegen* etwas (Partner oder Chef). Die Verantwortung für diese Entscheidung tragen dann natürlich auch Sie selbst. Sie ist *nicht* zurückdelegiert an den Chef (der zwingt mich ja) oder den Partner (der macht dann Ärger) oder an sonstige höhere Mächte, die Sie die ganze Zeit herumschubsen und hinter denen Sie sich praktischerweise verstecken können, weil die ja Schuld sind an Ihrer Misere. So viel zur inneren Haltung, zur mentalen Programmierung. Mehr dazu in Kapitel 1.5.3.

Sie haben nun drei Handlungsoptionen. Option #1 ist, dass Sie sich darüber aufregen, dass Sie das noch tun *müssen*, lamentieren lauthals bei Ihren Kollegen und rufen Ihren Partner an, dem Sie mitteilen, dass Sie *leider* nicht pünktlich nach Hause kommen *können*, weil Sie diesen blöden Auftrag vom Chef noch erledigen *müssen*. Sie fühlen sich schlecht, weil Sie ja nichts dagegen tun können, haben ein schlechtes Gewissen Ihrem Partner gegenüber und machen sich viel Druck, indem Sie ab 17 Uhr jede Minute bis 19 Uhr zählen. Hier haben Sie Ihre Selbstbestimmung über den Haufen geworfen und spielen das Opfer.

Option #2 ist, dass Sie nach einem kurzen Preisvergleich (was ist teurer für mich – tun oder lassen? Was ist für Sie wichtiger?) zu dem Entschluss kommen, diesen Auftrag noch zu erledigen. Den Chef zufriedenzustellen ist in diesem Fall für Sie wichtiger (billiger) als ein möglicher Ärger mit Ihrem Partner. Sie rufen zuhause an und teilen mit, dass Sie noch den Auftrag erledigen, was bis ca. 19 Uhr dauern wird. Möglicherweise bieten Sie gleich eine Alternative zum Ausgehen an. Durch Ihre bewusste Entscheidung nehmen Sie sich hier den Druck und können den Auftrag in Ruhe erledigen. Zwar wären Sie vielleicht trotzdem lieber pünktlich zuhause, aber es fühlt sich für Sie wesentlich besser an, weil Sie es selbst bestimmt haben. Hier leben Sie Ihre Selbstbestimmung (Täter).

Option #3 ist, dass der Preisvergleich zu Gunsten Ihres Privatlebens ausgefallen ist (billiger). Sie entscheiden, den Auftrag erst morgen Früh zu erledigen und um 17 Uhr nach Hause zu gehen. Sie freuen sich auf den gemeinsamen Abend mit Ihrem Partner und riskieren bewusst den möglichen Stress mit Ihrem Chef. Sie informieren ihn in einem kurzen Telefonat über Ihre Entscheidung und bieten ihm vielleicht an, morgen eine Stunde früher zu kommen. Auch hier profitieren Sie von Ihrer inneren Haltung. Zwar bleibt noch ein Rest ungutes Gefühl, wenn Sie an Ihren Chef denken, aber möglicherweise hat der Preisvergleich ergeben, dass aller Wahrscheinlichkeit nichts passieren wird, wenn Sie den Auftrag erst morgen Früh erledigen. Wie oft haben Sie schon erlebt, dass etwas ganz dringend war und der Vorgang dann noch eine Woche beim Chef unbearbeitet auf dem Schreibtisch lag. Außerdem war Ihnen Ihr Privatleben in diesem Fall einfach wichtiger. Sie werden auch die Erfahrung machen, dass sich die Welt auch ohne Erledigung dieses so dringenden Auftrages weiter dreht. Auch hier leben Sie Ihre Selbstbestimmung (Täter).

Wie gehen Sie bisher mit solchen Situationen um? Welche mentalen Blockaden hindern Sie eventuell, reflektierte Entscheidungen zu treffen und letztendlich ein selbstbestimmtes Leben zu führen? Glauben Sie vielleicht, dass es einen Karriereknick (Regel-MINDFUCK) gibt, wenn Sie Ihrem Chef etwas abschlagen oder riskieren Sie gar eine Rauswurf (Katastrophen-MF)? Fühlen Sie sich eventuell ausgenutzt vom Chef oder dem Partner (Selbstverleugnungs-MF)? Sagen Sie sich häufig „Geht nicht – gibt's nicht, das musst du jetzt durchziehen!" (Übermotivations-MF)? Oder setzen Sie sich selber unter Druck, indem Sie häufig „ich muss das jetzt noch erledigen…" sagen (Druckmacher-MF)? Diese Fragen erläutere ich im Kapitel „MIND-FUCK´s".

Im nächsten Kapitel lade ich Sie ein, eine persönliche Standortbestimmung zum Thema Belastung zu machen. Finden Sie heraus, was Stress ist, identifizieren Sie Ihr Stressprogramm und arbeiten Sie Ihren Stand zum Thema Burnout heraus.

1.5.2 Standortbestimmung

Wenn ich vom Umgang mit Belastung spreche, lässt es sich nicht vermeiden, auch immer wieder den etwas ausgeleierten Begriff „Stress" in den Mund zu nehmen. Interessant an diesem Begriff ist die Frage: Ist Stress gut oder schlecht? Im normalen Sprachgebrauch birgt der Begriff Stress eine gewisse Ambivalenz. Zum einen hat er ein ordentliches Negativ-Image, da es ja nicht gut ist, Stress zu haben und man daran arbeiten sollte, diesen zu vermeiden. Zum anderen wird Stress aber gerne als sogenannter positiver Krankheitsgewinn gesehen. Er ist zwar anstrengend, aber offenbar ist es mittlerweile schick, Stress zu haben. Man ist beachtet und bekommt Aufmerksamkeit, es gehört gewisserMaßen zum guten Ton. Immer öfter habe ich den Eindruck, man gehört eigentlich schon gar nicht mehr dazu, wenn man keinen Stress hat.

In der Literatur findet man dazu den Eu-Stress (guter Stress, treibt mich an, Voraussetzung für Leistung) und den Dis-Stress (böser Stress, erschöpft/überfordert mich, schadet mir). Von Biologen erfahren wir, dass Stress einer der elementaren Überlebensmechanismen der Menschheit ist. Als der Neandertaler vor dem Säbelzahntiger stand, gab es im Wesentlichen nur zwei Programme, um zu überleben: Angriff oder Flucht. War es ein kleiner Tiger, entschied er sich vielleicht für Angriff, weil er sich im Vorteil wog. War es ein größeres Exemplar, rannte er, so schnell er konnte, um ihm zu entkommen. Für beide Programme brauchte der Frühzeitmensch physiologisch gesehen einen ordentlichen Schub Adrenalin, da die notwendige körperliche Leistungsfähigkeit sonst gar nicht abrufbar gewesen wäre. Die Wirkkette ist also Neandertaler trifft auf Säbelzahntiger – Stress – Adrenalin – Angriff oder Flucht. Gäbe es diesen Stressmechanismus nicht, gäbe es uns Menschen gar nicht mehr, weil wir alle aufgefressen worden wären. Das heißt Stress sichert das Überleben und macht uns leistungsfähig. Wie funktioniert das in der heutigen Zeit? Noch genau so. Wenn Sie in Gedanken über die Straße gehen und das herannahende Auto in letzter Sekunden noch sehen, erzeugt das Stress, Sie schütten Adrenalin aus, um dem Auto noch auszuweichen (Flucht). Angriff wäre an dieser Stelle wahrscheinlich eher die schlechtere Entscheidung. Um also überhaupt (Höchst)Leistung bringen zu können (körperlich oder geistig) brauchen Sie Adrenalin und damit Stress. Damit sprechen wir von Eu-Stress und der ist gut, weil er uns antreibt. Diese Anspannung (z.B. Arbeiten) kann man über längere Zeit aufrecht erhalten und dabei kontinuierlich leisten, vorausgesetzt, man kommt dann wieder in die Entspannung (z.B. Nicht-Arbeiten), um danach wieder leisten zu können. Wenn aber keine Entspannung eintritt, das heißt die Anspannung zu lange dauert oder gar noch weiter gesteigert wird, schlägt der Eu-Stress in Dis-Stress um, das heißt dann sprechen wir von Überforderung und Erschöpfung (Burnout?).

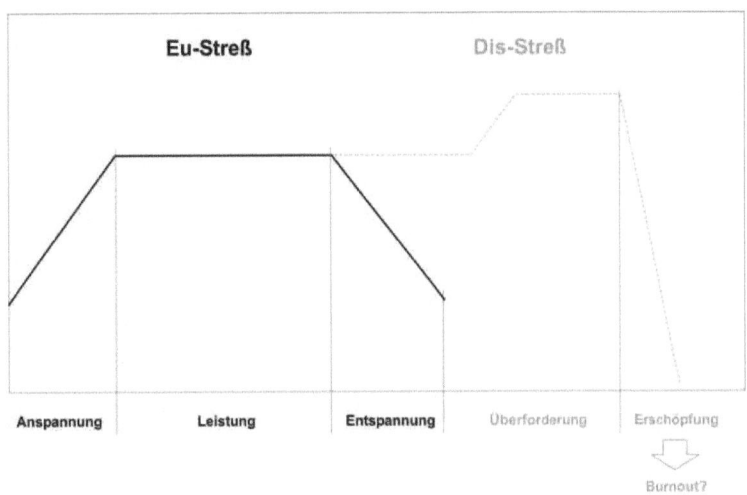

Man hört von einzelnen Managern, die Ihre Leistungsfähigkeit (roter Bereich) mit Tabletten, Drogen und Alkohol zu steigern versuchen. Aufputschmittel, um durchzuhalten, Beruhigungsmittel, um wieder runterzukommen – und ich meine damit nicht eine Dose Redbull mit Koffeintabletten und auch nicht die Baldriantropfen aus Großmutters Schrank. Abwassermessungen aus Chefetagen würden da manche Überraschung bereithalten. Auch sind solche Manager Weltmeister darin, die durch Überforderung einschlägigen körperlichen Stresssignale auszublenden bzw. nicht zu beachten. Man kennt sie: Herz-Kreislauf-Beschwerden, Magengeschwüre, angehender Tinitus, Verspannungen bis hin zu Bandscheibenbeschwerden, Kopfschmerzen am Wochenende, Schlaflosigkeit, krank werden im Urlaub, und so weiter. Mit 30 Jahren ist der Körper noch wesentlich robuster, mit 50 rächen sich die Sünden der Jugend. Gerne kommt bei diesen einzelnen Managern auch das Übermotivations-MINDFUCK vor, mit dem man sich euphorisiert und meint, immer stark sein zu müssen, nie Schwächen zeigen zu dürfen.

Kommt Ihnen davon etwas bekannt vor? Wie halten Sie es mit der Entspannung? Welche körperlichen Signale erkennen Sie bei sich? Inwieweit achten Sie bewusst darauf? Ist Erholung Hol- oder Bringschuld? Wie weit sind Sie unter Umständen schon auf dem Weg zur Erschöpfung? Lassen Sie diese Signale überhaupt zu, oder drücken Sie sie weg, um nicht schwach zu wirken?

Es muss ja nicht immer gleich der Burnout sein. Woran man Burnout übrigens festmacht, sehen Sie im folgenden Fragebogen. Machen Sie für sich eine Standortbestimmung.

Standortbestimmung Burnout

	Wie häufig trifft es auf Sie zu?			
	fast nie	selten	häufig	sehr oft
Fehlende Perspektive, Zukunftsängste				
Antriebslosigkeit, Lustlosigkeit, alles zu viel, keine Lust auf Neues				
Wenig Selbstvertrauen, Mutlosigkeit, traue mir nichts mehr zu				
Ich bin erschöpft, ich funktioniere nur noch				
Ich fühle mich leer, depressiv, deprimiert				
Schlecht einschlafen, unruhiger Schlaf, Schlaflosigkeit				
Körperliche Symptome: Kopfweh (bes. am WE), Verspannung Hals/Nacken/Rücken, Tinitus, Verdauung/Magen, Zittern/Zucken/Flimmern der Augen, Herz/Kreislauf				
Häufiger krank, besonders auch im Urlaub oder Weihnachten				
Hohe Daueranspannung, kaum abschalten, zu oft über der subjektiven Belastungsgrenze				
Handy/Smartphone immer an, glauben ständig erreichbar sein zu müssen				
Rückzug vom sozialen Umfeld, will meine Ruhe, zu wenig Privatleben				
Alkohol zur Entspannung, Beruhigungsmittel zum Einschlafen				
Egal, wie lange ich schlafe, ich fühle mich in der Früh immer wie gerädert.				
Aufputschen mit Pharmaka, Drogen, Koffeinpräparaten zum Durchhalten				

Weniger Verlangen nach Nähe zum Partner und Sex				
Hang zum Perfektionismus				
Keine Ruhepausen, nicht runterkommen können				
Nicht „Nein-Sagen" können				
Meine Prioritäten sind gefühlt viel fremdbestimmt, kann nichts dran ändern				
Psychostress, Druck von außen, wenig Anerkennung, viel Kritik				
Habe das Gefühl, dass alles auf mir lastet, fast alles hängt von mir ab, ohne mich geht´s nicht				
Ernährung unausgewogen: Fastfood, Kantine, keine Zeit zum Essen, viel Kohlenhydrate/Fett, wenig Vitamine, zu wenig Flüssigkeit				
Wenig bis keine Bewegung/Sport, keine Regelmäßigkeit				
Hobbies werden vernachlässigt				
Übermotivation, überdreht, Ruhelosigkeit, kann „Nichts-Tun" nicht aushalten, habe den Zwang, jede Minute ausnutzen zu müssen				

Wenn Sie weitere Auswertungen haben wollen, so finden Sie im Internet eine ganze Reihe von entsprechenden Tests. Hier einige Links dafür:

www.palverlag.de/Burnout_Test.html

www.burnout-fachberatung.de/burnout-test.htm

www.gezeitenhaus.de/burn-out-test.html

www.focus.de/gesundheit/gesundleben/stress/tests/burn-out-test_aid_67434.html

Standortbestimmung Stressprogramme

Ein weiterer Baustein zur Standortbestimmung bzgl. Belastung ist, den eigenen Stresstyp herauszufinden, das heißt welche Stressprogramme laufen bei Ihnen ab, welche Muster haben Sie, mit Stress umzugehen. Dazu biete ich Ihnen den folgenden Kurztest an:

STRESSPROGRAMME

Anleitung zum Ausfüllen des Tests:
Überprüfen Sie bitte die folgenden Aussagen daraufhin, inwieweit diese auf Sie zutreffen und gewichten Sie Ihre Antworten.

*Wenn eine Aussage **voll auf Sie zutrifft**, notieren Sie in der letzten Spalte **4 Punkte**.*
*Trifft die Aussage **etwas auf Sie zu**, notieren Sie **2 Punkte**.*
*Trifft die Aussage **eher nicht auf Sie zu**, dann notieren Sie bitte **0 Punkte***

Ich hasse es, wenn andere mich verbessern können.	A	
Ich kann nur schwer abschalten oder mich in Ruhe einer Freizeitaktivität zuwenden.	D	
Wenn jemand sich mir gegenüber falsch verhalten hat, muss ich das anderen weitererzählen und hoffe, dass sie das Verhalten auch unmöglich finden.	C	
Andere haben es im Leben leichter und bekommen mehr Unterstützung als ich.	F	
Wenn es Schwierigkeiten gibt, kann ich manchmal nur noch daran denken, wie ich möglichst schnell aus dieser Situation herauskomme.	G	
Ich lasse mich nicht blenden: Die negativen Seiten einer Sache fallen mir immer als Erstes ins Auge.	I	
Wenn es mir selbst einmal nicht so gut geht, muntert es mich auf, wenn ich jemandem in einer schwierigen Lage eine Unterstützung sein kann.	E	
In kontroversen Diskussionen passiert es schon mal, dass ich mich verrenne, weil ich nicht nachgeben mag.	B	
Meine Misserfolge sind mir erheblich präsenter als meine Erfolge.	H	
Wenn ich angegriffen werde oder mich ungerecht behandelt fühle, belastet mich vor allem, dass man das mit mir machen kann.	F	
Ich habe mir schon einige Male den Vorwurf anhören müssen, dass ich nicht zuverlässig genug sei	H	
Sogenannte Autoritätspersonen reizen mich oft durch ihr aufgeblasenes Verhalten und ihre Inkompetenz.	B	

Ich fühle mich oft gehetzt und getrieben.	D	
Ich sehe in meinen Anstrengungen und meinem Engagement oft keinen Sinn mehr.	I	
Besonders schmerzhaft ist, dass es eigentlich niemanden wirklich interessiert, wenn es einem schlecht geht	F	
Mir fällt immer sofort auf, wenn andere mehr oder Besseres als ich bekommen.	C	
Ich habe das Gefühl, etwas dafür tun zu müssen, dass man mich mag.	E	
Vor großen Anforderungen bin ich zuweilen vor Angst wie gelähmt und kann mich nur schlecht auf meine Vorbereitung konzentrieren.	G	
Ich messe mich eigentlich immer nur an den Besten.	A	
Wenn jemand mich herablassend behandelt, bringt mich das sofort in Rage.	B	
Spontane Begeisterung anderer Menschen reizt mich zum Widerspruch.	I	
Mir gehen meistens unheimlich viele Dinge gleichzeitig durch den Kopf und stören mich bei der Erledigung der momentanen Aufgaben.	D	
Vor wichtigen Aufgaben male ich mir genau aus, was alles schief gehen könnte und kann mich dann nur schwer von diesen Bildern lösen.	H	
Nur eine perfekte Leistung ist als Arbeitsergebnis heutzutage wirklich akzeptabel.	A	
Ich habe in meinem Leben schon einiges angefangen und nicht beendet	G	
Ich fresse Ärger viel zu oft in mich hinein.	C	

Ich fühle mich oft gehetzt und getrieben.	D	
Ich sehe in meinen Anstrengungen und meinem Engagement oft keinen Sinn mehr.	I	
Besonders schmerzhaft ist, dass es eigentlich niemanden wirklich interessiert, wenn es einem schlecht geht	F	
Mir fällt immer sofort auf, wenn andere mehr oder Besseres als ich bekommen.	C	
Ich habe das Gefühl, etwas dafür tun zu müssen, dass man mich mag.	E	
Vor großen Anforderungen bin ich zuweilen vor Angst wie gelähmt und kann mich nur schlecht auf meine Vorbereitung konzentrieren.	G	
Ich messe mich eigentlich immer nur an den Besten.	A	
Wenn jemand mich herablassend behandelt, bringt mich das sofort in Rage.	B	
Spontane Begeisterung anderer Menschen reizt mich zum Widerspruch.	I	
Mir gehen meistens unheimlich viele Dinge gleichzeitig durch den Kopf und stören mich bei der Erledigung der momentanen Aufgaben.	D	
Vor wichtigen Aufgaben male ich mir genau aus, was alles schief gehen könnte und kann mich dann nur schwer von diesen Bildern lösen.	H	
Nur eine perfekte Leistung ist als Arbeitsergebnis heutzutage wirklich akzeptabel.	A	
Ich habe in meinem Leben schon einiges angefangen und nicht beendet	G	
Ich fresse Ärger viel zu oft in mich hinein.	C	

Addieren Sie die Punkte pro Buchstabe und übertragen Sie die Summen hier:

Perfektionsprogramm	A	
Kampfprogramm	B	
Ärgerprogramm	C	
Hetzeprogramm	D	
Helferprogramm	E	
Leidensprogramm	F	
Fluchtprogramm	G	
Katastrophenprogramm	H	
Demoralisierungsprogramm	I	

Die einzelnen Programme

A. Das Perfektionsprogramm
Menschen mit diesem Programm akzeptieren bei sich nur die 150 prozentige Leistung. Sie verwenden einen enormen Anteil ihrer persönlichen Energie darauf, perfekte Lösungen zu erreichen, wobei der überhöhte innere Qualitätsanspruch dafür sorgt, dass die eigen Erfolge und Leistungen nur selten selbst wahrgenommen werden können.

B. Das Kampfprogramm
Das Kampfprogramm kann über die innere Angriffslust erkannt werden. In schwierigen Situationen, unter Anspannung und Bedrängnis reagieren Personen mit diesem Programm impulsiv und aufbrausend und sind harte Gegner. Die Kosten der Auseinandersetzung und des Sieges werden zumeist übersehen oder verdrängt.

C. Das Ärgerprogramm
Das Ärgerprogramm basiert auf der Enttäuschung von Erwartungen. Wenn sie frustriert sind, fällt es diesen Menschen schwer, aktiv akzeptable Lösungen herbeizuführen. Stattdessen neigen sie zu langanhaltendem innerem und äußeren Hader und Groll, der nicht selten zu einer Vergiftung der Atmosphäre und einer Verschärfung der Ausgangssituation führt.

D. Das Hetzeprogramm
Das Gefühl, nie so weit zu sein, wie man es eigentlich sollte, ist die Essenz des Hetzeprogramms. Das Hetzeprogramm strahlt auf andere Menschen aus, so dass diese dann auch nervös und hektisch werden. Die Qualität der Leistungen sinkt häufig erheblich und sorgt so für zusätzliche Belastungen.

E. Das Helferprogramm
Menschen mit Helferprogramm versuchen mit ihrer konstanten Hilfsbereitschaft, die Wertschätzung und die Zuneigung andere zu erhalten. Dabei passiert es nicht selten, dass sie von anderen entweder ausgenutzt oder als einmischend empfunden werden.

F. Das Leidensprogramm
Charakteristisch für das Leidensprogramm ist das Selbstmitleid. Menschen mit Leidensprogramm bemitleiden sich selbst und verschaffen sich so ein Gefühl, in dem sie zwar mit der Welt hadern aber mit sich selbst im Einklang sind.

G. Das Fluchtprogramm
Das Fluchtprogramm sorgt dafür, dass eine Person in einer schwierigen Situation nur noch daran denkt, wie sie aus dieser Lage herauskommen kann. Das Fluchtprogramm trübt die Wahrnehmung für die tatsächliche Situationsanforderung und sorgt für Folgeprobleme.

H. Das Katastrophenprogramm
Menschen mit Katastrophenprogramm beschäftigen sich unter Belastung vor allem mit den möglichen negativen Konsequenzen einer Situation. Das Katastrophenprogramm wirkt oftmals lähmend auf aufgabenorientierte Impulse und lässt so unter Umständen die befürchteten Misserfolge Realität werden.

I. Demoralisierungsprogramm
Durch langanhaltende Enttäuschungen und Frustrationen kann das Demoralisierungsprogramm aktivieren, das alles um einen herum sinnlos und jedes Handeln mühsam und wenig erfolgversprechend erscheinen lässt. Auch dieses Programm strahlt auf andere aus.n Es bewirkt Lähmung und Nörgelei und schwere Unzufriedenheit und destruktive Impulse.

Nachdem Sie Ihren Standort bzgl. Stress und Belastung näher bestimmt haben, lade ich Sie ein, im nächsten Kapitel an Ihrer Inneren Haltung zu arbeiten. Aber Achtung! Bevor Sie weiterlesen, denken Sie über mögliche Risiken und Nebenwirkungen nach. Es könnte passieren, dass Sie nach der Lektüre des nächsten Kapitels insgesamt etwas gelassener uns selbstbestimmter werden. Wenn Sie das nicht wollen, lesen Sie bitte *nicht* weiter.

1.5.3 Innere Haltung

Offenbar haben Sie sich trotz möglichr Risiken und Nebenwirkungen entschieden, weiterzulesen. Gut so.

Haltung ist alles. Das Besondere daran ist, dass wir jeden Tag die Möglichkeit haben unsere Haltung zu wählen. Wir können die Vergangenheit nicht ändern, wir können die Zukunft kaum beeinflussen, wir können die Tatsache, dass Menschen in einer bestimmten Weise handeln nicht ändern, wir können auch das Unvermeidliche nicht aufhalten. Das einzige, was wir tun können ist, auf der einen Seite zu spielen, die wir haben - und das ist unsere Haltung, wie wir mit den Dingen umgehen. Ich bin davon überzeugt, dass 10% der eigenen Stressreaktion auf das Konto des Auslösers an sich gehen, 90% was ich im Kopf daraus mache, wie ich darauf reagiere – ausgelöst durch meine Haltung.

Ein Beispiel: Ein Mitarbeiter kommt mit einem Problem (bzgl. einer von Ihnen delegierten Aufgabe) zu Ihnen und bittet Sie um Hilfe. Versuchen Sie herauszufinden, welche Haltungen auf Seiten der Führungskraft (also auf Ihrer Seite) hinter den folgenden beiden Reaktionen stehen.

Reaktion 1: Sie lassen sich kurz erklären, worum es geht und helfen ihm, indem Sie sich darum kümmern und eine Lösung erarbeiten. Ist für Sie ja auch Ehrensache, immerhin sind Sie sein Chef. Am Kaffeeautomat erzählen Sie Ihrem Kollegen, wie stressig es in letzter Zeit ist. Sie kommen ins Büro und schon stehen fünf Mitarbeiter da, die etwas von Ihnen wollen. Dann noch die ganzen Emails, Sie kommen gar nicht richtig zu Ihrer eigentlichen Arbeit.

Reaktion 2: Aus Ihrer Coachingrolle heraus, stellen Sie dem Mitarbeiter einige Fragen, wie z.B. „Was ist das Problem?" oder „Was schlagen Sie vor?" oder „Was haben Sie schon versucht?" oder „Was wäre die Konsequenz, wenn Sie die vorgeschlagene Lösung umsetzen würden?". Sie wollen dem Mitarbeiter helfen, dass er durch Ihre Fragen selber draufkommt und sich für eine eigene Lösung entscheidet.

Welche Haltung steckt also hinten diesen beiden grundverschiedenen Reaktionen?

Haltung bei 1: *„Die Welt dreht sich nicht ohne mich."* Ich bin mir nicht sicher, ob er das alleine hinbekommt und am Ende bin ich ja doch verantwortlich, wenn´s schief geht, da mache ich es lieber selber. Außerdem will ich ein guter Chef sein und habe ein schlechtes Gewissen, wenn ich ihm nicht helfe. Am Ende meint er, ich bin nicht kompetent. Ehrlich gesagt, da hätte ich als Ihr Kollege kein Mitleid mit Ihnen, wenn Sie unter zu viel Stress leiden. Das ist hausgemachter Stress! Ich würde Ihnen empfehlen, an Ihrer Haltung zu arbeiten.

Haltung bei 2: *„Ich will meinen Mitarbeiter erfolgreich machen."* Ich traue ihm grundsätzlich zu, dass er mit Hilfe meines Coachings selber draufkommt und ich will, dass er während er das Problem löst auch lernt. Ich will ihn damit nicht ärgern, sondern ihn weiterentwickeln, damit er wächst und möglichst selbstständig wird. Ich würde Sie als Ihr Kollege wahrscheinlich insgeheim dafür bewundern, mit welcher Gelassenheit Sie Ihren Job machen und wieviel Zeit Sie für mich am Kaffeeautomat haben.

Impulskarten

Ich werde Ihnen nun meine Sammlung an Impulskarten präsentieren. Lassen Sie sich inspirieren, hinterfragen Sie Ihre Haltung und kommen Sie zu neuen Ansätzen, mit Belastung und Stress umzugehen. Halten Sie mit Randnotizen gleich Ihre ersten Gedanken fest, die Ihnen zu der jeweiligen Karte in den Sinn kommen. Lassen Sie sich inspirieren!

Impuls: Servus Stress!

Stellen Sie sich vor, dass alles wieder mal gleichzeitig daherkommt, die Kundenanfrage, der Chef mit einer neuen Idee, drei Kollegen, die dringend Informationen brauchen, ein Mitarbeiter, der einen Coachingtermin braucht, 15 neue Emails, die Hälfte davon mit Ausrufezeichen, das Projekt, das heute Abend fertig sein soll – und Sie haben Hunger, weil es kurz vor Mittag ist. Was tun Sie jetzt?

Nichts natürlich! ...zumindest vorerst. Lösen Sie die Rückenlehne Ihres Schreibtischstuhls und lehnen Sie sich für einen Augenblick zurück, um all die Dinge zu betrachten, die anstehen und die es zu priorisieren gilt. Ist gerade kein Schreibtisch zur Hand drehen Sie nach dem Nichtstun Ihre linke Handfläche nach oben und stellen Sie sich vor, dass all die Dinge, die gerade auf Sie einprasseln, dort versammelt sind. Selbstverständlich geht das auch mit einem Blatt Papier, auf dem Sie all die Dinge mal untereinander schreiben oder mit Post-it Zetteln draufkleben.

Was passiert mit Ihnen dabei? In beiden Fällen gehen Sie in eine Beobachterposition, gehen auf Distanz, verschaffen sich einen Überblick, lösen sich aus der Belastungssituation, stehen über den Dingen, verkleinern diese. Dieser mentale Trick lässt Sie ruhiger werden. Sie lächeln und sagen „Servus Stress! ...ich grüße dich." Wer hat nun die Oberhand – die Dinge oder Sie? Sie bewegen sich aus der Opferrolle in die Täterrolle. Sie bestimmen und werden nicht mehr bestimmt, weil Sie jetzt nach dem obligatorischen Preisvergleich die Prioritäten setzen und nicht mehr die höheren Mächte. By the way #1: Sie haben natürlich schon längst erkannt und akzeptiert, dass Sie diese Dinge heute nicht mehr alle schaffen werden, das heißt was heute nicht mehr reinpasst, wird delegiert oder im Outlook terminiert. By the way #2: die Aufgabenliste hört sowieso nie auf.

Ich hatte mal mit einem Bau- und Projektleiter in der Elektrobranche zu tun, der eine originelle Methode hatte, mit den vielen Unwägbarkeiten, die in diesem Geschäft um die Ecke kommen können, umzugehen. Wenn er von der Baustelle ins Büro kommt und seinen PC hochfährt, stellt er sich vor, dass eine Wundertüte auf seinem Schreibtisch steht. In dieser Tüte sind all die Dinge drin, die ihn jetzt gleich überraschen werden: Emails, Zettel in der Ablage, Post, Anrufnotizen, etc. Er freut sich jedes Mal drauf, sie zu öffnen, um zu sehen, was alles rauskommt. „Und dann geht der ganz normale Wahnsinn wieder von vorne los.", sagt er lächelnd.

Impuls: Ist Stress schick?

Hinterfragen Sie sich mal, ob Sie diese Karte nicht auch schon mal (bewusst oder unbewusst) gezogen haben, um sich vor noch mehr Arbeit zu schützen oder um zu dokumentieren, wie wichtig Sie doch sind und dass sich die Welt ohne Sie nicht weiterdrehen würde. Ich gewinne mittlerweile den Eindruck, dass es heute einfach dazu gehört, Stress zu haben. Es ist gewissermaßen eine Art gesellschaftliche Konditionierung, dass man mehr Wert ist und man seinen Einsatzwillen unterstreicht, wenn man nur genügend Stress hat. Oder anders herum, wenn man keinen Stress hat, ist man faul oder unterfordert und raus aus dem Business. Testen Sie interessehalber einmal die Reaktionen Ihres Umfeldes, wenn Sie auf die Frage, wie es Ihnen geht, antworten, dass es gut geht und Sie keinen Stress haben. Glaubt man Ihnen? Irritiert? Neidisch? Denken Sie doch mal darüber nach, ob Sie sich in Zukunft nicht die Haltung „Ich muss keinen Stress haben, damit ich etwas wert bin." leisten möchten. Dokumentiert nicht gerade diese Art der Gelassenheit, dass Sie Ihr (Führungs-) Business im Griff haben und Sie Herr im eigenen Haus sind? Wer kommt souveräner rüber, der Gestresste, bei dem dauernd die Reifen durchdrehen oder der Gelassene, der sein Drehmoment auf die Straße bringt?

Impuls: Wann nimmst Du deinen Burnout?

Auch so ein komisches Gesellschaftsphänomen. Ist das eine neue Krankheit oder eher eine Modeerscheinung? Das gab es übrigens vor 50 Jahren auch schon, nur da hieß es Erschöpfung und wurde nicht als solches diagnostiziert. Heute rückt es durch die Medien aber sehr stark in unsere Wahrnehmung. Aber hat der Druck im Gegensatz zu früher wirklich so zugenommen? Meiner Meinung nach eindeutig „ja"! Diese Entwicklung beobachte ich mit etwas Sorge. Die Dinge werden komplexer, die digitalen Errungenschaften sorgen für Beschleunigung und Geschwindigkeit, die Innovationszyklen werden kürzer, die Produktivität hat im Jahr zwischen 3-5% zu steigen und die resultierenden Anforderungen an die Menschen in den Unternehmen steigen ständig.

Ich mache in diesem Zusammenhang allerdings auch eine für mich unverständliche Beobachtung. Wie ich ja schon festgestellt habe, gehört Stress offenbar zum guten Ton und viele reihen sich unreflektiert in diese Spirale ein (manche sagen auch Hamsterrad). Ich wiederhole: unreflektiert. Wann es dann knallt, ist oft nur eine Frage der Zeit. Es erwischt übrigens nicht nur Ältere, es gibt immer mehr Fälle um die 30. Aber muss das denn gottgegeben so sein? In meiner Arbeit mit Führungskräften begegne ich vielen, die sich offenbar damit abgefunden haben, tendenziell getrieben und fremdgesteuert zu sein. Der Burnout scheint dann die akzeptierte und schier unausweichliche, alternativlose Konsequenz zu sein. Manchmal habe ich den Eindruck, dass es für manche der leichtere Weg ist, in die gesellschaftlich konforme Opferrolle zu gehen und sich den Burnout zu nehmen, als die Verantwortung dafür übernehmen zu müssen, selbstbestimmte, reflektierte und für manche auch unangenehme Prioritäten zu setzen, eventuell auch mal „nein!" zu sagen. Im Burnout kommt auch der sogenannte positive Krankheitsgewinn zum Tragen. Endlich werde ich aus der Schusslinie genommen, da ich ja eine anerkannte Ausrede habe.

Bedenklich finde ich, dass man an Hotelbars im Kreise anderer Manager ohne einen Burnout oder zumindest einem ordentlichen Tinitus schon weitgehend unterzugehen droht. Früher war es mein Haus, mein Pool, mein Auto. Heute ist es mein Burnout, mein Tinitus, mein Magengeschwür, um zu dokumentieren, was man drauf hat. Einer hat mir mal anvertraut: „Ohne einen Burnout hast du dich noch nie richtig angestrengt."

Wo soll dieser Wettlauf eigentlich enden? Wer ist der Stärkere, derjenige, der wie ein Lemming der Maße ins Verderben folgt (Opfer), oder derjenige, der sich emanzipiert und seine Lebens Balance bewusst gestaltet (Täter)? Bedenken Sie bitte – und damit will ich jedem ins Gewissen reden – ein Burnout ist nicht heilbar, den wird man nicht mehr los. Man lernt in der Therapie, damit umzugehen und die Signale rechtzeitig zu erkennen, um dagegen zu steuern. Er ist aber immer da, wie ein Dämon im Hintergrund, der darauf wartet, wieder zuschlagen zu können. Die beste Vermeidungsstrategie ist eine halbwegs ausgeglichene Lebens Balance, Wachsamkeit sich selbst gegenüber und ein bewusstes, reflektiertes und selbstbestimmtes Handeln. Leisten Sie sich diesen Luxus! Sie selbst, Ihre Familie und Freunde sowie Ihre Firma haben mehr davon, wenn Sie körperlich und mental gesund bleiben. War zwar am Schluss etwas theatralisch, aber diese Botschaft ist mir wichtig.

Impuls: Wer mich ärgert, bestimme ich!

Das hat nichts mit Arroganz zu tun oder Teilnahmslosigkeit. Es ist wiederum Ihre freie Entscheidung, von wem oder was Sie sich ärgern lassen. Bei den Dingen, bei denen Sie genügend Frustenergie spüren, werden Sie dann auch entsprechend reagieren. Bei anderen eben nicht. Um diese Entscheidung treffen zu können – ärgern oder nicht ärgern - brauchen Sie aber praktischerweise ein paar Momente an Zeit. Zeit, die Ihnen übrigens hilft, wieder etwas runterzukommen, besonders, wenn Sie jemand oder etwas überrascht hat. Sie kennen das, wenn ein unerwartetes Ereignis den eigenen emotionalen Pegel kurz mal über die eigene Frusttoleranzschwelle hat wuppen lassen.

Impuls: Dreht sich die Welt auch ohne mich?

Stellen Sie sich vor: Es liegt gerade etwas ganz Wichtiges und Dringendes an, etwas, über das nur Sie Bescheid wissen, das nur Sie lösen können, bei dem nur Ihr spezielles Können und Ihre ausgewiesene Expertise weiter hilft und kein anderer aber auch nur den Ansatz einer Chance hat, damit klar zu kommen, weil keiner bis jetzt davon gehört und gewusst hat und schon gar keine Erfahrung oder einen Plan hat. Außerdem ist es so überaus dringend, dass nur Sie die Zeit haben, jetzt gleich damit anzufangen… Soll ich weiter machen? Ist der Groschen gefallen? Sie glauben doch nicht wirklich, dass Sie der Einzige sind, der diese Sache lösen kann? Glauben Sie im Ernst, dass diese Sache so dringend ist, dass sie sofort damit beginnen müssen?

Stellen Sie sich desweiteren vor: Bevor Sie mit der Bearbeitung dieser Sache beginnen, wollen Sie sich noch schnell einen Kaffee holen, brechen sich auf der Treppe zum Kaffeeautomat das Bein und werden kurzerhand ins Krankenhaus gebracht. Sie fallen voraussichtlich für 4 Wochen aus, weil es ein sehr komplizierter Bruch ist und beide Arme auch noch etwas abbekommen haben, Bedienung von Notebook etc. ausgeschlossen. Was wird jetzt mit dieser Sache, mit dem Kundentermin, mit dem Vertrag, dem Angebot, der Kalkulation und so weiter passieren? Alle Erfahrungswerte sprechen dafür, dass erst mal nicht passiert. Dann werden einige Menschen anfangen, sich zu organisieren, man entdeckt Menschen, die das auch können oder zumindest schnell lernen werden und es läuft nach einigen Unebenheiten einfach weiter. Oder es wird entschieden, dass diese Sache nicht bearbeitet wird und einfach liegen bleibt. Aber eines ist sicher: Die Welt dreht sich weiter! Keiner - wirklich keiner! - ist unersetzbar. Überschätzen Sie sich da nicht, Sie werden tendenziell enttäuscht werden. Nehmen Sie sich vielleicht nicht ganz so wichtig. Vertrauen Sie anderen, daß sie das auch können bzw. lernen können (siehe Delegation und Coaching). Möglicherweise schlägt da auch Ihr Misstrauens-MINDFUCK zu (nur ich kann es, wenn ich es mache, weiß ich, dass es passt). Betrachten Sie unsere Erde mal vom Mond aus. Da wird dann auch klar, was mit dem umgefallenen Sack Reis in China gemeint ist.

Ein Seminarteilnehmer hat auch mal eine nette Frage gestellt, wenn etwas wieder ganz dringend und wichtig war: „Wenn ich das jetzt nicht gleich erledige, was hat das für einen Einfluss auf den Bierpreis?"

Impuls: Loch im Zaun flicken

„Ich habe keine Zeit, den Zaun zu flicken – ich muss die Hühner einfangen!" Immer wieder Hühner einfangen, also z.B. Probleme lösen, ist stressig und nervt. Und weil Sie so viele Probleme lösen müssen (es steht ja laufend jemand da und will etwas von Ihnen), haben Sie keine Zeit, die Ursachen zu beseitigen, also das Loch im Zaun zu flicken. Wäre da aber kein Loch mehr, müssten Sie auch keine Hühner mehr einfangen. Wie oft stehen Sie in Ihrem Führungsalltag vor der Entscheidung „Loch oder Hühner"? Wie oft meinen Sie keine Zeit zum Loch flicken zu haben?

Einige Beispiele:

- einen Mitarbeiter nicht umfassend informieren und schulen
- eine Dysfunktion nicht eingehender analysieren, bevor Sie entscheiden
- den falschen Mitarbeiter mit einer Aufgabe betrauen, also der falsche DISG-Typ (siehe Kapitel DISG)
- lieber etwas selber machen, statt zu delegieren
- Mitarbeiter nicht zu mehr Selbstständigkeit trainieren (siehe Kapitel Delegation)
- den Mitarbeiter zu etwas überreden, anstatt ihn in die Entscheidung miteinzubeziehen
- und so weiter

Das Interessante daran ist, daß viele glauben, Hühner einfangen sei Ihre eigentliche Arbeit. Viele meinen also, das sei normal. Beginnen Sie, das Loch im Zaun zu flicken und vermeiden Sie den Stress, Hühner einfangen zu müssen.

Impuls: Ich muss…!

Hören Sie sich einmal zu:

- Ich muss heute noch auf einen Geburtstag.
- Ich muss die Emails noch bearbeiten.
- Ich muss das noch fertig machen.
- Ich muss heute länger bleiben.
- Ich muss morgen wieder ins Geschäft.
- Ich muss noch schnell…

Wie geht es Ihnen? Wie fühlt sich das an? Gehetzt, unter Druck, unangenehm oder etwa gar normal?! Sie glauben, dass Sie daran nichts ändern können und setzen sich damit selbst unter Druck (Druckmacher-MINDFUCK), treiben sich an (Übermotivations-MINDFUCK), kommen ins Schwitzen und – begeben sich mental dabei in die Hand „höherer Mächte", die Sie fremdbestimmen. Sie erlauben es irgendjemand, über Sie zu bestimmen, Ihnen Druck zu machen. Ist es das, was Sie wirklich wollen? Viele sagen mir, daß sich das gar nicht so anfühlt, wie ich es gerade beschrieben habe. Vielleicht geht es Ihnen da ähnlich. Ist es etwa schon ein akzeptierter Normalzustand, etwas, was Sie gar nicht mehr hinterfragen, weil es eh jeder macht oder weil Ihre Eltern das auch so gemacht haben?

Nehmen Sie diese Karte als Anlass, einmal folgendes Gedankenspiel mitzumachen und entscheiden Sie anschließend, wie Sie damit umgehen möchten. Wenn wir es ganz nüchtern betrachten, müssen wir tatsächlich nur vier Dinge tun: essen, schlafen, pinkeln und sterben. Bei allen anderen Dingen haben wir stets die Wahl und es hängt vom individuellen Preisvergleich ab, was wir tun und lassen. Die Psychologie hat herausgefunden, daß Gedanken unsere Worte beeinflussen, die wiederum unser Gefühl und das letztendlich unser Leben. Wenn Sie sich also ständig mit Worten wie „ich muss…" unter Druck setzen, welche Gedanken stecken dann dahinter? Wer bestimmt, was Sie jetzt tun müssen, Sie oder „die höheren Mächte"? Und da wären wir wieder bei selbstbestimmt oder fremdbestimmt, Täter oder Opfer? Machen Sie sich nicht selber fertig und bleiben Sie selbstbestimmt, indem Sie die Wörtchen „ich muss" aus Ihrem Vokabular streichen und z.B. ersetzen durch „ich mache" oder eben auch „ich mache nicht" – Sie entscheiden es, selbstbestimmt.

Natürlich weiß ich auch, daß man noch einige Dinge mehr machen „muss", als die vier oben genannten. Dinge, die einfach in unserem System so vorgesehen sind, unserer Mentalität entsprechen oder einfach um unserem persönlichen Anspruch zu genügen. Aber – nehmen Sie das bitte nicht als generelle Ausrede, damit Sie ja keine Verantwortung für Ihre Misere übernehmen müssen. Entscheiden Sie sehr bewusst, was Sie tun und was Sie lassen werden.

Ein Beispiel: Sie haben einen Liefertermin für etwas zugesagt (Kunde oder Chef) und haben den persönlichen Anspruch, jemand zu sein, auf den man sich verlassen kann. Also „müssen" Sie das jetzt noch machen, damit Sie den Termin halten können. Einverstanden. Aber eigentlich wollten Sie heute pünktlich Feierabend machen (Ausgehen mit Ihrem Partner), was aber nicht mehr klappen wird, weil Sie das ja noch machen „müssen". Und jetzt ist der Moment gekommen, wo uns die Psychologie zur Seite springt. Die sagt nämlich, achte auf Deine Worte, denn Sie werden zu einem Gefühl. Wenn Sie „ich »muss« das jetzt noch machen…" sagen, fühlt es sich schlechter an, als wenn Sie sagen „ich »mache« das jetzt noch, um…". Im ersten Fall fühlen Sie sich fremdbestimmt, im zweiten fühlt es sich selbstbestimmt und damit besser an. Ein einfacher mentaler Trick, mit Dingen umgehen zu können, die Sie letztendlich ja nicht vermeiden können. Positive thinking ist genau das selbe. Probieren Sie es aus, ersetzen Sie „muss" mit „mache" - es funktioniert wirklich!

Sollten Sie noch nicht überzeugt sein und bei sich selbst kein gefühltes Problem mit dem „muss" haben, gebe ich Ihnen noch einen zweiten Gedanken mit. Fragen Sie sich mal, wie Ihr „muss" auf die Menschen wirkt, mit denen Sie zu tun haben. Was kommt bei Ihrem Gegenüber an, wenn Sie immer alles tun „müssen", wenn

Sie zu dem einen noch nicht gekommen sind, weil Sie das andere erst noch tun „müssen"? Mal ehrlich, Sie wirken tendenziell gehetzt, getrieben und wenig souverän. Sie machen den Eindruck, daß Sie Ihre Dinge nicht immer im Griff haben, oft überfordert sind und – im Grunde genommen wirken sie schwach. Entscheiden Sie selber, wie diese zwei Kollegen auf Sie wirken, die zu Ihnen sagen:

1. „Ich komme heute nicht mehr zu B, weil ich erst noch A tun „muss", außerdem „muss" ich noch..."
2. „Ich „mache" heute A und morgen B."

Wer wirkt souveräner, organisierter, selbstbestimmter? Wer wirkt auf Sie letztendlich stärker? Wen nehmen Sie ernster? Auf wen würden Sie sich eher verlassen? Bei wem würden Sie sich eher mal trauen, ein bißchen frecher zu werden? Vor wem haben Sie eher Respekt? Entscheiden Sie selbst, wie Sie wirken möchten und mit welchem Vokabular Sie weniger Druck bzw. Stress mit sich selbst und Ihrer Umwelt haben.

Impuls: Fertig!

Ich weiß nicht, welche Erfahrungen Sie bisher mit Aufgabenlisten gemacht haben. Ich selbst habe den Eindruck, dass sie nie aufhören, dass immer neue Aufgaben dazu kommen und dass der Ergeiz, fertig werden zu wollen, einen unter Druck setzt und sehr belasten kann. Ergo ist es realitätsfern zu glauben, man wird irgendwann fertig. Christian Meier vom Inner Game Institut hat einmal gesagt: „Wenn ich nie fertig werde, kann ich aufhören zu versuchen, fertig zu werden." Praktisch heißt das: Prioritäten setzen – klingt zwar langweilig, ist aber ein wichtiger Schritt in Richtung Selbstbestimmung und mehr Gelassenheit. Das Anstrengende dabei ist nur, die Folgen der Priorisierung auszuhalten, nämlich, die Rückmeldungen aus dem Umfeld.

Impuls: Verantwortung!

Sie tragen als Führungskraft Verantwortung: dass die Ziele erreicht werden, die Mitarbeiter sich entwickeln und gut drauf sind, die Termine gehalten werden, wirtschaftlich gearbeitet wird, die Qualität stimmt, immer alles state of the art ist, und so weiter. Außerdem, dass Sie alle möglichen Erwartungen erfüllen, Kundenwünsche erfüllen, immer funktionieren, Karriere machen, Geld verdienen und die eigene Existenz und gflls. die Ihrer Familie sichern... so weit, so wahr! Das sind dann auch immer willkommene Argumente und Gründe, hinter denen es sich prima verstecken lässt, um nicht „nein" sagen zu müssen, „ich muss noch..." zu rechtfertigen, bis zur Erschöpfung zu arbeiten, zu glauben, unentbehrlich zu sein und letztendlich die Fremdbestimmung durch höhere Mächte ertragen zu können.

Einverstanden, manchmal trage ich etwas dick auf. Hier in diesem Fall aber, um deutlich zu machen, daß Verantwortung mehr ist, als sich zu stressen und bis zum Umfallen zu arbeiten. Wenn Sie dadurch schlecht drauf sind oder gar ausfallen, dann hat das gravierende Folgen für

- Die Firma, die nur noch eingeschränkt oder keine Leistung mehr für Ihr Geld bekommt,
  Sie stellen Ihre Leistungsfähigkeit nicht mehr dauerhaft sicher oder fallen ganz aus.
- Die Familie, die Ihre Unausgeglichenheit ertragen muss,
  Sie sind nur noch eingeschränkt für Ihre Familie da.
- Die Familie, deren Existenz bei einem Ausfall auf dem Spiel steht,
  Sie riskieren, Ihre Familie nicht mehr ausreichend ernähren zu können.
- Sie selbst, weil Sie keine Zeit oder Lust mehr für Nicht-Arbeiten haben,
  Sie mindern sehenden Auges Ihre Lebensqualität und kompensieren das eventuell durch materielle Ersatzbefriedigungen.
- Sie selbst, indem Sie sich sogar irreversible Schäden (z.B. Burnout, Herzinfarkt, Tinitus) zufügen,

Sie setzen Ihre Gesundheit unwiederbringlich auf's Spiel.
- Die Gesellschaft und Volkswirtschaft, der Sie auf der Tasche liegen,
Sie produzieren hohe Gesundheitskosten.

Was ist also Verantwortung? Ich finde es zu kurz gegriffen, den Begriff Verantwortung nur auf Pflichterfüllung und Hamsterrad zu reduzieren. Die oben beschriebenen Folgen und Risiken sind ja schon in der Mitte unserer Arbeitswelt angekommen. Insofern finde ich es unverantwortlich, wenn eine Führungskraft diese Folgen und Risken für sich billigend in Kauf nimmt.

Impuls: Nein!

„Wenn ich jetzt »nein« sage, dann dann ist er mir böse, dann kann ich mich auf was gefasst machen, dann ist alles aus...!" Viele Menschen tun sich schwer mit diesem Wort, weil Sie oft ausgeprägte MINDFUCK's damit bedienen (siehe nächstes Kapitel), also mentale Käfige, die verhindern klar zu denken. Nach der Lektüre des nächsten Kapitels werden Sie sich unter Umständen fragen, warum Sie sich oft so anstellen und nicht öfter mal »nein« sagen. Allerdings, nur ein „Nein!" – das wäre mir zu wenig und ist nicht im Sinne des Erfinders dieses Zauberwortes. Der andere weiß nicht Bescheid und fühlt sich vor den Kopf gestossen. Ein „Nein, weil..." wäre mir da lieber, da er dann meine Entscheidung nachvollziehen kann und normalerweise keine negativen Folgen zu erwarten sind.

Impuls: Luxus, schwach zu sein

Bei oberflächlicher Betrachtung gibt uns unsere Leistungsgesellschaft viele Signale, die uns glauben machen sollen, immer stark sein und funktionieren zu müssen. Man hat keine Schwächen, nur Stärken. Geht nicht, gibt's nicht und wer noch keinen Burnout gehabt hat, hat noch nie richtig gearbeitet. Diese Attribute werden in Managerkreisen gerne vorgebracht, um sich ins rechte Licht zu rücken und ein entsprechendes Image aufzubauen. Aber mal ehrlich, wie glaubhaft ist es denn, anderen diese Stärke vorzugaukeln. Von wieviel persönlicher Stärke zeugt es denn wirklich, wenn man eigene Schwächen so überspielen muss (siehe auch Übermotivations- bzw. Druckmacher-MINDFUCK). Ich frage mich, kann bzw. sollte ich mir den Luxus nicht auch mal leisten, schach zu sein? Ich komme zu einem eindeutigen »ja«. Ich habe die persönliche Stärke, das meinem Umfeld auch zu zeigen und ich bleibe damit auch glaubhafter und autentischer. Ich setze mich nicht mehr so sehr unter Druck, entspanne dadurch und lebe stressfreier. Gerade beim Thema „Gesund führen" sollten Sie ruhig auch mal überlegen, welches Vorbild Sie für Ihre Mitarbeiter sein möchten. Verlangen Sie von ihnen auch immer Vollgas, indem Sie das entsprechend vorleben? Wann haben Sie Ihre Leute dann verheizt? Schwäche zeigen hat nichts mit schwach sein zu tun, sondern mit Selbstbewustsein und verantwortlichem Selbstschutz.

Impuls: Schlechtes Gewissen?

Sie machen heute ausnahmsweise schon um 15.30 Uhr Feierabend und verlassen die Firma. Jetzt mal Hand auf's Herz, wie geht es Ihnen dabei? Fühlen Sie sich gut dabei? Prallen all die lockeren Sprüche Ihrer Kollegen ab (Halben Tag Urlaub eintragen...!) ? Gehen Sie mit einem Lächeln, hocherhobenen Hauptes und für alle sichtbar beim Vordereingang raus? Oder sind Sie doch versucht, sich für den frühen Feierabend zu rechtfertigen („Ich mache zuhause noch was" oder „Ich bin ja wohl auch oft genug länger da") oder benutzen etwas verstohlen den Hinterausgang? Ist es nicht verrückt, wie man da in Denkkäfigen gefangen ist und bestimmte MINDFUCK's pflegt (siehe nächstes Kapitel)? Probieren Sie es einfach mal aus und nehemn Sie wahr, was es mit Ihnen macht. Schlechtes Gewissen – wofür eigentlich?!

Impuls: Preisvergleich

Sie wollten heute pünktlich um 17 Uhr Feierabend machen, um mit Ihrem Partner um 18 Uhr noch auszugehen. Um 16.30 Uhr kommt Ihr Chef mit einer dringenden Aufgabe, die heute unbedingt noch fertig werden muss, Dauer ca. 90 Minuten. Sie werden eine Entscheidung treffen, aber nach welchen Kriterien? Letztendlich wird es auf einen Preisvergleich hinauslaufen. Sie werden sich nämlich die Frage beantworten „Was ist für mich preisgünstiger. Den Chef verärgern oder meinen Partner?" Sie werden Ihre MINDFUCK´s abklappern (siehe nächstes Kapitel), was alles passieren wird, wenn Sie dem einen oder dem anderen absagen und dann entscheiden. Natürlich ist es kein Preisvergleich in Heller und Pfennig. Es ist eher das für Sie gefühlt geringere Übel, für das Sie sich entscheiden werden. Ob Sie dann für Ihre Entscheidung gerade stehen oder sich eher einer Ausrede bedienen (siehe bei den oberen Karten) ist dann Ihre Sache. Seien Sie sich auf jeden Fall bewusst, wenn Sie sich *für* etwas entscheiden, entscheiden Sie sich in der Regel immer auch *gegen* etwas. Den Preisvergleich machen Sie mehrmals pro Tag.

Impuls: Erholung – Hol- oder Bringschuld?

Ich treffe an dieser Stelle jetzt einfach mal die naive Annahme, dass Sie trotz aller grenzenlos scheinenden Ressourcen auch einmal Erholung brauchen. So weit, so zynisch… Eigentlich steckt die Antwort auf diese Impulsfrage schon im Begriff Er*hol*ung drin. Wenn Sie mal ganz nüchtern bilanzieren, wer hat Sie in der Vergangenheit das letzte Mal aufgefordert, etwas für sich selbst zu machen, den Partner einzupacken und das lange Wochenende zu nutzen, heute mal pünktlich Feierabend zu machen, den Auftrag morgen fertig zu machen, etwas mit Feunden zu unternehmen – eben sich ein bisschen zu erholen? Ja klar, kommt ab und zu vor, ist aber nicht die Regel. Wenn Sie nicht selbst danach schauen, können Sie oft lange warten, bis a) jemand überhaupt erkennt, daß Sie Erholung brauchen (wie auch?!) und b) Ihnen jemand dann etwas vorschlägt. Da sind Sie selber dran, die Egoismus-Debatte hin oder her (Selbstverleugnungs-MINDFUCK, siehe nächstes Kapitel). Dieser Jemand steht aber dann mit einem schlauen Spruch auf der Matte, wenn Sie in der Erschöpfung landen, wie z.B. „Warum bleibst Du auch immer so lange im Geschäft?" oder „Du hättest Dir einfach früher mal ne Auszeit nehmen sollen.". Erholung ist eine Holschuld!

Impuls: Opfer oder Täter?

Lassen Sie die folgenden Wortpaare auf sich wirken, hören Sie tief in sich hinein und nehmen Sie diejenigen von der Sushibar (Wortliste), mit denen Sie beginnen wollen, mit unserem Leistungssystem anders umzugehen:

Beruf	-	Berufung
Work-Life	-	Lebens-Balance
Pflichterfüllung	-	Verantwortung
Getrieben	-	Gelassen
Schwach	-	Souverän
MINDFUCK	-	Lebensqualität
Ich muss…	-	ich mache
Ja sofort	-	nein, weil…
Alles gleichzeitig	-	Prioritäten
Fertig machen	-	Stehen lassen
Unbewusst	-	Bewusst
Ohne mich geht´s nicht	-	Die Welt dreht sich auch ohne mich
Unreflektiert	-	Metaebene
Angst vor Konsequenzen	-	Folgen bewusst aushalten
Stress ist schlecht aber schick	-	Stress macht mich produktiv
Es allen Recht machen	-	Ich bin jetzt dran
Schlechtes Gewissen	-	Bewusste Entscheidung
Geärgert werden	-	Ärgern
Schwäche zugeben müssen	-	Luxus leisten, schwach zu sein
Warten auf Erholung	-	Erholung holen
Später leben	-	Jetzt leben
Entschieden werden	-	Entscheiden
Keine Zeit	-	Loch flicken
Fremdbestimmt	-	selbstbestimmt
Opfer	-	Täter

Impuls: Ist Stress hausgemacht?

Sie haben nun alle Karten durch. Wie ist Ihre Antwort?

Ich fasse es nochmal wie folgt zusammen: 10% der Stressreaktion gehen auf das Konto des Auslösers, 90% gehen auf das Konto der Stressbewertung im eigenen Kopf. Sie haben die Wahl.

Und welche Prüfungen uns der eigene Kopf bzw. der eigene Anspruch stellt und in welchen Denkkäfigen wir uns häufig befinden, lesen Sie im folgenden Kapitel MINDFUCK.

1.5.4 MINDFUCK

Ja, es ist das F-Wort und ja, es klingt sperrig… aber… dieses Thema macht so schön deutlich, welche Begrenzungen und Belastungen wir uns selbst auferlegen und wie man daran arbeiten kann, freier und gelassener zu werden und seiner Lebens Balance ein Stück näher zu kommen. Und… es betrifft jeden von uns! Ich möchte an dieser Stelle ausdrücklich Frau Petra Bock (Managementcoach, Petra Bock-Institut) erwähnen, die das MINDFUCK-Modell entwickelt hat. Ich orientiere mich an Ihren Arbeiten und setze es seit Jahren in meinen Coachings ein.

Im MINDFUCK-Modell werden sieben Möglichkeiten beschrieben, wie man sich selbst erfolgreich sabotieren kann. Eigene mentale Blockaden verhindern, dass man sich aus seiner Komfortzone, wo es warm und sicher ist, herausbewegt und neugierig die Lernzone betritt. Man lernt nicht mehr groß dazu und verbaut sich die Chance, neue bereichernde Erfahrungen im Leben zu machen und sich weiterzuentwickeln.

Sie haben solche Dinge bestimmt schon mal gehört:

a) Sie diskutieren unter Kollegen die Idee des Sabbaticals, sich mal für 4 Monate aus dem Erwerbsleben zurückziehen. Wenn dann ein Kollegen sagt „Das kannst du doch nicht machen, du wirst zu viel verpassen in dieser Zeit und vielleicht ist dein Job danach weg.“, dann sprechen wir z.B. von einem typischen Regel-MINDFUCK (…du zu viel verpasst) eventuell schon in Tateinheit mit einem Katastrophen-MF (…Job ist weg).

b) Ein komplett ausgelasteter Kollege, der mit beträchtlichem Stundenaufwand gerade so rumkommt, wirft bei einem zusätzlichen Projekt mit Elan in die Runde „Das wäre doch gelacht, wenn ich das nicht auch noch schaffe, gib her das Projekt, geht nicht – gibt´s nicht!“. Diese Selbstüberschätzung bzw. Euphorisierung deutet auf ein Übermotivations-MF hin.

c) Innerhalb einer Projektarbeitsgruppe kommt die Frage auf, wer das Ergebnis nun im Management vorstellt und ein Kollege sagt „Ich kann das nicht, vor anderen zu reden, da komme ich mir blöd vor und ich will da auch gar nicht so auffallen. Außerdem, wenn ich was Falsches sage, dann bekomme ich die Schuld dafür.“, dann haben wir hier gleich zwei Klassiker: ein Selbstverleugnungs-MF (…kann das nicht, …nicht auffallen) und ein Regel-MF (…bin ich schuld).

d) Sie berichten einem Kollegen im Führungskreis von der Idee einer Ihrer Mitarbeiter und er sagt „Ja aber was ist, wenn der das dann gar nicht kann und nicht dranbleibt? Mach das lieber selber, dann weißt du, dass es gut wird.“, dann ist das ein sehr ausgeprägtes Misstrauens-MF (ja aber…, …selber machen) Ihres Führungskollegen.

Was haben diese vier Beispiele gemeinsam? Richtig, das Verbleiben in der Komfortzone. In Beispiel a) verhindert das MINDFUCK, dass der Kollege das Sabbatical einmal ausprobiert. Er bringt sich um die Chance, eine weitere Möglichkeit zu testen, seine Lebens Balance zu erreichen, er lernt nicht dazu und verbleibt in seiner sicheren Komfortzone. Wenn der Kollege in Beispiel b) so weitermacht, ist es nur noch eine Frage der Zeit, bis er in der Erschöpfung landet und massiv darunter leidet. Er bleibt lieber der Starke und Souveräne, den nichts umhaut (Komfortzone), als mal auszuprobieren, was passiert, wenn er sagt „genug“ und vielleicht auch mal zugibt, dass er es nicht mehr schafft (Lernzone). In Beispiel c) redet sich der Kollege vielleicht schon lange ein, dass er nicht vortragen kann. Wenn er es nie ausprobiert hat, wie kann er sich da so sicher sein? Und bringt er sich dadurch nicht um die Chance, vom Management entdeckt zu werden, weil er auf einmal für andere wahrnehmbar wird? Ihr Führungskollege in Beispiel d) hat offenbar eines noch nicht verstanden: Vertrauen in Mitarbeiter zu haben, ihnen etwas zutrauen, sie dadurch zu beflügeln. Stattdessen ist er misstrauisch, macht lieber alles selber (Komfortzone) und wird als Führungskraft eher im unteren Mittelmaß hängenbleiben, da er sich ständig die Möglichkeit verbaut, zu erleben, welche Performance Mitarbeiter zeigen, wenn man ihnen etwas zutraut und sie machen lässt.

Was machen MINDFUCK´s mit uns?

- Sie halten uns vom intensiven Leben fern
- Begrenzen uns in unseren inneren Möglichkeiten
- Verdecken unsere individuellen Potentiale
- Hindern uns an mehr Lebensqualität
- Verhindern Lernen und Neugierde
- Halten uns in unserer Komfortzone fest
- Erzeugen hausgemachten Stress
- Hindern uns, wir selbst zu sein
- Treiben uns in die Leere oder eventuell sogar Burnout
- Machen es für uns schwieriger als nötig
- Hindern uns, die eigene Lebens Balance zu finden
- Hindern uns, souverän und authentisch zu sein

Aber was können diese Kollegen tun, um Ihre MINDFUCK´s abzulegen, die sie so begrenzen? Gegen wen soll man denn kämpfen? Finden Sie sich selbst auch im ein oder anderen Beispiel wieder? Der Feind, lieber Leser, sind nicht Sie selbst, sondern der sitzt zwischen Ihren beiden Ohren, ein kleiner Mann – nennen wir ihn Wächter -, der Ihnen laufend etwas souffliert und Sie davor warnt, Ihre Komfortzone zu verlassen. Er verwendet die MINDFUCK´s, um Sie vom Betreten der Lernzone abzuhalten.

1. Er droht mit Katastrophen (Katastrophen-MF)
3. meint, wir müssten zuerst die Bedürfnisse anderer berücksichtigen (Selbstverleugnungs-MF)
4. macht Druck (Druckmacher-MF)
5. wertet auf oder ab (Bewertungs-MF)
6. schürt Misstrauen (Misstrauens-MF)
7. behauptet, er kenne die Regeln, die man einhalten müsse, um Sicherheit und Kontrolle zu haben (Regel-MF)
8. verleitet uns zu verdrängen und gibt uns eine Droge, die uns euphorisiert und abheben lässt (Übermotivations-MF)

Dadurch verhindert er oft erfolgreich, dass Sie lernen und Möglichkeiten entdecken, Ihren Glücksbereich auszuweiten, sich weiterzuentwickeln und letztendlich Ihre Lebens Balance zu verbessern.

Man weiß nun schon seit geraumer Zeit, dass viele Restriktionen und Blockaden schon früh von den Eltern an die Kinder in Form von Werten und Verhaltensmustern weitergegeben werden. Diese Muster werden von den Kindern in der Regel weitgehend unreflektiert übernommen und kaum hinterfragt, z.B. „Du darfst als Jüngerer einem Älteren nicht das „Du" anbieten, sondern muss warten, bis er das tut." oder „Das brauchst du gar nicht erst versuchen, dafür bist du ein zu kleines Licht." Der Wächter greift diese Dinge des kollektiven Unterbewusstseins, das heißt die Werte, Muster und Überlieferungen früherer Generationen, auf und handelt gegen uns. Erschreckend dabei ist, wie weit er dabei in der Zeit zurück reist: Kriegsangst, Inquisition, Hunger, Lehenswesen, Klassenkampf, Überlebenskampf, und so weiter. Wir orientieren uns oft an Regeln, die Jahrhunderte alt sind. Aber welche dieser Regeln, Normen, Werte und Traditionen sind heute noch sinnvoll? Leben wir hier in Mitteleuropa heute nicht in einer Zeit von noch nie dagewesener Freiheit? Mehr Sicherheit, Individualität und Pluralismus als heute gab es noch nie! Was passiert uns denn tatsächlich, wenn wir das Verwandtschaftstreffen schwänzen? Im Mittelalter zur Zeit des Lehenswesens tat man gut daran, sich eng innerhalb des Familienverbundes aufzuhalten und sich an dessen strikte Regeln zu halten, sonst stand man nämlich alleine da, was früher oder später Hunger und Tod bedeutete. Aber heute?

Welche Regeln und Normen sind noch gut und gültig, welche sind überholt? Welche schützen uns, Dummheiten zu machen und welche begrenzen uns in unserer Entfaltung und Weiterentwicklung? Welche Ansprüche an uns selbst glauben wir zu haben?

Der Denkfilter des Wächters ist da sehr rückwärts gewandt und orientiert sich an den Zielen: Sicherheit, Überleben und die Kontrolle behalten (eben wie früher). Mit all diesen MINDFUCK´s gaukelt er uns vor, dass wenn wir danach handeln, ein Höchstmaß an Sicherheit haben und wir die Kontrolle behalten. Wir bleiben damit zwar in unserer Komfortzone, ein neugieriges Lernen und persönliche Weiterentwicklung wird allerdings weitgehend verhindert (kein Betreten der Lernzone). Wir fühlen uns mehr und mehr fremdgesteuert und funktionieren nur noch. Der Zustand von Glück, Lebensqualität und eigener Zufriedenheit rückt oft in weite Ferne.

Wie Sie den Wächter umerziehen können vom Gegner und Abhalter zu Ihrem Anwalt und Freund, der Sie berät und dabei unterstützt, zu lernen und sich weiterzuentwickeln, das greife ich etwas weiter hinten auf. Ich möchte Ihnen vorher die Möglichkeit geben, herauszufinden, was eigentlich Ihre Lieblings-MINDFUCK´s sind. Nachfolgend sehen Sie die sieben MINDFUCK´s mit vielen Beispielen versehen. Lesen Sie sie durch und kreuzen Sie die Treffer an.

1 Katastrophen – MINDFUCK

Sich selbst Angst machen

Mücke - Elefant	Schlaflose Nächte	Panik machen
Überängstlich	Hypochondrie	Jetzt ist alles aus!

- o   Stark übertreiben oder pauschalisieren, Panik machen
- o   „… dann ist alles aus!"
- o   „… das wird nie funktionieren!"
- o   Aus einer Mücke einen Elefant machen
- o   Nur noch reagieren, statt agieren, passiv werden
- o   Kein Risiko mehr eingehen, übertriebenes Risikomanagement
- o   Man fühlt sich wie gelähmt
- o   Übervorsichtig, überängstlich sich selbst oder anderen gegenüber
- o   „…lass´ es nicht fallen."
- o   „Du muss immer mit dem Schlimmsten rechnen."
- o   Man traut sich nichts mehr zu
- o   Das ist alles Scheiße!
- o   Kein Urvertrauen mehr
- o   Zukunftsangst haben und verbreiten
- o   Schlaflose Nächte haben
- o   Jede Veränderung → Risiko → Katastrophe
- o   Man fühlt sich existenziell gefährdet
- o   Man ist ängstlich und verkrampft deshalb
- o   Schlimme Erfahrungen anderer auf sich selbst projizieren
- o   Sich antizipativ auf Not einstellen
- o   Wegen jedem Halskratzen zum Arzt rennen

Raum für weitere Beispiele, die Ihnen gerade einfallen:

55

2 Selbstverleugnungs – MINDFUCK

*Die Lebensinteressen anderer über die
eigenen stellen*

Es allen recht machen wollen	Selbstauf-opferung	Kein "nein" Helfersyndrom
Kein Feedback geben	Glauben, nichts wert zu sein	Nur nicht auffallen oder anecken

- o Andere Bedürfnisse sind wichtiger als meine, ich komme meistens zu kurz
- o Erst die Kinder, Mann, Eltern, Schwiegereltern, Kollegen, Chef – und mich vergesse ich
- o Ich fühle mich unwohl dabei, wenn es mir gut geht
- o Etwas Schönes nicht genießen können, weil es anderen ja schlechter gehen könnte
- o „Aber das kann ich … doch nicht antun."
- o Falsch verstandene Loyalität anderen/der Firma gegenüber
- o Everybodies darling, es jedem Recht machen wollen
- o Möglichst unauffällig bleiben, nicht anecken
- o Falsche Rücksicht nehmen, falsch verstandene Nächstenliebe
- o Nicht merken, wenn man ausgenutzt wird
- o Ich sage lieber nichts um des lieben Friedens willen, harmoniesüchtig
- o Ich möchte nicht egoistisch wirken
- o Ich traue mich nicht, zurückzumelden, wenn mir etwas nicht passt
- o „Wo kämen wir denn da hin, wenn alle zuerst an sich denken würden!?"
- o Konfliktscheu sein, Konfrontationen aus dem Weg gehen
- o Dazu habe ich kein Recht
- o Ich kann das sowieso nicht
- o Angst vor Zielerreichung
- o Ich opfere mich für … auf
- o Ausgeprägtes Helfersyndrom, sich um alles kümmern
- o Sich selbst klein und unwichtig machen
- o In Deckung bleiben, nicht auffallen, kuschen, um keinen Ärger zu bekommen
- o Eigenes Licht unter den Scheffel stellen, sich unter Wert verkaufen
- o Oft zu bescheiden, entdeckt werden wollen
- o Man „spürt" dich nicht, wenig Profil
- o „Nein" sagen fällt mir schwer, etwas ablehnen

Raum für weitere Beispiele, die Ihnen gerade einfallen:

3 Druckmacher - MINDFUCK

Sich und andere unter Druck setzen

Stress machen	Inneren Schweinehund bekämpfen	"Ich muss noch..."
Blinder Aktionismus	Sich selbst beschimpfen (Sport)	Immer antreiben

- o „Wenn nicht…, dann…!"
- o „Wenn Du das nicht packst, dann kannst Du gleich nach Hause gehen!"
- o „Entweder …, oder…!"
- o Selbstgespräche (gedacht oder geflüstert), die mir Druck machen
- o Drohungen, die mir und anderen Druck machen
- o Sich selbst immer antreiben
- o Sich selbst erpressen
- o „Das wirst Du dir nie verzeihen, wenn du …!"
- o Den Druck von anderen unreflektiert übernehmen
- o „Jetzt nur nicht verkrampfen - ich muss ganz locker bleiben!"
- o Jetzt stell dich nicht so an!
- o „Das kannst Du eh nicht!"
- o Du darfst nicht
- o Ich muss das noch …
- o Ich muss, ich muss, ich muss
- o Auf dem Weg zum Burnout
- o Das muss du so und so machen
- o Körperliche Symptome missachten (Herz, Kreislauf, Magen, Rücken, Ohren, …)
- o Das Leben ist ein Kampf
- o „Wie blöd kann man nur sein - schon wieder daneben!"
- o „Ich muss unbedingt abnehmen!"

Raum für weitere Beispiele, die Ihnen gerade einfallen:

4 Bewertungs - MINDFUCK

Sich und andere bewerten

Notorisches Jammern	Notorisch unzufrieden (depressiv)	Perfektionismus
Besserwisserei (aggressiv)	Neid, Vergleichen mit anderen	Wertigeit durch Funktionieren

- o   Nur ich weiß, wie es geht, ich erkläre Dir, wie die Welt funktioniert
- o   Ich bin nicht im Sein, sondern im Sein-sollen
- o   Ich fühle mich, als ob ich nicht ankomme
- o   Ich fühle mich wie in einem Hamsterrad
- o   Ich bewerte häufig in gut/schlecht, richtig/falsch, und so weiter
- o   Neid, intensives Vergleichen mit anderen
- o   Sich unterlegen fühlen, mangelndes Selbstbewusstsein
- o   Sich selbst überfordern, Messlatte zu hoch, sich selbst im Weg stehen
- o   Entweder richtig oder gar nicht, digitales denken, schwarz/weiß, kein grau
- o   Ich will es perfekt machen
- o   Angst, nicht zu genügen, schlechter zu sein und deshalb abgelehnt zu werden
- o   Ich fühle mich häufig schlechter als die Anforderung
- o   Bezug zur Realität geht verloren, Depri-Loch
- o   Immer Soll-Ist-Vergleich, messen
- o   Platz/Wert/Rang suchen und finden
- o   Existenzberechtigung nur in Verbindung mit Leistung, Funktionieren, nicht durch mich selbst
- o   Keine Schwäche zeigen, sich nicht fallen lassen
- o   Beziehungen zu Andersartigen sind schwierig, ein ständiger Wettbewerb
- o   Messen der eigenen Wertigkeit an Leistung, Schönheit, Status
- o   Häufig jammern, aber wenig verändern

Raum für weitere Beispiele, die Ihnen gerade einfallen:

5 Regel - MINDFUCK

Sich unreflektiert an rigide, willkürliche oder überholte Regeln halten

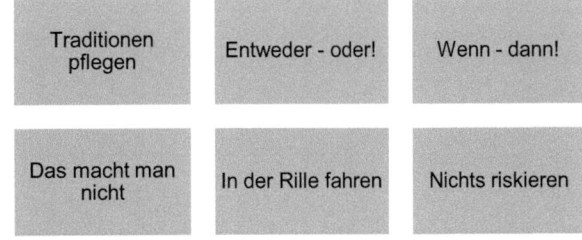

Traditionen pflegen	Entweder - oder!	Wenn - dann!
Das macht man nicht	In der Rille fahren	Nichts riskieren

- Es gibt nur diesen einen Weg, nur die eine Realität, alles in festen Bahnen
- „Wenn sie nicht pünktlich ist, ist das ein klares Zeichen von…"
- „Wenn er das wirklich ernst gemeint hat, dann müsste doch…"
- Ich bin enttäuscht, weil ich etwas erwarte, was mit anderen nicht vereinbart ist
- Ich halte mich an Konventionen, die ich (unreflektiert) von meinen Eltern/Chefs/der Gesellschaft… übernommen habe und die heute vielleicht gar nicht mehr gelten
- „Das macht man eben nicht!", „Ich kann doch nicht einfach…", „Das darfst Du nicht."
- Krampfhaft an Vorurteilen festhalten, Prinzipienreiterei
- Ich kann mich nur gut fühlen, wenn ich das „Richtige" getan bzw. erreicht habe
- „Entweder das eine, oder das andere", „Man kann eben nicht beides/alles haben"
- „Das geht sowieso nicht, weil…"
- Ich halte an Regeln fest, die mir das subjektive Gefühl von Sicherheit geben
- Kreativität oder Improvisieren ist gefährlich und vermeide ich lieber
- Ich kann nur etwas werden, wenn ich hart arbeite und extrem fleißig bin
- Das ist meine Pflicht, das ist verboten, Herdentrieb
- Wenn ich nicht kontrolliere, funktioniert es nicht
- Regeln eines bestimmten Umfeldes werden automatisch adaptiert
- Die Frage: „Warum ist das so?" wird nicht gestellt
- Andere als blauäugig oder naiv bezeichnen
- Nichts riskieren, keine Abenteuer
- Das ist halt so Tradition bei uns/mir

Raum für weitere Beispiele, die Ihnen gerade einfallen:

6 Misstrauens - MINDFUCK

Sich selbst und anderen chronisch misstrauen

Kein Vertrauen in andere	Lässt keinen an sich ran	Angst vor Enttäuschung
Ja, aber...	Haar in der Suppe suchen	Konflikt heraufbeschwören

- „Verlasse dich auf dich selbst, sonst bist du verlassen."
- Tiefe Einsamkeit, weil man niemandem vertraut
- „Der will mich nur über den Tisch ziehen."
- Andere sind prinzipiell unehrlich oder bösartig
- „Wenn etwas gut werden soll, mache ich es lieber selbst."
- Ich suche nach Gründen, jemandem nicht trauen zu können
- Ich suche zuerst danach, was mir jemand antun könnte
- Ich fühle mich ständig ausgenutzt oder benachteiligt
- Ich denke, ich komme häufig zu kurz
- Ich traue mir selbst auch nicht viel zu, „Ich kann das eh nicht."
- „Dann kannst du mir ja jetzt bestimmt sagen, …", „Das glauben Sie ja selber nicht!"
- Ich stimme selten mit jemand überein
- Ich beschwöre oft Konflikte herauf, Stachel ausfahren, Störungen verursachen, absichtlich widersprechen
- Misstrauen schützt mich vor negativen Erfahrungen (leider auch vor positiven)
- Delegieren ist für mich schwierig, nur selbst tun bringt Überlegenheit und Kontrolle
- Sich nicht sicher und geborgen fühlen, sich nicht fallen lassen können
- Ich schlage häufig einen kritischen, aggressiven Ton an
- Schutzschild, Mauer aufbauen
- Sehr schnell angreifen, um sich zu schützen
- Ich lasse nur ganz wenige Menschen an mich ran
- Immer nach den Fehlern anderer suchen
- Ich suche so lange, bis ich etwas Falsches/Schlechtes gefunden habe

Raum für weitere Beispiele, die Ihnen gerade einfallen:

7 Übermotivations - MINDFUCK

Verdrängen, sich extrem euphorisieren und übermotivieren

Geht nicht gibt's nicht	Immer stark sein	Positiv, erfolgreich, optimistisch
Ständig etwas/jemand toppen	Andere Schieflage kaschieren	Tschacka!

- o Meinen, immer gut drauf, selbstsicher und optimistisch sein zu müssen
- o Immer den Starken markieren, souverän wirken wollen, nie Schwäche zeigen
- o Sich selbst anfeuern und zu Hochleistungen antreiben, starkes Euphorisieren
- o Ständig etwas/jemand toppen müssen
- o Probleme, Schwächen bei sich und anderen darf es nicht geben, werden ignoriert
- o Krankheit und Dysfunktion bei sich/anderen wird als Makel gesehen
- o Ich komme nicht zur Ruhe, treibe mich ständig an
- o Ich fühle mich toll, grandios und unbesiegbar, Größenwahn – ich kann alles!
- o Ermöglicht, uns länger mit einer schlechten Sache zu arrangieren, als es gut ist
- o Mein Leben ist ein einziger Siegeszug, eine einzige Erfolgsgeschichte
- o Ist vergleichbar mit Drogenabhängigkeit, muss immer mehr werden
- o Mein Umfeld gleicht eher einem Fanclub als Mitmenschen
- o Ich suche mir Vorbilder oder „Gurus"
- o Ich praktiziere Tschacka-Rituale, sich motivieren auf Teufel-komm-raus
- o Ich kaschiere damit eine andere Schieflage/Schwäche in meinem Leben
- o Generell angespannte Lebenshaltung
- o Es gibt keine Probleme, ich bin immer Herr der Lage
- o Ich kann nicht runterkommen
- o Bei eigener Schwäche wendet sich das Umfeld ab – ich werde einsam
- o Heimliche Angst vor dem bösen Erwachen
- o Echte Stärke braucht so etwas nicht!

Raum für weitere Beispiele, die Ihnen gerade einfallen:

Da Sie jetzt einen Überblick haben, welche MINDFUCK´s Sie gerne pflegen, würde ich Sie gerne mitnehmen, der Frage nachzugehen „Wie kommen Sie raus aus der MINDFUCK-Falle?" Nochmal zur Erinnerung: der Wächter ist bisher noch Ihr Gegner und Abhalter, sein Denkfilter orientiert sich an Sicherheit, Überleben und die Kontrolle behalten. Sie werden ihn Stück für Stück umerziehen zu Ihrem Anwalt und Freund, der Sie berät und unterstützt aber auch vor Dummheiten, also tatsächlichen Gefahren, bewahrt. Sein neuer Denkfilter ist Streben nach Lebensqualität, Selbstbestimmtheit und einer ausgewogenen Lebens Balance.

Was ich mit Lebensqualität meine? Hier einige Beispiele:

Beispiele für Lebensqualität (LQ)

- Persönlicher, materieller Konsum
- Empfinden von Glück und Zufriedenheit
- Eine Herausforderung meistern
- Sicherheit, geborgen sein
- Die Kontrolle haben
- Eine Krise überstanden haben
- Sich für andere einsetzen
- Eine schwierige Situation meistern
- Etwas Sinnvolles machen
- Auf etwas verzichten zugunsten eines anderen
- Sex
- Hart arbeiten, um sich etwas leisten zu können
- Eine Arbeit zu tun, die mir zwar nicht viel Spaß macht, aber mich sonst irgendwie weiterbringt
- Anerkennung und Wertschätzung durch ehrenamtliches Engagement
- Vertrauen in meine Fähigkeiten
- Freude empfinden für etwas
- Eine neue Erfahrung machen
- Etwas tun oder lassen, um persönlich zu wachsen
- Etwas tun, um einem anderen zu Wachstum zu verhelfen
- Etwas tun, um Anerkennung oder Aufmerksamkeit zu bekommen
- All die Motivatoren, die die DISG-Typen antreiben
- Meine Grenzen ausloten durch körperliche Aktivität
- Meine Grenzen ausloten durch mentale Aktivität
- LQ = persönliches Leitbild oder Perspektive
- An Krisen wachsen
- Erfolge genießen
- Sich auf etwas fokussieren, konzentrieren
- Loslassen, sich gehen lassen
- Etwas tun oder lassen, das mich oder andere zufrieden macht
- Spirituelle Erfüllung, die nicht an ein Dogma gebunden ist
- Wellness, Ruhe, Passivität
- Workout, Sport
- Etwas tun oder lassen, das meine Gesundheit fördert
- Etwas tun oder lassen, das mich attraktiv macht
- Eine Freundschaft pflegen
- Etwas für Freunde oder Familie tun
- Etwas tun oder lassen, das mein persönliches Biotop fördert
- Karriere machen
- Etwas genießen

- Auf etwas verzichten
- Etwas tun oder lassen, wodurch andere profitieren
- Großzügig sein zu sich und anderen
- Etwas tun oder lassen, um Macht und Einfluss zu bekommen
- Eine persönliche Schwelle überwinden, z.B. ein Bungeejump, Skydive, etc.,
- Geliebt werden
- Zugehörigkeit empfinden
- Eine Familie gründen
- Familienleben
- Sicherer Arbeitsplatz

Wie Sie beim Durchlesen wahrscheinlich schon bemerkt haben, ist mit Lebensqualität nicht nur Fun, Party und Egotrip gemeint, sondern all das, was Sie in Ihrem Leben haben oder erreichen möchten. All Ihre Ziele, Träume und Bedürfnisse. Es hängt völlig von Ihren Vorstellungen ab und mündet in Ihre Lebens Balance. Vielleicht kennen Sie die „Mäusestrategie" von Spencer Johnson, dort ist der verschwundene Käse der Platzhalter für das, was Sie im Leben erreichen möchten. Der Käse ist die Lebensqualität. Damit hat sich auch die Egoismus-Diskussion erledigt, frei nach dem Motto „Darf ich so egoistisch sein und nur an mich und meine Bedürfnisse denken?" Ich sage ja und es hängt eben sehr stark davon ab, was Sie als Lebensqualität definieren. Wenn es für Sie die LQ steigert, andere Menschen beispielsweise durch Krisen zu begleiten, dann ist das so. Fest steht für mich aber auf jeden Fall: erfüllte Menschen, die Ihre Balance gefunden haben, engagieren sich mehr für andere, als solche, die getrieben und frustriert, unzufrieden und eng sind. Ein Mehr an Lebensqualität erhöht die Neigung zum Altruismus und z.B. der Allgemeinheit etwas zurückzugeben.

Wie kommen Sie also aus der MINDFUCK-Falle heraus? Da die MINDFUCK´s eine mentale Blockade sind, also nicht von außen gesteuert, können Sie diese auch selbst (mental) lösen. Wie, das zeigt Ihnen der folgende Prozess.

Raus aus der MINDFUCK-Falle

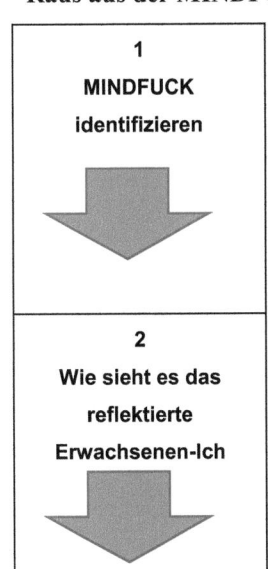

1 MINDFUCK identifizieren	1 Katastrophe (sich selbst Angst machen) 2 Selbstverleugnung (die Lebensinteressen anderer über die eigenen stellen) 3 Druckmacher (sich und andere unter Druck setzen) 4 Bewertung (sich und andere bewerten) 5 Regel (sich unreflektiert an rigide, willkürliche oder überholte Regeln halten) 6 Misstrauen (sich selbst und anderen chronisch misstrauen) 7 Übermotivation (verdrängen, sich extrem euphorisieren)
2 Wie sieht es das reflektierte Erwachsenen-Ich	Analyse, Pro/Contra, SWOT (Stärken, Schwächen, Chancen, Risiken) Kann ich es verändern, das heißt lohnt es sich, Energie zu investieren? Was wäre, wenn…? Was könnte passieren? Probeleben/Simulation in der Zukunft, wenn Sie es tun bzw. lassen würden Was wäre die schlimmste Konsequenz, es zu tun/lassen (GAU)? Wie hoch ist die Wahrscheinlichkeit für diesen GAU? Wie häufig habe ich es schon erlebt, dass das dann passiert? (bei sich selbst oder anderen) Wie kann ich den GAU schon im Vorfeld vermeiden?

	Welches Risiko gehe ich ein, wenn ich es tue oder lasse? Warum tue bzw. lasse ich es eigentlich nicht?
3 **Filter** **Lebensqualität**	Was will ich (Lebensqualität)? Was brauche ich (Bedürfnisse)? Was ist mir wichtig? Was macht für mich Sinn? Was steigert meine Lebensqualität?
4 **Sich öffnen mit Neugier, Vertrauen und Freude an der Erfahrung**	Formulieren Sie in ganzen Sätzen, wie die Situation durch die Brille „Neugier, Vertrauen, Freude an der Erfahrung" jetzt aussieht. Beschreiben Sie Ihr Zielbild: Was sehen Sie da? Was hören Sie? Was fühlen Sie? Was riechen Sie? Was schmecken Sie? Schreiben Sie diese Sätze auf jeden Fall auf.
5 **Preisvergleich**	Individuell vergleichen, welche Entscheidung Sie mehr kostet. Die materielle Seite ist oft weniger entscheidend als die ideelle (Risiko, Nachteile, Gefahr, …) Beispiel Männerabend: Was kostet mich mehr? Den Männerabend sausen zu lassen (eigene LQ= Freunde treffen), das heißt ich bin sauer. Oder möglicherweise deswegen Stress mit meinem Partner zu bekommen (LQ= Partnerschaft pflegen), das heißt mein Partner ist sauer.
6 **Entscheiden**	Für sich entscheiden. Achtung: eine Entscheidung *für* etwas ist oft gleichzeitig auch die Entscheidung *gegen* etwas. Die Schuld nicht bei anderen oder höheren Mächten suchen. Wir sind selber groß! Vom Opfer zum Täter – selbstbestimmt.
7 **Tun**	Was werden Sie jetzt konkret tun? Formulieren Sie konkrete Maßnahmen (z.B. Bewerbung schreiben, Gespräch suchen, Haus verkaufen, …) Wenn die Entscheidung getroffen ist, sofort umsetzen und nicht mehr nach hinten schauen. Sie tun jetzt und werden nicht mehr getan.

Der Wächter arbeitet nicht mehr gegen Sie. Er ist nicht mehr aggressiv, aufpeitschend, moralisierend, warnend, deprimierend und überbehütend. Er ist jetzt Ihr Anwalt, Freund und Berater. Er ist ermunternd, klar, fordernd und er ist wichtig, um uns gut durchs Leben zu bringen, da er Sie auch von Dummheiten schützt. Er und Ihre INTUITION werden mehr und mehr eins. Sie vertrauen darauf.

Das Beispiel einer jungen Frau vor ein paar Jahren soll verdeutlichen, was MINDFUCK´s machen und wie man aus solch einem MINDFUCK herauskommen kann. Diese junge Frau war damals Personalreferentin in einer mittelständischen Firma. Ihre Chefin, zu der sie kein besonders gutes Verhältnis hatte, war hochschwanger und stand kurz vor Ihrem Mutterschaftsurlaub. Sie war unsicher, ob sie nach der Schwangerschaft überhaupt wieder zurück kommt und ob es dann überhaupt wieder diese Stelle sein würde. Die junge Frau wollte zwar weiterkommen, hatte sich aber nicht getraut, den obersten Chef zu fragen, ob sie sich auf die freiwerdende Stelle bewerben dürfe.

MINDFUCK indentifizieren: In unserem Coachinggespräch stellte sich heraus, daß sie gegenüber Ihrer Noch-Chefin persönliche Skrupel hatte, sich zu bewerben – sie könne doch nicht einfach an Ihrem Stuhl sägen. Darüber hinaus war sie sich dann doch nicht so ganz sicher, ob sie den Job überhaupt qualifiziert sei. Außerdem sah sie die Gefahr, dadurch Ihren Ruf zu schädigen, weil sie ja so kaltschnäuzig sei. Wir kamen schnell überein, daß es sich um ein klares Selbstverleugnungs-MINDFUCK (Skrupel, nicht zutrauen) in Kombination mit einem Regel-MINDFUCK (wenn bewerben, dann Ruf kaputt).

Im reflektierten Erwachsenen-Ich hat sie sich einige dieser Fragen beantwortet:

- Was wäre die schlimmste Konsequenz, wenn sie sich bewirbt? Die Chefin könnte Ihr persönlich böse sein und der oberste Chef könnte denken, daß sie skrupellos sei.
- Wie hoch ist die Wahrscheinlichkeit, daß diese beiden Dinge passieren? Hinsichtlich der Chefin meinte sie, na ja, könnte sein, aber eher nicht, weil sie sowieso noch nicht weiß, was sie anschließend macht. Und selbst wenn, würde es Ihr nicht viel ausmachen, sie kann sie sowieso nicht leiden und es macht ja auch nicht viel Spaß, unter Ihr zu arbeiten. Zum obersten Chef meinte sie nach einigem Nachdenken, dass er Ihr wohlgesonnen sei und normalerweise nicht so drauf sei. Sie meinte, er wäre wohl eher froh, gleich einen eingearbeiteten Ersatz zu haben, womit er weniger Stress hätte.
- Wie hoch ist das Risiko einer Bewerbung für Ihre Karriere? Sehr niedrig.
- Was wäre die Chance, wenn sie sich bewirbt? Sie käme wohl schneller voran als gedacht, diese Chance würde sich nicht mehr so schnell bieten. Ihre wäre es auch nicht recht, wenn Ihr jemand anderes vor die Nase gesetzt würde. Außerdem besteht die Gefahr, daß er sich nach einer Alternative umschaut und sie nicht mit in der Auswahl ist.

Hinsichtlich der Bedürfnisse und der Lebensqualität zeigte sie viel Energie für ein berufliches Weiterkommen (Ergeiz) sowie ein hohes Interesse daran, die Personalentwicklung in der Firma nach Ihren Vorstellungen mitgestalten zu können. Sie hätte wohl eigene Ideen, die Ihre Chefin immer abgeblockt hätte.

Sie hat dann einen zentralen Satz formuliert, den ich hier nur noch sinngemäß wiedergeben kann: „Ich bewerbe mich und bin mal gespannt, wie mein oberster Chef mit meiner Bewerbung umgehen wird. Wenn er mich gleich wieder rauswirft, was ich nicht glaube, habe ich es wenigstens versucht und ich kann mir nichts vorwerfen. Geht er darauf ein schaue ich mal, wie ich ihm den Nutzen meiner Beförderung verkaufen kann. Gut vorbereitet werde ich allemal sein."

Der Preisvergleich fiel insgesamt deutlich *für* eine Bewerbung aus. Sie kam zum Schluss, dass Ihr eigentlich nichts passieren kann. Im dümmsten Fall bliebe sie da, wo sie ist. Also würde sich eine Bewerbung auf jeden Fall mehr lohnen, als sich vielleich später vorzuwerfen, sie habe es nicht versucht. Sie hat sich für eine Bewerbung entschieden und zwar schon während Ihre Chefin noch da war. Sie wollte einfach rechtzeitig dran sein, bevor der oberste Chef nach einer Alternative sucht.

Sie hat übrigens die Stelle bekommen, weil sie zum einen qualifiziert genug war und zum anderen rechtzeitig dran. Ihre Chefin kam nach der Kinderzeit nicht mehr zurück in die Firma. Ihre MINDFUCK´s hätten beinahe eine Weiterentwicklung und Ihr Fortkommen verhindert.

Es gibt immer Käse – man muss nur danach suchen."

Spencer Johnson

1.6 Umgang mit Krisen

Im Chinesischen wird der Begriff „Krise" mit zwei Schriftzeichen dargestellt:

Gefahr Chance

Jede Krise beinhaltet also demnach immer die Gefahr eines Nachteiles, aber offenbar auch die Chance für neue Möglichkeiten. Im Volksmund sagt man bei uns, in etwas Schlechtem steckt auch immer etwas Gutes. So weit, so gut. Nicht gerade etwas Neues, werden Sie jetzt sagen. Was das Wissen darüber angeht, gebe ich Ihnen Recht, aber nicht was die erlebte Praxis betrifft.

Wir Menschen (zumindest hier in Mitteleuropa) nehmen Krisen gerne zum Anlass, uns darüber aufzuregen, uns reinzusteigern und uns häufig damit zu blockieren, über Lösungen nachzudenken. Wir finden den Ausgang nicht, gehen gerne in die Opferrolle, finden es ungerecht und leiden. Wir stecken viel Energie in die „Gefahr", für die „Chance" bleibt dann kaum noch etwas übrig. Die sogenannte Resilienz, die Fähigkeit, Krisen durchzustehen und gleichzeitig seine mentale Gesundheit zu erhalten, ist oft unterentwickelt bzw. verkümmert. Und da Krisen fast immer auch etwas mit Veränderung zu tun haben, tun wir uns doppelt schwer. Das Buch „Mäusestrategie" beschreibt das vortrefflich und bietet einen guten Lösungsansatz dafür. Bevor ich aber über praktische Lösungsstrategien spreche, möchte ich Ihre Aufmerksamkeit erst auf den mentalen Anteil lenken, der es Ihnen überhaupt erst möglich macht, über Lösungen nachzudenken – Ihre *Haltung* zum Thema Krise.

Es ist ja nun eine alte Weisheit, dass Krisen zum Leben gehören. Die erste Frage, die Ich Ihnen jetzt aber stelle ist: „Haben Sie das wirklich so akzeptiert?". Ich meine, ist es bei Ihnen wirklich verankert, dass es nicht nur hell, sondern auch dunkel gibt? Lassen Sie dunkel auch zu, oder streben Sie insgeheim doch eher danach, dass es möglichst immer hell sein möge? Und da ist es ziemlich unerheblich, ob nun einer Ihrer besten Mitarbeiter gekündigt hat, ob die Firma abgebrannt ist, ob Märkte wegbrechen und damit ein Teil des Umsatzes oder ob Ihnen privat etwas widerfährt wie ein Unfall, Krankheit, Tod eines Angehörigen. Die Frage ist nicht, wie Sie jetzt mit dem konkreten Fall umgehen, sondern noch ein Schritt vorher, ob Sie es überhaupt zulassen und annehmen können, dass diese Krise jetzt da ist.

Etwas anzunehmen, und nicht dagegen anzukämpfen, dass es eigentlich nicht da sein dürfte, ist für mich der erste Schritt zur Krisenbewältigung. Wenn Sie beispielsweise in der Früh mit Rückenschmerzen auf der Bettkante sitzen, wieviel Sinn macht es dann, die Schmerzen zu verfluchen, sich darüber zu ärgern und es ungerecht zu finden, dass es ausgerechnet Sie trifft? Wie weit kommen Sie, wenn Sie Ihre Energie darauf konzentrieren, die Existenz der Schmerzen abzulehnen – und dem Schmerz damit erst recht viel Raum zu geben?

Das Yin-Yang Prinzip kann Ihnen dabei helfen, eine gelassenere und letztendlich auch konstruktivere Haltung zu Krisen zu finden. Es geht davon aus, dass das eine nicht ohne das andere existieren kann. Ohne das Unten gäbe es kein Oben, ohne dunkel wüsste man nicht, was hell ist, ohne kalt zu kennen, wüsste man nicht, wie sich warm anfühlt und so weiter. Ein Blick in die Natur, bringt ein ähnliches Ergebnis: ein Baum wächst (Leben) und irgendwann fällt er um (Tod) – und daraus entstehen neue Pflanzen (Chancen).

Wie schon erwähnt, gibt es im Leben nicht nur Hochs (Erfolge, Gesundheit, Reichtum, …), sondern eben auch Tiefs (Krisen, Misserfolg, Krankheit, Verluste, …). Und wenn ich nicht weiß, wie sich eine Krise anfühlt, wie weiß ich dann, wann ich in einem Hoch bin? Ich meine, wenn Sie immer im Hoch wären, würden Sie dann merken, wenn es langsam abwärts geht, wenn es nicht mehr hell, sondern schon duster ist? Würden Sie das Hoch dann überhaupt noch schätzen? Eine ordentliche Krise ist dafür da, oben besser von unten unterscheiden zu können. Das Tief hilft Ihnen, sich über das Hoch wieder zu freuen - dafür ist das Tief da. Die Krise hat also einen Sinn, hat eine Existenzberechtigung im Leben. Würde die Krise fehlen, liefen wir Gefahr, im Mittelmaß steckenzubleiben.

Diese Haltung wird Ihnen helfen, eine Krise überhaupt als solche annehmen und als notwendig akzeptieren zu können. Und es ist wichtig, dass Sie das tun. Damit ist sie zwar noch nicht gelöst oder vorüber, aber Ihnen fällt es jetzt schon leichter, damit umzugehen und Sie können Ihre Energie sinnvoller in die Bewältigung investieren.

In der Trauerberatung (beim Tod von Angehörigen) achtet man beispielsweise darauf, dass der Trauernde bewusst den Schock und die Ablehnung des Todes durchlebt und das Ereignis damit auch als Realität annimmt, bevor man beginnt nach vorne zu schauen. Wird diese Phase übersprungen, indem man sie z.B. verdrängt, kann das den Trauernden zu einem späteren Zeitpunkt einholen mit umso schlimmeren Auswirkungen.

Nachdem ich jetzt Ihre Aufmerksamkeit sehr stark auf Ihre Haltung gelenkt habe, möchte ich Ihnen im Folgenden einige praktische Möglichkeiten auf die Sushi-Bar legen, die Ihnen helfen können, mit Ereignissen, die schon eingetreten sind (Krisen) oder die Ihnen noch bevorstehen besser umzugehen.

1.6.1 Der Veränderungsprozess nach Levi

Dieses Denk- und Verfahrensmodell beschreibt meines Erachtens sehr klar und transparent, in welchen Schritten sich eine Krisenbewältigung vollzieht. Die oben genannte Trauerberatung orientiert sich übrigens stark daran. Eine der Kernaussagen ist, dass jeder Schritt notwendig ist und zugelassen werden muss, es darf nichts übersprungen werden. Wie lange man in den einzelnen Schritten verweilt, ist individuell unterschiedlich. Ob das bei Ihnen selbst ist oder ob Sie einen Mitarbeiter durch eine Krisensituation führen, der Prozess ist identisch.

1	**• Ereignis tritt ein** (Tod, Arbeitsplatzverlust, Markt, Wetter, Veränderung, Neuigkeit...)
2	**• Schock, Überraschung** (Starre, durch den Wind, Erstaunen, körperliche Reaktionen, nichts tun)
3	**• Ablehnung, Ärger, nein** (alles wird negiert, keine Akzeptanz, keine Annahme des Ereignisses, ungerecht)
4	**• Rationale Einsicht** (kopfgesteuert, ok, das Beste draus machen, pos.Seiten suchen, noch unsicher)
5	**• Emotionale Akzeptanz** (bauchgesteuert, jetzt ist es durch, Chancen sehen, Selbstsicherheit wächst)
6	**• Ausprobieren** (mutig genug, Lust danach, Prozess erleben, Ideen generieren)
7	**• Erkenntnis, Erfahrungen machen** (erste Erfahrungen, Erfolge spornen an, Mißerfolge deprimieren, schwankend)
8	**• Erfolg, Stabilisierung** (ich komme zurecht, es stabilisiert sich, ich stelle um)
9	**• Anerkennung, Verinnerlichung** (Point of no Return, es ist verinnerlicht und angenommen)

Nehmen Sie mal an, Sie würden Ihrem Mitarbeiter im Vertriebsinnendienst eröffnen, dass er aufgrund von Marktverschiebungen nicht mehr die Vertreter in Osteuropa betreut, sondern in Zukunft die von Asien, was für ihn eine durchaus gravierende Veränderung bedeutet. Was müssten Sie jetzt führungstechnisch beachten? Genau, lassen Sie ihn „trauern". Er darf schockiert sein und Sie gewähren ihm einen gewissen Raum für Ablehnung und Ärgern. Erst wenn er das „ausleben" durfte, ist er bereit, sich von Ihnen auf den Weg einer Lösungsfindung mitnehmen zu lassen. Mehr dazu aber im Kapitel „Führen in Veränderung", in dem ich auch das Change House vorstelle.

1.6.2 Die GAU-Methode

Manchmal kann man schon „die Krise bekommen", bevor überhaupt ein Ereignis eingetreten ist, sprich man macht sich Sorgen, weil aufgrund eines bevorstehenden Ereignisses eventuell etwas für sich Nachteiliges mit gravierenden Konsequenzen eintreten können. Nehmen wir beispielsweise an, Sie sind Abteilungsleiter der Montage und können mit Ihrem Team einen zugesagten Termin für ein Kundenprojekt nicht halten. Mal abgesehen, dass dies ein Katastrophen-MF sein könnte, kann man da auch ganz pragmatisch rangehen und bevor Sie jetzt hektisch Ihr Team zusammenrufen und zu Überstunden verdonnern, arbeiten Sie doch erst mal die GAU-Methode durch:

GAU-Methode in 8 Schritten	Beispiel
1. Was macht mir Sorgen?	Wir können den Kundentermin nicht halten
2. Was wäre das Schlimmste, was passieren kann (GAU)?	1. Der Kunde ruft bei mir an macht mir die Hölle heiß 2. Wir zahlen eine Konventionalstrafe 3. Der Kunde springt ab Eskalation in dieser Reihenfolge
3. Situation annehmen und sich damit abfinden	ok
4. Wie hoch ist die Wahrscheinlichkeit, dass der GAU eintritt? Wie oft ist er in der Vergangenheit schon eingetreten?	Zu 1: sehr gering <5%! Ist zwar bisher noch nicht vorgekommen, aber selbst wenn, wäre es noch zu verkraften, ich könnte damit umgehen. Zu 2: keine Ahnung ?%! Steht eine KV im Vertra? Wenn ja, wären wir dran, wenn nein, passiert diesbezüglich nichts. Zu 3: gering <10%! Meines Wissens ist in den 10 Jahren, wo ich hier bin deswegen noch kein Kunde abgesprungen. Da wir Systemlieferant sind, wäre das auch gar nicht so einfach für Ihn, kurzfristig einen Ersatz zu finden.
5. Was kann ich tun, um den GAU schon im Vorfeld zu vermeiden?	Zu 1: bin mental vorbereitet, hole mir einen Tipp vom Vertrieb für ein passendes Verhalten Zu 2: im Vertrieb nachfragen, ob KV vereinbart ist. Wenn nein ist alles gut, wenn ja Schnellmaßnahme einleiten Zu 3: Vertrieb rechtzeitig Bescheid geben, dass wir den Termin nicht halten können. Er kann dann Kunde informieren und ihn entsprechend einfangen.
6. Preisvergleich. Was kostet es mich, wenn ich es tue oder lasse? Welches Risiko gehe ich ein, wenn ich es tue oder lasse?	Termin verstreichen lassen ohne Vertrieb Bescheid geben: Einlauf kassieren vom Chef, schlechte Idee Wenn KV vereinbart kann es sehr teuer werden, Beschleunigungskosten durch Sondermaßnahmen Vertrieb um Verhandlung und Aufschub bitten. Ist zwar lästig mit dem Maier, aber normalerweise ist er kooperativ.
7. Meine Entscheidung	Ich Versuche, mehr Zeit zu bekommen Ich hole Info ein wegen KV Ich werde noch keine Hektik verbreiten
8. Wie und wann setze ich das um?	a) Vertrieb wegen KV fragen, wenn ja, dann Sondermaßnahmen b) Wenn nein, mit Maier reden, dass er noch einen Aufschub beim Kunden raushandelt

1.6.3 Die Mäusestrategie

In dem gleichnamigen Buch, beschreibt Spencer Johnson auf eine erfrischend einfache Weise zwei grundlegend verschiedene Arten, wir man mit einem ungünstigen Ereignis (Krise) umgehen kann. Es beschreibt ein Mäusepaar, das in einem Labyrinth lebt und jeden Tag zu seinem Käselager geht und davon isst. Der Käse ist der Stellvertreter für alles, was man im Leben erreichen will (materiell und ideell). Eines Tages ist der Käse weg (Ereignis, Krise). Beide sind natürlich erst einmal geschockt und wollen es nicht wahrhaben. Sie gehen am nächsten Tag wieder nachschauen, aber der Käse bleibt weg.

Die eine Maus akzeptiert die Veränderung nicht, ist frustriert und findet es ungerecht. Sie jammert und gibt anderen die Schuld und verkrampft in dieser Haltung. Ob Sie verendet oder nicht, lässt der Autor offen.

Die andere Maus akzeptiert das Wegbleiben des Käses schließlich, hört auf zu jammern und beschließt, auf die Suche nach neuem Käse zu gehen. Was sie dann erlebt, hat etwas mit den beiden chinesischen Schriftzeichen zu tun: Gefahr und Chance. Selbstverständlich ist es für sie gefährlich, hinaus ins Labyrinth zu gehen, wo allerlei Gefahren, Hindernisse und Unannehmlichkeiten warten. Sie wird mit Dingen konfrontiert, vor denen Sie im Käselager geschützt war und sie riskiert natürlich auch, keinen Käse zu finden. Am Ende findet Sie natürlich wieder Käse und, wen wundert´s, es waren ganz neue Sorten dabei, die sie vorher noch nicht kannte und die Ihr besser schmeckten als die alten.

Was möchte ich damit nochmal unterstreichen? In negativen Ereignissen oder Krisen stecken auch immer eine Fülle an neuen Chancen und Möglichkeiten. Zugegeben, manchen Ereignissen muss man nicht wirklich etwas Positives abgewinnen können. Bei Kriegen oder dem Absturz der Germanwings Maschine o.ä. tue ich mir da ausgesprochen schwer. Aber wenn wir es auf unsere Wirtschaft projizieren, in der Sie Führungskraft sind, dann fallen mir auch nach angestrengtem Nachdenken wenig Ereignisse ein, bei denen die Nachteile überwogen hätten.

Zwei Beispiele aus meinem Erleben: ein guter Mitarbeiter kündigt. Die Gefahren: selbstverständlich ist das schlecht, der Vorgesetzte ärgert sich, weil er ihn aufgebaut hat und jetzt muss er wieder von Neuem beginnen. Außerdem, wer wird die gute Arbeit fortführen? Gibt es überhaupt jemanden, der das in absehbarer Zeit kann? Und dann der Zeitaufwand für die Rekrutierung… Jetzt die Chancen: jetzt, wo der Mitarbeiter weg ist, zeigen sich plötzlich andere Kollegen (die man vorher gar nicht so wahrgenommen hat), die sehr ehrgeizig und motiviert die Lücke füllen. Der neu eingestellte Kollege bringt neue Ansätze, Methoden und neues Wissen mit, von dem Ihre Abteilung sehr profitiert. Vorher haben Sie sich gar nicht getraut, neue Dinge einzuführen, weil der alte Mitarbeiter da nicht mitzog. Nach einer kurzen Rüttelphase läuft es wieder rund und Sie haben die Gelegenheit genutzt, einige anstehende Veränderungen durchzuführen.

Die komplette Firma ist abgebrannt. Die Gefahren: natürlich bedarf es übernatürlicher Anstrengungen, die Firma wieder aufzubauen und sie vor der Pleite zu retten. Da ist ein Jahr Durcharbeiten angesagt. All die Unannehmlichkeiten mit Versicherungen und Banken, sind die Kunden geduldig, ziehen die Lieferanten mit. Und dann noch die Frage, wo bzw. ob das Know How gesichert ist und wie man das in die neuen IT-Systeme bekommt. Die Chancen: man hat die einmalige Gelegenheit, die Firma sozusagen auf der grünen Wiese und nach den neuesten Gesichtspunkten in den Prozessen aufzubauen. Alle Altlasten kann man über Bord werfen und erlebt einen Produktivitätssprung. Gezwungenermaßen musste man sich zur Überbrückung Unterlieferanten suchen, um die Kunden weiter beliefern zu können. In diesem Zuge hat man über die make-or-buy Betrachtung die Erkenntnis gewonnen, dass man in Eigenfertigung zu teuer ist und man somit dauerhaft viele Bauteile auslagert. Die Firma ist heute nach dem Wiederaufbau besser aufgestellt als vorher. Wohl dem, der ausreichend versichert ist.

Ich bin mir sicher, Sie kennen solche Beispiele aus eigener Erfahrung auch. Es liegt in Ihrer Hand, welchem Aspekt Sie mehr Raum geben, der Gefahr oder den Chancen. An sich übrigens kein sehr neuer Gedanke, früher hieß das positives Denken. Die Frage ist nur, warum tut man es nicht öfter…

Teil 2: MITARBEITERFÜHRUNG

Ab hier beginnt der „Daily-Business-Teil" dieses Buches – das **WERKSTATTBUCH**. In diesem Teil finden Sie neben den 10 Kommunikations- und Führungstools (ich kürze im Folgenden ab mit K-Tools und F-Tools) eine Fülle von Strategien und Handlungsimpulsen für viele Situationen Ihrer täglichen Führungsarbeit. Für erfahrene Führungskräfte ist es als Nachschlagewerk gedacht und möglicherweise dafür, Ihre eigene Werkzeugkiste um das ein oder andere Spezialwerkzeug zu ergänzen. Für Einsteiger ist es eine gute Gelegenheit, sich eine Werkzeugkiste mit den nötigen Werkzeugen anzulegen. Allerdings würde ich nicht ausschließen, dass Sie eventuell schon einige Werkzeuge lose besitzen und vielleicht erst beim Lesen erfahren, wie diese eigentlich heißen. Wie auch immer – viel Erfolg mit dem Werkstattbuch.

2 Tools in der Kommunikation

2.1 Kommunikation

In der Psychologie ist Kommunikation eine umfassende Bezeichnung für Prozesse, die einen Sender, einen Empfänger, einen Kommunikationsmodus, eine Botschaft und einen Effekt aufweisen. In der Realität ist Kommunikation der Prozess, bei dem etwas aus dem eigenen Kopf hinaus in einen anderen Kopf hineingebracht wird. In der Praxis ist Kommunikation ein anderes Wort für »miteinander reden«. Wenn ich in diesem Buch von Kommunikation rede, meine ich in der Regel die Prozesse in Ihrem Job, die face-to-face ablaufen, bzw. hear-to-hear.

Wussten Sie,

- dass der Mensch zu ca. 70% über Körpersprache (Mimik, Gestik, Klang der Stimme, Haltung, Kleindung) und nur zu 30% über das gesprochene Wort kommuniziert?
- dass der erste Eindruck zu ca. 56% über die Körpersprache, zu 38% über den Klang der Stimme und nur noch zu ca. 6% über den Inhalt des Gesagten zustande kommt?
- dass Sie Ihren Gesprächspartner etwa zur Hälfte falsch verstehen?
- dass auf das Konto mangelhafter Kommunikation rund 30% der Fehlschläge bei Innovationen, über 50% der Raklamationsquote und über 60% der ergebnislosen Besprechungen gehen?
- dass rund 30-50% Produktivitätssteigerung in der Zusammenarbeit der Menschen durch eine Verbesserung der Kommunikation möglich wäre?
- dass 75 - 80 % aller Sachprobleme die Folgen von Kommunikationsproblemen sind?
- dass geschätzte 90% aller existierenden Konflikte durch eine aufmerksamere Kommunikation und durch den Einsatz von nur zwei K-Tools vermeidbar wären?

Was sind mit die gravierendsten Kommunikationsfehler? Aus meiner Arbeit mit Führungskräften und Teams kann ich die Antwort auf folgende traurige Highlights verdichten:

1. Mehr selbst reden statt zuhören
2. Wenig Empathie, die Botschaft zwischen den Zeilen nicht hören
3. Keine bewusste Deutung der Körpersignale des anderen
4. Unaufmerksamkeit, abgelenkt sein
5. Meinen, keine Zeit zum Reden zu haben
6. Gewaltsames Wording (Formulierungen)

Bevor Sie entscheiden, welche K-Tools Sie anwenden, würde ich Sie im nächsten Kapitel gerne mit in die Meta-Ebene (Vogelperspektive) nehmen und Ihnen anhand von drei Modellen erklären, welche grundsätzlichen Mechanismen ablaufen, wenn Menschen miteinander reden.

„Du kannst nicht nicht kommunizieren"

Paul Watzlawick

2.2 Drei Erklärungsmodelle

2.2.1 Das Eisberg-Modell

„Jetzt bleiben Sie doch mal sachlich!", diese Aufforderung hört man häufig. Ich frage mich, ob sie eigentlich stimmt. Ich meine, wie kann man denn etwas sachlich lösen, wenn es auf der Beziehungsebene klemmt? Meine Beobachtung ist, dass Störungen auf der Beziehungsebene oft verhindern, dass man in der Sache zusammenkommt. Betrachten Sie die folgende Grafik:

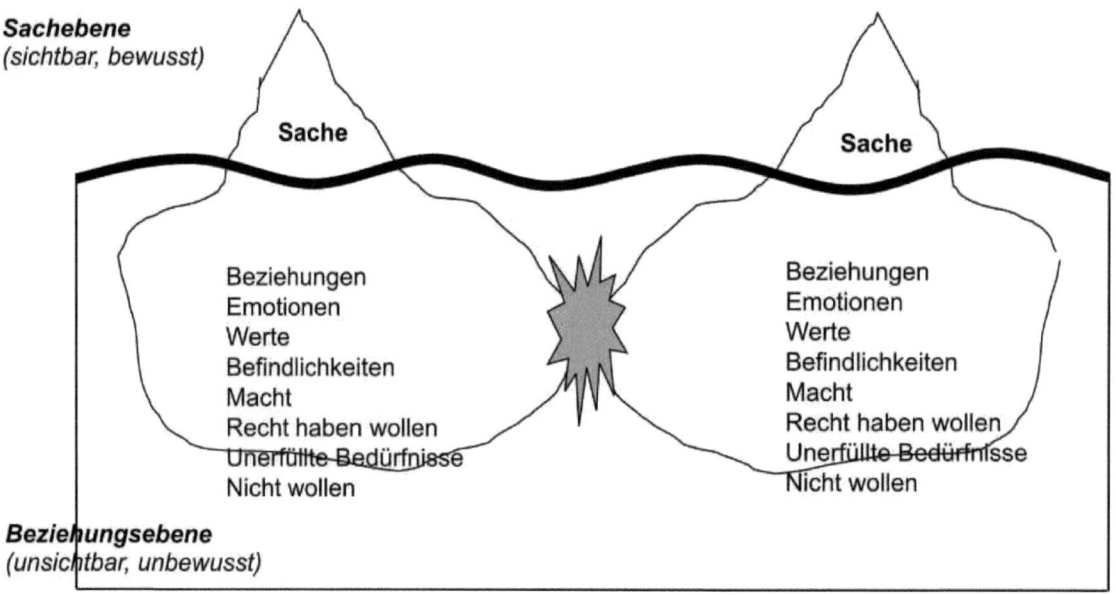

Rein physikalisch gesehen kann man hier „in der Sache", also oberhalb der Wasseroberfläche, nicht zusammenkommen oder sich annähern, weil man darunter kollidiert und sich sperrt. Das Eisberg-Modell stellt sehr schön dar, dass man so lange keine Sachlösung erreichen wird (z.B. einen Kompromiss), solange es auf der Beziehungsebene nicht funktioniert. Was sind das für Faktoren, die das verhindern? Gestörte Beziehungen (ich vertraue dir nicht), verletzte Werte (vor dem lass´ ich mich nicht anschreien!), Befindlichkeiten persönlicher Art (als Frau kann ich da sowieso nicht mitreden), Machtinteressen (eigentlich eine gute Idee, aber von der falschen Partei), einfach Recht haben wollen (ich weiß es einfach besser), und so weiter. Am Ende steht ein „Nicht-Wollen", das eine für alle akzeptable Lösung schwer bis unmöglich macht. An diesem Punkt steht dann jemand auf und fordert alle auf, sachlich zu bleiben. Jetzt setzt sich entweder der durch, der droht, der das lautere Organ hat oder der Ranghöhere nach dem Motto „Ober sticht Unter". Wie gesagt, ich meine, das funktioniert so nicht.

Das Gute an dieser Erkenntnis ist, eine Lösung in der Sache gibt es immer. Daher ist meine Aufforderung an alle Beteiligten: gehen Sie unter die Wasseroberfläche und klären Sie die Beziehungsebene, bevor Sie eine Sachlösung suchen. Aber wie macht man das praktisch? Nehmen wir uns die Physik noch einmal zu Hilfe: wenn wir unterhalb der Wasseroberfläche die beiden Spitzen der Eisberge abschmelzen könnten, dann kämen sich beide Eisberge oben auf der Sachebene näher. Dieses Abschmelzen kann man mit den fünf K-Tools erreichen, die in ich Ihnen in den nächsten Kapiteln vorstellen werde:

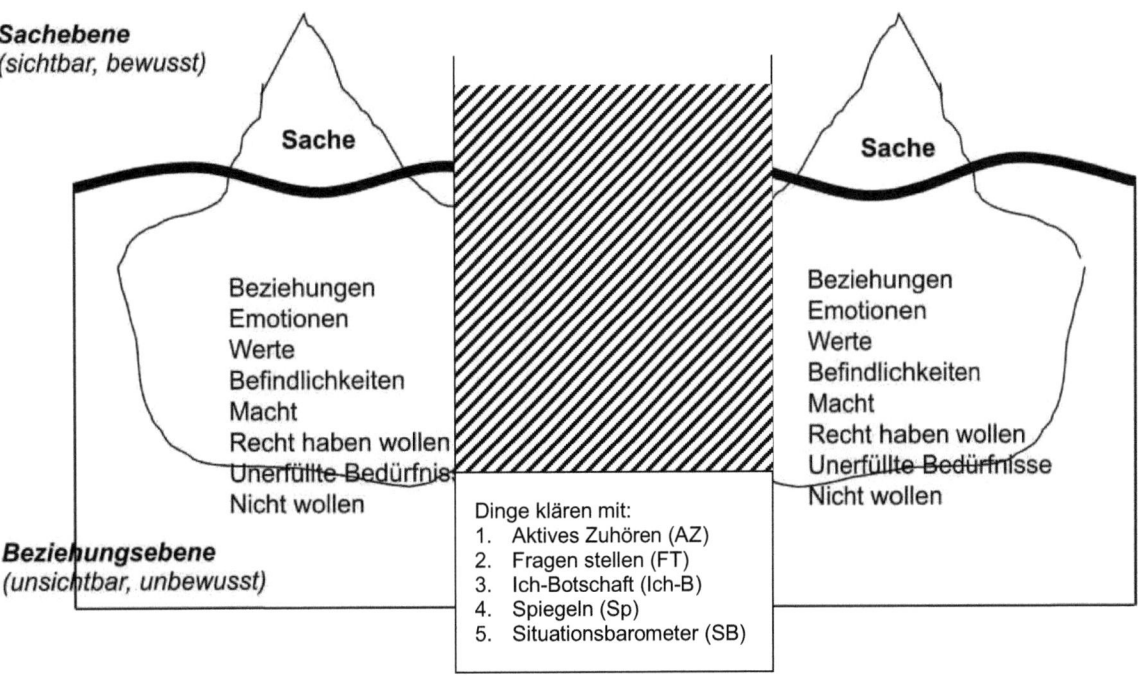

Nehmen Sie sich sozusagen eine Auszeit von der Sache und klären Sie die persönlichen Dinge. Wenn Sie das Gefühl haben, dass etwas schief läuft, Sie aber noch nicht genau wissen, was es ist, dann klären Sie die Dinge, die Ihnen bei einer Sachlösung im Weg stehen könnten. Geben Sie Feedback, wenn Ihrem Empfinden nach etwas schief läuft. Hier einige Beispiele (in Klammern die Benennung der K-Tools):

- Ich habe den Eindruck, uns steht etwas im Weg, das nicht unbedingt mit der Sache zu tun hat (Sp). Könnten Sie mir bitte Ihre Sicht erklären (FT)?
- Kann es sein, dass Sie sich über etwas ärgern, was ich gesagt oder getan habe (FT)?
- Wenn ich Sie also richtig verstehe, fühlen Sie sich unfair behandelt und haben deshalb gar keine Lust, sich auf die Sache einzulassen (AZ).
- Ich habe das Gefühl, wir haben hier neben dem Sachproblem noch ein anderes, das ich aber noch nicht verstehen kann. Können Sie mir da weiterhelfen (Sp)?
- Darf ich kurz etwas feststellen? Danke. Ich habe etwas Sorge, dass wir in der Sache nicht weiterkommen, wenn wir in diesem Ton miteinander umgehen (Ich-B). Was ist denn gerade los? (FT)
- Der Stachel von vor einer Woche sitzt wohl noch tief und Sie tun sich schwer, konstruktiv dabei zu bleiben (AZ).
- Woran scheitern wir denn gerade, könnten Sie mir bitte helfen zu verstehen (FT)?
- Ich habe den Eindruck, irgendetwas passt nicht (Ich-B). Was ist denn eigentlich los? Wo liegt das Problem (FT)?

- Also ich frage mich, um was es gerade geht. Auf einer Skala von 1-10 (1= emotional, 10= sachlich) diskutieren wir meinem Empfinden nach vielleicht bei 2 (SB). Damit bin ich noch nicht zufrieden, weil ich glaube, dass wir so nicht weiterkommen (Ich-B).
- Habe ich Sie mit etwas, was ich gesagt habe beunruhigt, verletzt oder beleidigt (FT)?

Möglicherweise haben Sie noch viel Respekt davor, nach unten zu tauchen. Sie wissen ja nicht, was Sie da erwartet. Möglicherweise werden Sie da in etwas hineingezogen, das Sie nicht mehr kontrollieren können (Dinge von früher, Persönliches, Peinliches, …). Dass Sie lieber oben bleiben, auf der Sachebene, weil Sie sich da sicherer fühlen und das Ganze kontrollieren können, ist verständlich, bringt Sie aber nicht weiter bei der Klärung der Dinge. An dem Mut der Teilnehmer, Dinge anzusprechen und zu klären, scheitern übrigens viele Gespräche.

Fazit: Sachlösungen scheitern fast immer auf der Beziehungsebene. Tauchen Sie ab und klären Sie aktiv die Dinge, die Ihnen im Weg stehen. Neben einer Portion persönlichen Mutes helfen Ihnen dabei die fünf K-Tools, die ich Ihnen später noch ausführlicher vorstellen werde.

2.2.2 Das Sender-Empfänger-Modell

Wenn wir uns unterhalten, senden wir Botschaften, die immer Informationen auf zwei Ebenen beinhalten. Auf der hörbaren Ebene *sagen* wir etwas (Sachbotschaft), erklären etwas mit Worten und auf der nicht hörbaren Ebene *meinen* wir etwas, drücken etwas aus (emotionale Botschaft).

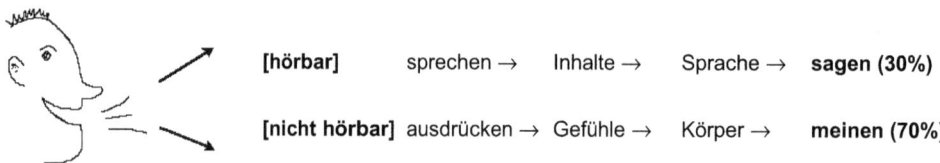

[hörbar]	sprechen →	Inhalte →	Sprache →	**sagen (30%)**
[nicht hörbar]	ausdrücken →	Gefühle →	Körper →	**meinen (70%)**

Haben Sie sich schon einmal überlegt, warum Sie jemandem etwas glauben oder nicht glauben? Passt das, was er sagt mit dem zusammen, was er meint, dann glauben Sie ihm eher, als wenn das nicht zusammenpasst. Egal, ob das die Mimik, die Gestik oder der Klang der Stimme (der Ton macht die Musik) sind, die gesamte Körpersprache hilft dabei, sich auszudrücken. Deswegen klappt das übrigens auch noch am Telefon, wo Sie nur den Klang der Stimme als Information für das „Meinen" haben. Oder schauen Sie sich einen Film an und drehen den Ton aus. Alleine durch die visuellen Informationen können Sie in etwa sagen, was gerade passiert. Oder setzen Sie sich in ein Café und beobachten Sie ein Pärchen. Sie hören zwar nicht, was sie sprechen, aber aus der Körpersprache können Sie ableiten, wie diese beiden zueinander stehen (verliebt, 20 Jahre verheiratet, wer baggert gerade?, wer macht gerade Stress?, und so weiter).

Was passiert eigentlich, wenn wir miteinander sprechen? Ich möchte den Kommunikationsprozess mit Hilfe der nächsten Darstellung kurz erklären:

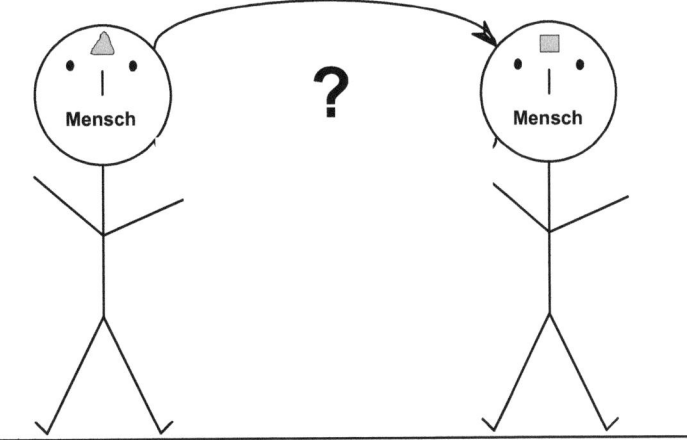

Die linke Person [A] denkt „Dreieck" und möchte das der rechten Person [B] vermitteln. Dazu kodiert (übersetzen) [A] das Bild Dreieck in Sprache und sendet es als Botschaft an [B]. [B] dekodiert diese (zurückübersetzen) und denkt prompt „Viereck". Würden die beiden den Prozess an dieser Stelle unterbrechen, sprächen wir von einem klassischen Missverständnis. [A] meint Dreieck, [B] hat falsch interpretiert und versteht Viereck. Gehen Sie davon aus, dass das in rund der Hälfte der Fälle, also 50%!!, genauso passiert. Das bedeutet, die Wahrscheinlichkeit, dass Ihr Gegenüber Sie falsch verstanden hat, wenn Sie ihm etwas erklären, liegt bei etwa der Hälfte – und anders herum natürlich genauso. Abhängig von einigen Einflussfaktoren wie z.B. der Formulierung, der Sprache, der Beziehung zueinander, dem Grad des gemeinsamen Fachwissens, der Erfahrung miteinander, und so weiter schwankt dieser Wert sehr stark. In einem eingespielten Team, das über Jahre gut zusammengearbeitet hat und ein vergleichbares Fachwissen besitzt, wird der Wert wesentlich niedriger sein. Man versteht sich oft schon „blind", wie man sagt. Wenn Sie aber mit jemanden zu tun haben, den Sie nicht mögen, der dazu noch aus einer anderen Fachrichtung kommt, kann das schon wieder anders aussehen.

Ein kleines Beispiel dazu: Ihr Chef bittet Sie um die Aufbereitung einer Unterlage, die er „schnell" braucht? „Könnten Sie mir bitte schnell diese Unterlage aufbereiten und schicken? Vielen Dank." Sie verstehen darunter „sofort in den nächsten 10 Minuten", ärgern sich maßlos darüber, weil Sie deswegen alles liegen und stehen lassen müssen, erledigen den Auftrag und schicken ihm die Unterlagen per Email. Weil Sie seit einer Woche noch keine Rückmeldung darauf haben, sprechen Sie ihn darauf an und es stellt sich heraus, dass er die Unterlagen noch gar nicht gesichtet hat, weil er sie erst übermorgen für ein Meeting braucht. Jetzt ärgern Sie sich ein zweites Mal maßlos darüber und maulen auch noch Ihren Chef an „Das hätten Sie mir ja auch gleich sagen können, dass das nicht so schnell sein muss. Ich lasse alles stehen und liegen und Sie schauen sich das gar nicht an!". Wenn dann Ihr Chef noch antwortet „Jetzt stellen Sie sich nicht so an, ich habe ja nicht sofort gesagt.", dann in der Streit perfekt.

Nun, was ist passiert? Das klassische Missverständnis mit einigen seiner typischen negativen Auswirkungen: Stress, Konflikte, Verstimmungen, Energieverschwendung. Sehen Sie jetzt, was ich meine, wenn ich von 30-50% Produktivitätsreserven in der Zusammenarbeit spreche? Wie hätten Sie das verhindern können? Durch einfaches Nachfragen beim Chef, was er mit „schnell" meint. Man spricht von einer Feedbackschleife, die sicherstellen soll, dass man die Botschaft des anderen richtig verstanden hat – dadurch kann man einen Konflikt vermeiden. Wieviel Ärger hätten Sie sich beiden erspart, wenn Sie es gleich geklärt hätten? Wer weiß, was in der Folge noch so alles anbrennen würde, nur weil Sie die Botschaft falsch interpretiert haben?

Die Feedbackschleife sieht dann so aus:

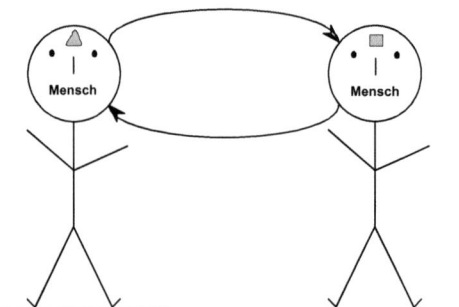

Feedbackschleife mit
1. Aktives Zuhören (AZ)
2. Verständnisfragen stellen (FT)

3. Ich-Botschaft (Ich-B)
4. Spiegeln (Sp)
5. Situationsbarometer (SB)

Damit wären wir auch schon bei einem beliebten Begriff aus dem Bullshit-Bingo angelangt: dem Konflikt-management. Um es auf den Punkt zu bringen; mit nur zwei K-Tools können Sie Konflikte, ausgelöst durch Fehlinterpretationen oder Missverständnisse, entschärfen bzw. vermeiden: Aktives Zuhören (AZ) und Ver-ständnisfragen (FT) stellen.

Beispiele:

- Sie wollen also, dass ich das jetzt sofort mache und es Ihnen umgehend per Email schicke. (AZ)
- Wenn ich Sie richtig verstanden habe, meinen Sie „sofort". (AZ)
- Was meinen Sie mit „schnell"? (FT)
- Was verstehen Sie unter „schnell"? (FT)

Mit diesen beiden K-Tools können Sie in der Regel 90% aller potentiellen Konflikte vermeiden, das heißt Sie müssen Sie erst gar nicht managen, weil Sie ja gar nicht erst entstehen! Auch die drei restlichen K-Tools können Sie unterstützen, eine professionelle Feedbackschleife zu gestalten, sie sind aber bei Anwendung der ersten beiden meistens nicht mehr notwendig.

Lassen Sie uns noch etwas tiefer in das Thema Feedbackschleife einsteigen. Eine Botschaft besteht immer aus zwei Teilen, einer Sachbotschaft und einer emotionalen Botschaft. Welche dieser beiden Teile melden Sie nun über die Feedbackschleife zurück? Es kommt darauf an. Sie entscheiden das je nachdem, was gerade dran ist. Ich möchte Ihnen dies wieder anhand eines Beispiels verdeutlichen.

Variante a) Ihr Mitarbeiter kommt zu Ihnen und sagt: „Also diese zusätzliche Statistik zur Maschinenauslas-tung, die ich monatlich erstellen soll, macht für mich nicht viel Sinn, weil diese Zahlen schon in der monatli-chen Produktivitätskennzahl auftauchen. Kann ich sie nicht weglassen, es würde mir Zeit sparen."

Variante b) Ihr Mitarbeiter poltert durch Ihre Bürotüre herein und sagt mit deutlich erhobener Stimme: „Also diese blöde Statistik zur Maschinenauslastung bringt doch gar nix. Die macht mir doch nur einen Haufen Arbeit! Möchte mal wissen, wer die erfunden hat…?"

Was ist gerade dran? In welcher Variante können Sie schon in eine Sachdiskussion einsteigen und bei wel-cher sollten Sie Ihren Mitarbeiter erst mal „abholen", damit er dann bereit ist, mit Ihnen sachlich darüber zu diskutieren?

In Variante a) sendet der Mitarbeiter hauptsächlich eine Sachbotschaft, es ist wenig Emotion drin enthalten. Das passende Feedback meldet deshalb die Sache zurück, damit Sie sichergehen können, ihn richtig verstanden zu haben: "Sie haben also festgestellt, dass wir die Maschinenauslastung auf diesem Wege doppelt erfassen. (AZ)". Dieses Gespräch wird erwartungsgemäß weiterhin sachlich verlaufen und es wird schnell der Punkt kommen, an dem Sie Ihren Mitarbeiter fragen, wie man die Maschinenauslastung ohne eine weitere Statistik deutlicher darstellen könnte.

In Variante b) wird akustisch, wahrscheinlich auch optisch (roter Kopf, starre Augen, …) und durch die noch sehr unsachliche Formulierung einiges an Frust transportiert. Sie überhören übrigens tunlichst seine Spitze, „wer die wohl erfunden hat", und gießen damit kein zusätzliches Öl ins Feuer. Das passende Feedback meldet seine Emotion zurück, um ihn erst mal wieder runterzuholen; in diesem aufgeladenen Zustand ist er ja gar nicht bereit, mit Ihnen sachlich zu diskutieren: „Sie sind wohl ziemlich genervt, weil Sie der Meinung sind, dass diese Statistik außer viel Arbeit nichts bringt. (AZ)" Im weiteren Verlauf wird er sich wahrscheinlich nochmal Luft machen und Sie hören weiterhin aktiv zu, um ihn so Stück für Stück runterzukühlen und vorzubereiten, mit Ihnen sachlich über diese Statistik zu sprechen. Vielleicht hat sich bei ihm einiges angestaut oder ein aktuelles Ereignis hat ihn kurz aus der Bahn geworfen, ist auch egal, Sie geben ihm mit dem Feedback etwas Raum, um seinen Frust loszuwerden. Wissen Sie, wie das ungeschickteste Feedback aussieht? Etwa so: „Was erlauben Sie sich, mir so an den Karren zu fahren! Meinen Sie, ich hätte nichts besseres zu tun, als mir Ihr Gejammer anzuhören?"

Fazit: Das Sender-Empfänger-Modell stellt also dar, wie schnell Fehlinterpretationen und Missverständnisse entstehen können und wie einfach man das mit Hilfe eines professionellen Feedbacks mittels den K-Tools Aktives Zuhören (AZ) und Verständnisfragen (FT) klären kann. Ihre Leistung dabei ist es, nicht nur hinzuhören (und eventuell schon Antworten zu formulieren), sondern wirklich bedingungslos zuzuhören und vor allem auch zuzuschauen (Körpersprache). Oftmals finden Sie sich dann unterhalb der Wasseroberfläche wieder.

Hier nochmal die „Geheimwaffe" zur Vermeidung von Missverständnissen und Eskalationen:

AZ:	Sie meinen also…
	Das bedeutet also, dass…
FT:	Was verstehen Sie unter…?
	Was heißt für Sie…?

2.2.3 Das 4-Ohren-Modell

Das 4-Ohren-Modell nach Schulz-von-Thun beschreibt die Mehrschichtigkeit einer Botschaft. Es erweitert das Sender-Empfänger-Modell, das von zwei Ebenen einer Botschaft ausgeht, auf vier. Nach Schulz-von-Thun sendet der Sender gleichzeitig vier Botschaften, er spricht sozusagen mit vier Mündern. Der Empfänger empfängt gleichzeitig vier verschiedene Botschaften, er hört sozusagen mit vier Ohren.

Oft hört und versteht der Empfänger aber etwas anderes, als der Sender gemeint und gesagt hat. Das führt zu Missverständnissen und in der Folge zu Konflikten. Das macht die zwischenmenschliche Kommunikation anfällig für Störungen. Entscheidend ist, dass die Auswahl zwischen den Botschaften relativ wenig vom Sender aus gesteuert werden kann, sondern sehr stark von der inneren Haltung des Empfängers zu sich selbst abhängt.

Sachebene

Was ich faktisch/wörtlich sagen möchte, worüber ich informiere. Der Sender sendet Daten, Fakten und Sachverhalte.

Mit dem Sach-Mund vermittelt der Sender Daten, Fakten und Sachverhalte. Aufgabe des Senders ist es, diese Informationen klar und verständlich zu senden. Mit dem Sach-Ohr prüft der Empfänger, ob die Sachbotschaft die Kriterien der Wahrheit (wahr/unwahr), der Relevanz (von Belang/belanglos) und der Hinlänglichkeit (ausreichend/ergänzungsbedürftig) erfüllt. In einem eingespielten Team ist die Sachebene meist klar und bedarf nur weniger Worte.

Apellebene

Wozu ich dich veranlassen möchte. Der Sender sendet einen Appell, was er beim anderen erreichen möchte.

Der Appell beinhaltet einen Wunsch oder eine Handlungsaufforderung. Mit dem Apell-Mund will der Sender den Empfänger veranlassen, bestimmte Dinge zu tun oder zu unterlassen. Der Versuch, Einfluss zu nehmen, kann mehr oder weniger offen (Bitte) bzw. verdeckt (Manipulation) sein. Auf dem Appell-Ohr fragt sich der Empfänger: „Was soll ich jetzt denken, machen oder fühlen?" Zitat: "Mütter sind durch Kinder sehr appellgesteuert." Mama! Die Schuhe....Ja! Bin gleich da und ziehe sie dir an!

Beziehungsebene

Was ich von dir halte und wie wir zueinander stehen. Der Sender gibt einen Hinweis auf die Beziehung zwischen dem Sender und dem Empfänger.

Über den Beziehungs-Mund bringt der Sender zum Ausdruck, wie er zum Empfänger steht und was er von ihm hält. Je nachdem, wie er ihn anspricht, (Art der Formulierung, Körpersprache, Tonfall, Begleitmimik...) drückt er Wertschätzung, Respekt, Wohlwollen, Gleichgültigkeit, Verachtung o.ä. aus. In jeder Äußerung steckt immer auch ein Beziehungshinweis, für welchen der Empfänger oft ein besonders sensibles (über)empfindliches Beziehungs-Ohr besitzt. Abhängig davon, welche Botschaft im Beziehungs-Ohr des Empfängers ankommt, fühlt er sich entweder akzeptiert oder herabgesetzt, respektiert oder bevormundet. Eine gute Beziehung ist gekennzeichnet durch Kommunikation „von Gleich zu Gleich in gegenseitiger Wertschätzung."

Selbstoffenbarungsebene

Was ich von mir selbst kundgebe bzw. zu erkennen gebe. Wie ich ticke. Der Sender vermittelt - bewusst oder unbewusst - etwas über sein Selbstverständnis, seine Motive, Werte, Emotionen etc.

Wenn jemand etwas von sich gibt, zeigt er auch etwas von sich. Jede Äußerung enthält auch, ob ich will oder nicht, eine Selbstoffenbarung. Mit dem Selbstoffenbarungs-Mund gibt der Sender einen Hinweis darauf, was in ihm vorgeht, wie ihm ums Herz ist, wofür er steht und wie er seine Rolle auffasst. Dies kann bewusst ("Ich-Botschaft") oder unbewusst geschehen. Dieser Umstand macht jede Nachricht zu einer kleinen Kostprobe der eigenen Persönlichkeit. Der Empfänger nimmt diese Hinweise mit dem Selbstoffenbarungs-Ohr auf: Was sagt mir das über den Anderen? Was ist der für einer? Wie ist er gestimmt? etc.

Beispiel 1: Eine Szene am Frühstückstisch: Er sagt zu Ihr: "Ach, es ist ja kein Kaffee mehr in der Kanne."

Sein SACH-Mund sagt: „Der Kaffee ist alle."

Sein SELBSTOFFENBARUNGS-Mund sagt: „Ich habe noch Durst."

Sein BEZIEHUNGS-Mund sagt: „Wann wirst du endlich mal genug Kaffee aufgießen?"

Sein APPELL-Mund sagt: „Bitte hol´ mir doch noch eine Tasse Kaffee."

Ihr SACH-Ohr hört den nüchternen Tatbestand und sagt: „Unser Kaffee-Vorrat ist aufgebraucht."

Ihr SELBSTOFFENBARUNGS-Ohr hört, dass er noch etwas zu trinken braucht und sagt: „Du, mir geht´s genauso. Wir haben zwar kein Kaffeepulver mehr, aber, was hältst du davon, wenn ich uns noch einen Tee aufgieße?"

Ihr BEZIEHUNGS-Ohr hört eine Kritik heraus und sagt: "Hast du eigentlich jeden Morgen etwas zu meckern?"

Ihr APPELL-Ohr hört: einen Befehl, noch Kaffee aufzugießen und sagt: "Hol' dir deinen Kaffee gefälligst selbst in der Küche!"

Beispiel 2: Im Auto an der Ampel. Er sagt zu Ihr: "Du Schatz, die Ampel ist grün."

Sein SACH-Mund sagt: „Die Ampel ist grün."

Sein SELBSTOFFENBARUNGS-Mund sagt: „Fahr los, mir pressiert´s."

Sein BEZIEHUNGS-Mund sagt: „War die richtige Farbe noch nicht dabei?"

Sein APPELL-Mund sagt: „Bitte fahr los."

Ihr SACH-Ohr hört: „Die Ampel steht auf grün."

Ihr SELBSTOFFENBARUNGS-Ohr zeigt Verständnis: „Dir pressiert's wohl ziemlich."

Ihr BEZIEHUNGS-Ohr hört die klare Kritik heraus: "Fährst Du oder ich?"

Ihr APPELL-Ohr hört den Befehl: "Ja, ja ich fahr´ ja schon!"

Fazit: Der Sender kann, auch wenn er seine Botschaft noch so geschickt formuliert, es nur begrenzt beeinflussen, mit welchem Ohr der Empfänger zuhört. Hört dieser vornehmlich mit dem Beziehungsohr zu, sind Konflikte vorprogrammiert. Damit bleibt nur das Abtauchen unter die Wasseroberfläche.

2.3 Kommunikationstools

Ich bin fest davon überzeugt, daß Ihnen die nun folgenden K-Tools, die ich in den Modellen immer wieder erwähnt habe, helfen werden, zugleich professioneller und gelassener zu kommunizieren. Um Ihnen den Respekt vielleicht ein bisschen zu nehmen, Sie müssen sich jetzt nicht alle der 18 wesentlichen Kommunikationstechniken aneignen, um in der Führung zu bestehen. Ich reduziere auf fünf Tools – die aber sollten Sie dann auch wirklich beherrschen.

K-Tool #1: Aktives Zuhören

K-Tool #2: Fragetechnik

K-Tool #3: Ich-Botschaft

K-Tools #4: Spiegeln

K-Tools #5: Situationsbarometer

„Reden ist Silber – Zuhören ist Gold."

Axel Germek

2.3.1 Aktives Zuhören (K-Tool #1)

Wie Sie in den vorausgegangenen Kapiteln schon erkannt haben, ist das Aktive Zuhören ein sehr nützliches K-Tool und unerlässlich, ein wertschätzendes Gespräch zu führen, Konflikte zu vermeiden und anspruchsvolle Gesprächssituationen zu meistern.

Für mich persönlich ist es sehr anstrengend und unbefriedigend, in einem Gespräch das Gefühl zu bekommen, mein Gesprächspartner geht nicht auf mich ein und versteht mich nicht, respektive will mich nicht verstehen. Ich gewinne immer mehr den Eindruck, dass der Mensch beim Erwachsen-Werden das Zuhören wieder verlernt und immer mehr dazu übergeht, seine Mitmenschen mit Monologen und Erzählungen von sich selbst zu ermüden. Beobachtet man Kinder, stellt man fest, dass sie es eigentlich noch können – klar, lernen geht nun mal über zuhören und zuschauen. Verlernt man beim Erwachsen-Werden wieder diese Fertigkeit?

Was heißt „Zuhören"? Das klassische Zuhören beschränkt sich auf das mehr oder weniger stumme Zuhören ohne große Reaktionen meinerseits. Man könnte auch passiv Zuhören dazu sagen.

Was heißt „Aktives Zuhören"? Beim Aktiven Zuhören sind Sie aktiv am Gespräch beteiligt, indem Sie

- zwischendurch das Gehörte mit eigenen Worten zusammenfassen, auch das, was zwischen den Zeilen steht
- in diesem Moment nicht werten (gut oder schlecht, einverstanden oder nicht, …). Sie wollen nur verstehen, was Ihr Gesprächspartner meint
- sich durch Verständnisfragen Klarheit verschaffen
- mit Zeichen der Aufmerksamkeit zeigen, dass Sie ganz bei Ihrem Gesprächspartner sind: „aha..." oder „hm..." oder durch Augenkontakt und Zunicken
- zuschauen und auf die Signale der Körpersprache achten, um darauf zu reagieren
- schweigen und Ihren Gesprächspartner zu Ende denken und ausreden lassen
- sich Notizen machen
- sich nicht ablenken (lassen) und Störungen nicht zulassen

Formulierungen für Zusammenfassen: (Achtung, dies sind Aussagen, keine Fragen)

- „Wenn ich Sie richtig verstehe, dann meinen Sie..."
- „Sie meinen also..."
- „Das klingt so, als ob..."
- „Das würde ja bedeuten, dass..."
- „Dann ist das für Sie also wie …"
- „Das scheint Ihnen sehr wichtig zu sein."
- „Das bedeutet Ihnen offenbar sehr viel."
- „Sie brauchen also in dieser Situation…"
- „Sie werden also … machen"
- „Offenbar brauchen Sie mehr …, um …"

Formulierung für Verständnisfragen

- „Was verstehen Sie unter ...?"
- „Was bedeutet für Sie...?"
- „Was meinen Sie, wenn Sie … sagen?"
- „Welche Bedeutung hat für Sie…?"
- „Was steckt für Sie hinter dem Begriff …?"
- „Können Sie mir bitte nochmal erklären, was Sie mit … meinen?"
- „Ist das für Sie …?"
- „Was heißt … für Sie?"

Eine gut trainierte Führungskraft, also jemand der häufig aktiv zuhört, erkennen Sie übrigens daran, dass er ein gewisses Repertoire an „seinen" Formulierungen hat, die er immer wieder verwendet und die zu ihm und seiner Art passen (authentisch). Wahrscheinlich sind es oft nicht mehr als man an zwei Händen abzählen kann.

An welcher Stelle eines Gespräches, wenden Sie AZ an?

Nun, immer dann, wenn Sie das Gefühl haben, dass es richtig oder notwendig ist. Ob das einfach ist, weil Sie verstehen wollen, oder Sie merken, dass Sie etwas klären möchten, bevor es anbrennt, oder… Verstehen Sie es sozusagen als Einschub zwischen dem, was Sie gehört haben und dem, was Sie normalerweise inhaltlich darauf antworten würden. Schematisch sieht das so aus:

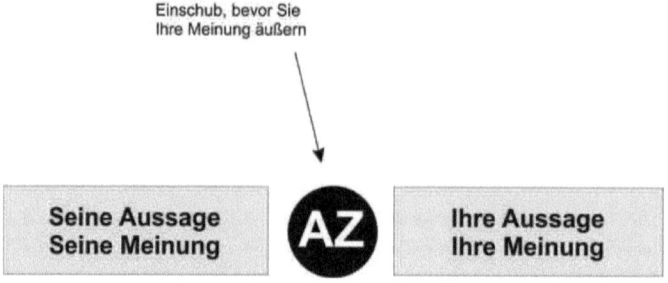

Wie häufig Sie das machen, bleibt Ihnen überlassen. Fest steht, dass diese wenigen Momente gut investierte Zeit sind, wenn man an die möglichen Missverständnisse, Konflikte und sonstigen Folgen denkt, die aus einer Nicht-Anwendung resultieren würden.

Was bewirkt Aktives Zuhören? Ihr Gesprächspartner

- fühlt sich ernst genommen
- fühlt sich verstanden
- hört Ihnen tendenziell auch mehr zu
- lässt Sie auch eher ausreden
- lässt sich eher auf Ihre Argumente ein und blockt nicht gleich ab
- öffnet sich eher für eine gemeinsame Lösung
- kann Dampf ablassen, runterkühlen

Außerdem

- schafft es Vertrauen
- vermittelt es Wertschätzung
- vermeidet Fehlinterpretationen und Missverständnisse
- erstickt Konflikte bereits im Keim
- ist hochwirksam, wenn es darum geht den Mitarbeiter selbst auf eine Lösung kommen zu lassen

Die TOP 7 der Zuhörfehler sind:

1. Jemanden nicht ausreden lassen und ins Wort fallen
2. Störungen zulassen (z.B. Kollegen)
3. Sich ablenken lassen (z.B. Telefon, Emails, Smartphone)
4. Wenig bis keine Verständnisfragen stellen
5. Während der andere spricht, schon über eine passende Antwort nachdenken
6. Sich nicht trauen, man könnte unsicher werden
7. Angeblich keine Zeit zum Zuhören haben

Beispiele:

- Wenn ich Sie also richtig verstehe, fühlen Sie sich unfair behandelt und haben deshalb gar keine Lust, sich auf die Sache einzulassen (AZ).
- Der Stachel von vor einer Woche sitzt wohl noch tief und Sie tun sich schwer, konstruktiv dabei zu bleiben (AZ).
- Sie belastet das so offenbar stark, dass Sie es nicht auf sich sitzen lassen werden (AZ).
- Sie brauchen also in dieser Situation einfach mehr Verständnis für Ihr Thema und dass es bei ihnen entsprechend berücksichtigt wird (AZ).

Ihre Haltung beim Aktiven Zuhören

Es ist ihm etwas wichtig.

Ich zeige meinem Gesprächspartner, dass ich verstehe, dass ihm etwas wichtig ist, was ihm wichtig ist und warum es ihm wichtig ist. Ich respektiere seine Meinung und gestehe meinem Gesprächspartner ein Recht auf eine andere Meinung zu. Im Moment des Aktiven Zuhörens nehme ich also keine Wertung vor.

Er ist im Augenblick der wichtigste Gesprächspartner für mich.

Mein Gesprächspartner ist mir in diesem Moment wichtiger als alles andere. Ich versuche, mich in ihn hinein zu versetzen, ihn zu verstehen. Mir ist dabei wichtig, dass er sich verstanden fühlt. Während ich ihm zuhöre, schweife ich gedanklich nicht ab, das heißt, ich überlege mir nicht schon während er spricht, was ich antworte. Ich versuche, seine Körpersprache zu verstehen, die mir viel über seinen Gemütszustand sagen kann.

Ich wende keine Tricks an.

Zuhören hat nichts mit eintrainierten Rollenspielen oder Verhandlungstechniken zu tun. Ich habe gar keine Zeit, mit Tricks zu arbeiten, weil ich mich ja auf das, was mein Gesprächspartner sagt, konzentriere. Ich bin der tiefen Überzeugung, dass dieses Gespräch etwas bringt. Ich weiß, dass er es merkt, wenn ich eine Rolle spiele und nicht ich selbst bin. Wenn ich schlecht aufgelegt bin oder keine Zeit für ihn habe, verschiebe ich das Gespräch auf einen späteren Zeitpunkt. Dann kann ich voll für ihn da sein.

Ich will wirklich zuhören.

Nicht, weil es als Vorgesetzter meine Aufgabe ist, höre ich zu, sondern weil ich das wirklich will. Ich sehe Sinn darin, mir für das Zuhören genügend Zeit zu nehmen, da ich dadurch ein Mehrfaches an Zeit gewinnen kann, wenn ich mich anschließend nicht mit Problemen beschäftigen muss, die aus Zeitmangel entstehen.

Volle Aufmerksamkeit!

Ich konzentriere mich voll auf das Gespräch und auf meinen Gesprächspartner. Mich kann nichts ablenken. Er bekommt dadurch die Gewissheit, dass ich auf ihn eingehe. Auch, wenn das Gespräch nur zwei Minuten dauert, konzentriere ich mich. Ich mache nichts anderes nebenbei (z.B. Post lesen, telefonieren, Smartphone). Ich höre nicht nur zu, sondern schaue auch zu (Körpersprache).

Ich gebe Feedback!

Damit zeige ich einerseits meinem Gesprächspartner, dass ich auf ihn eingehe und ob ich ihn schon verstanden habe und andererseits habe ich selbst die Sicherheit, ihn verstanden zu haben.

Zum Feintunen Ihres Zuhörverhaltens stelle ich Ihnen noch eine Checkliste zur Verfügung:

Self-Assessment Aktives Zuhören			
Überprüfen Sie sich selbst, wie gut Sie schon aktiv zuhören.	+	+/-	-
Wichtigster Gesprächspartner !			
Ich versuche, ihn wirklich zu verstehen.			
Mein Gesprächspartner fühlt sich verstanden.			
Ich schweife gedanklich nicht ab.			
Ich zeige, dass ich an seinem Problem interessiert bin.			
Ich höre nicht nur zu, ich schaue auch zu (Körpersprache).			
Keine Tricks !			
Ich spiele keine antrainierte Rolle. Ich bin ich selbst.			
Bin ich schlecht aufgelegt, verschiebe ich das Gespräch.			
Ich will wirklich zuhören			
Ich bin der tiefen Überzeugung, dass aktives Zuhören etwas bringt.			
Mein Umfeld und ich haben ein gutes Gefühl dabei.			
Ich nehme mir genügend Zeit zum Zuhören.			
Volle Aufmerksamkeit !			
Ich konzentriere mich auf das Gespräch und den Gesprächspartner.			
Ich lasse mich durch nichts ablenken.			
Ich mache nichts anderes nebenbei.			
Feedback geben !			
Ich wiederhole den sachlichen Teil der Botschaft mit eigenen Worten.			
Ich wiederhole den gefühlsmäßigen Teil der Botschaft mit eigenen Worten.			
Er hat das Gefühl, richtig verstanden worden zu sein.			
Zuhörtechniken anwenden !			
Ich erfasse die inneren Zusammenhänge der Botschaften.			
Ich versuche, die Schlüsselinformationen herauszuhören.			
Ich höre auch zwischen den Zeilen.			
Ich lasse meinen Gesprächspartner ausreden.			
Ich stelle Fragen (offene W-Fragen, geschlossenen ja/nein-Fragen)			
Ich mache mir Notizen.			
Ich fasse von Zeit zu Zeit zusammen.			
Die Verantwortung bleibt beim Mitarbeiter !			
Ich traue meinem Gesprächspartner zu, seine Probleme selbst zu lösen.			
Ich helfe ihm, Lösungen für sein Problem zu finden.			
Ich weise jede Art von Rückdelegation zurück.			
Keine Killerphrasen			

2.3.2 Fragetechnik (K-Tool #2)

Wie hat Sokrates das damals nur gemacht? Menschen, die mit Problemen zu ihm kamen, verließen sein Haus mit einem Lächeln, weil Ihr Problem gelöst war. Wir können davon ausgehen, dass Sokrates von den Sachen, mir denen die Menschen zu ihm kamen, nicht viel oder auch gar nichts verstand und trotzdem konnte er ihnen zu einer Lösung verhelfen. Er hat es offenbar geschafft, durch emphatisches Zuhören und geschicktes Fragen sein Gegenüber dazu zu bringen, Ziele und Wege zu erkennen sowie Lösungen zu entwickeln und Entscheidungen herbeiführen. Sokrates war wohl einer der ersten Coaches der Antike, der neben der Tatsache, dass er aktiv zuhören konnte, auch die Fragetechnik aus dem FF beherrschte. Ein Coach – und damit auch eine Führungskraft - kommt ohne diese beiden Tools nicht aus, denn die oberste Maxime ist, den Mitarbeiter selbst auf eine Lösung kommen zu lassen (siehe auch Kapitel 3.3. Delegation und Coaching).

Ich möchte eine Führungskraft vorwiegend als jemand wahrnehmen, der eher Fragen stellt, als ermüdende Monologe zu halten. Wollen Sie

- Ihren Mitarbeiter aktivieren? Stellen sie ihm Fragen.
- Sie ihn überzeugen? Stellen sie ihm Fragen.
- ihn wirklich mit einbeziehen? Stellen sie ihm Fragen.
- eine Entscheidung herbeiführen? Stellen sie ihm Fragen.
- dass er die Verantwortung übernimmt? Stellen sie ihm Fragen.
- dass er sich selbstständig um seine Aufgaben kümmert? Stellen sie ihm Fragen.
- dass er sich entwickelt? Stellen sie ihm Fragen.

Wie schon im Vorwort erwähnt, begleiten Sie Ihren Mitarbeiter auf dem Weg des Lernens und zu neuen Höchstleistungen. „Begleiten" heißt allerdings nicht, ihm alles abzunehmen und vorzukauen, indem Sie sich mit Ihrem geballten Wissen und Ihrer Erfahrungen darstellen und ihn gängeln oder klein halten. Begleiten heißt, neben ihm zu sitzen und ihn mit geeigneten Fragen und Aktivem Zuhören zu helfen, die richtigen Entscheidungen zu treffen. Ganz praktisch gesehen, liegt dann der Haupt-Redeanteil beim Mitarbeiter, nicht bei der Führungskraft. Sie Fragen, er denkt nach, spricht und wird aktiv.

Machen Sie sich mal den Spaß, den Begriff Fragearten zu googeln; Sie kommen in Summe auf rund 25-30 Stück. Die richtige im Praxisfall abrufen zu können, ist da schwierig. Deshalb reduziere ich auf zwei grundsätzlich verschiedene Fragearten, die Sie in der Führung brauchen werden und denen Sie die anderen fast alle zuordnen können.

Geschlossenen Fragen (ja/nein-Fragen)

Auf geschlossene Fragen antwortet man in der Regel kurz und knapp.

Frage 1: "Kann ich Ihnen helfen?", Antwort: ja/nein oder Frage 2: "Wollen Sie den Kaffee mit oder ohne Milch?", Antwort: mit/ohne. Bei Herrn Google finden Sie beispielsweise die Frage 1 unter „ja/nein"-Frage und Frage 2 unter „Alternativfrage", beide gehören aber zur Familie „geschlossene Fragen".

Mit geschlossenen Fragen können Sie

- gezielt Informationen abfragen/erfahren, z.B. „Kommen Sie alleine?"
- Probleme/Ursachen einkreisen, z.B. bei „Wer bin ich?": Bin ich ein Mann?
- Gespräch stärker steuern, z.B. „Wollen Sie die Wand grün oder blau anstreichen?"
- Auf den Punkt kommen, den Sack zumachen, z.B. „Werden Sie das tun?" oder „Können Sie das leisten?" oder „Würden Sie sich bitte darum kümmern?"

Offene Fragen (W-Fragen, Coachingfragen)

Auf offenen Fragen antwortet Ihren Gesprächspartner in der Regel mehr und ausführlicher. Meistens sind das die Fragen, die mit den sogenannten W-Wörtern beginnen, wie "Was, warum, wie, wo, wann, wodurch, wozu, und so weiter.?" Ich gehe im Kapitel „Delegation" noch näher drauf, aber mit offenen Fragen geben Sie den sogenannten Affen an Ihren Mitarbeiter, mit der Aufforderung sich etwas für dessen Pflege und Wachstum zu überlegen.

Frage 1: "Womit kann ich Ihnen helfen?", Antwort: ... offen oder Frage 2: „Warum glauben Sie, dass diese Lösung besser ist?", Antwort: …offen oder Frage 3: „Was sagen Sie zum gestrigen Spiel?" , Antwort: …offen

Mit offenen Fragen

- fördern Sie insgesamt die Kommunikation, z.B. „Wie ist Ihre Meinung zum Thema xyz?"
- bringen Sie ein festsitzendes Gespräch wieder in Gang, z.B. „Wenn Sie das alles nicht berücksichtigen müssten, was würden Sie dann tun?"
- bekommen Sie mehr Informationen zu einem Thema, z.B. „Wie sehen Sie das?"
- bekommen Sie einen besseren Gesamteindruck über ein Thema, z.B. „Wie haben Sie das erlebt? Erzählen Sie mal."
- ermuntern Sie Ihren Gesprächspartner, nachzudenken, weiterzureden, einer Sache auf die Spur zu kommen, siehe oben
- aktivieren Sie Ihren Mitarbeiter, selbst eine Lösung zu erarbeiten, z.B. „Welche weiteren Lösungsmöglichkeiten fallen Ihnen noch ein?"
- bringen Sie Ihren Mitarbeiter ins Handeln, z.B. „Was werden sie jetzt tun?" oder „Wofür entscheiden Sie sich jetzt?"

Wie nur unschwer zu erkennen ist, arbeiten Sie in der Mitarbeiterführung überwiegend mit offenen Fragen, um Mitarbeiter entsprechend zu aktivieren und zum Handeln zu bringen.

Ein kleiner Trick: sollten Ihnen mal wieder nur geschlossene Fragen einfallen, können Sie sich zweier Hilfswörter bedienen, die aus einer geschlossenen eine offene Fragen machen: inwieweit und inwiefern. So wird aus der geschlossenen Frage „Haben Sie das in Ihren Überlegungen schon berücksichtigt? die offene Frage „Inwieweit haben Sie das in Ihren Überlegungen schon berücksichtigt?"

Suggestivfragen (manipulativ)

Suggestivfragen sind stark manipulierend und für eine fruchtbare Kommunikation Gift. Man kennt diese Art Fragen von Vorwerk Staubsaugervertretern: frage 10 Fragen, wo der Kunde mit „ja" antworten muss und Du hast gewonnen.

Frage 1: "Sie sind doch auch der Meinung, dass die Alternative 1 die bessere ist, oder?" oder Frage 2: „Dir hat doch mein Kuchen geschmeckt, oder?" oder Vorwerk: „Sie wollen doch auch einen Teppich der hygienisch sauber ist?"

Mit diesen Fragen lege ich meinem Gesprächspartner schon eine Antwort in den Mund, was manipulierend und unfair ist. Ich rate von deren Anwendung im professionellen Umfeld ab.

Die TOP 6 der Fragefehler sind:

1. Mehr als eine Frage gleichzeitig stellen. Das überfordert den Gesprächspartner, Teilfragen werden oft gar nicht beantwortet
2. Antworten gleich selber geben, er muss nur noch ankreuzen, sozusagen wie bei einer Multiple-Choice-Frage. Stark manipulativ bzw. lenkend.
3. Rhetorische Fragen (Fragen, auf die man keine Antwort erwartet, z.B. „Sind wir nicht alle schon mal in der Situation gewesen...?"). Im Einzelgespräch zu vermeiden, da Sie den Gesprächspartner zum Statisten degradieren, ein echter Dialog findet nicht statt.
4. Zu viele offene/geschlossene Fragen hintereinander (Maschinengewehr) erzeugen das Gefühl eines Verhörs.
5. Die Frage „Warum" kann den Gesprächspartner in die Defensive bringen, nervt manchmal (z.B. wenn Kinder fragen, sagt man irgendwann entnervt „darum!"). Die 5-W-Fragetechnik ist aber im Rahmen von KVP trotzdem sehr wertvoll und gebräuchlich.
6. Dauerfeuer von Fragen ohne Aktives Zuhören: Gesprächspartner fühlt sich „abgehakt", da auf keine seiner Antworten eingegangen wird.

Wie schon erwähnt, haben in der Mitarbeiterführung (Coaching) die offenen Fragen einen hohen Stellenwert. Aus diesem Grund möchte ich Ihnen an dieser Stelle eine Sammlung starker Coachingfragen an die Hand geben. Ähnlich wie beim Aktiven Zuhören, erkennen Sie eine gut trainierte Führungskraft daran, dass sie ein bestimmtes Repertoire an Fragen hat, die immer wieder gleich oder ähnlich gestellt werden. Auch hier reden wir von etwa 8-12 unterschiedlichen Fragen.

Starke Coaching-Fragen (W-Fragen)

Problemdefinition/Aufgabenstellung

1. Was ist das Thema/Problem?
2. Worum geht es?
3. Wo kommen Sie nicht weiter?
4. Mit welcher Aufgabe bzw. Herausforderung sehen Sie sich jetzt konfrontiert?
5. Wie würden Sie mir das Problem und dessen Auswirkungen beschreiben?
6. Was ist Ihnen noch unklar?
7. Was brauchen Sie konkret von mir?
8. Was genau meinen Sie, wenn Sie sagen ...?
9. Was verstehen Sie unter ...?

Ursachen/Analyse

10. Warum ist dieses Problem da?
11. Was sind die Gründe, dass...?
12. Was könnte passieren, wenn...?
13. Was würden Sie z.B. als Kunde/Lieferant/Mitarbeiter/Geschäftsführer/... denken/tun?
14. Inwiefern stellt das ein Problem für Sie dar?
15. Was steckt hinter den Symptomen?
16. Was ist Ihre Vermutung?
17. Woran liegt es?
18. Woran könnte es noch liegen?
19. Wie erklären Sie sich, dass Ihre bisherige Strategie nicht erfolgreich war?
20. Wie oft, wie lange, wann ist das Problem bisher nicht (weniger stark) aufgetreten?
21. Was haben Sie in diesen Zeiten anders gemacht?

22. Wie wirkt Ihr Verhalten wohl auf Ihre Mitarbeiter/Kunden?
23. Auf einer Skala von 1-10, wo stehen Sie heute? Wie belastend ist das für Sie?
24. Was ist Ihnen noch unklar?

Lösungen/Ideen finden

25. Was schlagen Sie vor?
26. Wie würden Sie jetzt machen?
27. Was bräuchten Sie dazu?
28. Was haben Sie schon ausprobiert?
29. Wie könnte es noch gehen?
30. Wo könnten Sie nachschauen?
31. Angenommen, dieses Problem wäre nicht da, was würden Sie tun?
32. Was würden Sie tun, wenn...?
33. Wenn Sie die Kosten/Zeit/... nicht berücksichtigen müssten, was würden Sie dann tun?
34. Was wäre Ihnen jetzt am liebsten?
35. Was fällt Ihnen ein, wenn Sie an x/y/z/... denken?
36. Was sagt Ihnen Ihr gesunder Menschenverstand?

Sparring (Lösungen/Ideen hinterfragen oder bewerten)

37. Was darf keinesfalls sein?
38. Worauf müssen Sie achten?
39. Wie sicher sind Sie sich auf einer Skala von 1-10?
40. Was könnte passieren?
41. Welche Konsequenzen hätte dieser Weg/diese Lösung?
42. Was haben Sie dabei noch nicht bedacht?
43. Was würde passieren, wenn…?
44. Wer sagt Ihnen gerade, dass das so nicht geht?
45. Welche Vorteile/Nachteile hat Ihr Vorschlag/Ihre Lösung?
46. Inwiefern/Inwieweit passt diese Lösung, wenn Sie an xyz denken?
47. Inwieweit kann das klappen?
48. Was machen Sie, wenn…?
49. Unter welcher Voraussetzung würden Sie das so machen?
50. Was genau wollen Sie damit erreichen?

Aktion/Maßnahme

51. Wofür entscheiden Sie sich jetzt?
52. Welche Maßnahme bringt momentan am meisten?
53. Was ist Ihr erster Schritt?
54. Was ist Ihr nächster Schritt?
55. Wie sicher sind Sie auf einer Skala von 1-10 (1=sicher, 10= Panik)?
56. Was sagt Ihnen Ihr gesunder Menschenverstand?
57. Welche Maßnahmen sind für Sie am wichtigsten?

Fallstudien: mit offenen Fragen coachen

Die folgenden Fallstudien sind dafür gedacht, Ihnen eine Idee zu geben, mit welchen Coachingfragen Sie arbeiten könnten. Ich skizziere also nicht den kompletten Gesprächsverlauf, sondern liste einige mögliche Fragen auf. Sozusagen als Fundgrube.

Fall 1: Überwindung der Blockade, Verweigerungshaltung

Sie kommen in einem Gespräch mit Ihrem Mitarbeiter nicht weiter, weil er nicht aus sich herausgeht und Sie abblockt. Es scheint in den letzten Wochen etwas vorgefallen zu sein, das ihn bedrückt. Sie wissen aber noch nichts Näheres. Mit welchen Fragen könnten Sie ihn wieder etwas zu sich holen?

- Was ist denn heute mit Ihnen los?
- Ich habe den Eindruck, es fällt Ihnen schwer, sich auf das Thema einzulassen. Was steht Ihnen im Weg?
- Inwiefern bin ich persönlich der Auslöser für Ihren Rückzug?

Fall 2: Verhaltensänderung herbeiführen

In einem Gespräch sprechen Sie Ihren Mitarbeiter auf seine „Aufmüpfigkeit" und „Aggressivität" im Daily Management (Shopfloor im Büro) an. Erwartungsgemäß verteidigt er sich und sieht alles ganz anders. Mit welchen Fragen könnten Sie ihn zu einer Verhaltensänderung bringen?

- Was sind die Gründe für Ihr Verhalten?
- Was stört Sie in den Meetings?
- Welche Wirkung glauben Sie hat Ihr Verhalten auf mich?
- Welche Wirkung hat Ihr Verhalten auf die Kollegen?
- Inwieweit ist Ihnen bewusst, dass Sie das ganze Meeting gefährden?
- Inwieweit haben Sie schon mal über die Konsequenzen Ihres Handelns für Ihre Kollegen und das Meeting nachgedacht?
- Unter welchen Umständen würde es Ihnen leichter fallen, konstruktiv mitzuarbeiten?
- Wie könnte die Lage für Sie verbessert werden?
- Was ist Ihrer Meinung nach der Sinn des Daily Management?

Fall 3: Projektstatus klären

In einem Coaching-Gespräch besprechen Sie mit Ihrem Mitarbeiter den Status eines Projektes und stellen fest, dass er nicht weiterkommt und konkrete Hilfe von Ihnen erwartet. Mit welchen Fragen könnten Sie ihm helfen, wieder Fahrt aufzunehmen?

- Wo genau liegt das Problem?
- Was genau brauchen Sie von mir?
- Welche Hilfestellung erwarten Sie von mir?
- Inwieweit können Sie einschätzen, ob das gerade „normal" ist?
- Was haben Sie schon probiert, um es zu lösen?
- Was für Lösungsmöglichkeiten könnte es noch geben?
- Denken Sie mal an xyz – was würde Ihnen dazu einfallen?
- Wenn Sie mal so tun, als ob Sie darauf Rücksicht nehmen müssten, was würden Sie dann als erstes tun?
- Was würden Sie jetzt am liebsten tun?

Fall 4: Kurswechsel: rechts herum, statt links herum

In einem Fachgespräch stellen Sie fest, dass Ihr Mitarbeiter mit einer getroffenen Entscheidung Schiffbruch erleiden wird (er will „links herum"). Sie wollen ihm das aber ersparen und wollen erreichen, dass er sich mit der Lösung „rechts herum" beschäftigt. Welche Fragen geben ihm die Möglichkeit, über andere Wege nachzudenken?

- Warum wollen Sie links herum gehen?
- Was hat es aus Ihrer Sicht für Vorteile?
- Inwieweit haben Sie schon über die Risiken von links herum nachgedacht?
- Welche Auswirkung hätte links herum auf die Kosten, die Durchführungszeit, die Qualität, den Kunden, die Montagefreundlichkeit, und so weiter?
- Welche Alternativen haben Sie schon in Erwägung gezogen?
- In welche Richtung könnten Sie noch gehen?
- Versetzen Sie sich in die Lage des Kunden/Vertriebs/Monteurs/Konstruktion/etc., wie würde sich das links herum jetzt für Sie darstellen?
- Was machen Sie, wenn …?

Fall 5: Flexible Arbeitszeit schmackhaft machen

Ihr Mitarbeiter kann an der Einführung von flexiblen Arbeitszeiten keine besonderen Vorteile erkennen. Ihm ist eine gewisse Regelmäßigkeit auch lieber, weil er dann weiß, wann er heim kommt. Je nach Auftragslage länger oder kürzer zu arbeiten, kommt für ihn nicht in Frage. Mit welchen Fragen könnten Sie ihn für die Flexizeit sensibilisieren?

- Was genießen Sie gerade an den fixen Arbeitszeiten?
- Welche Vorteile sehen darin für sich?
- Inwieweit haben Sie schon darüber nachgedacht, welche Nachteile das aber auch für Sie und Ihre Familie hat?
- Was wissen Sie schon konkret über das Flexizeit-Modell?
- Für welche Fälle ist das Modell Ihrer Meinung nach gedacht?
- Warum glauben Sie ist die Flexizeit in vielen Unternehmen schon eingeführt worden?
- Wenn Sie Geschäftsführer/Inhaber wären, welchen Vorteil hätte das Flexi-Modell für Sie bzw. das Unternehmen?
- Was glauben Sie, welche Auswirkungkann eine starre Arbeitszeit auf die Zukunftsfähigkeit unserer Firma haben?
- Welche Konsequenz hat es Ihrer Meinung nach für unsere Firma, wenn Sie in auftragsschwachen Zeiten vielleicht zwei Stunden am Tag nichts zu tun haben?
- Welche negative Auswirkung hat es Ihrer Meinung nach für unsere Firma, wenn wir Ihnen in auftragsstarken Zeiten Überstundenzuschläge bezahlen müssen?
- Welche Vorteile könnte es denn für Sie oder Ihre Familie haben, wenn Sie auch mal früher nach Hause kommen?

Das Prinzip hinter all diesen Fragestrategien ist, dass Sie es einerseits sehr bewusst tun, nämlich diese Fragen zu stellen und nicht dazu überzugehen, ihm Vorträge und Moralpredigten zu halten oder ihm Vorwürfe zu machen. Andererseits werden Sie ein gewisses Maß an Beharrlichkeit und Geduld aufbringen müssen, um an den Punkt zu kommen, an dem Ihr Mitarbeiter anfängt, sich auf Sie einzulassen, seine eigenen Ressourcen zu gebrauchen und selbst aktiv zu werden. Übrigens zwei weitere Schlüsseleigenschaften einer Führungskraft: *bewusst handeln* und *Beharrlichkeit*.

2.3.3 Ich-Botschaft (K-Tool #3)

Mit Zuhören und Fragen stellen, damit kann man unter der Wasseroberfläche operieren, Konflikte vermeiden, Mitarbeiter coachen, Wertschätzung zeigen und Vertrauen schaffen. Aber was tun Sie, wenn es doch einmal zum Konflikt kommt? Wenn Sie Ihren Mitarbeiter korrigieren wollen/müssen? Wenn Sie jemandem mitteilen wollen, dass Sie mit etwas nicht einverstanden sind? Achtung, es geht nicht darum, dass Ihr Gesprächspartner mit Ihnen ein Problem hat, sondern anders herum. Sie sind sozusagen der „Aggressor", Sie haben das Problem, nicht der andere. Wie sagen Sie das so „gewaltfrei", dass der andere es nicht als Vorwurf versteht und es zum Streit kommt?

Sagen Sie es mit einer Ich-Botschaft (eigene Sicht, gewaltfrei) anstelle der Du-Botschaft (Vorwurf, Angriff). Stellen Sie die Dinge so dar, wie Sie diese sehen und empfinden und lassen Sie Ihrem Gesprächspartner die Möglichkeit, dies nachzuempfinden und gleichzeitig auch seine Sicht der Dinge darzustellen. Es bleibt zwar immer noch eine Konfrontation, die Sie herbeiführen (nochmal: Sie haben das Problem, nicht er), aber weil Sie mit Ihrem Gesprächspartner auf Augenhöhe bleiben, er das Gesicht nicht verliert und Sie ihn nicht frontal angreifen, ist die Wahrscheinlichkeit, dass er sich auf Ihr Anliegen einlässt, ungleich höher.

Ein gute Ich-Botschaft enthält vier Elemente:

Wie? Gefühl	Wie empfinde ich persönlich dieses Verhalten? Welche Emotionen löst das bei mir aus?	Ich bin...
Was? Auslöser	Was stört mich an seinem Verhalten? Was ist der Auslöser für meine Empfindung?	wenn Du...
Warum? Begründung	Warum stört mich dieses Verhalten?	weil...
Was weiter? Erwartung	Was erwarte ich in Zukunft? Was brauche ich? Was würde mir helfen?	ich möchte... ich brauche...

Einige Beispiele

Beispiel a): Sie wollen nicht, dass er Ihnen immer ins Wort fällt.

Ich-Botschaft (richtig)	Du-Botschaft (falsch)
Mich stört es, wenn Sie mir ins Wort fallen; ich kann dann meinen Gedanken nicht zu Ende bringen, was ich Schade finde. Ich brauche von Ihnen etwas mehr Geduld und bitte Sie, mich in Zukunft ausreden zu lassen.	Darf ich vielleicht mal ausreden?! Immer fallen Sie mir ins Wort!

Beispiel b): Sie möchten von Ihrem Chef nicht vor den anderen Kollegen bloßgestellt werden.

Ich-Botschaft	Du-Botschaft
Chef, ich würde gerne mit Ihnen etwas klären, darf ich? Wenn Sie mich wie gerade eben vor den Kollegen korrigieren, fühle ich mich bloßgestellt und es untergräbt meine Autorität. Mir wäre es lieber, wenn Sie mir solche Dinge in Zukunft unter vier Augen sagen.	Chef, können Sie bitte damit aufhören, mich vor den Kollegen bloßzustellen. Merken Sie nicht, dass Sie damit meine Autorität untergraben?

Beispiel c): Ein Mitarbeiter hält sich nicht immer an eine Vereinbarung, obwohl Sie nun schon mehrmals darüber gesprochen haben.

Ich-Botschaft	Du-Botschaft
Bei mir kommt es so an, als ob Ihnen unsere Vereinbarung nicht viel wert ist und ich fühle mich von Ihnen nicht ernst genommen, wenn Sie sich nicht daran halten. Ich befürchte, dass wir so nicht weiterkommen. Mir ist es wichtig, dass Sie sich darauf einlassen.	Nie halten Sie sich an unsere Vereinbarung. Machen Sie das eigentlich mit Absicht?

Beispiel d): Ein Mitarbeiter kommt häufig mit Ausreden, er sieht die Schuld immer bei anderen.

Ich-Botschaft	Du-Botschaft
Ich habe den Eindruck, dass Sie häufig die Schuld für Fehler auf andere schieben. Mich streng das ehrlich gesagt ziemlich an, weil wir die Fehler so nicht gezielt abstellen können. Mir würde es helfen, wenn Sie in Zukunft offener mit gemachten Fehlern umgehen und wir uns die Suche nach Schuldigen sparen könnten.	Können Sie eigentlich nie einen Fehler zugeben? Sie meinen wohl ich merke das nicht, dass Sie immer alles schön auf die anderen abschieben.

Beispiel e): Ein Mitarbeiter schaltet auf stur und blockiert all Ihre Versuche, zu einer vernünftigen Lösung zu kommen.

Ich-Botschaft	Du-Botschaft
Ich fühle mich in meiner Gutmütigkeit richtiggehend ausgenutzt und komme mir irgendwie doof vor, wenn Sie trotz meiner Kooperationsangebote auf stur schalten und mir nicht entgegen kommen. Ich kann damit nur schwer umgehen und will das ehrlich gesagt auch nicht.	Wenn Sie weiter auf stur schalten, werden Sie mit Konsequenzen rechnen müssen. Ich kann auch anders, glauben Sie mir das.

Ähnlich wie schon beim Aktiven Zuhören und der Fragetechnik werden Sie sich auch bei der Ich-Botschaft ein gewisses Repertoire an Formulierungen zulegen, eben das Wording, das zu Ihnen und Ihrer Art passt.

Nachfolgend eine brauchbare Auswahl:

- Mich stört es, wenn…
- Ich habe den Eindruck, dass…
- Ich kann damit nur schwer umgehen, wenn
- Bei mir kommt es so an, als ob…
- Ich fühle mich…
- Mich regt es auf, wenn
- Es verletzt mich, wenn…
- Mich kotzt es an, wenn…
- Mich nervt es, wenn…
- Mir fällt es sehr schwer zu akzeptieren, wenn…
- Ich stelle fest, dass…
- Ich tue mir sehr schwer damit, wenn Sie…
- Ich fühle mich von Ihnen…, wenn…
- Für mich ist es nicht in Ordnung, wenn…
- Mir ist es wichtig, dass…

Ihre Erwartungen können Sie so formulieren:

- Ich brauchen von Ihnen…
- Mir würde es helfen, wenn Sie…
- Ich wünsche mir von Ihnen…
- Ich erwarte von Ihnen…
- Ich hätte gerne, dass Sie…

Fazit:

Mit einer Ich-Botschaft	Mit einer Du-Botschaft
• sagen Sie gewaltfrei, was Ihnen nicht passt, indem Sie Ihre Sicht und eigenen Empfindungen aussprechen	• behaupten Sie, machen Sie Vorwürfe, attackieren Sie und Ihre als die einzige Wahrheit dar
• geben Sie klares und ehrliches Feedback	• beschuldigen Sie den anderen
• lassen Sie dem anderen die Möglichkeit, seine Sicht der Dinge darzustellen	• lassen Sie ihm nur noch die Option, sich zu verteidigen und einen Gegenangriff zu starten
• merkt der andere, wie Sie die Dinge sehen	• fühlt sich der andere in die Enge getrieben
• spürt der andere, wie es Ihnen geht	• fühlt sich der andere angeklagt
• hat der andere verstanden, was Sie von ihm brauchen/erwarten, was Ihnen wichtig ist	• weiß er unter Umständen nicht, was Sie von ihm wollen
• sind Sie mit dem anderen auf Augenhöhe	• verliert er das Gesicht, stellen Sie sich über ihn
• senden Sie aus dem Erwachsenen-Ich	• senden Sie aus dem kritischen Eltern-Ich

2.3.4 Spiegeln (K-Tool #4)

Kennen Sie das? Im Laufe eines Gespräches (z.B. haben Sie Ihren Mitarbeiter zu einem Projektstatus eingeladen) haben Sie das Gefühl, dass irgendetwas nicht stimmt, Sie wissen nur nicht, was dahinter steckt. Sie beobachten, dass Ihr Mitarbeiter heute ziemlich aggressiv und geladen auf Sie wirkt (Emotion). Des weiteren stellen Sie fest, dass Sie nicht so recht zu einem Ergebnis kommen, weil er immer gleich dagegen argumentiert (Sache).

Sie kennen bestimmt aus eigner Erfahrung viele weitere Gesprächssituationen, in denen Sie gefühlt an einen Punkt kommen, wo Sie nicht mehr so recht weiterkommen oder Sie das Gefühl haben, mal etwas klarstellen zu wollen. Denken Sie nur mal an folgende Situationen:

- kleinere Erpressungsversuche (wenn ich das nicht bekomme, mache ich keine Überstunden mehr)
- Mitarbeiterin bekommt immer gleich feuchte Augen, wenn Sie mit Ihr sprechen
- Mitarbeiter blockiert und zieht sich zurück, sagt nichts mehr
- Mitarbeiter wird frech und unverschämt, überschreitet Grenzen
- Mitarbeiter hat offensichtlich Angst und traut sich nicht offen zu sein
- Mitarbeiter möchte Ihnen seinen Affen zurückgeben (Rückdelegation)
- Mitarbeiter petzt oder möchte Sie vor seinen Karren spannen
  (schau mal, was die schon wieder gemacht haben)
- Mitarbeiter redet Ihnen nach dem Mund, schleimt sich bei Ihnen ein
- Mitarbeiter lenkt ab, sucht Fehler bei anderen
- Mitarbeiter kommt nicht auf den Punkt und schweift gerne ab
- Es haben sich aufgrund einer gewissen „Gutmütigkeit" Ihrerseits Dinge „eingeschlichen", die Sie grundsätzlich ansprechen und ändern möchten
- sonstige taktische Spielchen

In solchen Fällen, in denen das Gespräch beginnt, sich unterhalb der Wasseroberfläche abzuspielen, sollten Sie nun ein wirksames Werkzeug haben, um solche Dinge klären bzw. aus der Welt schaffen zu können, bevor sie schädlich werden und die Sache bzw. das Gesprächsergebnis an sich gefährden. Für solch eine Intervention biete ich Ihnen das Spiegeln an. In der Literatur findet man es öfter auch unter dem Begriff Metakommunikation (Def.: man verlagert seine Aufmerksamkeit auf die nächst höhere Ebene und spricht darüber, wie man miteinander umgeht oder was im Moment wichtig ist).

Beim Spiegeln nehmen Sie Ihren Gesprächspartner mit nach oben in die Metaebene (Vogelperspektive). Sie geben ihm Feedback was Sie gerade sehen, fühlen, wahrnehmen. Sie spiegeln ihm das, was er sagt oder tut, zurück und wie es Ihnen dabei geht mit dem Ziel, Dinge zu klären, die Sie so nicht haben wollen oder die Sie für das weitere Fortkommen als kontraproduktiv empfinden (z.B. sich anbahnende Konflikte). Sie halten praktisch das Gespräch an, um erst etwas zu klären, bevor Sie mit dem eigentlichen Thema weiter machen. Bitte berücksichtigen Sie an dieser Stelle, dass Spiegeln eine sehr anspruchsvolle Intervention ist und sich Ihr Gesprächspartner, sofern er darin nicht viel Übung hat, schwer tun wird. Seien Sie geduldig mit ihm, wenn er den Schritt nach oben in die Metaebene noch nicht gleich mitgeht.

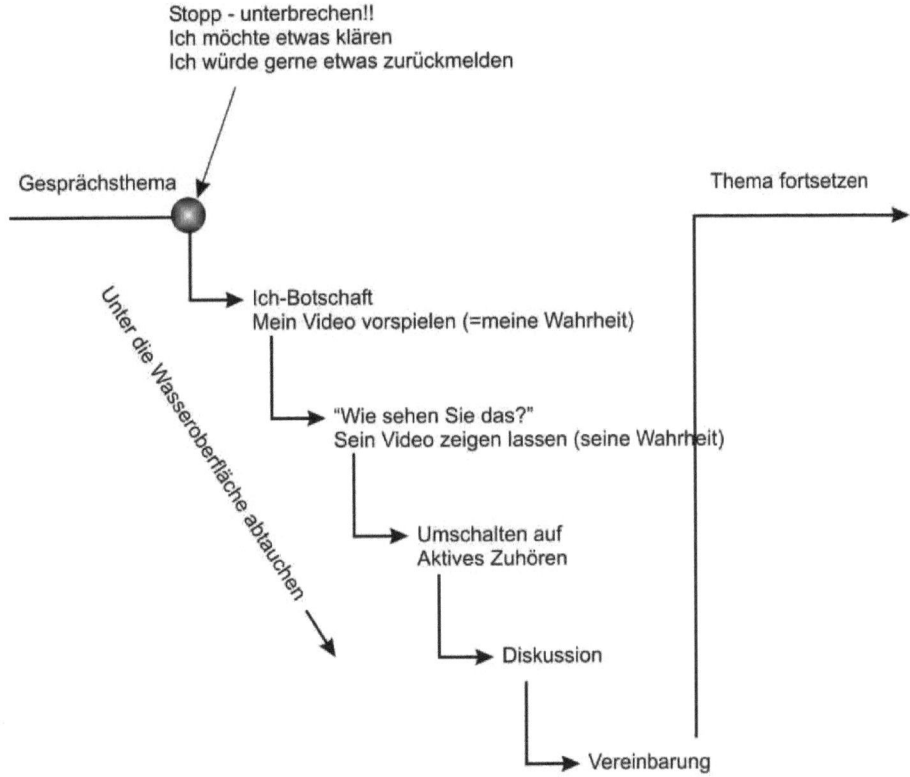

Und so funktioniert Spiegeln. Es ist eine Kaskade verschiedener Schritte, die aufeinander aufbauen und genau in dieser Reihenfolge abgefahren werden. Wenn Sie die Grafik näher betrachten, werden Sie feststellen, dass Spiegeln eine Kombination aus den K-Tools #1-3 ist.

Stopp!!

Sie halten bewusst das inhaltliche Gespräch an und kündigen an, dass Sie gerne etwas klären möchten. Ab diesem Zeitpunkt reden Sie nicht mehr über das eigentliche Thema, sondern klären zuerst, was Ihnen auffällt. Wie hält man ein Gespräch an?

- Der einfachste Weg ist zu sagen: „Stopp, ich möchte an dieser Stelle gerne etwas klären."
- Eine etwas mildere Variante ist: „Entschuldigen Sie, mir fällt gerade etwas auf, darf ich Ihnen das kurz zurückmelden?"
- Gern verwendet wird auch: „Sorry, aber ich habe das Gefühl, dass wir gerade nicht weiterkommen. Was spricht dagegen, dass wir uns kurz einen Kaffee holen/eine Zigarette rauchen?" In der ungezwungenen Atmosphäre am Kaffeeautomat oder in der Raucherecke, sind schon so manche Dinge unter der Wasseroberfläche geklärt worden.

Ich-Botschaft

Der Einstieg ist dann eine saubere Ich-Botschaft, in der Sie Ihrem Gesprächspartner das vorspielen, was Sie mit Ihrer Videokamera aufgenommen haben. Keine Anschuldigungen, keine Vorwürfe – nur das, was bei Ihnen in Ihrer subjektiven Wahrnehmung ankommt, also *Ihre* Wahrheit, die Sie beobachten.

Wie sehen Sie das?

Mit dieser offenen Übergangsfrage fordern Sie ihn auf, Stellung zu Ihrer Botschaft zu nehmen, praktisch *sein* Video vorzuspielen. Damit bekommt er die Gelegenheit, auf Augenhöhe mit Ihnen seine Dinge so darzustellen, wie er sie sieht, also *seine* Wahrheit. Da Sie sich das Recht herausgenommen haben, ihm Feedback zu geben, hat er jetzt das gleiche Recht. Das ist fair und er verliert nicht sein Gesicht.

Umschalten auf Aktives Zuhören

Während er sein Video vorspielt, sind Sie sehr aufmerksam und hören aktiv zu. Sie wollen einerseits seinen Standpunkt richtig verstehen und andererseits für sich herausarbeiten, inwieweit Ihre beiden Standpunkte übereinstimmen, oder eben auch nicht. Sie sammeln während des Zuhörens auch Informationen und Ansatzpunkte, auf die Sie im weiteren Verlauf eingehen werden/können.

Diskussion

Jetzt wird sich eine Diskussion ergeben, in der Sie die Punkte weiter vertiefen, Standpunkte austauschen, Problemfelder identifizieren, Werte klären und die gegenseitigen Erwartungen mitteilen – eben mögliche Ecken des Eisbergs abschmelzen. Ich halte mich gerade bewusst etwas pauschaler, weil natürlich alles mögliche kommen kann, das ich an dieser Stelle so nicht benennen kann. Sie werden aber auf jeden Fall das Aktive Zuhören und die Fragetechnik einsetzen können. Ziel dieser Diskussion ist der letzte Schritt: eine Vereinbarung zu treffen.

Vereinbarung

Das Ziel ist, dass der Auslöser für das Spiegeln abgestellt ist oder man sich auf einen Weg geeinigt hat, entsprechend damit umzugehen. Das Ergebnis kann sein, dass

- er aufhört, Sie zu erpressen
- sie nicht mehr weint, wenn Sie selbst sachlicher und leiser bleiben
- er sich wieder mehr auf Sie einlässt, wenn Sie aufhören, laut zu werden
- er sich nicht mehr im Ton vergreift
- er etwas mutiger wird und sagt, was er denkt, Feedback gibt
- er seine Affen bei sich behält
- er aufhört, seine Kollegen zu verpetzen bzw. Sie vor den Karren zu spannen
- offen sagt, was er denkt und Ihnen nicht mehr nach dem Mund redet
- er aufhört, abzulenken, wenn Sie ihn nicht gleich von der Seite anmachen wegen eines Fehlers
- er mehr beim Thema bleibt, wenn Sie ihn daran erinnern, wenn er es selber nicht merkt
- und so weiter

Erst wenn die Vereinbarung steht, kommen Sie zurück zum eigentlichen Thema des Gespräches. Wie Sie in der Auflistung vielleicht schon gemerkt haben, kommt die Vereinbarung, die Sie mit Ihrem Gesprächspartner treffen, oft einem Deal recht nahe. Häufig ist das Verhalten des anderen eine Folge Ihres Verhaltens (Befindlichkeiten, verletzte Werte, und so weiter), das heißt die Vereinbarung ist eine Mischung aus Geben und Nehmen.

So weit, so gut, wenn sich der Mitarbeiter gleich darauf einlässt und kooperiert. Was tun Sie aber, wenn das Spiegeln gleich nach der Ich-Botschaft ins Stocken gerät und auf Ihre Übergangsfrage nicht reagiert wird oder der Mitarbeiter ablenkt? Ich gebe zwei Beispiele dazu.

Beispiel #1: Ihr Mitarbeiter blockiert und zieht sich zurück, sagt nichts mehr. Das Gespräch hat vielleicht noch ganz normal begonnen, nach und nach merken Sie aber, dass er immer einsilbiger wird, sich in sein Schneckenhaus zurückzieht und all Ihre Versuche, das Gespräch in Gang zu halten, abblockt. Mit „Sorry, aber ich habe das Gefühl, dass wir gerade nicht weiterkommen und ich würde gerne etwas klären." halten Sie das Gespräch an und senden eine Ich-Botschaft: „Mir fällt auf, dass Sie in den letzten Minuten ziemlich wortkarg geworden sind und ich fühle mich etwas hilflos mit meinen Versuchen, das Gespräch in Gang zu halten. Bei mir kommt es gerade so an, als ob ich ein Thema bei Ihnen angesprochen habe, über das Sie mit mir nicht reden möchten." Und Sie fragen ihn nun: „Wie sehen Sie das?" Sie bitten ihn sozusagen, nun sein Video vorzuspielen, aber er tut es nicht und antwortet sehr knapp: „Nein, nein, ist alles ok, machen Sie nur weiter." Sie sitzen also erneut fest, obwohl Sie eine so tolle Ich-Botschaft gesendet haben. Die Lösung dazu finden Sie nach dem nächsten Beispiel.

Beispiel #2: Mitarbeiter lenkt ab oder sucht Fehler bei anderen. Es geht darum, dass Ihr Mitarbeiter öfter unpünktlich zum Shopfloor kommt. Sie sagen im Shopfloor: „Stopp, ich möchte an dieser Stelle kurz etwas klären." und leiten mit einer Ich-Botschaft „Ich sehe, dass Sie in den letzten Tagen häufiger zu spät zum Shopfloor gekommen sind, habe aber keine Idee, warum. Ich finde das lästig und es kostet zu viel Zeit, wenn ich deshalb die Kennzahlen nochmal wiederholen soll." das Spiegeln ein. Auf Ihre Frage, wie er das sieht, kommt: „Wegen der zwei Minuten… schauen Sie doch mal zur Nachbarabteilung, die fangen auch nie pünktlich an. Außerdem starten die auch erst mit allgemeinen Infos, bevor die Kennzahlen angesprochen werden." Sie wollten aber gar nicht über die andere Abteilung sprechen. Was tun Sie?

In beiden Beispielen lässt sich Ihr Mitarbeiter nicht auf das Spiegeln ein, das heißt in #1 blockiert er weiter in #2 lenkt er ab. Jetzt kommt es wieder darauf an, wie beharrlich Sie dran bleiben. Lassen Sie sich nicht abbringen von Ihrer Linie (in diesem Fall dem Spiegeln) und setzen Sie nach. In beiden Fällen heißt das, Sie werden eine Schleife zurück ziehen und nochmal die Ich-Botschaft senden (vielleicht auch mit leicht anderen Worten):

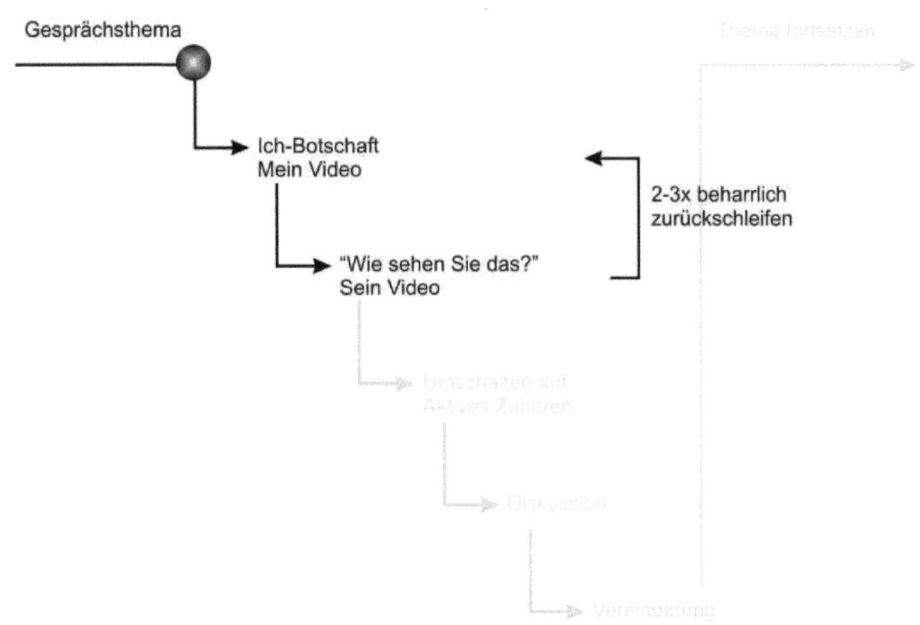

Für #1 könnte das so lauten: „Sehen Sie, genau das meine ich. Ich fühle mich von Ihnen ausgebremst, wenn Sie so knapp antworten und ich befürchte, dass wir so zu keiner Lösung kommen. Bei mir verfestigt sich der Eindruck, dass Sie über das Thema mit mir nicht reden möchten und dass Sie nur möglichst schnell hier raus wollen." Und an dieser Stelle wieder die Übergangsfrage: „Wollen Sie mir das erklären?" oder „Wie sehen Sie das also?".

Für #2 wäre das eine Möglichkeit: „Was haben Ihre Eltern früher geantwortet, wenn Sie meinten, dass der Nachbarsjunge bis acht draußen bleiben darf und Sie nur bis sieben…? Ich meine, wir sollten jetzt nicht über das andere Team reden, sondern darüber, wie Sie pünktlich sein werden. Also, mich nervt es ehrlich gesagt, wenn ich die Kennzahlen nochmal wiederholen soll." Und dann wieder die gleiche Übergangsfrage: „Wie sehen Sie das?"

In beiden Beispielen lassen Sie sich nicht abdrängen oder ablenken, sondern kommen ruhig aber beharrlich zu Ihrer Ich-Botschaft zurück. Nach der Übergangsfrage schweigen Sie und erwarten eine Stellungnahme. Sie lassen also nicht locken und wollen diese Sache jetzt klären, Sie ziehen eine Schleife zurück, bevor Sie in der Kaskade weitermachen. Lässt sich der Mitarbeiter immer noch nicht darauf ein, wiederholen Sie das unter Umständen mehrmals – bis er kooperiert. Ist die Situation aus irgendwelchen Gründen so verfahren, dass an dieser Stelle nichts mehr geht, empfehle ich Ihnen, das Gespräch zu unterbrechen, Achtung, nicht *ab*brechen, nur *unter*brechen. Beispiel: „Aus meiner Sicht kommen wir heute nicht mehr weiter. Ich unterbreche unser Gespräch bis morgen um 9 Uhr und bitte Sie bis dahin, über diese Sache nachzudenken und morgen dazu Stellung zu nehmen." Sie vermeiden damit eine mögliche Eskalation und geben dem Mitarbeiter sozusagen eine konkrete Hausaufgabe bis zur Wiederaufnahme des Gespräches.

Mit dieser gelebten Beharrlichkeit senden Sie eine aus Führungssicht sehr wichtige Botschaft an den Mitarbeiter, selbst wenn sie gar nicht ausgesprochen wurde: du kommst mit deiner Masche nicht durch, ich bleibe dran an dir, wir spielen nach meinen Spielregeln, ich lasse nicht locker. Man nennt es auch „konsequent sein".

Das Spiegeln findet in der vorgestellten Form eine sehr breite Anwendung. Die Formulierungen können je nach Anlass stark variieren, aber die Abfolge der Schritte ist immer gleich. Ob das im Einzelgespräch oder in einer Gruppensituation ist, immer wenn es etwas zu klären gibt, damit nichts eskaliert, leistet dieses Tool sehr gute Dienste. In diesem Zusammenhang verweise ich auch auf das letzte Kapitel 5 Standardsituationen, bei denen Spiegeln häufig zum Einsatz kommt.

Mit etwas Übung werden Sie den handwerklich korrekten Umgang mit diesem Tool bald beherrschen. Ich möchte Ihnen aber auch nicht verheimlichen, dass Spiegeln eine weitere Schlüsseleigenschaft voraussetzt: Mut. Betrachten Sie nochmal die Beispiele am Anfang dieses Kapitels. Solche Dinge anzusprechen, ist nicht ganz ohne. Besonders, wenn es um Dinge geht, die schön länger unbearbeitet im Untergrund rumoren und Sie diese nun an die Oberfläche bringen. Häufig schrecken Führungskräfte davor zurück, die sogenannten schlafenden Hunde zu wecken – ärgern sich aber im Stillen weiter.

2.3.5 Situationsbarometer (K-Tool #5)

„Wie sicher fühlen Sie sich damit, die Aufgabe zu übernehmen, sagen wir auf einer Skala von 1..10? 1 bedeutet „Panik", 10 bedeutet „sehr sicher". So oder so ähnlich kann eine Frage lauten, wenn Sie schnell herausbekommen möchten, ob z.B. jemand schon so weit ist, die Aufgabe zu übernehmen, oder ob Sie ihn nochmal genauer einweisen sollten.

Mit dem Situationsbarometer machen Sie verblüffend schnell subjektive Dinge oder Zusammenhänge messbar und sichtbar, die eigentlich nicht oder nur schwer messbar sind – besonders, wenn es um bestimmte Standpunkte, Meinungen oder Themen unterhalb der Wasseroberfläche geht. Diese Dinge werden objektiviert (quasi über die Wasseroberfläche geholt) und können damit auf der gefühlten Sachebene weiter bearbeitet werden. Oftmals ist es für alle Beteiligten eine Erleichterung, dass es jetzt endlich mal „raus" ist und nicht mehr alle im Untergrund plagt.

Sie stellen also eine passende Frage oder fordern jemanden auf, eine Einordnung vorzunehmen. Als „Messmittel" benutzen Sie in eine Skala von 1..10, deren beide Pole Sie entsprechend belegen. Häufig visualisieren Sie das Ergebnis – dazu genügt ein weißes Blatt Papier -, um es plastischer zu machen und möglicherweise einen Lösungsprozess einleiten zu können.

Hier einige Beispiele:

Erkennen eines emotionalen Zustandes

a) Sie wollen herausfinden, ob Ihr Mitarbeiter schon so weit ist, die Aufgabe zu übernehmen.

„Wie sicher fühlen Sie sich schon, die Aufgabe zu übernehmen, sagen wir auf einer Skala von 1..10? 1 bedeutet »Panik«, 10 bedeutet »sehr sicher«." Der Mitarbeiter kreuzt an.

b) Ihr Mitarbeiter klagt über das hohe Arbeitsaufkommen und Sie wollen herausfinden, wie belastend es für ihn ist.

„Wie stark belastet fühlen Sie sich vom momentanen Arbeitsaufkommen, sagen wir auf einer Skala von 1..10? 1 bedeutet »kann nicht mehr«, 10 bedeutet »alles im Griff«." Der Mitarbeiter kreuzt an.

c) Zwei Ihrer Mitarbeiter haben Streit miteinander und Sie wollen herausfinden, wo jeder der beiden steht.

„Inwieweit wollen Sie dieses Thema überhaupt lösen und mit Ihrem Kollegen daran arbeiten, sagen wir auf einer Skala von 1..10? 1 bedeutet »will ich nicht«, 10 bedeutet »will mich darauf einlassen«." Beide kreuzen an.

„Für wie notwendig halten Sie es, dieses Thema zu lösen, sagen wir auf einer Skala von 1..10? 1 bedeutet »nichts machen«, 10 bedeutet »unbedingt lösen«." Beide kreuzen an, eventuell Sie selbst auch.

d) Sie bemerken in einem Gespräch, dass Ihr Mitarbeiter bzgl. einer gestellten Aufgabe relativ viele Probleme sieht, die für Sie selbst eher unkritisch erscheinen. Sie wollen herausfinden, wo ihm der Schuh drückt.

„Wie problematisch sehen Sie diese Aufgabe, sagen wir auf einer Skala von 1..10? 1 bedeutet »hoch kritisch«, 10 bedeutet »alles ist klar«." Sie beide kreuzen an.

e) Sie wollen herausfinden, wie es Ihrem Mitarbeiter/Ihrem Team mit der Entscheidung gerade geht.

„Wie geht es Ihnen gerade damit, sagen wir auf einer Skala von 1..10? 1 bedeutet »völlig inakzeptabel«, 10 bedeutet »kann gut damit umgehen«." Mitarbeiter/Team kreuzt an.

Feedback/Einschätzung/Position zu etwas geben (lassen)

a) Auf der Hälfte eines Meetings oder Workshops wollen Sie herausfinden, wie die Teilnehmer das momentane Ergebnis beurteilen.

„Wie zufrieden sind Sie nach der Hälfte der Zeit mit dem momentanen Arbeitsergebnis, sagen wir auf einer Skala von 1..10? 1 bedeutet »noch nichts erreicht«, 10 bedeutet »hochzufrieden«." Das Team kreuzt an, eventuell Sie selbst auch.

b) Am Ende eines Meetings oder Workshops wollen Sie herausfinden, wie zufrieden die Teilnehmer mit dem Ergebnis sind.

„Wie zufrieden sind Sie mit dem Arbeitsergebnis, sagen wir auf einer Skala von 1..10? 1 bedeutet »völlig unzufrieden«, 10 bedeutet »sehr zufrieden«." Das Team kreuzt an, eventuell Sie selbst auch.

c) Sie wollen wissen, wie sehr Ihr Mitarbeiter/Team hinter der getroffenen Vereinbarung steht.

„Wie stehen Sie hinter der getroffenen Vereinbarung, sagen wir auf einer Skala von 1..10? 1 bedeutet »noch gar nicht«, 10 bedeutet »stehe 100 %-ig dahinter«." Mitarbeiter/Team kreuzt an.

d) Sie führen ein Projektstatusgespräch und wollen eine möglicherweise unterschiedliche Ergebnisbewertung darstellen.

„Wo ordnen Sie gerade den Projektfortschritt ein, sagen wir auf einer Skala von 1..10? 1 bedeutet »10%«, 10 bedeutet »100%«." Mitarbeiter/Team kreuzt an.

e) Sie wollen herausfinden, wieviel Erfahrung ein Mitarbeiter/Team hinsichtlich eines bestimmten Themas schon hat.

„Wie oft haben Sie das schon so oder so ähnlich gemacht, sagen wir auf einer Skala von 1..10? 1 bedeutet »noch nie«, 10 bedeutet »nahezu täglich«." Mitarbeiter/Team kreuzt an.

„Wieviel Erfahrung haben Sie aus der Vergangenheit im Umgang mit diesem Thema, sagen wir auf einer Skala von 1..10? 1 bedeutet »so gut wie keine«, 10 bedeutet »gehört zum Tagesgeschäft«."". Mitarbeiter/Team kreuzt an.

f) Sie wollen in einem Führungsgespräch oder einem Meeting herausfinden, wo die Positionen aller Beteiligten sind.

„Wie sehen Sie dieses Thema, sagen wir auf einer Skala von 1..10? 1 bedeutet »bin dagegen«, 10 bedeutet »bin dafür« oder 1 bedeutet »finde ich unwichtig«, 10 bedeutet »finde ich wichtig« oder 1 bedeutet »hat für uns keine strategische Relevanz«, 10 bedeutet »hat für uns eine große strategische Relevanz«. Mitarbeiter/Team kreuzt an, eventuell Sie selbst auch.

g) Im Mitarbeiterjahresgespräch wollen Sie eine möglicherweise unterschiedliche Beurteilung der Leistung Ihres Mitarbeiters darstellen.

„Wie beurteilen Sie Ihre Leistung, sagen wir auf einer Skala von 1..10 (bzw. gemäß der verwendeten Skala in Ihrem Unternehmen)? 1 bedeutet »völlig unzureichend«, 10 bedeutet »übererfüllt«." Mitarbeiter/Team kreuzt an.

h) Sie wollen von Ihrem Mitarbeiter/Team Feedback.

„Wie fanden Sie unser Gespräch, sagen wir auf einer Skala von 1..10? 1 bedeutet »sehr unangenehm« oder »hätten wir uns sparen können«, 10 bedeutet »sehr angenehm« oder »überraschend viel herausgekommen«." Mitarbeiter/Team kreuzt an.

„Wie zufrieden sind Sie mit dem Ergebnis unseres Gespräches, sagen wir auf einer Skala von 1..10? 1 bedeutet »völlig inakzeptabel«, 10 bedeutet »kann gut damit leben«." Mitarbeiter/Team kreuzt an.

„Wie war Ihre Position vor einem Jahr und wie stehen Sie heute dazu, sagen wir auf einer Skala von 1..10? 1 bedeutet »völlig inakzeptabel«, 10 bedeutet »kann gut damit umgehen«." Mitarbeiter/Team kreuzt an.

„Wie geht es Ihnen gerade damit, sagen wir auf einer Skala von 1..10? 1 bedeutet »völlig inakzeptabel«, 10 bedeutet »kann gut damit leben«. Mitarbeiter/Team kreuzt an.

i) Sie wollen herausfinden, welche Chancen Ihr Mitarbeiter/Ihr Team der Lösung dieses Problems/Themas einräumt/einräumen.

„Welche Chancen räumen Sie der Lösung dieses Problems ein, sagen wir auf einer Skala von 1..10? 1 bedeutet »nicht lösbar«, 10 bedeutet »gut lösbar«." Mitarbeiter/Team kreuzt an.

Und so weiter…

Wie Sie wahrscheinlich schon bemerkt haben, haben Sie in der Arbeit mit dem Situationsbarometer zwei Optionen. Sie können entweder die Frage sehr allgemein formulieren, um dann die Skalierung sehr spezifisch zu machen oder bereits die Frage an sich sehr spezifisch stellen. Es gibt keine Regel dafür, welche die bessere ist. Es kommt ohnehin darauf an, was Sie nun aus dieser Standortbestimmung machen.

Natürlich kann es schon ausreichen, eine schnelle Standortbestimmung gemacht zu haben. Es ist dann sozusagen „raus", allen ist irgendwie leichter und Sie führen Ihr Gespräch ganz normal weiter.

Sie können allerdings auch mehr daraus machen und entlang des PAULA-Prozesses (nähere Erläuterungen dazu siehe Kapitel 3.3 Delegation und Coaching) ein Thema tiefer reflektieren bzw. ein Problem lösen. Das Situationsbarometer ist dabei der erste Schritt bei PAULA.

		PAULA-Prozess
1	Situationsbarometer, Abfrage (siehe Beispiele oben)	P- Problem, A- Aufgabe definieren, identifizieren
2	Warum positionieren Sie sich an dieser Stelle? Warum sehen Sie das so? Was sind Ihre Gründe dafür? Was hält Sie davon ab, weiter oben/unten zu sein?	U- Ursache herausfinden, analysieren
3	Wo sollte der Wert liegen? Was ist aus Ihrer Sicht realistisch? Was macht aus Ihrer Sicht Sinn? Wo wollen Sie hin?	Dieser Schritt dient der Zielsetzung und hat ursächlich nichts mit PAULA zu tun
4	Was müsste passieren, damit Sie/wir dort hinkommen?	L- Lösungen

	Was müssten Sie/wir unternehmen, damit Sie/wir dort hinkommen? Was könnten Sie/wir tun, damit Sie/wir dort hinkommen?	finden, herausarbeiten
5	Was werden Sie/wir konkret tun? Was entscheiden Sie/wir jetzt? Welche Schritte leiten Sie/wir jetzt ein?	A- Aktion Maßnahmen festlegen

Ich möchte Ihnen anhand von drei Beispielen zeigen, wie Sie mit Hilfe des Situationsbarometers den PAU-LA-Prozesses einleiten und zu Ende bringen können.

Beispiel #1: Mitarbeiter ist noch unsicher

Schritt 1: „Wie sicher fühlen Sie sich damit, die Aufgabe zu übernehmen, sagen wir auf einer Skala von 1..10? 1 bedeutet „Panik", 10 bedeutet „sehr sicher". Mitarbeiter kreuzt zwischen 5-6 an. Feedback der Führungskraft: „Sie scheinen also noch nicht ganz sattelfest zu sein."

Schritt 2: Führungskraft fragt: „Woran liegt´s?" Mitarbeiter führt einige Gründe an: hat noch zu wenig Infos, hat das so noch nie gemacht, ist ein neues Thema und er traut sich nicht so ran, liegt ihm eventuell nicht so ganz.

Schritt 3: Führungskraft fragt: „Wo sollten Sie Ihrer Meinung nach denn mindestens liegen, damit Sie sicher loslegen können?". Mitarbeiter kreuzt bei 9 an, die Führungskraft zwischen 8-9.

Schritt 4: Führungskraft fragt: „Was müsste jetzt passieren, damit Sie bei 9 landen?" oder „Was brauchen Sie, um in die Gegend von 9 zu kommen?". Mitarbeiter meint: braucht noch mehr Infos, ihm wäre lieber, den ersten Schritt mit Führungskraft zusammen festzulegen, bräuchte einen Plan.

Schritt 5: Führungskraft: „Dann lassen Sie uns mal konkret darüber sprechen, was Sie tun werden, um die Aufgabe sicher anpacken zu können." Mitarbeiter erarbeitet unter Mithilfe der Führungskraft: 1. Ich recherchiere mehr zu diesem Thema, 2. Ich erarbeite einen Plan für die nächsten Schritte, 3. Ich stimme diesen Plan in 2 Tagen mit Führungskraft ab.

Beispiel #2: Zwischenstand Meeting

Schritt 1: „Wie zufrieden sind Sie nach der Hälfte der Zeit mit dem momentanen Arbeitsergebnis, sagen wir auf einer Skala von 1..10? 1 bedeutet „noch nichts erreicht", 10 bedeutet „hochzufrieden". Das Team kreuzt zwischen 3-6 an. Feedback der Führungskraft: „Sie scheinen mir eher noch unzufrieden zu sein."

Schritt 2: Führungskraft fragt: „Woran liegt´s?" Die Mitarbeiter führen einige Gründe an: wir sind total vom Ziel abgekommen, eigentlich haben wir noch nicht viel, das, was wir diskutiert haben, ist noch nicht dokumentiert, die Hälfte der Zeit ist schon rum und wir kennen noch nicht mal das Problem, wir arbeiten etwas undiszipliniert, so schaffen wir das nie.

Schritt 3: Führungskraft fragt: „Wo sollten wir am Ende des Meetings stehen?". Das Team kreuzt bei 10 an.

Schritt 4: Führungskraft fragt: „Was müsste ab jetzt passieren, dass wir am Ende des Meetings bei 10 sind?". Die Mitarbeiter schlagen vor: jetzt müssen wir mal alles aufschreiben, wir dürfen nicht mehr abschweifen, wir brauchen einen Aufpasser, der Moderator (spricht Führungskraft) muss konsequenter durchgreifen, wir legen jemand fest, der visualisiert.

Schritt 5: Führungskraft: „Was legen Sie jetzt fest, damit das Meetingziel doch noch erreicht wird?." Das Team legt fest: 1. Führungskraft achtet konsequent auf die Einhaltung der Spielregeln, 2. Herr Mustermann schreibt die Entscheidungen und Maßnahmen, die wir jetzt treffen, in einem Maßnahmenplan auf, 3. Die Nebenthemen werden zu einem anderen Zeitpunkt besprochen.

Beispiel #3: Konflikt zwischen zwei Mitarbeitern vermitteln

Schritt 1: „Inwieweit wollen Sie dieses Thema überhaupt lösen und mit Ihrem Kollegen daran arbeiten, sagen wir auf einer Skala von 1..10? 1 bedeutet „will ich nicht", 10 bedeutet „will mich darauf einlassen". Nach längerem Zögern kreuzt Mitarbeiter A bei 2 und B bei 8 an. Feedback der Führungskraft: „Da liegen Sie ja noch ziemlich weit auseinander."

Ein zweites Mal das Situationsbarometer: „Für wie notwendig halten Sie es, dieses Thema zu lösen, wieder auf einer Skala von 1..10? 1 bedeutet dieses Mal „nichts machen", 10 bedeutet „unbedingt lösen". A und B kreuzen ohne zu zögern bei 9 an.

Schritt 2: Führungskraft fragt: „Wie darf ich das verstehen?" Mitarbeiter A (liegt bei 2 „will nicht") sagt spontan: „Mit ihm will ich nicht arbeiten, er ist Schuld an dem ganzen Thema. Es muss aber gelöst werden, ich erwarte, dass Sie (Führungskraft) ihn zurechtweisen. Mitarbeiter B (liegt bei 8 „will schon") meint: „Ich sehe das anders. Ich finde es total kindisch, wie er sich aufführt und wir sollten das schnellstens aus der Welt schaffen, da es mich sehr belastet." Feedback der Führungskraft zu A: „Sie sehen also die Schuld bei B und wollen, dass ich jetzt aktiv werde und es in Ihrem Sinne löse." Feedback der Führungskraft zu B: „Und Sie belastet das alles ziemlich und Sie wären bereit, daran zu arbeiten."

Schritt 3: Führungskraft setzt jetzt auch zwei Kreuze, auf die erste Frage bei 9 (Begründung: Sie beide werden daran selber arbeiten und ich bin der Schiedsrichter), auf die zweite Frage bei 10 (Begründung: mich nervt das Thema sehr, da es mittlerweile das Teamklima verschlechtert).

Zurück zu Schritt 2: Gründe, Argumente, Fakten etc. sammeln und visualisieren, warum es zu diesem Konflikt gekommen ist. Führungskraft fasst zusammen und visualisiert.

Schritt 4: Führungskraft: „Ich fordere Sie nun auf, darüber nachzudenken, was Sie beide tun können, um diese Sache aus der Welt zu schaffen." Sollte das noch nicht gleich funktionieren, wird das Meeting vertagt mit der Aufgabe für beide, darüber nachzudenken.

Schritt 5: Entweder gleich im Anschluss oder zu einem neuen Termin, wird von beiden Mitarbeitern ein Maßnahmenplan erarbeitet.

Der Nutzen des Situationsbarometers liegt auf der Hand:
- Aus subjektiv wird objektiv, das heißt gefühlt versachlicht
- Sie haben damit eine ordentliche Ausgangsbasis, Dinge zu klären bzw. zu lösen
- Oft nehmen Sie damit viel Druck aus der Sache
- Sie erhalten damit sehr schnell ein Meinungs- bzw. Stimmungsbild
- Die Beteiligten positionieren sich und tun sich leichter damit, sich zu erklären
- Sie können auf dieser Basis einen Lösungsprozess (z.B. PAULA) anstoßen

Ich wünsche Ihnen viele erhellende Momente mit dem Situationsbarometer.

„Die Sprache ist natürlich im ersten Moment immer ein Hindernis für die Verständigung."

Marcel Marcelau

2.4 Wording

Wie „ungünstig" kommunizieren Sie? Wie häufig senden Sie unbewusst missverständliche oder verletzende Botschaften „zwischen den Zeilen"? Kommunizieren Sie am Ende unabsichtlich „gewaltsam"?

Oft liegt es an einzelnen Formulierungen, die darüber entscheiden, ob es zwischen zwei Gesprächspartnern funktioniert oder nicht, ob Sie jemanden verletzen, beleidigen, für unfähig erklären, ihn unter Druck setzen, schlechte Stimmung machen oder sich selber unverbindlich oder schwach erscheinen lassen. Mit einem „ungünstigen" oder „gewaltsamen" Wording drücken Sie unter Umständen einen Knopf bei Ihrem Gegenüber, was dann den Verlauf eines Gespräches oft erschwert oder eine Beziehung behindert, weil Druck aufgebaut oder einfach nur schlechte Stimmung verbreitet wird. Arbeiten Sie an einem günstigen bzw. gewaltfreien Wording. Konfliktmanagement beginnt bereits bei der Wortwahl!

Im Folgenden habe ich viele Beispiele aus dem Business-Alltag zusammengestellt. Sollten Sie sich im ein oder anderen Fall ertappt fühlen, so nehmen Sie es sportlich und ändern Sie es.

		Beispiel/Wirkung
Ungünstig	nicht	„Ich bin damit nicht zufrieden." Klingt sehr absolut, damit sagen Sie dem anderen, dass so gut wie gar nichts passt, dass Sie es ihm auch nicht wirklich zutrauen, er ist eventuell entmutigt, fehlende Motivation
Besser	*noch* nicht	„Ich bin damit *noch* nicht zufrieden." Es fehlt nicht mehr viel, den größeren Teil hat er schon, Sie trauen ihm zu, dass er das schafft
Ungünstig	immer / nie / jeder	„Immer fällst du mir ins Wort." „Jeder kommt und will was von mir." In diesen Du-Botschaften ist ein Vorwurf versteckt, die starke Verallgemeinerung provoziert eine Verteidigungshaltung beim anderen, in dieser 100%-igkeit stimmt Ihre Aussage übrigens in der Regel nicht
Besser	Du-Botschaft streichen und ersetzen durch Ich-Botschaft, immer/nie/jeder aus dem Vokabular streichen und ersetzen durch z.B. „wenn du das und das tust, dann…" oder „häufig"	„Ich empfinde es als störend, wenn du mir häufig ins Wort fällst." „Mich ärgert es, wenn du häufig den Müll nicht runterbringst." „Ich fühle mich unterbrochen, wenn häufig jemand kommt und etwas von mir will."
Ungünstig	aber	„Ich finde Ihre Idee ganz gut, aber Sie haben den Aspekt xy dabei nicht berücksichtigt." Sie würdigen sein Argument kaum und halten trotzig dagegen, wischen es mehr oder weiniger vom Tisch, gehen nicht wirklich darauf ein, zeigen kein Interesse, verstehen zu wollen, was dahinter steckt, ich weiß es aber besser
Besser	*und* statt aber	„Ich finde Ihre Idee schon ganz gut *und* ich könnte mir vorstellen, wenn Sie den Aspekt xy noch einbauen, dann kann das klappen." Klingt zwar etwas ungewohnt und sperrig, verfehlt aber seine positive Wirkung nicht. Sie halten dem anderen quasi den Steigbügel, seine Idee zu verfeinern, ohne sein Gesicht zu verlieren, er bleibt im Motivationsmodus

Ungünstig	man / wir	„Man sollte das jetzt endlich erledigen." Sie geben die Verantwortung ab, sind zu feige, auszudrücken dass Sie etwas vom anderen erwarten, Sie verstecken ein eigenes Bedürfnis hinter allgemeiner Pflicht, außerdem ist noch „sollte" enthalten, was das Ganze unbestimmt macht (siehe nächste Zeile)
Besser	„Sie" oder „Ich" oder „Ich möchte..." „Ich brauche..."	„Erledigen Sie das bitte." oder „Ich erledige das." „Ich brauche von Ihnen..." So beziehen Sie klar Position und geben einen unmissverständlichen Handlungsimpuls.
Ungünstig	sollte / könnte	„Ich sollte noch..." oder „Ich könnte eventuell ..." Mit dem Konjunktiv bleiben Sie unverbindlich, geben dem anderen den Eindruck, dass er sich nicht unbedingt auf Sie verlassen kann
Besser	„Ich mache...", „Ich werde...", „Ich erledige..."	„Ich mache das jetzt." oder „Ich werde dieses Thema jetzt anpacken." oder „Ich erledige das jetzt." So formuliert geben Sie ein klares Signal an den anderen, er kann sich auf Sie verlassen, es gibt für ihn auch keinen Grund, dass er unnötig viel kontrollieren muss, Ihre Entschlossenheit besticht in Ihrer Konsequenz
Ungünstig	versuchen	„Ich werde versuchen, dass..." Ich habe mich echt bemüht, aber... ist in der Regel zu unverbindlich, das sollten Sie selbst vermeiden und auf keinen Fall als Zusage von einem Mitarbeiter akzeptieren
Besser	„Ich mache...", „Ich werde...", „Ich erledige..."	s.o.
Ungünstig	kümmern	„Ich kümmere mich darum." ...ist schon nicht schlecht. Kann aber auch „kümmerlich" wirken.
Besser	„Ich erledige..."	„Ich erledige das."
Ungünstig	eigentlich / genau genommen	„Das sehe ich eigentlich anders." „Genau genommen bin ich damit nicht einverstanden." Die beiden gehören zu den indifferenten Worten, die Ihren Standpunkt relativieren oder aufweichen, Sie machen den Eindruck, dass Sie sich nicht so recht trauen, zu sagen, was Sie wollen
Besser	„Das sehe ich anders." „Damit bin ich noch nicht einverstanden"	Sprechen Sie die Dinge genau an und so, wie Sie sie meinen, beziehen Sie einen Standpunkt und weichen Sie ihn nicht auf.
Ungünstig	Ich muss	„Ich muss das noch fertig machen." „Ich muss noch einkaufen gehen." „Ich kann noch nicht..., weil ich noch ...muss." Wirkt so, als ob Sie von jemandem oder etwas getrieben werden, nicht selbst entscheiden, sich hinter Zwängen verstecken müssen, wirkt eher schwach (Opfer) und unsouverän. Ihr Umfeld probiert schon mal eher, wie weit man bei Ihnen gehen kann.
Besser	„Ich mache..." „Ich tue..." und so weiter	Tun Sie etwas oder lassen Sie es, es ist Ihre Entscheidung. Ihr Auftritt wirkt damit wesentlich souveräner und selbstbestimmter. Die Tendenz, Spielchen mit Ihnen zu spielen, nimmt ab. Nähere Erläuterungen zu diesem Thema finden Sie im Kapitel Umgang mit Belastung.
Ungünstig	Sie müssen	„Du musst das noch fertig machen." „Das musst Du so und so machen." Befehlston, law and order, Sie herrschen jemand an, versuchen über ihn zu bestimmen, setzen ihn unter Druck, bevormunden ihn, lasse ihm keine Chance, selbst zu entscheiden

Besser	„Würden Sie...?" „Ich brauche..." und so weiter	„Würden Sie das bitte für mich erledigen?" „Ich brauche das unbedingt noch." „Ich würde Sie gerne dafür gewinnen." „Ich würde Ihnen empfehlen, das so und so zu machen."
Ungünstig	ein bisschen / etwas	„Ich brauche noch ein bisschen mehr Zeit." Ein bisschen verniedlicht und ist ein „kleiner Biss" und das ist wenig und zeugt von Mangel. Machen Sie Ihr Bedürfnis nicht kleiner als es ist und stehen Sie dazu.
Besser	streichen, (einfach nur) mehr	„Ich brauche noch mehr Zeit."
Ungünstig	vielleicht, mal, relativ	„Vielleicht sollten wir mal links herum gehen..." „Das finde ich schon relativ gut." Diese Wörter signalisieren, dass Sie sich nicht sicher fühlen oder keinen klaren Standpunkt haben, im ungünstigsten Fall wirken Sie sogar inkompetent
Besser	streichen	Streichen Sie diese Wörter aus Ihrem Vokabular, zumindest in Gesprächen, in denen es um etwas geht. Manchmal ist der Gebrauch zulässig, wenn man etwas „durch die Blume" sagen möchte oder natürlich im privaten Umfeld.
Ungünstig	noch einmal	„Ok, ich erkläre es ihnen noch einmal." „Jetzt nochmal, ich meine, dass..." Dies signalisiert dem anderen, dass Sie es nur für ihn (wie in der Schule) wiederholen – alle anderen haben es ja schon verstanden. Hat was Oberlehrerhaftes und macht unnötig Druck. Haben sie es denn noch nicht verstanden?!
Besser	Streichen	Wiederholen Sie einfach Ihren Standpunkt und geben Sie dem anderen Zeit, richtig zu verstehen. Besser noch stellen Sie offene Fragen, z.B. „Was haben Sie noch nicht verstanden?" oder „Womit sind Sie noch nicht einverstanden?"
Ungünstig	leider	„Leider kann ich an dem Meeting nicht teilnehmen." „Leider kann ich den Termin nicht wahrnehmen." Leider ist die Steigerungsform von Leid. „Ich würde ja gerne, aber leider..." ist auch eine Art Flucht, eine Entscheidung zu treffen und dafür gerade zu stehen. Oft als Höflichkeitsform gebraucht wirkt es meists wie eine Ausrede. Mit jedem „leider" verstärken Sie Ihr Leid und wirken nach außen schwach und getrieben.
Besser	Streichen, einfach entscheiden und kommunizieren	„Ich werde am Meeting nicht teilnehmen." „Ich nehme den Termin dieses Mal nicht wahr." Wirkt zwar etwas härter, als das *leider*, signalisiert aber auch, dass Sie selbstbestimmt sind, Entscheidungen treffen und klar kommunizieren. Je nachdem, mit wem Sie sprechen, kann auch noch ein „sorry" vorangestellt werden.
Ungünstig	wir	„Mal schauen, wie wir das Problem lösen können." „Wir sollten dafür eine Lösung finden." „Was könnten wir denn da machen?" Wie groß wird der Impuls wohl bei Ihrem Mitarbeiter oder Kollegen sein, sich des Problems eigenverantwortlich anzunehmen? Bei „wir" macht es im Zweifel keiner oder Sie selbst. „Wir" ist auch ein fasch verstandener Teamgeist. In guten Teams sind Rollen und Aufgaben definiert.
Besser	sie oder ich	„Wie würden Sie das Problem lösen?" „Was schlagen Sie vor, um...?" Halten Sie strikt auseinander, wer aktiv werden soll, er oder Sie?

Ungünstig	„Das haben Sie falsch verstanden"	Das ist eine klassische Du-Botschaft, Sie greifen ihn damit an und geben ihm die Schuld, weil er so doof ist, nicht zu verstehen.
Besser	„Da habe ich mich falsch ausgedrückt."	Mit dieser Ich-Botschaft lassen Sie nichts anbrennen und geben dem anderen die Chance, sein Gesicht zu bewahren.
Ungünstig	logisch	„Das ist doch logisch." Sie unterstellen dem anderen, dass er nicht bis 3 zählen kann und etwas begriffsstutzig ist, besonders, wenn Sie das Wort „logisch" auch noch akzentuieren. Sie zeigen damit auch eine gewisse Ungeduld, das ihn unter Druck setzt und was eine entsprechende Trotzreaktion nach sich ziehen kann.
Besser	streichen	„Meiner Kenntnis nach…" „So, wie ich es verstanden habe…" Sie schlagen damit einen wesentlich sachlicheren Ton an, ohne den anderen ins Eck zu drängen und irgendwelche unnötigen Gegenreaktionen zu provozieren.
Ungünstig	„Das habe ich doch gleich gesagt…."	„Das habe ich doch gleich gesagt, dass es so nicht geht." Sie wollen um jeden Preis Recht haben, den „Längeren" haben. Über den Dingen und Menschen zu stehen, scheint für Sie einfacher zu sein, als sich um eine Lösung zu bemühen. Das ist die sicherste Art, schlechte Stimmung zu verbreiten und sich verbal Feinde zu schaffen.
Besser	streichen	„Das war meine Befürchtung. Welche Lösung schlagen Sie vor?" „Das ist schief gelaufen. Wie wollen Sie das lösen?"

3 Tools für die Mitarbeiterführung

3.1 Partnerschaftliche Haltung

3.1.1 Amateur - Profi

Ich nehme an, Sie haben sich dieses Buch besorgt, weil Sie in der Mitarbeiterführung professioneller werden wollen. Egal, wo Sie gerade stehen, ich möchte zu Beginn der Führungstools kurz darauf eingehen, was eigentlich den Amateur vom Profi unterscheidet.

Der Amateur kann seine innere Haltung, die er zweifelsohne hat, nicht immer erklären. Ihm ist es oft selbst nicht immer klar, warum er einmal so und dann wieder anders reagiert. Er nimmt sich auch nicht immer die Zeit, sein Umfeld bewusst wahrzunehmen, um dann entsprechend darauf zu reagieren. Er handelt oft unbewusst und aus dem Bauch heraus, was meistens gut geht aber manchmal auch nicht – es hat oft etwas von Zufälligkeit. Er verfügt über einige Kommunikations- und Führungstools und versucht, daraus das Beste zu machen. Seinen Werkzeugkasten würde man eher als schlecht sortiert bezeichnen, er weiß auch nicht immer, wie die einzelnen Tools heißen. Er handelt oft nur nach dem gesunden Menschenverstand, ohne eine direkte Strategie. Da passiert es dann, dass er in manchen Situationen bildlich gesprochen zu viel Gas gibt, die Reifen durchdrehen, viel Rauch entsteht aber wenig Energie in Vortrieb umgewandelt wird. Er bringt sein Drehmoment sozusagen nicht auf die Straße. Ein typischen Beispiel dafür ist die Ungeduld des Amateurs in Coachinggesprächen, in denen ein Mitarbeiter etwas zögerlich ist, eigene Ideen für eine Problemstellung zu generieren. Der Amateur stellt zwar noch die Frage, was der Mitarbeiter nun vorschlägt, wartet aber nicht lange genug auf Antworten und beginnt, selbst Vorschläge zu machen. Ein grundsätzlicher Fehler im Coaching, da der Affe nun beim Vorgesetzten sitzt und er dem Mitarbeiter die Verantwortung abgenommen hat. Um das Ziel, das er nicht immer erreicht, trotzdem zu erreichen, muss er mehr Energie aufwenden als der Profi. Unter dem Strich fühlt sich das für den Amateur intensiver und stressiger an.

Der Profi hat seine innere Haltung geklärt und hat ein Leitbild, das er in regelmäßigen Abständen reflektiert. Es hilft ihm, sich seine Antriebe und Strategien für die Führung klar zu machen. Er hat damit immer gewissermaßen einen Filter, der ihm hilft, Entscheidungen zu treffen. Er nimmt Menschen und Situationen bewusst wahr und handelt bewusst und mit Absicht. Er nutzt dafür passende Tools und Strategien, die er benennen kann. Das Ergebnis ist häufiger richtig. Auch der Profi nutzt den gesunden Menschenverstand, handelt aber auch mit einem gewissen Kalkül. Er gibt dosiert Gas, bekommt Gripp und hat entsprechenden Vortrieb, er bringt sein Drehmoment auf die Straße. In einem Coachinggespräch stellt auch er die Frage nach Ideen, hält dann aber bewusst die Zeit aus, bis der Mitarbeiter liefert. Das Ziel erreicht der Profi mit angemessenem Energieaufwand, er bleibt gelassener und hat weniger Stress.

Die Unterschiede der beiden habe ich in dieser Tabelle nochmal gegenübergestellt.

Amateur	Profi
Kann seine Haltung nicht immer benennen, oft fehlt eine Strategie	Hat seine Haltung geklärt und hat eine Strategie
Wahrnehmung seines Umfeldes eher unbewusst	Nimmt Menschen und Situationen bewusst wahr
Handelt oft unbewusst, aus dem Bauch heraus	Handelt bewusst und mit Absicht
Hat einige Tools (Kommunikation + Führung), manchmal nicht passend, kann sie nicht immer benennen	Hat passende Tools (Kommunikation und Führung) für die Standard-Führungssituationen, kann sie benennen

Ergebnis ist eher zufällig richtig oder falsch	Ergebnis ist häufiger richtig
Gesunder Menschenverstand	Gesunder Menschenverstand + Kalkül
Gibt oft zu viel Gas, Reifen drehen durch, viel Rauch wenig Vortrieb, er bekommt sein Drehmoment nicht immer auf die Straße	Gibt dosiert Gas, kein Rauch, bekommt Gripp, hat Vortrieb, er bekommt sein Drehmoment häufiger auf die Straße
Erreicht meist das Ziel, aber mit sehr hohem Energieaufwand	Erreicht das Ziel mit angemessenem Energieaufwand
Sein Tun fühlt sich oft stressiger an, hohe Intensität	Bleibt häufig gelassener, weniger Stress

Egal, wo Sie gerade stehen auf dem Weg zum Profi, arbeiten Sie mit diesem Buch weiter daran. Das Ziel ist äußerst lohnend: mehr Gelassenheit in der Führung.

„Meine Partnerschaft gibt es nicht zum Nulltarif..“

Axel Germek

3.1.2 Geben und Nehmen

Der Führungsprozess ist, wie so vieles im Leben, immer auch ein Deal, ein Wechselspiel aus Geben und Nehmen zwischen Führungskraft und Mitarbeiter. Solange diese gefühlte Balance einigermaßen ausgewogen ist, klappt die Zusammenarbeit meist gut. Das beginnt bei den harten Fakten wie Geld für Leistung, Freizeit für Überstunden oder überdurchschnittliches Engagement des Mitarbeiters für das ein oder andere Entgegenkommen seines Chefs und hört bei den weichen Dingen, dem sogenannten Beziehungskonto zwischen den beiden auf. Für die Ausgeglicheit der beiden Seiten/Waagschalen, haben sowohl Mitarbeiter als auch Führungskräfte ein sehr feines Gespür entwickelt. Beide Seiten sind aufgerufen, dies zu berücksichtigen.

Hinsichtlich des Führungsprozesses fordere ich folgendes von Ihnen:

- Achten Sie darauf, dass die Balance zwischen Geben und Nehmen nach einer bestimmten Zeit immer wieder ausgeglichen ist. Lassen Sie diese nie zu lange einseitig werden.
- Holen Sie sich immer wieder Feedback diesbezüglich vom Mitarbeiter ein, z.B. in einem Regelgespräch.
- Pflegen Sie das Beziehungskonto der Mitarbeiter bewusst, investieren Sie Zeit dafür.

Achten Sie aber darauf, dass von Ihrem Mitarbeiter etwas zurückkommt. Auch Sie brauchen eine ausgeglichene Balance zwischen dem, was Sie dem Mitarbeiter geben und dem, was Sie von ihm bekommen. Daher sollten Sie Ihrem Mitarbeiter Klar machen: „Meine Partnerschaft gibt es nicht zum Nulltarif.“

Wenn Sie ihn fair und partnerschaftlich behandeln, dann sollten Sie auch etwas Entsprechendes von ihm zurückbekommen, sonst ist auch das wieder einseitig. In der folgenden Tabelle habe ich praktische Anregungen zusammengetragen für das, was Sie dem Mitarbeiter geben und was Sie von ihm erwarten können:

Das können Sie *geben*	Das können Sie erwarten (*nehmen*)
• Zuhören, auf den Mitarbeiter eingehen • Ihn als Partner und Erwachsenen ernst nehmen • Entgegenkommen bei Urlaub, Freitagen oder kleinen Wünschen des Mitarbeiters • Präsent sein für den Mitarbeiter, Zeit für ihn haben, ansprechbar sein • Seine Bedürfnisse erkennen und berücksichtigen • Fairness und ehrliches Feedback, damit er weiß, woran er ist • Auch mal ein Ohr für private Dinge haben • Eine überraschende, kreative Anerkennung (muss nicht immer gleich materiell sein)	• Offenes und ehrliches Feedback • Loyalität Ihnen gegenüber • Mitziehen ohne Diskussion, wenn es gerade eng ist • Einstellung zu Ihnen und zur Firma positiv • Offenheit und Flexibilität • Überdurchschnittliches Engagement • Aktivposten im Team sein

Das Beziehungskonto zwischen Ihnen und dem Mitarbeiter bedarf einer bewussten Pflege und einer ständigen Aufmerksamkeit. Nutzen Sie das Regelgespräch (Kapitel 3.5.2) bewusst, um das Beziehungskonto zu pflegen. Um es sichtbar zu machen, können Sie wieder das Situationsbarometer verwenden:

„Wenn Sie an unser beider Beziehungskonto denken, wie ausgeglichen fühlt es sich gerade für Sie an, sagen wir auf einer Skala von 1-10. 1 bedeutet «Sie sollten mal wieder einzahlen», 5 bedeutet «ausgeglichen», 10 bedeutet «Ich habe etwas zu viel rausgenommen»." Mitarbeiter kreuzt an.

„Konsequent statt autoritär."

Axel Germek

3.1.3 Führungsportfolio

Werte und Führungsstil

Ich persönlich vertrete in diesem Buch unmissverständlich den partnerschaftlichen Ansatz. Mein Selbstverständnis, Menschen zu führen, beruht auf dem Grundsatz, dass ich es mit einem Partner zu tun habe, der selbst Entscheidungen treffen kann und von mir Wertschätzung und Respekt erwarten darf. Es gibt zwar sehr wohl ein „Oben" und ein „Unten", was mich aber nicht davon abhält, mit jemanden vernünftig umzugehen. Meine Idealvorstellung basiert auf dem Prinzip der Freiwilligkeit, das heißt dass ich niemanden mit Gewalt oder Schmerz zwingen muss, etwas zu tun. Mein Gegenüber sollte immer selbst die Entscheidung treffen können, mitzumachen. Will er das nicht, muss *er* eine Entscheidung treffen und die Konsequenzen tragen. Wir sind alles erwachsene Menschen und befinden uns nicht in einem Kindergarten. Realistischer Weise merke ich an dieser Stelle an, dass einzelne Ausnahmen die Regel durchaus bestätigen.

Wo würden Sie Ihren Führungsstil auf einer Skala von 1-10 einordnen, wenn 1= autoritär und 10= partnerschaftlich bedeutet? Bitte kreuzen Sie an:

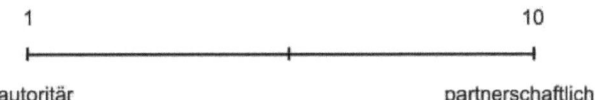

Vielleicht tun Sie sich jetzt etwas schwer, weil Sie unterschiedlichen Führungssituationen mit einem unterschiedlichen Führungsstil begegnen. Es wird Situationen geben, in denen Sie Mitarbeiter sehr weich und an der langen Leine führen können und Sie werden in manchen Situationen hart durchgreifen müssen und vielleicht auch mal den berühmten „Rauch reinlassen". Nun, beides hat seine Berechtigung. Ich bin aber trotzdem der Meinung, dass Sie es nicht nötig haben, autoritär zu werden und Gewalt anzuwenden. Der partnerschaftliche Weg bietet ausreichend Instrumente für alle Führungssituationen.

Ein sehr treffender bildlicher Vergleich hierfür ist eine Autobahn mit sagen wir mal drei Spuren in jede Richtung. Wir fahren auf dieser Autobahn (=unsere Firma oder Ihre Abteilung) in Richtung partnerschaftlich, die Gegenrichtung ist autoritär.

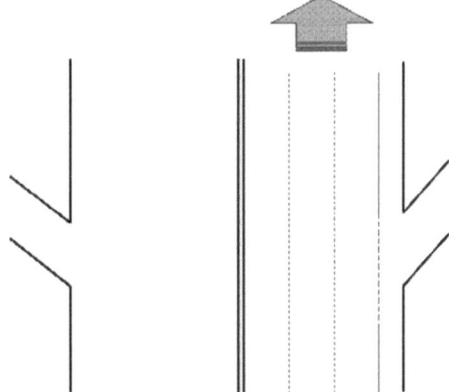

Welche Gegebenheiten einer Autobahn können wir auf die eigene Führungspraxis übertragen? Beginnen wir mit den Leitplanken (=z.B. Regeln in meiner Abteilung) an. Sie begrenzen den Spielraum für jeden auf die drei Spuren, auf welcher der Spuren ein Mitarbeiter fährt, kann er selbst wählen. Während der eine die linke Spur wählt, weil er zügig vorankommen möchte, bleibt der andere vielleicht in der Mitte oder auf der rechten, weil er es nicht so eilig hat. Nur jenseits der Leitplanken hat niemand zu fahren, das ist eine Regel, die für alle gilt und die auch jeder kennt. Kommt man aber an eine Baustelle (= z.B. Krise oder Ausnahmesituation) hat sich die Wahlfreiheit erst mal für alle erledigt, da jetzt unter Umständen jeder nur noch auf der einen freigegebenen Spur zu fahren hat. Auf den Rastplatz (= z.B. Urlaub oder Auszeit) fährt man, um sich auszuruhen oder aufzutanken, man ist also außerhalb der Firma oder Abteilung. Über die Ausfahrt verlässt man die Firma oder Abteilung. Interessant ist auch der Geisterfahrer (=z.B. illoyaler Mitarbeiter, der gegen die Regeln handelt). Auf der wirklichen Autobahn ist der Geisterfahrer eine akute Gefahrenquelle. Alle müssen die Geschwindigkeit stark reduzieren, es bildet sich rechts ein Stau und die Unfallgefahr steigt erheblich. Er wird in der Regel sehr rasch zum Umdrehen veranlasst und wird zur Rechenschaft gezogen. Wie konsequent gehen Sie denn mit einem Geisterfahrer in Ihrer Abteilung um, mit jemandem, der Ihre Richtung nicht akzeptiert und partout in die Gegenrichtung fährt? Ihre Abteilung soll in Stoßzeiten samstags arbeiten, er weigert sich aber.

Wie lange tolerieren Sie dieses Verhalten, das ja bekanntlich viele Probleme mit sich bringt? Er hält den Fluss auf und wird Unruhe in Ihre Abteilung bringen, da es andere irritiert, dass Sie es zulassen, dass er entgegengesetzt fährt. Was tut man mit dem faulen Apfel in der Kiste? An dieser Stelle entscheidet es sich nun, ob man den partnerschaftlichen oder den autoritären Weg geht. Der autoritäre Vorgesetzte droht mit „wenn Du nicht umdrehst, werfe ich dich raus!", der partnerschaftliche wird dem betreffenden Mitarbeiter sehr zeitnah Feedback über sein wahrgenommenes Verhalten geben und ihm nochmal erklären, in welche Richtung die Reise geht bzw. was man von ihm erwartet. Jetzt bittet er den Mitarbeiter, eine Entscheidung zu treffen, in welche Richtung er in Zukunft fahren möchte. Entscheidet er sich für die Gegenrichtung, weil ihm das mehr liegt bzw. weil er mit seiner Richtung nicht klar kommt, muss er entsprechende Konsequenzen ziehen.

Die Reise geht also ganz klar in Richtung partnerschaftliches Führungsverhalten. In diesem Zusammenhang möchte ich grundsätzlich auf die Definition der Begriffe „partnerschaftlich" und „autoritär" eingehen und mit einem großen Missverständnis beim partnerschaftlichen Führungsstil aufräumen. Allzu häufig wird nämlich Partnerschaft mit Kuschelkurs verwechselt. Hier herrscht die Meinung vor, dass immer alles diskutiert werden muss, Samthandschuhe zur Standardausstattung einer Führungskraft gehören, nicht direkt kritisiert werden darf und alles möglichst dick in Watte eingepackt und mit Weichspüler übergossen werden soll. Zur Klärung betrachten Sie bitte das folgende Führungsportfolio:

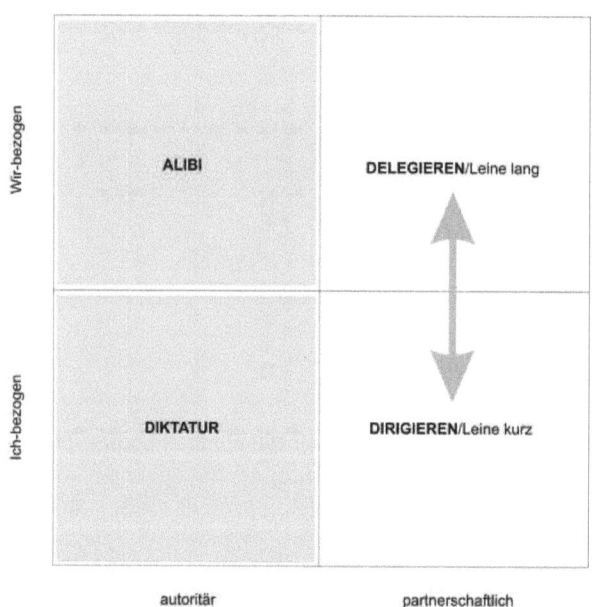

Auf der x-Achse übertragen Sie Ihr Kreuz von vorhin. Auf der y-Achse bringe ich eine zweite Dimension ins Spiel: ich-bezogen (kurze Leine, ich treffe die Entscheidungen, lege Ziele fest und gebe Anweisungen) – teambezogen (lange Leine, Mitarbeiter entscheiden mit und handeln eigenverantwortlich). Ausgehend von Ihrem ersten Kreuz, gehen Sie jetzt auf der y-Achse nach oben und machen Sie ein zweites Kreuz.

Die so entstehenden vier Quadranten möchte ich nun näher spezifizieren. Den Quadrant links unten nenne ich „Diktatur". Wer so führt, entscheidet grundsätzlich selbst, informiert aber seine Mitarbeiter nicht. Er teilt Befehle aus, man erkennt aber oft den Sinn dieses Handelns nicht. Auf Zuwiderhandlung wird mit Drohungen reagiert. Es existiert eine latente bis deutliche Angstkultur. Diesen Führungsstil kennt man noch von den sogenannten Patriarchen, die in Gutsherrenart geführt haben.

Ich sehe in der heutigen Zeit keine Nachhaltigkeit bei diesem Führungsstil. Auch das Feld links oben, das ich „Alibi" nenne, finde ich problematisch. Wer so führt, bezieht zwar „Alibi mässig" seine Mitarbeiter mit ein, hat aber eigentlich schon längst für sich entschieden. Man kennt solche Meetings, wo man am Schluss das fade Gefühl hat, dass eigentlich schon vorher alles entschieden war und der Chef uns nur das Gefühl der Mitbestimmung geben wollte – eigentlich hat er es aber nur geschickt hin moderiert.

Bleiben noch die beiden Felder auf der partnerschaftlichen Seite übrig. Je weiter unten Sie sich bewegen, desto direktiver ist Ihr Führungsstil. Sie treffen Entscheidungen, geben klare Anweisungen und erklären umfassend den Sinn und Zweck, damit der Mitarbeiter die Chance hat, zu verstehen. Sie wollen ihn für die Sache gewinnen und ihn möglichst überzeugen. Sie erklären die Spielregeln, definieren einen klaren Rahmen (siehe nächste Abbildung) und geben zeitnahes Feedback über Erfolg und Misserfolg.

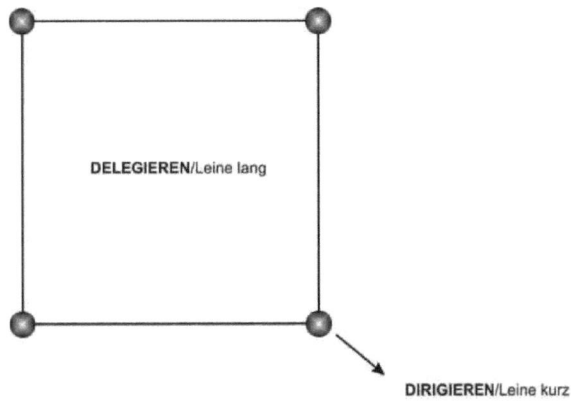

Je weiter Sie nach oben gehen, umso partizipativer wird Ihr Führungsstil. Sie treffen grundsätzliche Entscheidungen selbst (Pfosten einschlagen), veranlassen aber auch oftmals, dass Entscheidungen vom Team getroffen werden, in dem der Raum zwischen den Pfosten weitgehend von den Mitarbeitern eigenverantwortlich ausgefüllt wird. Ihre Spielwiese in Sachen Führungsstil wird durch die beiden Felder auf der partnerschaftlichen Seite definiert. Sie werden nicht immer ein und den selben Stil anwenden, sondern situativ wählen. Wird jemand den Anforderungen nicht gerecht oder zieht jemand in die falsche Richtung, bekommt er ein offenes Feedback und Sie machen die Leine etwas kürzer. Er bekommt eine zweite Chance, indem Sie ihm die Gründe und Anforderungen an ihn noch einmal erklären. Hat er weiterhin Probleme damit und geht nicht auf Ihr Angebot ein, muss er für sich eine Entscheidung treffen. *Er* muss sie treffen, nicht *Sie*! Sie befinden sich jetzt im unteren Feld. Auch bei neuen oder unerfahrenen Mitarbeitern werden Sie eher unten sein und direktiv führen.

Bei wachsender Erfahrung und Kompetenz werden Sie mit der Zeit Ihren Führungsstil dahingehend verändern, dass sie die Leine länger lassen und dem Mitarbeiter auch immer mehr Handlungsspielräume lassen. Je höher Sie kommen, umso mehr führen Sie durch Delegation. Mitarbeiter, die es gewohnt sind, so geführt zu werden, würden zu viel Direktion gar nicht mehr akzeptieren.

Ganz rechts oben ist übrigens die „Kuschelecke", die ich auch ausschließe. Dieses Führungsverhalten in selbstbestimmten Teams mit Teamsprecher statt Teamleiter findet sich mittlerweile vereinzelt in agilen Führungsprozessen wieder. In der Breite hat es sich aber noch nicht durchgesetzt. Dass alle gleich sind, ist bei uns Menschen übrigens auch nicht vorgesehen. Stellen Sie sich beispielsweise eine Gruppe von 20 Personen vor, die einige Tage in einem Raum ohne Kontakt zur Außenwelt verbringt.

Bereits nach ein paar Stunden bilden sich Führungsstrukturen heraus, es gibt ein Oben und ein Unten, einige wenige sagen, was gemacht wird, die anderen führen es aus. Führungsstrukturen verändern sich auch, aber immer zugunsten einer anderen. Es gibt keine Teams ohne Hierarchien.

Sie sehen, Sie haben wirklich keine Veranlassung, autoritär werden zu müssen. Alle notwendigen Tools für die tägliche Führungsarbeit stellt Ihnen der partnerschaftlichen Stil zur Verfügung. Im Verständnis dieses Buches ist dieser in hohem Maße von folgenden Wertepfeilern geprägt: offene Kommunikation, Feedback, Information, klare Ziele, überzeugen statt überreden, Vertrauen, Respekt und Wertschätzung. Man verdient sich Autorität und die Loyalität seiner Mitarbeiter durch entsprechendes Handeln, nicht durch autoritäres Verhalten und eine Schulterklappe.

Selbstverständnis

Ich sehe meine Mitarbeiter also als Partner und gehe entsprechend mit ihnen um. Klar werden Sie sagen, das sind ja alles tolle Begriffe, aber wie setze ich das um? Ich kann und ich werde Ihnen hier keine Rezepte dafür geben, weil es jeder entsprechend seines inneren Spieles anders umsetzen wird. Ich möchte Ihnen aber einen Ansatz geben, wie Sie Wege zur Umsetzung finden.

Dieser Ansatz geht davon aus, dass Sie sich Ihre Wertepfeiler für sich selbst festlegen und entsprechend verinnerlichen, das heißt, dass Sie Ihr Tun immer wieder mit Ihren Werten abgleichen. Auf diese Weise nähern Sie sich Schritt für Schritt Ihrem Führungsstil. Das wird von Ihrem Umfeld deutlich wahrgenommen und Sie werden damit gut einschätzbar.

Ein kleines Beispiel: Nehmen wir mal an, Ihnen liegt viel daran, wertschätzend mit Ihren Mitarbeitern umzugehen. Sie wurden von einem Ihrer Mitarbeiter um ein Gespräch zur Klärung eines Sachproblems gebeten und führen dieses Gespräch nun an Ihrem Büroplatz. Während des Gespräches werden Sie immer wieder abgelenkt, weil das Telefon klingelt, jemand herein kommt und etwas fragt und Ihr PC Ihnen mitteilt, dass Sie ein neue Emails haben. Ich glaube, Sie merken, was ich damit andeuten will. Wenn Sie das Thema Wertschätzung wirklich verinnerlicht haben und leben wollen, dürfen Sie diese Störungen schlicht und ergreifend nicht zulassen. Sie haben bestimmt schon am eigenen Leib verspürt, wie überflüssig Sie sich fühlen, wenn Ihnen Ihr Gegenüber wenig Aufmerksamkeit schenkt und alles andere tut, außer Ihnen zuzuhören. Es kann natürlich immer jemand stören und es kann immer etwas Unvorhergesehenes (z.B. der eigene Chef) kommen. Aber Sie können diese „Störer" auch bitten, in einer halben Stunde nochmal zu kommen, weil Sie gerade ein wichtiges Gespräch führen und das Telefon können Sie während des Gespräches auch umleiten. Das wäre gelebte Wertschätzung und Ihr Mitarbeiter spürt seinen Stellenwert bei Ihnen und wächst.

Wenn er das bei Ihnen einige Male erlebt hat, brauchen Sie sich über die Themen Loyalität und Vertrauen keine Gedanken mehr machen. Wenn Sie in Gesprächen aber laufend Störungen zulassen, sage ich, hat das mit Wertschätzung wahrlich nichts zu tun.

Jetzt kennen Sie die eine Seite der Medaille: ich lebe Partnerschaft. Die andere Seite heißt: meine Partnerschaft gibt es nicht zum Nulltarif. Und damit möchte ich Sie mit auf einen Weg nehmen, der ganz bestimmt nicht in die Kuschelecke führt. Ihnen das zu erläutern, ist mir sehr wichtig, da ich in meiner Arbeit schon zu viele Führungskräfte kennengelernt habe, die versuchen, die eine Seite der Medaille zu leben und damit Schiffbruch erleiden, weil Sie die andere Seite von Ihren Mitarbeitern nicht einfordern.

Mit zu meinem Selbstverständnis, Menschen zu führen, gehört auch, dass ich für diese hohen Werte wie Partnerschaft, Kommunikation, Vertrauen, Respekt und Wertschätzung eine Gegenleistung von meinen Mitarbeitern erwarte – Loyalität. Ich will, dass ich in ihrem Umgang mit mir vergleichbare Werte spüre und über dies hinaus erwarte ich ein hohes Maß an Loyalität mir und der Firma gegenüber. Ich gebe Ihnen auch dazu ein Beispiel, das meines Erachtens sehr deutlich macht, worum es mir geht.

Sie befinden sich in einem Führungsgespräch mit einem Ihrer Mitarbeiter, in dem Sie seine mangelnde Bereitschaft zu Überstunden korrigieren wollen. Im Laufe des Gespräches bemerken Sie, dass er sich nicht auf Ihren Wunsch nach Überstunden einlässt und sich kategorisch verweigert. Da Sie ja vom partnerschaftlichen Weg überzeugt sind, erklären Sie ihm geduldig nochmal die Notwendigkeit und dass das System der flexiblen Arbeitszeit dafür da ist, um die schwankende Auslastung ausgleichen zu können. Mit jeder Erklärung und Ihrem Versuch, ihn für die Sache zu gewinnen, findet er neue Ausreden und beginnt das Spiel, über Nebenkriegsschauplätze vom Thema abzulenken (z.B. Dann müssen aber die Kollegen auch reinkommen! Wenn die Arbeitsvorbereitung weniger Fehler machen würde, wären Überstunden gar nicht nötig..., und so weiter). Ab und zu wird er sogar laut. Gehen Sie doch mal kurz in die Vogelperspektive und fragen Sie sich, was da eigentlich gerade passiert? Sie reden sich einen Wolf und bauen ihm eine Brücke nach der anderen, die er eine nach der anderen wieder einreißt. Er lässt Sie, mit anderen Worten, auflaufen. Das, lieber Leser, hat nichts mit Partnerschaft zu tun und schon gar nichts mit Loyalität. In solchen Fällen reagiere ich sehr schnell und gebe meinem Gegenüber ein unmissverständliches Feedback darüber, dass ich sein Spiel erkannt habe, was mich an seinem Verhalten stört und welche Änderungen ich mir wünschen würde. Es geht mir dabei in erster Linie nicht um seine mangelnde Bereitschaft zu Überstunden, sondern um sein Verhalten mir gegenüber. Ich lasse mich von ihm und seinen Spielchen nicht für dumm verkaufen und es gibt keinen Grund, mir gegenüber laut werden zu müssen. Wenn ich mir Mühe mit ihm gebe, erwarte ich das auch von ihm. Erst, wenn das Verhaltensthema geklärt ist, kehre ich zum eigentlichen Thema, den Überstunden, zurück.

Dieses Beispiel steht stellvertretend für viele Führungssituationen, in denen ich sehr wachsam bin. Ich möchte damit klar machen, dass ich mangelnde Loyalität und unangemessenes Verhalten nicht akzeptiere und das sehr schnell korrigiere. Wenn ich vernünftig mit meinem Mitarbeiter umgehe, erwarte ich das gleiche von ihm. Auf dieser Basis kann man mit mir über alles reden und man kommt auch in aller Regel zu einer Lösung, mit der beide leben können.

Auf Spielchen habe ich keine Lust und auf Kuschelkurs auch nicht. Meine Partnerschaft gibt es nicht zum Nulltarif. Wenn ein Mitarbeiter übrigens nicht mit diesem Führungsstil klar kommt, ist das grundsätzlich kein Problem, nur er passt damit nicht zu mir bzw. meiner Abteilung. Er muss letztendlich entscheiden, ob er auf meiner Autobahn mitfährt, oder sie lieber verlässt. Geisterfahrer dulde ich nicht.

Jetzt könnte mir das Verhalten meiner Mitarbeiter eigentlich egal sein, wie sich meine Mitarbeiter verhalten und ich könnte mir die Zeit sparen, sie zu erziehen. Kraft meines Amtes sitze ich am längeren Hebel und ordne gewisse Dinge, unter Androhung von Sanktionen, einfach an. Damit würde ich mich allerdings in die Diktatur begeben, von der ich nicht glaube, dass sie mich und meine Abteilung nachhaltig zum gewünschten Ergebnis bringt. Ich möchte doch eigentlich erreichen, dass meine Mitarbeiter erfolgreich werden und mit Ihren Aufgaben wachsen, so dass sie mich entlasten und ich mich verstärkt meinen Führungsaufgaben widmen kann. Die anfangs zarten Pflänzchen wachsen erfahrungsgemäß wesentlich besser, wenn der Boden mit partnerschaftlichen Werten gedüngt ist und man sich Zeit für deren Pflege nimmt. Wenn man die ganze Zeit darauf herumtrampelt, wächst einfach nichts.

Die Führungskraft sehe ich dabei in der Rolle des Trainers oder Coaches. Im Fußball findet man viele Parallelen zur Arbeit von Führungkräften. Der Trainer hat die Aufgabe, die Positionen entsprechend zu besetzen, die Taktik festzulegen und seine Spieler dann so zu trainieren, dass sie im Punktspiel erfolgreich sind und gewinnen. Er spielt aber selbst nicht mit (er darf nicht einmal das Spielfeld betreten). Dieses Bild ist fast eins-zu-eins in die Führungswelt übertragbar. Die Führungskraft wählt die richtigen Mitarbeiter aus, integriert sie ins Team, trainiert Ihre Fähigkeiten, legt die Ziele fest und delegiert letztendlich die Verantwortung für das Tagesgeschäft. Auch die Mischform des Spielertrainers, der gleichzeitig trainiert und selbst mitspielt, findet sich in der Wirtschaft häufig in den unteren bis mittleren Führungsebenen wieder. Der typische Team- oder Gruppenleiter beispielsweise hat zu einem größeren Teil noch operative Aufgaben und übernimmt erste Führungsaufgaben.

3.1.4 Autobahn

Was passiert mit einem Geisterfahrer auf der Autobahn? Richtig, man stoppt ihn und veranlasst, dass er schnellstmöglich umdreht oder die Autobahn verlässt. Das ist das normale Prozedere. Würde man ihn zu lange in die falsche Richtung fahren lassen, wäre das für alle Verkehrsteilnehmer viel zu gefährlich und außerdem würde er alle, die in die richtige Richtung fahren, nur aufhalten, weil diese ganz langsam und ganz rechts fahren müssen, um einen Unfall zu vermeiden – lange Staus sind unter Umständen die Folge. „Ich wollte eigentlich nach Stuttgart fahren" sagt dann der Fahrer, nachdem er gestoppt wurde. „Sie waren aber auf der Spur nach München" sagt dann der Polizist. „Wenn Sie nach Stuttgart wollen, müssen Sie die andere Seite der Autobahn nutzen". So weit, so logisch.

Was machen Sie als Führungskraft mit einem Geisterfahrer in Ihrer Abteilung oder Ihrer Firma? Wie schnell reagieren Sie bzw. wie lange lassen Sie ihn in die falsche Richtung fahren? Stellen Sie sich das Bild einer Autobahn vor und arbeiten Sie mit mir kurz die Parallelen zu Ihrer Abteilung oder Firma heraus:

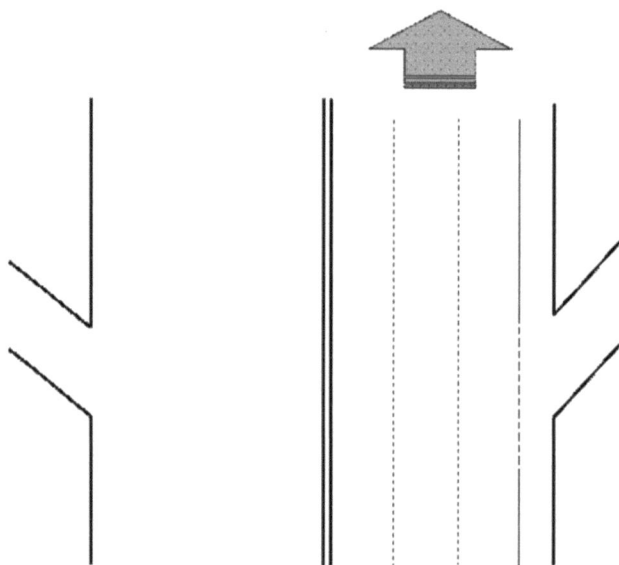

In Ihrer Abteilung fahren alle in die gleiche Richtung, nach oben. Dieses „Oben" ist in aller Regel durch die Unternehmens- bzw. Abteilungsvorgaben definiert, z.B. Visionen, Philosophien, Werte, Strategien, Ziele, Erwartungen, Prozesse und so weiter. Die Leitplanken sind die Grenzen (z.B. Spielregeln, No-Go's und so weiter), innerhalb derer sich jeder zu bewegen hat, darüber hinaus ist nicht vorgesehen. Es stehen drei Spuren zur Verfügung (z.B. Arbeitsgeschwindigkeit, Arbeitsstile, Teamrollen, persönliche Fähigkeiten und Erfahrung, und so weiter), die sich jeder Mitarbeiter wählen kann oder in die er eingeteilt wird. Es gibt einen Standstreifen für kleinere Pannen (Schwierigkeiten, Prozessfehler, geringe Produktivität, und so weiter) und von Zeit zu Zeit auch einen Parkplatz oder eine Raststätte (Ausfall durch Krankheit, Urlaub, Sabbatical, und so weiter).

Sie haben im Idealfall allen Mitarbeitern erklärt, wo es auf Ihrer (rechten) Seite hingehen soll, wo jeder eingeteilt ist und was von jedem erwartet wird (z.B. Arbeitsvertrag, Stellen- oder Aufgabenbeschreibung, Organigramm, und so weiter) .

Und alle, die in Ihrer Abteilung arbeiten (sprich die auf Ihrer Seite fahren) haben das verstanden, akzeptiert und können sich auch irgendwie mit dieser Richtung identifizieren, glauben daran, sind loyal.

Lassen Sie uns jetzt nochmal zu Ihrem Geisterfahrer zurückkommen. Man spricht hier auch von toxischen Mitarbeitern. Sie erkennen sie daran, dass sie

- die Abteilungsdisziplin durcheinander bringen,
- nicht an den vereinbarten Zielen arbeiten,
- sich nicht an die festgelegten Prozesse halten oder diese stören,
- eher Gründe suchen, warum etwas nicht geht, anstatt Lösungen zu finden,
- sich bei Überstunden weitgehend verweigern,
- die Geschwindigkeit nicht halten, das heißt die Leistung stimmt nicht,
- oft Ausnahmen für sich beanspruchen und sich die Freiheit nehmen, sich nicht an Regeln und Vereinbarungen zu halten (z.B. fünf Wochen Urlaub am Stück, statt den üblichen drei),
- notorisch nörgeln und Stimmung machen,
- illoyal sind und einfach nicht mit in die gleiche Richtung ziehen, was oft ein Nicht-Wollen ist.

Haben Sie solche Menschen schon erlebt? Es strengt sehr an und ist unproduktiv. Ich habe schon angeschlagene Teams erlebt, die, nachdem ein toxischer Mitarbeiter herausgenommen wurde, wieder gut funktioniert haben.

Interessanterweise erkennen diese Mitarbeiter oft gar nicht, dass sie falsch fahren (wie... *ein* Geisterfahrer – ich sehe hunderte!). Oft hat man den Eindruck, dass bei solchen Mitarbeitern mögliche Veränderungen (Change!) in der Firma oder der Abteilung noch gar nicht angekommen sind bzw. diese schlicht verweigert werden.

Wie schnell reagieren Sie also? Reagieren Sie überhaupt oder hoffen Sie, dass er selbst noch draufkommen wird? Wenn Sie reagieren, was tun Sie dann konkret, damit der Mitarbeiter umdreht? Und mit welchem Nachdruck (Konsequenz)?

Ich habe dazu eine klare Haltung, die ich Ihnen in diesem Buch näher bringen möchte: wenn ein Mitarbeiter meine Richtung (sprich damit auch die der Firma, die ich vertrete) nicht gut findet und woanders hin will, dann ist das grundsätzlich nichts Verwerfliches – *nur dann kann er nicht weiter auf meiner Seite fahren, sondern muss sie wechseln!!* Ich gehe davon aus, dass wir alle erwachsene Menschen sind und jeder für sich entscheiden kann, was gut oder schlecht, richtig oder falsch ist. Wenn er also nicht mit mir nach München will, sondern z.B. nach Stuttgart, dann ist das okay. Er wird für sich eine Entscheidung treffen und kann die nächste Ausfahrt nehmen, um auf die andere Seite zu wechseln. Die Folge ist, dass er nicht mehr in meiner Abteilung oder vielleicht sogar nicht mehr in der Firma sein wird.

Ich möchte Sie auch dazu ermutigen, auf einen Geisterfahrer sehr zeitnah zu reagieren, ihn zu korrigieren und nicht lange zuzusehen - so wie in der Realität auch. Sind Sie in dieser Beziehung zu kulant (man will ja nicht immer gleich Stress machen) und hoffen darauf, dass er es schon noch selber erkennen wird, so hat das in der Regel drei gravierende Nachteile:

1. es schleichen sich gewisse Dinge oder Muster ein, die Sie, je länger Sie warten, oft nur mit unnötig viel Energieaufwand und Kollateralschäden behoben bekommen,
2. sie haben negative Auswirkungen auf die Produktivität Ihrer Abteilung und den gesamten Fluss,
3. die Wirkung auf den Rest des Team ist unter Umständen katastrophal, da jeder sieht, dass Sie den Geisterfahrer nicht korrigieren, was als ungerecht empfunden wird. Die Ansteckungsgefahr (fauler Apfel in der Kiste) ist groß. Und deswegen spricht man von »toxischen« Mitarbeitern.

Wie reagieren Sie also angemessen und wie korrigieren Sie konsequent Mitarbeiter, die grundsätzliche Motivationsprobleme haben, deren Leistung/Performance grundsätzlich nicht stimmt, die nicht in Ihre Richtung ziehen, die nicht kooperieren, gegen Ihre Regeln/Werte verstoßen, wenig Engagement zeigen oder vielleicht mit der Gesamtsituation unzufrieden sind?

Ich schlage Ihnen ein qualifiziertes Grundsatzgespräch vor, das folgende Struktur hat:

1) Laden Sie den Mitarbeiter zu einem Gespräch ein, Zeitplanung ca. 1-1,5 Stunden. Thema: ich möchte mich mit Ihnen über Sie und die momentane Gesamtsituation unterhalten

2) So werden Sie sich mental auf dieses Gespräch programmieren. Die folgenden Punkte beschreiben Ihre Haltung, mit der Sie in das Gespräch gehen:

- Ich möchte mich mit Ihnen unterhalten, weil ich ein paar Sachen bei Ihnen nicht ganz verstehe. Vielleicht können Sie mir helfen, das alles besser zu verstehen.
- Ich möchte verstehen, wie es Ihnen gerade geht und was Sie antreibt.
- Wir sind zwei erwachsene Menschen und können offen miteinander kommunizieren (Augenhöhe).
- Ich möchte Ihnen helfen, eine Position zu finden bzw. eine Entscheidung zu treffen.
- Ich bin nicht nur Ihr Chef, sondern auch Ihr Berater.
- Weich zum Menschen – hart in der Sache.

3) Nach der Begrüßung, geben Sie dem Mitarbeiter Feedback, wie Sie ihn wahrnehmen bzw. welche Fragen sich für Sie gerade stellen. Beispiele:

- Ich nehme Sie als Geisterfahrer in unserer Abteilung wahr.
- Mein Eindruck ist, dass mein/unser Weg nicht Ihr Weg zu sein scheint.
- Mein Eindruck: ich bekomme von Ihnen nur xx% statt der ausgemachten 100%.
- Ich nehme bei Ihnen eine gewisse Unzufriedenheit im Geschäft wahr.
- Ich habe den Eindruck, dass Sie seit einiger Zeit Probleme mit Ihrer Motivation bzw. Einstellung zur Arbeit haben.

4) Stellen Sie die Übergangsfrage „Wie sehen Sie das?" und hören Sie aktiv zu (siehe Kapitel 2.3.1), versuchen Sie zu verstehen. Gestalten Sie das weitere Gespräch unter Umständen mit folgenden Fragen bzw. Themen:

- Warum arbeiten Sie eigentlich bei uns?
- Warum stehen Sie jeden Tag auf und kommen hier rein bzw. tun Sie sich das an? (Wenn doch alles so blöd und ungünstig für Sie ist…)
- Was ist Ihr grundsätzliches Problem?
- Auf welches Ergebnis kommen Sie, wenn Sie Ihre Einstellung zur Arbeit hinterfragen?
- Lassen Sie uns über Ihre Antriebe/Motivationen/Leidenschaften reden – finden Sie diese hier bei uns?
- Lassen Sie uns über das reden, was Sie in Ihrem Leben erreichen wollen – sehen hier bei uns eine Chance, das zu erreichen?

5) Diskutieren Sie, tauschen Sie sich aus:

- Loten Sie aus, ob es ein „Kann-nicht-Problem" oder ein „Will-nicht-Problem" ist?
- Bei „Kann-nicht" beraten Sie Ihren Mitarbeiter, helfen Sie ihm, die richtige Einstellung zu finden
- Bei „Will-nicht" geben Sie ihm zu verstehen, dass Sie das so nicht akzeptieren und Sie Veränderungsbedarf sehen und gehen Sie zu Schritt 6)
- Machen Sie ihm auf jeden Fall nochmal klar, in welche Richtung es bei Ihnen geht und welche Erwartungen Sie an ihn haben

6) Fordern Sie eine Entscheidung ein. Ihr Mitarbeiter hat drei Möglichkeiten:

- »Love it«   arrangieren Sie sich mit der Situation, halten Sie sich an unsere Regeln, leben Sie unseren Weg und geben Sie 100%!
- »Change it«   verändern Sie etwas an Ihrer Haltung oder den Umständen, wenn Sie wollen/können!
- »Leave it«   Gehen Sie einen anderen Weg, nehmen Sie die Ausfahrt!

Die Verantwortung für eine Entscheidung liegt beim Mitarbeiter (er entscheidet, ob er geht oder bleibt), nicht bei Ihnen (Sie werfen ihn nicht raus, Sie machen ihm nur klar, dass Sie die Geisterfahrt nicht akzeptieren)

Wenn er sich noch schwer tut (was in der Regel zu erwarten ist), helfen Sie ihm dabei, eine Bilanzliste zu erstellen:

☺		☹		
Was mag ich an meiner Firma? Was ist positiv, was schätze ich?		Was mag ich nicht? Was ist negativ, regt mich auf?	*Love it* Ich kann mich damit arrangieren	*Change it* Das werde ich verändern

Achten Sie darauf, dass auf der linken Seite auch die sogenannten Selbstverständlichkeiten auftauchen, die man gar nicht mehr richtig wertschätzt, die aber da sind und die im Alltag gerne mal untergehen. Lassen Sie ihn auf der rechten Seite für jeden Punkt entscheiden, ob er sich damit arrangieren kann oder ob es möglich ist, es auf irgendeine Art und Weise zu verändern, vielleicht auch im Zusammenwirken von Ihnen beiden. Die Punkte, die weder in die eine noch in die andere Spalte passen, bleiben offen.

Lassen Sie ihn dann am Ende Bilanz ziehen bzw. fordern Sie ihn auf, eine Entscheidung zu treffen. Vertagen Sie dieses Gespräch, um ihm Zeit dafür zu geben.

Wenn er schon „reif" genug ist, kann er diese Bilanz für sich erstellen und eine Entscheidung treffen.

Mehr Informationen über den genauen Ablauf von solchen Gesprächen finden Sie auch in Kapitel 3.5 Führungsgespräche.

3.1.5 Die sieben Führungsgrundsätze

Begeben Sie sich mit mir auf eine gedankliche Reise quer durch die Kontinente und stellen Sie das Thema Führung in einen globalen Kontext. Beobachten Sie Führungskräfte, was sie tun, wenn sie führen und welcher Instrumente sie sich dabei bedienen. Welche Unterschiede und welche Gemeinsamkeiten stellen Sie fest?

Sie werden natürlich gravierende Unterschiede feststellen. Sie sehen den Sippenführer eines kurdischen Stammes, der oft autoritär erscheint und im Befehlston spricht. Sie sehen den buddhistischen Obermönch eines Klosters, der seine Mönche augenscheinlich sehr weich und indirekt führt. Sie sehen den Mafiaboss, der den Kodex mit patriarchalischer Gewalt durchsetzt. Sie sehen den japanischen Abteilungsleiter, der immer lächelt und sich mit allen Seiten abstimmt. Sie sehen einen eitlen französischen Werksleiter, der gerne nach Gutsherrenart lenkt. Sie sehen einen technokratischen deutschen Produktionsleiter, der immer alles auf die Sachebene bringt. Sie sehen den österreichischen Kleinunternehmer, der seine Geschäfte gerne im Kaffeehaus abwickelt. Sie sehen den amerikanischen Manager, der etwas hemdsärmelig im saloppen Umgangston rüberkommt. Sie sehen den Stammeshäuptling in Afrika, der den Medizinmann zu Rate zieht. Sie sehen den indischen Geschäftsführer, der nur mit Seinesgleichen spricht. Sie sehen einen Offizier, der Befehle erteilt. Sie sehen den Kapitän, der in stürmischer See nicht diskutiert. Sie sehen den Vereinsvorstand, der sich im Spannungsfeld zwischen Freiwilligkeit und Anordnen befindet. Sie sehen den Dirigent, der immer vorne steht.

Alle diese Menschen haben eine Führungsrolle, die sie je nach kulturellem Hintergrund unterschiedlich interpretieren. Abhängig vom Umfeld und den verschiedensten Anforderungen setzen sie auch unterschiedliche Handlungsprioritäten. Doch was ist diesen Menschen gemein? Welche ihrer Handlungen lassen uns erkennen, dass sie führen? Gibt es „kulturbereinigte" Handlungsgrundsätze in der Führung? Inspiriert durch den Vortrag eines Benediktinermönchs, der versucht hat, deren jahrhundertealte Verhaltensregeln ins heutige Management zu übersetzen, bin ich dieser Frage nachgegangen und prompt fündig geworden.

Ziehe ich mentalitätsbedingte oder kulturelle Auslegungen ab, so bleiben tatsächlich grundsätzliche Handlungsweisen übrig, die ich bei einer Führungskraft erkennen kann. Ich gehe mittlerweile sogar so weit, dass ich sage, die ich erkennen *muss*. Ich komme auf sieben Führungsgrundsätze:

1. Entscheiden
2. Ziele setzen
3. Delegieren
4. Wertschätzen
5. Miteinander reden
6. Beispiel geben
7. Gemeinschaft erzeugen

Diese Anordnung soll keine Priorisierung ausdrücken. Die Grundsätze sind alle gleich wichtig und ich möchte sie, wenn sich jemand als Führungskraft bezeichnet, ausnahmslos alle erkennen können.

Ich möchte an dieser Stelle diese Grundsätze grob skizzieren. Die tiefere Betrachtung erfolgt in den folgenden Kapiteln dieses Buches.

Entscheiden

Da Sie als Führungskraft die letzte Verantwortung für Ihren Bereich haben, werden Sie sinnvollerweise auch die Entscheidungen treffen, um den Kurs Ihrer Abteilung zu beeinflussen. Das hat etwas Aktives und Sie gehen damit möglichst ins Agieren. Wissen Sie, was noch schlechter als eine schlechte Entscheidung ist? Gar keine! Mit der Strategie „Entscheidungen aussitzen" sind Sie als Führungskraft klar durchgefallen. Es gibt nichts schlimmeres als unklare Verhältnisse und fehlende Orientierung.

Warum glauben Sie, nehmen Ihnen Ihre Mitarbeiter die Entscheidungen in aller Regel nicht ab? Weil sie damit auch die Verantwortung dafür übernehmen würden/müssten, was sie oft nicht wollen. Das ist tatsächlich nicht deren Job, sondern Ihrer. Sie übernehmen also die Verantwortung, wenn es auch nicht immer leicht fällt. Dafür bekommen Sie übrigens auch etwas mehr Schmerzensgeld.

Nun möchte ich natürlich nicht unbedingt das Bild erzeugen, dass Sie als einsamer Leitwolf vorausgehen und immer alles selbst entscheiden müssen. Nein, Sie sind letztendlich dafür zuständig, dass Entscheidungen getroffen werden. Hier kommt dann Ihre Mannschaft ins Spiel. Wann Sie selbst entscheiden und wann Sie das auch Ihrem Team überlassen können, zeigt die folgende Abbildung, die Sie ja schon aus dem Führungsportfolio kennen:

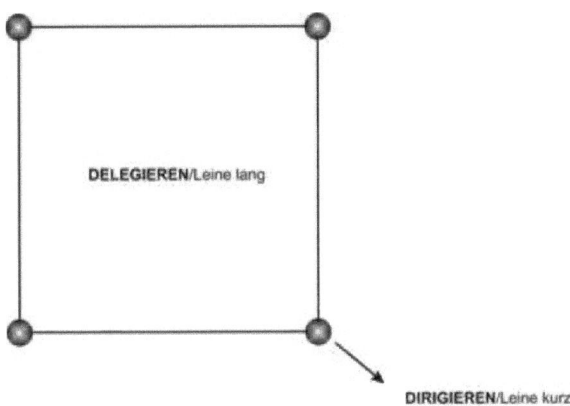

Die Pfosten, also die grundsätzlichen Entscheidungen und die Richtung, bestimmen in der Regel Sie selbst. Entscheidungen, die innerhalb des so entstehenden Rahmens getroffen werden müssen, werden Sie je nach Reifegrad Ihren Mitarbeitern überlassen.

Ziele setzen

Welchen Flug werden Sie buchen, wenn Sie gar nicht wissen, wohin Sie in den Urlaub fahren wollen? Keiner begibt sich auf eine Reise, deren Ziel er nicht kennt. Diese Erkenntnis hat weitreichende Auswirkungen auf Ihr Führungsverhalten und stellt klare Anforderungen an Ihren Methodenkoffer. Es geht bei dieser Betrachtung in erster Linie um die Ziele, die Sie Ihren Mitarbeitern setzen. Es geht um die Frage, wie Sie Ihren Mitarbeitern diese sogenannte Orientierung geben. Wie schaffen Sie es, dass ihre Mitarbeiter wissen, worauf sie zuarbeiten sollen und welche Entscheidungen im Tagesgeschehen die richtigen sind. Ich unterscheide in diesem Zusammenhang zwei Herangehensweisen, die sich jedoch ergänzen.

Wenn es um die Begeisterung für eine Sache, das Einschwören auf ein Ziel und die Energie geht, die freigesetzt wird, wenn Sie es schaffen, bei anderen etwas zu entzünden, dann greife ich gerne auf das Zitat von Antoine de Saint-Exupéry („Der kleine Prinz") zurück:

„Wenn Du ein Schiff bauen willst, so trommle nicht Männer zusammen, um Holz zu beschaffen, Werkzeuge vorzubereiten, die Arbeit einzuteilen und Aufgaben zu vergeben, sondern lehre die Männer die Sehnsucht nach dem endlosen weiten Meer!"

Wenn es um die tägliche Führungspraxis geht, landen Sie früher oder später bei dem Thema „Führen mit Zielen" (Management by Objectives). All diesen Zielvereinbarung-Systemen ist gemein, dass Sie mit Ihren Mitarbeitern regelmäßig Ziele vereinbaren, die entweder aus den Unternehmenszielen abgeleitet sind oder aus individuellen Anforderungen generiert werden. In einem Coachingprozess (z.B. Jahres- bzw. Regelgespräche) werden die Ergebnisse überwacht. Eine gute Zielvereinbarung ist „smart" (schriftlich, messbar, attraktiv, realistisch, terminiert).

Delegieren

Ein weiterer, sehr deutlich wahrnehmbarer Schritt auf dem Weg vom Mitarbeiter zur Führungskraft ist, dass Sie Aufgaben delegieren. Ich gehe sogar so weit zu sagen, dass wenn jemand alles selber macht, ist er vielleicht ein guter Facharbeiter, aber keine Führungskraft. Ihre Erfolge kommen also nicht mehr nur durch das zustande, was Sie selbst tun, sondern mehrheitlich durch das, was andere für Sie tun. Damit werden zwei Anforderungen an Sie gestellt. Sie müssen das Delegieren zum einen handwerklich richtig machen und zum anderen den Mitarbeiter geschickt coachen, damit er die ihm gestellten Aufgaben erfolgreich lösen kann.

Im Zusammenhang mit Delegation möchte ich an dieser frühen Stelle schon den Begriff des „Klammeraffen-Managements" einführen. Kenneth Blanchard erklärt in einem seiner besten Bücher (siehe Literaturverzeichnis) mit Hilfe der Metapher eines Klammeraffens auf brillante Art, wie Delegation funktioniert und wie man mit Rückdelegationsversuchen umgehen kann. Der Klammeraffe ist das Bild für die Aufgabe, die man delegiert, und die dazugehörige Verantwortung, sich um diesen Affen zu kümmern. Interessant wird es, wenn man merkt, dass die verteilten Affen gerne wieder zu einem zurückkommen, verbunden mit der Aufforderung, man möge sich doch selber darum kümmern.

Mit professioneller Delegation leisten Sie einen zentralen Beitrag zur Personalentwicklung, da sich Ihre Mitarbeiter durch Ihr bewusstes Zutun weiterentwickeln und an Ihren Aufgaben wachsen. In Seminaren können die so entstehenden Fähigkeiten nur in sehr begrenztem Umfang vermittelt werden.

Wertschätzen

Dieses Wort hat ziemlichen Tiefgang, wenn man es einmal in seine Einzelteile zerlegt. Ihr Mitarbeiter ist es Ihnen wert, in ihn zu investieren, was er wiederum auch an Ihnen schätzt. Er ist ein Schatz, etwas Wert-volles für Sie. Er ist jemand, den Sie schätzen in seiner Gesamtheit mit all seinen Stärken und Schwächen.

Und ohne gleich in die Sozialesoterik abzudriften, darf ich Ihnen an dieser Stellen wieder einige Fragen stellen: Wie oft am Tag wird Ihr Mitarbeiter wohl bewusst wahrnehmen, dass Sie ihn wertschätzen? Trennen Sie Person und Verhalten voneinander? Fühlt er sich ernst genommen? Hat er den Eindruck, dass er mehr ist für Sie, als nur jemand, der Arbeit für Sie erledigt? Woran kann er das erkennen, außer daran, dass Sie morgens ein paar Worte zur Begrüßung wechseln oder bei der Weihnachtsfeier mit ihm anstoßen? Lassen Sie z.B. zu, dass jemand Ihr Gespräch mit ihm stört, oder bitten Sie den Störenden, in einer halben Stunden wiederzukommen? Wie gehen Sie mit einer Idee um, die er vorschlägt? Wie reagieren Sie auf Feedback, das er Ihnen gibt? Lassen Sie es zu, dass er seine Klammeraffen, sobald es schwierig wird, wieder bei Ihnen abgibt oder coachen Sie ihn, damit er lernt, sie selbst zu versorgen? Versuchen Sie, ihn für eine Sache zu gewinnen, oder ordnen Sie ihm etwas ohne große Erklärungen an? Hören Sie ihm zu?

Sie merken, dass sich das Thema Wertschätzung nicht nur auf die Betrachtung von sozialen oder emotionalen Themen beschränkt und darauf, ob Sie möglichst weich mit Ihrem Mitarbeiter umgehen. Sie finden in Ihrem Führungsverhalten den ganzen Tag über zahlreiche Hinweise darauf, ob Sie dieses Thema wirklich verinnerlicht haben oder eben nicht. Es sind oft die kleinen Gesten oder Reaktionen, die Ihrem Gegenüber das Gefühl der Wertschätzung geben.

Miteinander reden

Hier wären wir bei dem stark strapazierten Begriff der Kommunikation angelangt. Ich meine damit allerdings ausdrücklich nicht all unsere digitalen Errungenschaften, die Ihre Blüten im Management by Handy oder by Email treiben. Ich adressiere klar die Kommunikationsprozesse, die sich verbal und nonverbal zwischen Menschen in face-to-face-Situationen abspielen.

Genau die sind es nämlich, die das Gelingen des Miteinanders unter den Menschen maßgeblich beeinflussen. Ja ich möchte sogar sagen, mit der Fähigkeit von Gesprächspartnern, richtig miteinander zu reden, steht und fällt der Erfolg von Führungsprozessen. Je sicherer Sie die einschlägigen Kommunikationswerkzeuge benutzen, umso weniger brauchen Sie sich mit Problemen herumschlagen, die aus mangelnder Kommunikationsfähigkeit entstehen. Denken Sie beispielsweise nur an Meinungsverschiedenheiten, die nicht mehr zu eskalieren drohen, Projekte, die nicht mehr mittendrin abgebrochen werden, Missverständnisse, die sich nicht mehr zu gravierenden Problemen aufbauen oder emotionale Blockaden, die einer Lösungsfindung nicht mehr im Weg stehen. Plötzlich geht es nicht mehr um „Wer hat Recht?", sondern „Was ist die bessere Lösung?". Themen wie Wertschätzung, Vertrauen und das Miteinander-Auskommen finden Ihre Weichenstellung häufig in der Art und Weise, wie Sie kommunizieren.

Man spricht auch von einer offenen Kommunikations- bzw. Feedbackkultur, die man mit seinen Mitarbeitern und Kollegen pflegt. Zugegeben, Kommunikation ist nicht alles, aber ohne Kommunikation ist alles nichts. Ohne miteinander zu reden, gäbe es gar keinen Führungsprozess.

Beispiel geben

Das, was ich unter Beispiel geben verstehe, findet sich möglicherweise unter dem Begriff „Vorbild sein" im Leitbild Ihres Unternehmens wieder. Dahinter steckt die Erkenntnis, dass Führen keine Einbahnstraße ist, in der man von seinen Leuten viel nimmt, ohne selbst etwas zu geben. Sie können nicht erwarten, dass Ihre Mitarbeiter pünktlich zum Meeting kommen, wenn Sie selbst immer zu spät kommen. Gehen Sie davon aus, dass Sie von Ihren Leuten sehr genau dabei beobachtet werden, was Sie tun oder aber auch dabei, was Sie unterlassen.

Natürlich möchte ich nicht, dass Sie ab morgen als Moralapostel durch die Firma laufen, was Sie ohnehin nicht durchhalten würden. Nur eines ist auch klar, Sie sind der Orientierungspunkt Ihrer Abteilung, Sie setzen die Standards. Dass Sie manchmal gegen Ihre eigenen Spielregeln verstoßen, ist auch normal und wird Ihnen in aller Regel verziehen werden, sofern Sie offen damit umgehen. Gehen Sie mit gutem Beispiel voran, auch wenn es darum geht, eigene Fehler zuzugeben und beleidigen Sie nicht die Intelligenz Ihrer Mitarbeiter, indem Sie ihnen glaubhaft machen wollen, dass Sie perfekt sind und Ihnen nie Fehler passieren. Auch das hat wieder Vorbildcharakter.

Gemeinschaft erzeugen

Diesen Führungsgrundsatz auf den Begriff „Team" zu reduzieren, wäre aus meiner Sicht zu kurz gegriffen. Selbstverständlich meine ich damit auch die einschlägigen Teamthemen wie Rollenverteilung, Teamarbeit, Ziele, Methoden, Zusammenarbeit, Moderation und so weiter. Aber ähnlich wie bei einer Fußballmannschaft, bei der es ja auch um mehr als nur die 90 Minuten auf dem Spielfeld geht, meine ich, dass eine Führungskraft auch immer eine emotionale Heimat für die Mitarbeiter fördert, die eine Identifikation des Einzelnen mit dem Gesamten ermöglicht und bei der auch ein Gefühl der Zugehörigkeit, vielleicht auch Stärke, aufkommt. Mit welchen Maßnahmen, Aktionen oder Verhaltensweisen Sie das erreichen, obliegt Ihrem Einfallsreichtum. Neben den Klassikern wie der Weihnachtsfeier oder dem Hochseilgarten dürfen Sie ruhig etwas mutiger werden und tiefer in die Trickkiste greifen. Fragen Sie doch mal Ihre Mitarbeiter, worauf sie Lust hätten. Was auch immer Sie machen werden, Sie werden es in der Rolle des Trainers tun – wie auch beim Fußball. Viele Führungskräfte, die den Weg vom Kollegen zum Chef gegangen sind, tun sich übrigens anfangs sehr schwer zu akzeptieren, dass sie sich nicht mehr mitten in der Mannschaft bewegen, sondern, bedingt durch Ihre Trainerrolle, oft auch außerhalb. Sie sind nicht mehr Mitspieler, bestenfalls Spielertrainer.

Nachsatz

Der aufmerksame Leser wird bemerkt haben, dass das Thema „Motivation" nicht in den Führungsgrundsätzen auftaucht. Einfach vergessen? Natürlich nicht. Wenn Sie die sieben Führungsgrundsätze beherzigen und leben, brauchen Sie sich um die Motivation Ihrer Mitarbeiter keine Sorgen mehr zu machen, ja, Sie werden es gar nicht vermeiden können, dass Ihre Mitarbeiter motiviert sind. Motivation ist also eine Folge aus der Umsetzung der Führungsgrundsätze. Noch ein Erfahrungswert: Mitarbeiter kommen wegen der Firma und gehen wegen der Führungskraft.

„Wenn Du nur einen Hammer hast, wird jede Aufgabe zum Nagel."

Axel Germek

3.2 Typorientiert führen (F-Tool #1)

Gießen Sie alle Ihre Pflanzen zuhause mit der gleichen Menge Wasser, der selben Häufigkeit, dem selben Dünger und der gleichen Menge an Dünger? Stehen diese Pflanzen alle am selben Ort? Natürlich nicht. Sie werden je nach Pflanzentyp den Standort (Klima, Temperatur, Lichtverhältnisse), den Dünger und die Menge, die Wassermenge und die Gießhäufigkeit sehr genau unterscheiden. Warum? Weil Sie wissen, dass jedes Pflänzchen seine ganz eigenen Bedingungen braucht, um zu wachsen und zu gedeihen. Und wenn Sie es nicht genau wissen, dann gehen Sie zum Gärtner und fragen ihn.

Wie war das gleich nochmal mit Mitarbeitern? Richtiges Klima, passende Gesprächsatmosphäre, motivierende Umgebung, passende Art der Aufgabe, richtige Anerkennung, typgerechter Umgang...? Richtig, in Bezug auf Mitarbeiterführung wissen Sie natürlich, dass Sie jeden etwas anders anpacken müssen, damit er funktioniert und sich entwickelt. Und wenn Sie es nicht genau wissen, dann gehen Sie in ein Seminar oder kaufen sich dieses Buch. Ich möchte Ihnen mit diesem ersten Führungstool ein Werkzeug an die Hand geben, das es Ihnen erleichtert, typgerechte Strategien im Umgang mit Mitarbeitern für die unterschiedlichsten Führungssituationen zu entwickeln.

Hierzu nutze ich seit über 20 Jahren das Persönlichkeitsmodell nach DISG, das bis heute von den Firmen Inscape Partners International ApS weiterentwickelt und vertrieben wird. Eine große Verbreitung in Europa hat auch das Produkt von Persolog in Remchingen, das die Grundlagen von DISG verwendet.

DISG unterscheidet vier unterschiedliche Verhaltensdimensionen:

- *Dominant* (Macher, aktiv und entscheidungsfreudig, formt seine Umgebung nach seinen Vorstellungen, will Ergebnisse, schnell, bestimmend, direkt, sucht den Wettbewerb)
- *Initiativ* (Bauchmensch, locker und offen, beeinflusst seine Umgebung, will soziale Anerkennung, freundlich, intuitiv, enthusiastisch, sucht den Umgang mit Menschen)
- *Stetig* (Sicherheitsmensch, freundlich und unterstützend, braucht einen Rahmen, in dem er weiß, was auf ihn zukommt, leise, bescheiden, geduldig, harmoniebedürftig, sucht die Zusammenarbeit)
- *Gewissenhaft* (Analysierer, strukturiert und genau, braucht Standards und Zahlen/Daten/Fakten für sein Tun, damit er keine Fehler macht, zurückhaltend, formal, ernsthaft, sucht Genauigkeit)

Das DISG-Modell geht davon aus, dass jeder Mensch diese vier Stile hat, allerdings in unterschiedlichen Ausprägungen. Man nimmt einen Menschen oft in zwei Stilen, die stärker ausgeprägt sind, besonders deutlich wahr, in den anderen beiden Stilen, die schwächer ausgeprägt sind, eher selten oder nur in bestimmten Situationen. Spricht man beispielsweise von einem S/G-Typ, dann ist damit ein Mensch gemeint, den man normalerweise deutlich in den Eigenschaften von S (Stetig) und G (Gewissenhaft) wahrnimmt, das heißt eher ruhig, vorsichtig, sachlich, verlässlich, realistisch und wohlüberlegt, manchmal etwas unflexibel oder eingefahren. Manchmal, in bestimmten Situationen, kann so ein Mensch auch sehr kreativ sein (I, Initiativ) oder auch mal auf den Tisch hauen, wenn ihm etwas nicht passt (D, Dominant), danach geht er allerdings schnell wieder in sein eigentlichen Profil (S/G) zurück. Es gibt natürlich auch alle anderen Kombinationen.

Die Frage ist also, wie können Sie sich auf diese unterschiedlichen Typen einstellen und wie können Sie typgerechte Strategien im Umgang mit ihnen und deren Führung entwickeln?

„Wenn Du nur einen Hammer hast, wird jede Aufgabe zum Nagel." Dieser bildhafte Vergleich soll ausdrücken, dass wenn Sie einen Hammer als Werkzeug haben, Sie bei der Aufgabenstellung „Nagel einschlagen" gut und professionell sein werden. Im übertragenen Sinne könnte es Ihnen beispielsweise leicht fallen, jemanden (z.B. einen I-Typ) mit viel Enthusiasmus und Visionen für Ihre Idee zu gewinnen. Er lässt sich also auf Sie ein, weil Sie ihn richtig angepackt haben und er begeistert ist. Sind Sie aber z.B. mit der Aufgabe „Inbusschraube eindrehen" konfrontiert und haben nur Ihren Hammer, so werden Sie die Inbusschraube wie einen Nagel behandeln und draufschlagen – in der Regel dann ohne Erfolg. Im übertragenen Sinne liegt es Ihnen vielleicht nicht so sehr, jemanden (z.B. einen G-Typ) mit Sachargumenten und einem klaren Plan zu überzeugen mit dem Ergebnis, dass er sich nicht auf Ihre Idee einlässt, weil Sie ihm keine Beweise für deren Richtigkeit geliefert haben.

Wenn ich Ihnen nun die Aufgabe „Schraube eindrehen" (siehe Bild) stelle, dann werden Sie je nach Schraubentyp deutlich differenzieren, damit professionelles Arbeiten möglich wird. Im übertragenen Sinne funktioniert das „mit Menschen umgehen" auch nicht so pauschal, sondern Sie werden jeden Menschentyp unterschiedlich anpacken – damit professionelles Arbeiten möglich wird und Sie Erfolg haben. Und damit hätten wir die Brücke zum DISG-Modell: vier Schraubentypen – vier Menschentypen D, I, S, G (siehe Bild unten).

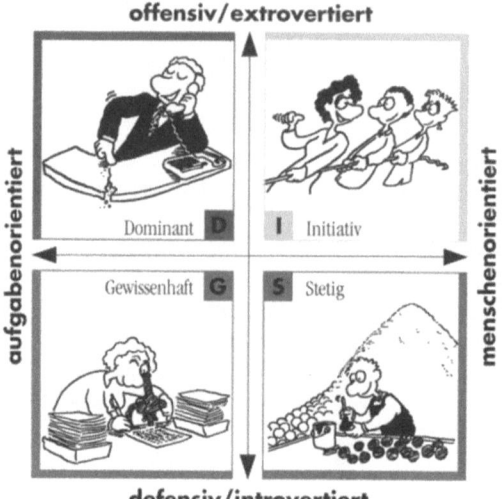

Nach dieser Einführung zum DISG-Modell, möchte ich im Folgenden nun drei Fragen beantworten:

1. Welcher DISG-Typ sind Sie selbst, wie ticken Sie selbst?
2. Wie erkennen Sie den DISG-Typ Ihrer Mitarbeiter?
3. Wie führen Sie Ihre Mitarbeiter typgerecht?

3.2.1 Welcher DISG-Typ sind Sie, wie ticken Sie selbst?

Um diese Frage zu beantworten, habe ich einen kleinen Selbsttest entwickelt, dessen Ergebnis Ihnen eine grobe Richtung in Bezug auf Ihre Verhaltenstendenzen liefert.

DISG-Selbsttest	D	I	S	G
Sie würden sich am ehesten bezeichnen als…	☐ Macher	☐ Unterhalter	☐ Helfer	☐ Analysierer
Insgesamt kommen Sie so rüber…	☐ direkt	☐ locker	☐ unterstützend	☐ genau
Wenn Sie sprechen, wirken Sie eher…	☐ selbstbewusst	☐ aktiv	☐ verhalten	☐ emotionslos
Wenn Sie zuhören, verhalten Sie sich…	☐ eher ungeduldig und unterbrechen andere	☐ freundlich, optimistisch, unterbrechen immer wieder eigene Beiträge ein	☐ ruhig und sind ein geduldiger Zuhörer	☐ als guter Zuhörer und geben diplomatische Antworten
Wenn Sie Fragen stellen, geht es …	☐ hauptsächlich um das Wesentliche	☐ oft um eigene und die Gefühle Anderer	☐ meistens um „Wie"-Fragen	☐ meistens um weitere bzw. tiefergehende Informationen
Bei längeren Besprechungen diskutieren Sie…	☐ ausdauernd und hart	☐ lebhaft und emotional	☐ ausgleichend und entgegenkommend	☐ diszipliniert und sorgfältig

Mit Personen aus Ihrem Umfeld sprechen Sie...	☐ knapp und entschlossen	☐ offen, temperamentvoll und unbeschwert	☐ ausgeglichen und rücksichtsvoll	☐ diplomatisch und sorgfältig
Wenn Sie Ihre Gestik und Mimik beobachten, sehen Sie...	☐ dass sich viel bewegt, fordernder Blick	☐ dass Sie viel gestikulieren, animierender Gesichtsausdruck	☐ dass Sie freundlichen Augenkontakt mit anderen bewahren, warmer Blick	☐ dass sich eher wenig bewegt, Pokerface
Wenn Sie beobachten, wie Sie mit anderen umgehen, merken Sie, dass Sie...	☐ versuchen, die Führung zu übernehmen oder das Sagen zu haben	☐ Ihre Gefühle offen zum Ausdruck bringen und schnell Kontakt finden	☐ sehr freundlich, nett und unterstützend sind	☐ viel beobachten und zuhören, ohne die anderen zu unterbrechen und öfter kritisch sind
Wenn Sie mit Schwierigkeiten konfrontiert werden, reagieren Sie ...	☐ unter Umständen schnell fordernd und suchen Schuldige	☐ extrovertiert und wollen wissen, ob etwas davon auf sie zurückfallen könnte	☐ verunsichert und versuchen, wieder eine stabile Situation herzustellen	☐ eher vorsichtig und versuchen, die Auswirkungen der Probleme zu analysieren
Das reizt Sie besonders...	☐ zeigen, wer der Bessere ist	☐ beliebt bei anderen sein	☐ anderen helfen können	☐ keine Fehler machen
Entscheidungen treffen Sie mehrheitlich ...	☐ schnell und zielorientiert	☐ spontan und intuitiv	☐ bedächtig , noch mal darüber schlafen	☐ zögerlich, Alternativen abwägen
Das wird Ihnen öfter mal zurückgemeldet ...	☐ zu ungeduldig	☐ zu unorganisiert	☐ zu ausnutzbar	☐ zu perfektionistisch
Wenn Sie neue Aufgaben bekommen, dann…	☐ kommen Sie rasch zu Lösungen	☐ bevorzugen Sie spontane Lösungen	☐ sind Sie sehr kooperativ und bereitwillig	☐ sind Sie eher vorsichtig und nachfragend
Summe Kreuze				

Ihre beiden ausgeprägteren Verhaltenstendenzen liegen da, wo Sie die höchste Anzahl an Kreuzen haben. Wenn Sie differenziertere Informationen erhalten wollen, können Sie bei mir ein Seminar buchen oder einen Online-Test kaufen.

Selbstverständlich ist dieser Fragebogen auch dafür geeignet, andere einzuordnen.

Übersicht der DISG-Eigenschaften

	D	**I**	**S**	**G**
Allgemeine Beschreibung	sachbezogen, impulsiv, direkt, schnell, laut, provozierend, egoistisch	menschbezogen, freundlich, offen, redegewandt, beeinflussend, locker	menschbezogen, treu, zuverlässig, gesellig, pragmatisch, viel Harmonie	sachbezogen, genau, 100%-ig, sachlich, logisch, formal
Selbstverständnis	will die Kontrolle und schnell Ergebnisse erzielen	sucht den Umgang und die Beziehung mit anderen Menschen	sucht die Zusammenarbeit mit anderen Menschen	strebt nach Genauigkeit und Qualität
Motivatoren	Bestimmen können, Herausforderungen, Machtgewinn, Prestige, Wettbewerb, Widerstand	Umgang mit Menschen, Beifall, sich profilieren können, wichtig sein, Einfluss, Freiraum für Kreativität	Stabilität und Sicherheit, wissen was auf ihn zu kommt, gebraucht werden, Hand-lungsrahmen, Teamarbeit	Standards, Regeln, Ziele, Messgrößen, geplantes Vorgehen, Sicherheit, ZDF, das Richtige tun
Motivatoren	das Sagen haben, Herausforderungen, Macht-gewinn, Prestige, Wettbe-werb, Widerstand	persönliche Anerkennung, sich profilieren können, wichtig sein, Einfluss, Freiraum für Kreativität	Stabilität und Sicherheit, wissen was auf ihn zu kommt, gebraucht werden, Teamarbeit	Standards, Regeln, Ziele, Messgrößen, geplantes Vorgehen, Sicherheit, ZDF
Ängste	Kontrolle verlieren, umgangen werden	persönlich abgelehnt werden	Stabilität verlieren, nicht wissen was kommt, Konflikte, wenn er „nein" sagt	Kritik an seiner Arbeit, unkontrollierte Situationen, Fehler machen
Stärken	Impulse geben, etwas bewegen, Ziele erreichen, Widerstände überwinden	Umgang mit Menschen, Konflikte vermitteln, Ideen, überzeugen, begeistern	umsetzen, etwas zu Ende bringen, absichern von Prozessen, Verlässlichkeit	Genauigkeit, Analyse, planen, Verlässlichkeit, Logik, Risiko-management
Schwächen bei Überbetonung	geht über Leichen, rücksichtslos, zu fordernd, ungeduldig, herrschsüchtig	chaotisch, viel anfangen wenig fertig machen, keine Details, geltungssüchtig	ausnutzbar, Helfersyndrom, zu vorsichtig, zu besitzbetont, unflexibel	detailverliebt, zu genau, zu lang-sam, unflexibel, steht sich selbst im Weg
Entscheidungsfindung	impulsiv, schnell aufgrund von ZDF, viel Risiko	intuitiv, schnell, viel Risiko, hört auf Empfehlungen	langsam, nachdenken, drüber schlafen	zögerlich, Alternativen abwägen, viel ZDF
Verhalten unter Stress und Druck	erst: noch bestimmender, autoritär, dann: zieht sich zurück, lässt das Thema fallen	erst: greift persönlich an, wird unsachlich, dann: gibt nach, schmollt	erst: gibt eher nach, passt sich an dann: angreifend, aggressiv, verletzt andere	erst: weicht aus, wird stur, zieht sich zurück dann: greift an, wird emotional

Bilder sagen mehr als Worte:

Wie wirken Sie auf andere?

Um Strategien im typgerechten Umgang mit anderen zu finden, werden Sie sich sinnvollerweise erst einmal Gedanken darüber machen, wie Sie selbst eigentlich auf Andere wirken. In diesem Zusammenhang ist es einerseits faszinierend, andererseits aber auch erschreckend, wie vorhersagbar wir häufig sind. So können Sie beispielsweise davon ausgehen, dass ein hoher I mit der Tendenz, alles mal etwas lockerer zu sehen, einen G-Typ relativ schnell nerven wird, da der I-Typ für ihn oberflächlich wirkt und es ihm damit schwer fällt, sich auf ihn einzulassen.

In der folgenden Tabelle bekommen Sie eine Idee, was die DISG-Typen tendenziell übereinander denken. Wie gesagt, tendenziell! Das muss nicht immer so sein, man kann es aber häufig so beobachten. Ausnahmen bestätigen die Regel. Beobachten Sie sich selbst, wenn Sie neue Menschen kennenlernen. Welche Tendenzen haben Sie?

So ist die Tabelle zu verstehen: der in der Spalte links sieht den oben… Beispiel: der D (links) sieht den I (oben) als Labertasche, und so weiter…

	D	I	S	G
D	Konkurrent, im Auge behalten	Labertasche, immer gleich eingeschnappt	Weichei, langweilig, legt alles auf die Goldwaage	Pedant, stur, langsam, übervorsichtig
I	Rüpel, Gutsherr, Wichtigtuer, verbreitet Hektik	Hassliebe, könnte mir gefährlich werden	Gutmensch, brav, unflexibel	Partybremse, überkritisch, anstrengend
S	Diktator, fühlt sich von ihm platt gemacht	Netter Chaot, kann sich nicht auf ihn verlassen	Idealer Partner zum Kuscheln	Verlässlicher Partner, etwas unnahbar
G	Gut, aber zu viel Risiko und zu schnell	Blender, oberflächlich, nicht ernst nehmen	Verlässlicher Partner aber zu emotional	Partner, Bier trinken mit anderen

Wer verträgt sich mit wem?

Mit dieser Tabelle möchte ich Ihnen die Qualität der geschäftlichen Zusammenarbeit der verschiedenen Paarungen aufzeigen (gekennzeichnet mit A). Auch hier handelt es sich wieder um Tendenzen, nicht um absolute Zahlen. Beispielsweise arbeiten zwei D-Typen tendenziell nicht so gut zusammen wie z.B. ein S und ein G, und so weiter. Ergänzend finden Sie auch die Tendenzen, wie sie in er Freizeit zusammenpassen (gekennzeichnet mit F).

		hervorragend		gut		mäßig		schlecht	
		1	2	3	4	5	6	7	8
D	*D*			F		A			
D	*I*			F			A		
D	*S*	A					F		
D	*G*					A			F
I	*I*	F							A
I	*S*	A				F			
I	*G*			A					F
S	*S*	F		A					
S	*G*	F	A						
G	*G*	F		A					

Die Lernfelder der DISG-Typen

Der Volksmund sagt, man kann nicht raus aus seiner Haut. Durch die DISG-Brille betrachtet, würde ich dem durchaus beipflichten, allerdings nicht ganz so absolut und schon gar nicht, wenn man meint, damit die Absolution zu bekommen, dass das Umfeld mit meinen Schwächen einfach zu leben hat. Ich denke, wir sind nicht für alle Zeiten in unserem DISG-Typ festzementiert, sondern haben sehr wohl Spielräume zur Weiterentwicklung. Besonders situationsbedingt kann man sich temporär durchaus anpassen, so dass es dem Gegenüber leichter fällt, sich auf einen einzulassen.

Die nachfolgende Tabelle zeigt die Lernfelder der DISG-Typen auf:

	D	I	S	G
Lernfelder	Zuhören lernen, sich mehr um Menschen kümmern, Bedürfnisse anderer mehr berücksichtigen, Persönliche Beziehungen mehr betonen, mit Menschen flexibler sein, Beweggründe für das Tun erläutern, mehr Offenheit und Warmherzigkeit	Weniger Impulsivität, mehr Zielorientierung, Emotionen und Handlungen besser kontrollieren, Langsamere Gangart wählen, Weniger reden - mehr zuhören, auch andere ins Rampenlicht bringen	Weniger Empfindlichkeit bei Äußerungen anderer, Konfrontationen nicht ausweichen, mehr Entscheidungsfreudigkeit und Initiative, Tempo beschleunigen, Weniger „Kuschelkurs", „Nein" sagen lernen, deutlicher Feedback geben	Aufmerksamkeit auf Wichtigkeit statt Richtigkeit, schnelle Antworten, Intuition vertrauen, nicht nur tat-sachenorientiert, nach vorn schauen statt zurück, persönliche Beziehungen aufbauen, mehr Offenheit und Flexibilität

Verteilung der DISG-Typen in D/A/CH

Studien der Firma Persolog in den Ländern Deutschland, Österreich und Schweiz haben diese Verteilung der DISG-Typen ergeben. Demzufolge scheint es sich zu bestätigen, dass der Mann doch tendenziell sachorientierter, die Frau eher emotional orientiert ist:

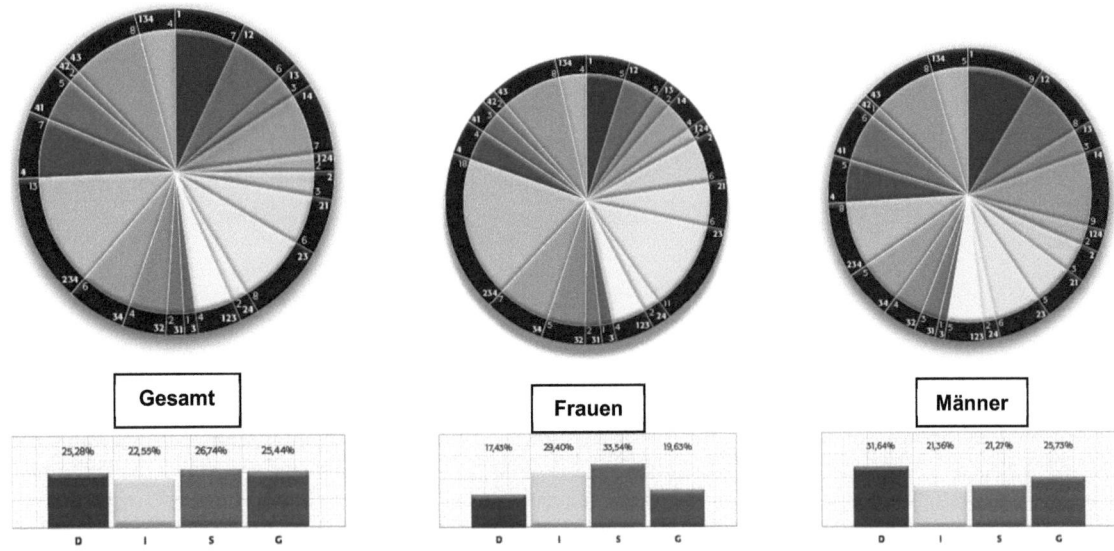

3.2.2 Wie erkennen Sie den DISG-Typ Ihrer Mitarbeiter?

DISG QuickCheck

Je mehr Sie sich in dieses Kapitel einlesen, umso leichter wird es Ihnen fallen, aufgrund Ihrer Wahrnehmung den Typ Ihrer Mitarbeiter herauszufinden. Mit etwas Übung geht das dann oft schon automatisch. Für den Start habe ich einen QuickCheck entwickelt, der Ihnen erste Hinweise für die schnelle Einordnung geben kann. Gehen Sie dabei wie folgt vor:

Variante 1 (vertikal): fragen Sie sich, ob diese Person eher offensiv/risikobereit oder eher abwartend/realistisch wirkt. Haben Sie sich entschieden, gehen Sie nach unten und finden Sie heraus, in welchem der beiden übereinanderstehenden Kästchen (also vertikal) Sie mehr Übereinstimmung finden.

Variante 2 (horizontal): sollte es Ihnen leichter fallen, zwischen Sachorientierung und Menschorientierung zu unterscheiden, dann entscheiden Sie sich und gehen nach rechts, um herauszufinden, in welchem der beiden nebeneinander stehenden Kästchen (also horizontal) Sie mehr Übereinstimmung finden.

Es ist übrigens unerheblich, ob Sie Sie nach Variante 1 oder 2 vorgehen.

	offensiv/risikobereit • Schnelles Tempo • Redegewandt, behauptend • Laut und wahrnehmbar • impulsiv	abwartend/realistisch • Langsameres Tempo • Weniger reden, fragend • Leiser und zurückhaltender • gleichmäßiger
Sachorientierung • Ziele erreichen • Aufgaben erledigen	Eher konkurrierend und direktiv? **DOMINANT** o verschlossene Haltung o ausdrucksloses, kühles Gesicht o kann Gefühle nicht ausdrücken o burschikos, hemdsärmelig o konzentriert auf Ergebnis o orientiert an Macht und Kontrolle	Eher bewertend und denkend? **GEWISSENHAFT** o geschlossene Haltung o ausdrucksloses, kühles Gesicht o kann keine Gefühle zeigen o formal, sachlich o konzentriert auf Standards o orientiert Qualität und Analyse
Menschorientierung • Emotionalität • Bedürfnisse erfüllen	Eher gesprächig und beeinflussend? **INITIATIV** o offene Haltung o animierend, warmes Gesicht o teilt Gefühle mit o locker, zwanglos o konzentriert auf Interaktion o orientiert an Anerkennung	Eher akzeptierend und ausführend? **STETIG** o offene Haltung o entspanntes, warmes Gesicht o kann Gefühle äußern o angenehm, zurückhaltend o konzentriert auf Zusammenarbeit o orientiert Stabilität und Harmonie

Wenn Sie Lust haben, können Sie ausprobieren, wie gut Sie die Eigenschaften der DISG-Typen schon unterscheiden können, indem Sie diesen Übungsbogen ausfüllen. Kleiner Hinweis: jeder DISG-Typ kommt pro Kategorie nur einmal vor. Die Auflösung finden Sie am Ende des Buches.

Übungsbogen

Wem ist es besonders wichtig:	Dass alles reibungslos abläuft?	
	Kontakt zu Menschen zu haben?	
	Ergebnisse zu erzielen?	
	Präzise zu arbeiten?	
Wer befürchtet:	Kritik an seiner Arbeit?	
	Verwirrung und Instabilität?	
	Die Kontrolle zu verlieren?	
	Dass Menschen sich aufregen und ihn nicht mögen?	
Wer sollte besonders darauf achten:	Entscheidungen objektiver zu treffen?	
	Geduldiger mit anderen zu werden?	
	Sich mehr mit emotionalen Situationen anzufreunden?	
	Besser mit Veränderungen umgehen zu lernen?	
Wer übertreibt mit:	Zu viel Bescheidenheit?	
	Detailverliebt?	
	Dem Ausdrücken von Gefühlen?	
	Die Schaffung von Herausforderungen?	
Wer hat besonderes Interesse daran:	Mit anderen zusammenzuarbeiten?	
	Die Umgebung zu kontrollieren?	
	Alles richtig und korrekt zu tun?	
	Andere zu überzeugen?	
Wen motiviert es:	Eine Herausforderung annehmen?	
	Weiss genau, was auf ihn zukommt?	
	Darf jetzt die Endkontrolle machen?	
	Kann sich selbst profilieren?	
Wer hat entschieden:	Vor und Nachteile abwägend?	
	Sich auf Empfehlungen verlassend?	
	Zielorientiert und schnell?	
	Noch eine Nacht überschlafend?	
Wer stand unter Druck:	Hat jemand persönlich angegriffen?	
	Wurde sehr autoritär?	
	Hat nachgegeben?	
	Hat auf stur geschaltet?	
Wer spielte seine Stärke aus:	Hat das Problem schnell gelöst?	
	Hat den Vorgang genau und ohne Fehler bearbeitet?	
	Hat das Team vorangebracht?	
	Hat das Team für das Ziel begeistern können?	
Wer braucht andere, die:	Risiken abschätzen und berechnen?	
	Eine größere Übersicht haben?	
	Systematische Vorgehensweisen entwickeln?	
	Neue Ideen und Aufgaben einbringen?	

3.2.3 Wie führen Sie Ihre Mitarbeiter typgerecht?

Nach dem Kennenlernen des Modells und der Analysemöglichkeiten möchte ich nun in die Anwendung gehen. Um zu passenden Strategien zur typgerechten Führung (Umgang) zu kommen, werden Sie immer zwei Dinge berücksichtigen:

1. Die Motivatoren des anderen
2. Eine passende Gesprächsatmosphäre

Zu 1. Motivatoren: Motivation ist per Definition der „Antrieb, etwas zu tun." Wenn Sie also wissen, was Ihr Gegenüber antreibt, können Sie geeignete Strategien für den typgerechten Umgang entwickeln. Die Frage „Wie »verkaufen« Sie jemandem etwas?" können Sie damit beantworten. Nachfolgend sehen Sie eine detaillierte Zusammenstellung der Motivatoren der vier DISG-Typen:

	D	**I**	**S**	**G**
Motivatoren	Direktheit, das Sagen haben, bestimmen können, gestalten bzw. verändern können, Herausforderungen, Machtgewinn, Prestige, Wettbewerb, Kontrolle ausüben, Entscheidungsspielräume, Widerstand, schnelle Ergebnisse, kämpfen und gewinnen	Umgang mit Menschen, freundliche Umgebung, persönliche Anerkennung, sich profilieren können, wichtig sein, Einfluss haben, Gestaltungsspielräume, Freiraum für Kreativität, Beifall, Bühne haben, beliebt sein, etwas Neues, Gruppenaktivitäten	Stabilität und Sicherheit, wissen was auf ihn zukommt, Teamarbeit, helfen können, gebraucht werden, einen Handlungsrahmen bekommen, Routineaufgaben, harmonische und konfliktfreie Umgebung, anerkannte Vorgehensweisen, echte Wertschätzung	ZDF, Standards, Regeln, Ziele, Messgrößen, das Richtige richtig tun, geplantes Vorgehen, Sicherheiten, Zeit für Präzision, Aufgaben mit Analyse und Planung, tüfteln, Bewertung der Leistung, Aufforderung präzise und genau zu sein

Zu 2. Gesprächsatmosphäre: Die Frage „In welcher Gesprächsatmosphäre lässt sich der andere am ehesten auf Sie ein?" beantworte ich in der nächsten Tabelle. Versuchen Sie, der nachfolgenden Beschreibung möglichst nah zu kommen. Berücksichtigen Sie aber dabei, dass Sie es aufgrund Ihres eigenen DISG-Typs nicht immer ganz schaffen werden, beispielsweise wird sich ein hoher S immer schwer tun, eine D-Atmosphäre zu schaffen und anders herum. Probieren Sie es einfach aus, wie weit Sie gehen können bzw. wollen und wie sich das für Sie anfühlt. Fahren Sie Ihre vier DISG-Regler wie auf einem Mischpult bewusst rauf oder runter, bleiben Sie dabei aber authentisch.

	D	**I**	**S**	**G**
Gesprächsatmosphäre	Knapp, auf den Punkt kommen, direkt, zügig, herausfordernd, eher sachlich, aktiv, provokativ	Locker, offen, herzlich, freundlich, lebhaft, demokratisch, auf Augenhöhe, enthusiastisch	Ruhig, verbindlich, sachlich, behutsam, unterstützend, harmonisch, „Kuschelecke"	Sachlich, formal, strukturiert, distanziert, gründlich, offiziell, höflich

Was nervt ihn?	Herumeiern, zu emotional, was willst du von mir!	Zu verbissen, nur sachlich, Befehlston, von oben herab, kleinkariert	Aggressiv, zu schnell, Streit, überraschend, laut	Hektik, oberflächlich, Zeitdruck, chaotisch

Anwendungen

Nachfolgend finden Sie eine Reihe von typischen Anwendungen in der Mitarbeiterführung. Denken Sie bitte immer daran,

- dass Sie sich auf Führungssituationen neben inhaltlichen Dingen bewusst auf den DISG-Typ des Mitarbeiters vorbereiten („programmieren") und in der Situation selbst Ihre vier DISG-Regler bewusst rauf- oder runterfahren. Bleiben Sie aber trotzdem immer authentisch und verstellen Sie sich nicht komplett (siehe auch Gesprächsatmosphäre),
- die Motivatoren und die Gesprächsatmosphäre zu berücksichtigen,
- dass es bei DISG neben dem „Was" (also die Sache) besonders auf das „Wie" (wie verkaufe ich es) ankommt, ob Ihnen ein Mitarbeiter sozusagen etwas „abkauft" oder nicht.

	D	I	S	G
Loben	Kurz und knapp, Ergebnis betonen, keine Schmeicheleien „Starke Leistung!"	Enthusiastisch, dicker auftragen, eventuell sogar öffentlich „Du bist ein Star!"	Persönliches und Leistung verknüpfen, ein bisschen auf´s Tablett heben „Du hast mir geholfen. Danke"	ZDF, sachlich, präzise, Lob begründen, keine Emotion „Ich bin zufrieden, weil..."
Kritisieren	Auf den Punkt kommen, nicht rumeiern, klare Ansage, an sein Ego appellieren	Sache/Verhalten und Person unbedingt trennen, soweit möglich nett bleiben, klare Vereinbarung treffen	Ruhig und sachlich, begründen, Lösung miteinander erarbeiten	Beweise, Beweise, Beweise, ZDF, begründen, warum er es anders machen soll
Idee verkaufen	„Elevator Pitch", Chancen dar-stellen, seinen Profit betonen, Wahlmöglich-keiten geben	Enthusiastisch, lebhaft, mit einer ersten Idee aktivieren, er denkt zu Ende	Vom Bekannten zum Unbekannten in kleinen Schritten (Salamitaktik), abholen bei Status quo, um Hilfe bitten, viel Informationen, Zeit zum Überlegen lassen, rechtzeitig eintakten	Gut vorbereitet, Idee schwarz-auf-weiß, viel ZDF, Beweis liefern, dass es funktioniert bzw. besser ist, klare Argumentation

Konfliktstrategien

Die folgenden Kriterien helfen Ihnen, neben dem Gebrauch der K-Tools, auch auf den DISG-Typ Ihres Gesprächspartners zu berücksichtigen:

	D	**I**	**S**	**G**
Allgemeines Kommunikationsverhalten	Direkt, unsensibel, auf´s Wesentliche beschränkt, fodernd, provozierend, forsch	Ausschweifend, verliert sich, redet viel, emotional, drückt sich gut aus, ausweichend, oft unverbindlich	Fragend, vor-sichtig, unsicher, zurückhaltend, hört gut zu, gibt wenig Feedback (Rabattmarken!), tastend	Kritisch, hinterfragend, prüfend, gut vorbereitet, argumentiert mit Fakten, kritisch
Verhalten unter Stress und Druck	<u>erst</u>: noch bestimmender, autoritär <u>dann</u>: zieht sich zurück, lässt das Thema fallen	<u>erst</u>: greift persönlich an, wird unsachlich <u>dann</u>: gibt nach, schmollt	<u>erst</u>: gibt eher nach, passt sich an <u>dann</u>: angreifend, aggressiv, verletzt andere	<u>erst</u>: weicht aus, wird stur, zieht sich zurück <u>dann</u>: greift an, wird emotional
Wie bringen Sie Ihre Argumente?	Direkt, auf´s Wesentliche bschränkt, klare Ansagen, Gas geben, zielorientiert, provokant, Auswahl geben, Herausforderung bieten, persönlichen Nutzen benennen, nicht umfallen	Aktivierend, locker bleiben, Begeisterung wecken, Chancen herausarbeiten, Anreize schaffen, eher moderierend, nicht verkrampfen	Salamitaktik, Schritt für Schritt, auf Fragen eingehen, vorbereitet, um seine Hilfe bitten (Helfersyndrom!), verständnisvoll, Hilfe anbieten, nicht aggressiv	ZDF, Beweise liefern, detailliert, klar strukturiert, sachlich, nüchtern, vorbereitet, nicht emotional werden
Unbedingt vermeiden!	Rumeiern, Zügel aus der Hand nehmen, Details vorgeben, zu enge Vorgaben, zu starke Kontrolle	Persönlich ablehnen („Liebesentzug"), Druck machen, Vorschriften machen	Druck machen, isolieren, Härte, zu hohes Tempo, Aggressivität, Streit anfangen	Schwammig argumentieren, seine Arbeit kritisieren, zu emotional werden, unsachlich sein

Führungsgespräch vorbereiten

Das Führungsgespräch (F-Tool #4) an sich ist das vierte Führungstool und ich behandle es was Ablauf, Struktur und Strategien angeht, später. An dieser Stelle geht es jetzt nur um die Frage: „Wie bereiten Sie sich auf den DISG-Typ Ihres Mitarbeiters vor, wie programmieren Sie sich bzw. stimmen sich auf ihn ein?".

	D	**I**	**S**	**G**
Genereller Charakter des Gespräches	auf den Punkt kommen, direkt, zügig, herausfordernd, sachlich, aktiv	offen, freundlich, lebhaft, demokratisch, auf Augenhöhe,	Ruhig, verbindlich, sachlich, behutsam, unterstützend	Sachlich, formal, strukturiert, distanziert, gründlich, offiziell, höflich
Begrüßung	kurzes Anwärmen, kein Smalltalk	Zeit zum Anwärmen nehmen, Smalltalk	Etwas anwärmen, nach aktuellen Dingen fragen	Kein Anwärmen, kein Smalltalk
Übergang zur Ansage	Gleich zur Ansage kommen	Übergang zur Ansage eher fließend	Definierter Übergang zur Ansage	Gleich zur Ansage kommen
Ansage	klare Ansagen, nicht rumeiern, eventuell Schuss vor den Bug	offen und ehrlich, eventuell etwas ausholen	behutsam, Schritt für Schritt, viel Info, ehrlich, pragmatisch	viel ZDF, Beweise bringen
Fragen stellen	mit Fragen herausfordern	mit Fragen aktivieren und Ideen fördern	mit Fragen den Rahmen abstecken	mit Fragen versachlichen
Umgang mit Widerstand	hart am Wind bleiben, nicht umfallen	emotional abholen, viele Ich-Botschaften, freundlich aber bestimmt bleiben	persönlich abholen, versachlichen, nochmal Erwartung erklären, freundlich aber bestimmt bleiben	beharrlich dran bleiben, Details liefern, Zeit zum Nachdenken geben, neuen Plan machen lassen
Abschluss	„Jetzt zeige, was Du drauf hast!"	„Alles wird gut!"	„Ich bin immer für dich da."	„Noch Fragen?"
Dauer	eher kürzer	eher länger	eher normal	kurz oder lang

Denken Sie mal darüber nach, inwieweit es für Sie Sinn macht, rechts an dieser Tabelle noch eine Spalte einzufügen, um sich dort Notizen für die individuelle Vorbereitung eines Führungsgespräches machen zu können.

Teamfahrplan

Was unterscheidet eine Gruppe von einem Team und warum sind professionelle Teams erfolgreicher als unreflektierte Gruppen? Beide haben normalerweise ein Ziel und arbeiten daran. Bei professionellen Teams allerdings, sind darüber hinaus die Teamrollen reflektiert und die jeweiligen Eigenschaften bekannt (transparent) – und gegenseitig akzeptiert! Das nachfolgende Bild verdeutlicht dies.

Beide haben das Ziel, die Wand zu streichen, aber nur das Team schafft es. Warum? Weil dort die Rollen samt Stärken und Schwächen reflektiert wurden und darauf aufbauend festgelegt wurde, wie man vorgeht. Der untere scheint wohl körperlich stärker zu sein (seine Stärke) und kann die zweite sehr gut auf den Schultern tragen, während er unten streicht. Die obere ist wohl leichter und schwindelfrei (Stärken) und kann oben fertig streichen. Beide akzeptieren die Rolle des anderen und sie ergänzen sich. Wem welche Rolle liegt und wer welche Stärken hat, das wurde im Team im Vorfeld diskutiert und abgestimmt.

Bildquelle: Tiki Küstenmacher

Um bei der Teambildung bzw. Teamentwicklung weiterzukommen, werden Ihnen die Informationen dieser Tabelle hilfreich sein.

	D	I	S	G
Teamrolle	Macher	Kreativer	Umsetzer	Analysierer
Wert für das Team	richtungsweisend, Motor, gibt Orientierung	stellt Kontakte zu Menschen her, hat Ideen, lockert auf	führt spezialisierte Arbeiten aus und arbeitet kontinuierlich, setzt um	Konzentration auf Details, Analyse, Planung, Risikoanalyse, stellt wichtige Fragen
Besondere Stärke	zweck- und zielorientiert, löst Probleme schnell, erreicht Ziele	Begeisterung, motiviert und gewinnt Menschen	menschorientiert, hohe Teamfähigkeit	Ausdauer und Genauigkeit
Mögliche Schwäche	kontaktarm, ungeduldig, autoritär, will sich nicht abstimmen	ungeduldig, mangelnde Detailgenauigkeit, wenig organisiert, unkonzentriert	opfert Ziele für harmonische Beziehungen, ausnutzbar	sehr vorsichtig, zu gründlich, Recht haben wollen, langsam
Motivation durch	Ergebnisse, Herausforderung, Aktionen	Anerkennung, Beifall, Profilierung	Beziehungen, Aufgabenverteilung, Verständnis	Qualität, Planung, Bestätigung, Zeit haben
Umgang mit der Zeit	nutzt die Zeit, geht sofort zum Wesentlichen	eilt von einer Attraktion zur anderen, unorganisiert	Zeit für persönlichen Austausch, auch auf Kosten der Aufgabe	arbeitet langsam, um Genauigkeit zu gewährleisten
Kommunikation	einseitig, kein guter Zuhörer, kann Gespräche in Gang bringen	begeisternd, anregend, oft einseitig, kann andere inspirieren	gegenseitige Kommunikation, guter Zuhörer	bei Sachgesprächen guter Zuhörer, stellt gute Fragen
Entscheidungsfindung	impulsiv, trifft Entscheidungen zielorientiert und schnell	intuitiv, schnell, viele Gewinne und Verluste	nach Rücksprache trifft Entscheidungen langsam, hört auf andere	zögernd, gründlich, braucht viele Fakten, sucht Alternativen
Verhalten unter Druck	beherrschend, autoritär	angreifend	nachgebend	Ausweichend
Wäre effektiver durch	Zuhören, mehr Empathie	sich eine Denkpause gönnen	die Initiative ergreifen und positiver auf Änderungen reagieren	anderen die eigenen Vorstellungen mitteilen

Strategien zur Delegation einer Aufgabe

Unabhängig von der Art der Aufgabe und deren fachlichen und inhaltlichen Anforderungen an einen Mitarbeiter, kommt es wie schon erwähnt auf das „Wie" an, hier also wie „verkaufen" Sie Ihrem Mitarbeiter eine Aufgabe oder ein Projekt. Nachfolgend wichtige Kriterien dazu.

	D	**I**	**S**	**G**
Setting *(Wo führen Sie das Gespräch?)*	Besprechungstisch oder Schreibtisch oder Stehtisch, frontal gegenüber sitzend	Besprechungstisch oder Stehtisch, in der Nähe des Flipcharts	Besprechungstisch oder Schreibtisch, nebeneinander sitzend	Schreibtisch gegenüber sitzend
Gesprächseinleitung	Kurz und prägnant, kein Smalltalk	Etwas länger, Bühne geben, Kaffee anbieten	Persönlich, wie geht es Ihnen	Gleich zur Sache kommen
Strategie	Das ist Ihr nächster Challenge!	Mit Einstiegsfrage aktivieren und zusammen entstehen lassen, „Eventcharakter"	Salamitaktik, vom Bekannten zum Unbekannten in kleinen Schritten	Diese Aufgabe stellt hohe Anforderungen, ZDF strukturiert bringen
Detailliert	Anspruch der Aufgabe herausstellen, Sache kurz schildern, die wesentlichen Informationen geben, den Auftrag in seinen wesentlichen Details definieren (Ziel, erwartetes Ergebnis, Meilensteine), noch Fragen?	Was wissen Sie schon von xyz? Erzählen und hineindenken lassen, zusammen Ideen entwickeln, Visualisierung auf dem Flipchart oder einem weißen Blatt, langsam die Leitplanken setzen (Ziel, Budget, etc.), mit Korrekturen und zusätzlichen Infos den Auftrag abrunden	„Ich habe eine Aufgabe, bei der ich Ihre Unter-stützung brauche", bei Bekanntem anknüpfen (Sie kennen aus der Vergangenheit ja schon...), Aufgabe mit viel Infos vorstellen, Erwartungen genau erklären, Plan zur Umsetzung zusammen machen oder von ihm machen lassen	Aufgabe strukturiert und detailliert in allen bekannten Details präsentieren, Angaben (Beweise) machen, warum es diese Aufgabe gibt und warum Sie ihn damit beauftragen, vorhandene Unterlagen ordentlich aufbereiten, ihn um seine Einschätzung bitten, Umsetzungplan machen lassen
Ergebnis	Projektauftrag und Meilensteine	Vision und detaillierter Projektauftrag	Projektauftrag und klarer Delegationsrahmen	Projektauftrag und ein klarer Umsetzungsplan
Unbedingt vermeiden	Alles detailliert vorgeben, Entscheidungen vorwegnehmen	Alles vorschreiben, zu viele Details gleich zu Beginn, langweilig sein	Zu viel Tempo machen, keine Zeit zum Erklären	Informationen schlampig vorbereitet, zu enge Zeitvorgaben, abschweifen
Ihre Rolle	Sparringspartner	Moderator	Unterstützer	Fachmann, der den Fachmann bittet
Motivations-Klaps zum Abschluss	„Geben Sie Gas, jetzt können Sie zeigen, was Sie drauf haben!"	„Also das wird super werden. Stellen Sie sich nur vor..."	„Wenn Sie noch etwas brauchen, bin ich für Sie da. Ich freue mich auf eine gute Zusammenarbeit."	„Sie kennen nun die Tragweite des Projektes. Ich verlasse mich auf Ihre Fachkenntnis."

Richtiger Mitarbeiter-Einsatz

Eine der signifikanten Managementfähigkeiten ist, die richtigen Menschen an den richtigen Platz zu bringen. Dies bietet Vorteile auf drei Ebenen: die Firma profitiert von einer höheren Produktivität, der Mitarbeiter ist mehr motiviert, weil er Erfolg hat und Sie haben weniger Stress (mehr Gelassenheit?!), weil der Mitarbeiter weniger Fehler machen wird. So weit so gut. Diese Erkenntnis hängt übrigens mit einer interessanten Frage zusammen: „Was ist ökonomischer, die Stärken auszubauen, oder die Schwächen abzubauen?"

Dazu möchte ich Ihnen eine kleine Allegorie erzählen. Stellen Sie sich die Schule der Tiere vor. In der Klasse sind u.a. ein Hase, eine Ente und ein Adler. Im Schwimmunterricht brilliert natürlich die Ente, der Hase hält sich soweit über Wasser und den Adler muss der Lehrer nach kurzer Zeit vor dem Ertrinken retten. In der nächsten Stunde ist Fliegen dran. Dort steigt der Adler hoch und brilliert in der Luft ohne einen weiteren Flügelschlag. Die Ente flattert ganz ordentlich und der Hase kommt nicht vom Boden weg. In der Stunde darauf ist Laufen. Eine Staubwolke und der Hase ist außer Sichtweite, der Adler kommt halb hüpfend und halb fliegend voran und die Ente fällt laufend über Ihre eigenen Watschelbeine. In der Lehrerkonferenz wurde beschlossen, dass die Ente laufen trainieren muss, da es Ihre Schwäche ist. Der Lehrer sagte zu Ihr, dass Sie hervorragend schwimmt, befriedigen fliegt, aber einfach sehr schlecht im Laufen ist. So trainiert sie nach einem strengen Trainingsplan Laufen, obwohl sie nicht viel Lust darauf hat. Sie trainiert in verschiedenem Gelände (Sand, Asphalt, Gebirge, ...), macht auch Fortschritte, kam aber zur Erkenntnis, dass sie nie so brillant sein würde wie der Hase, außerdem hat sie sich bei der ganzen Lauferei auch noch ihre Schwimmhäute ruiniert.

Was ist also ökonomischer, wo investieren Sie sinnvollerweise Energie in den Aufbau von Mitarbeitern? Wo kommt mehr dabei heraus, Stärken ausbauen oder Schwächen abbauen? Nun, um nochmal bei der Ente zu bleiben, warum sollten Sie Ihr Aufgaben im Gebirge oder auf trockenem Land geben, wo sie doch viel besser in einem Teich aufgehoben wäre? Wieviel Sinn macht es, Energie in die Verbesserung Ihrer Performance im Hundertmeterlauf zu stecken, wo Sie doch nur einen Hasen dafür einsetzen müssten? Ich meine, wenn Sie Ihr Aufgaben in einem Teich geben würden, würde Ihre Laufschwäche gar nicht mehr auffallen und Sie müssten auch keine Energie auf Optimierungsmaßnahmen verschwenden. Ich bin der festen Überzeugung, dass Sie, wenn Sie es schaffen die Mitarbeiter einigermaßen artgerecht – um mit DISG zu sprechen: typgerecht – einzusetzen, wie oben erwähnt, dreimal richtig dick punkten werden: höhere Produktivität, mehr Motivation der Mitarbeiter und weniger Stress bzw. mehr Gelassenheit für Sie. Setzen Sie die Ente in den Teich und lassen Sie sie nur über Land laufen, um vom einen Teich in den anderen zu kommen. Viel Erfolg dabei!

Schwimmen *Sie* eigentlich schon in Ihrem Teich? Selbstverständlich können Sie diese Erkenntnis auch auf sich selbst übertragen.

In der folgenden Tabelle möchte ich Ihnen Anregungen für den typgerechten Mitarbeitereinsatz nach DISG geben:

D	Herausfordernde Aufgaben, die mit Veränderung, Change, Sanierung und Aufbau zu tun haben, Widerstände beseitigen, schnelle Ergebnisse liefern, Perspektive auf Machtgewinn und Prestige Vermeiden: zu viel Teamarbeit, mit Befindlichkeiten umgehen müssen, Langsamkeit
I	Aufgaben, die mit Kreativität, Abwechslung und dem Umgehen mit Menschen zu tun haben, Visionen entwickeln, Menschen mitnehmen und beeinflussen, Dinge/Ergebnisse nach außen präsentieren, Produkte verkaufen, Teamarbeit, Perspektive auf mehr Beliebtheit, Einfluss und Spaß Vermeiden: Detailarbeit, Routinen, strukturiertes Vorgehen
S	Aufgaben im gewohnten Rahmen mit Wiederholungscharakter, z.B. Routinen, feste Abläufe, Umsetzen von Plänen, spezialisierte Fachaufgaben, Teamarbeit, Teil eines Ganzen zu sein, Perspektive auf Kontinuität und zu wissen, was auf einen zukommt Vermeiden: Mit Widerständen, Streit und zu schnellen Veränderungen umgehen müssen
G	Aufgaben, die mit Qualität, Bewerten, Denken, Analysieren und Logik zu tun haben, nach Standards arbeiten, Standards entwickeln, die Einhaltung von Standards kontrollieren, Planung, Risikoanalyse, Perspektive auf mehr Qualität, Genauigkeit, Perfektion und zu wissen, dass man keine Fehler macht Vermeiden: Schnell etwas erledigen oder improvisieren müssen, halbe Sachen

„Mache deine Mitarbeiter zu Hauptdarstellern."

Axel Germek

3.3 Delegation und Coaching (F-Tool #2)

Beginnen wir dieses Kapitel mit einem Standard Führungsfall: Der verwöhnte Mitarbeiter kommt in der Früh mit einem Zettel in der Hand zu seinem Chef und fragt: „Was soll ich da genau machen?".

Variante 1, der schlechte Chef, der gerade Zeit hat: nimmt den Zettel, schaut drauf, macht sich sachkundig, indem er den Vorgang kurz studiert, findet eine Lösung und teilt diese dem Mitarbeiter mit: „Gehen Sie links herum."

Variante 2, der schlechte Chef, der im Stress ist: nimmt den Zettel, schaut drauf, macht sich sachkundig, indem er den Vorgang kurz studiert, findet auf die Schnelle keine Lösung und fordert den verwöhnten Mitarbeiter mit einem deutlich ungehaltenen Unterton (ich kann nicht alles auf einmal machen!) auf, später wieder zu kommen, da er jetzt gerade etwas Anderes/Wichtigeres zu tun hat. Der verwöhnte Mitarbeiter bekommt dann endlich am Nachmittag nach beharrlichem, zweimaligem Nachfragen eine Lösung: „Gehen Sie links herum." Dämmert's schon? Wie wird dieser Fall denn weiter gehen? Bei beiden Varianten könnte der verwöhnte Mitarbeiter so oder so ähnlich reagieren: „Das habe ich schon ausprobiert, das hat auch nicht funktioniert." oder „Meinen Sie wirklich dass das funktioniert? Wäre rechts herum nicht besser?". Der schlechte Chef sieht, dass der verwöhnte Mitarbeiter Recht haben könnte (der schlechte Chef hatte ja in der Kürze der Zeit nicht viel Gelegenheit, alles zu bedenken), denkt sich eine andere Lösung aus und schlägt vor: „Gehen Sie oben drüber."

Der verwöhnte Mitarbeiter bemerkt darauf: „Oben drüber ist doch viel zu teuer." Und der schlechte Chef findet sich nun in einer Diskussion mit seinem verwöhnten Mitarbeiter wieder, in der der schlechte Chef, der ja viel mehr Wissen und Erfahrung hat, dem verwöhnten Mitarbeiter, der aufgrund seiner geringen Erfahrung die gesamte Tragweite noch nicht überblicken kann, klar machen muss, warum es letztendlich *nicht* zu teuer ist. Diese nervige Diskussion endet dann damit, dass der schlechte Chef, mit Verweis auf die fortgeschrittene Zeit, den verwöhnten Mitarbeiter etwas forsch dazu anweist, dass er oben drüber gehen soll. Der verwöhnte Mitarbeiter tut das dann auch, ist aber nicht davon überzeugt und wird deshalb in der Umsetzung viele Gründe finden, warum es eben doch nicht funktioniert…

Dämmert's jetzt? Was passiert denn da gerade? Wedelt hier nicht der Schwanz mit dem Hund? Ich meine, jetzt löst der Chef gerade das Problem des Mitarbeiters, hier muss der Chef seinem Mitarbeiter beweisen, dass er Recht hat. Hier zeigt der Mitarbeiter seinem Chef auf, dass dessen Lösung nicht funktionieren wird und der Chef muss sich rechtfertigen. Hier löst der Chef das Problem seines Mitarbeiters und versetzt diesen in die komfortable Lage, beurteilen zu dürfen, ob die Lösung des Chefs nun eine gute oder eine schlechte ist. Verkehrte Welt, oder nicht!? Wer hat denn hier letztendlich die Verantwortung für die Lösung?

Sollten Sie sich jetzt ertappt fühlen und eventuell gewisse Parallelen zu Ihrer Führungspraxis erkennen, so gratuliere ich Ihnen! Denn damit haben Sie den ersten und wichtigsten Schritt schon gemacht: zu erkennen, dass es so nicht professionell ist und Sie so noch sehr weit von der angestrebten Gelassenheit entfernt sind, weil Sie sich um viel zu viele Dinge kümmern müssen, da sonst Ihr Laden nicht läuft. Und sollte Ihnen vielleicht jetzt schon klar geworden sein, dass es bei Delegation und Coaching darum geht, den Affen beim Mitarbeiter zu lassen und ihn durch Ihre Begleitung an der besten Lösung arbeiten zu lassen, dann hätten Sie schon alles im Kasten und müssten nicht mehr zwingend weiterlesen. Aber – vielleicht sollten Sie doch erst mal die Affenstory kennenlernen.

Die Affenstory

Der Affe, um es vorweg zu nehmen, sitzt ganz klar beim schlechten Chef auf der Schulter, weil der versucht hat, eine Lösung zu entwickeln und nicht der verwöhnte Mitarbeiter. Damit hat auch der Chef die Verantwortung dafür, ob die Umsetzung funktioniert oder eben nicht. Der Böse ist hier allerdings nicht der Mitarbeiter, der es sich bequem macht (was ihm ja keiner verdenken mag), sondern der Chef, der ihm die Verantwortung für eine Lösung abnimmt und der es dem Mitarbeiter zu einfach macht. Aber lassen Sie uns am Anfang der Affenstory beginnen.

In einem der für mich beeindruckendsten Managementbücher „Der Minutenmanager und der Klammeraffe" beschreibt Kenneth Blanchard einen Manager, der beim Thema Delegation noch die klassischen Fehler macht: er arbeitet viel, geht kaum unter 12-14 Stunden am Tag nach Hause, kümmert sich um alles und jeden in seiner Abteilung, kann kaum länger als eine Woche am Stück in den Urlaub gehen, sein Schreibtisch ist übervoll, jeder will etwas von ihm und zu seinen eigentlichen Aufgabe kommt er eigentlich gar nicht, was ihm aber gar nicht auffällt. Dieser Manager ist aber davon überzeugt, dass er sich vorbildlich für die Abteilung und die Firma einsetzt und dass er alles richtig macht, denn er gibt ja alles.

Folgerichtig fühlt es sich für ihn wie ein Nackenschlag an, als ihm seine Chefin in seiner Leistungsbeurteilung eröffnet, dass er mit der Produktivität und dem Output seiner Abteilung stark hinterher hinke und er daran arbeiten müsse. Völlig frustriert kehrt er am frühen Abend in sein Büro zurück. Es sitzt in seinem Sessel und versucht zu verstehen, als sein Blick nach draußen auf den Golfplatz fällt, wo er einige seiner Mitarbeiter am Abschlag sieht. Er stutzt. Sein Blick geht zurück an seinen Schreibtisch, der voller Klammeraffen ist, sprich Aufgaben, um die er sich heute noch kümmern müsste. Bei näherem Hinsehen bemerkt er, dass diese Affen gar nicht seine sind, sondern die seiner Mitarbeiter. Er hatte sie ihnen ursprünglich delegiert. Er stutzt erneut und überlegt, wie es eigentlich dazu kommt, dass die Affen, die er verteilt hat, immer wieder zu ihm zurück kommen.

Ein typischer Tag geht ihm durch den Kopf. Als er in der Früh das Büro betritt, überfallen ihn schon zwei seiner Mitarbeiter mit Dingen, für die sie eine Entscheidung brauchen. Mit der Aufforderung, es ihm auf den Schreibtisch zu legen, er kümmere sich später darum, schickt er sie wieder hinaus. Nach dem Hochfahren des Computers checkt er die Emails und druckt sich gleich mal drei Anfragen seiner Mitarbeiter aus, die er nach der Kaffeepause erledigen wird. In der Kaffeeküche fragt ihn ein Kollege, ob er ihm nochmal bei einer Sache helfen könne, die er früher immer gemacht hat. Natürlich sagt der Manager zu. Auf dem Weg zurück ins Büro klinkt er sich in eine Unterhaltung zweier seiner Mitarbeiter ein, die ein Projekt besprechen. Dabei stellt er fest, dass es nicht optimal läuft und nimmt die Unterlagen zur Überarbeitung mit ins Büro. Die beiden fordert er auf, am frühen Abend zu ihm zu kommen, damit er ihnen sagen kann, wie es mit dem Projekt weiter geht. Am Nachmittag stehen die beiden Mitarbeiter von heute Früh und die beiden aus dem Projekt bei ihm im Büro und fragen, ob er schon fertig ist mit den versprochenen Informationen, was er aus Überlastung leider ablehnen muss und auf morgen vertagt.

Sein Resümee: er sammelt also den lieben langen Tag Affen (Aufgaben), die er verteilt (delegiert) hat, wieder ein bzw. lässt zu, dass sie wieder bei ihm landen (Rückdelegation). Er erledigt also die Aufgaben anderer, schiebt dafür Überstunden, während seine Mitarbeiter am frühen Abend schon beim Golfen sind. Um dann wird er auch noch von ihnen am nächsten Tag kontrolliert, ob er ihre Aufgaben schon erledigt hat. „Da wedelt ja der Schwanz mit dem Hund", denkt er und beschließt, das grundsätzlich zu ändern.

Am nächsten Tag bestellt er alle Affenbesitzer in sein Büro und gibt jedem seine Affen (Projekte, Aufgaben, zu treffende Entscheidungen, und so weiter) zurück mit der Aufforderung, sich darum zu kümmern. Um sicher gehen zu können, dass nichts schief geht, versichert er jeden Affen. Bei Versicherung #1 (kurze Leine) stellt der Mitarbeiter seinen Plan vor, den er nach Rücksprache mit dem Manager umsetzt. Bei Versicherung #2 (lange Leine) entscheidet der Mitarbeiter selbstständig, setzt den Plan um und informiert den Manager lediglich über die Ergebnisse. Am frühen Nachmittag hat er alle Affen los, sein Schreibtisch ist leer und sauber. Er ist stolz auf sich und beschließt, heute zur Belohnung früher nach Hause zu gehen. Als er die Schreibtischschublade öffnet, um die Autoschlüssel zu holen, liegen da noch weitere Affen, die er wohl vergessen hatte. Sie sahen auch anders aus, etwas abgemagert und ungepflegt. Bei näherem Hinsehen stellt er bestürzt fest, dass dies *seine* Affen sind, seine Management- und Führungsaufgaben, wie z.B. Strategien entwickeln, Ziele setzen, kontrollieren, Shopfloor Meetings machen, Coachinggespräche führen, über Optimierungen nachdenken, neue Projekte zur Weiterentwicklung der Abteilung aufsetzen, sich neues Wissen aneignen, Messen besuchen, und so weiter.

Wie wird wohl der Manager in Zukunft mit dem Standard-Führungsfall, wie zu Beginn dieses Kapitels beschrieben, umgehen? Sie erinnern sich: der verwöhnte Mitarbeiter kommt in der Früh mit einem Zettel in der Hand zu seinem Chef und fragt: „Was soll ich da genau machen?".

Variante 3, guter Chef, beherrscht das Affenmanagement: belässt den Zettel beim selbstverantwortlichen Mitarbeiter, lehnt sich in seinem Sessel zurück und fragt ihn: „Was schlagen Sie vor?" und startet damit den professionellen Coachingprozess. Er begleitet den selbstverantwortlichen Mitarbeiter beim Finden der besten Lösung und zwar so, dass er selbst drauf kommt. Der Affe bleibt bleibt da, wo er hingehört, nämlich beim selbstverantwortlichen Mitarbeiter, der ihn pflegt und sich um ihn kümmert. Delegation und Coaching gehören für den guten Chef zusammen wie schwarz und weiß, wie Yin und Yang, wie hell und dunkel. Nur eines ist sonnenklar: der Affe bleibt beim Mitarbeiter.

Handwerklich richtig delegieren und coachen

Als Fachkraft werden Sie daran gemessen, wie gut Sie die Sacharbeit erledigen. Als Führungskraft werden Sie daran gemessen, wie gut Sie es schaffen, Ihre Mitarbeiter so zu entwickeln, dass die Sacharbeit brillant erledigt wird. Sie pflegen die Affen (=Aufgaben erledigen) also nicht mehr selbst, sondern lassen pflegen. Aufgaben an andere zu übertragen ist eines der grundlegenden Unterscheidungsmerkmale zwischen einer Fachkraft und einer Führungskraft. Was Sie delegieren können oder sollen, überlasse ich Ihnen. Oft hilft es, eine ABC-Analyse der eigenen Tätigkeiten zu machen, um herauszubekommen, was die A-Aufgaben sind, die Sie unbedingt selbst machen, die B-Aufgaben, die unter Umständen schon delegierbar sind und die C-Aufgaben, die Sie unbedingt delegieren werden. Es sind oft sehr individuelle Entscheidungen und ein Zusammenspiel vieler Faktoren, etwas selbst zu machen oder zu delegieren. Wie und in welcher Konsequenz Sie delegieren und coachen, dazu kann ich Ihnen im Folgenden einige Möglichkeiten anbieten. Mit der AKV-Methode stelle ich Ihnen eine Checkliste zur Verfügung, die Sie *vor* dem Delgationsgespräch für sich bearbeiten, um sicherzustellen, dass Sie gut vorbereitet sind.

DISG-Typ ___ / ___	Was ist typbedingt zu beachten? Siehe dazu auch Kapitel 3.2.3 „DISG-Strategie zur Delegation"
A Aufgabe	• Aufgabe definieren • Nicht-Aufgabe abgrenzen • Vollständige Informationen und Unterlagen dazu geben • Wichtigkeit rüberbringen • Warum die Aufgabe? • Warum gerade an diesen Mitarbeiter delegieren? • Ggfls. einen schriftlichen Projektauftrag erstellen
K Kompetenz	• Handlungsspielraum des Mitarbeiters definieren • Unterschriftskompetenzen regeln • Weisungsbefugnisse festlegen • Informationsbeschaffung erläutern, Zugriffsrechte vergeben lassen • Eventuell Budget festlegen • Zeitraum definieren • Nutzung von Ihren Kontakten autorisieren • Autorisierung bei anderen Stellen, dass er jetzt diese Aufgabe übernimmt • Bekanntgabe an relevanten Stellen, z.B. für Teilnahme in Meetings • Wenn nötig Schulung und Weiterbildung festlegen und organisieren
V Verantwortung	• Wie übergeben Sie die Verantwortung? • Welche Affenversicherung wählen Sie? • Wie erreichen Sie die nötige Motivation (siehe auch DISG-Strategie)? • Wie bekommen Sie heraus, dass er die Verantwortung übernommen hat? • Eventuell Messgröße festlegen • Wie sicher ist er, den ersten Schritt zu machen? (Skala 1...10) • Was ist der erste Schritt? • Ihre Hilfe über Coachingprozess anbieten (Affe bleibt aber beim Mitarbeiter)

Affenversicherung

Sie werden häufig den Konflikt spüren zwischen der Erkenntnis, dass Aufgaben zu delegieren nötig ist und dem Risiko, dass es dann doch mal schief gehen kann. „Die gute Führungskraft macht nicht alle Fehler selbst – sie gibt auch anderen die Chance."

Natürlich gehört es beim Delegieren dazu, dass Mitarbeiter auch Fehler machen dürfen – man nennt das dann übrigens Lernen. Und selbstverständlich werden Sie sich bei einem Fehler auch vor Ihren Mitarbeiter stellen und ihm helfen, einen Plan zu erarbeiten, dass dieser nicht ein zweites Mal passiert. Nur letztendlich tragen Sie die Verantwortung und Sie wollen ja trotzdem noch die Kontrolle behalten. Damit die möglichen Folgen von Fehlern aber in einem akzeptablen Rahmen bleiben, können Sie, abhängig von der Kompetenz des Mitarbeiters (Fachwissen, Reife, Erfahrung) und Ihres Vertrauens zu ihm (ist er verlässlich, übernimmt er die Verantwortung), zwei wirksame Affenversicherungen abschließen:

1. Versicherung #1 „kurze Leine":
   arbeite dich ein, entwickle Vorschläge und Alternativen, mache einen Plan, halte Rücksprache mit mir, setze erst nach einer gemeinsamen Entscheidung um
2. Versicherung #2 „lange Leine":
   mache einen Plan, entscheide, setze um und informiere mich über Aktionen und Ergebnisse

Ihr Mitarbeiter kennt nun die Aufgabe und sie ist entsprechend versichert - damit kann er nun loslegen. Wie Sie ihn nun professionell dabei begleiten, das erläutere ich Ihnen im nächsten Abschnitt.

Coaching – oder wie Sie Mitarbeiter erfolgreich entwickeln

Dieses Bild habe ich mal von einem Kunden bekommen, der es in einem anderen Zusammenhang für eine Präsentation benutzt hat. Es stellt für mich sehr schön den Wandel in der Mitarbeiterführung vom früheren Vorweggehen hin zum Begleiten dar. Natürlich werden Sie immer ein Stück weit vorne weggehen, die Richtung festlegen und die wesentlichen Eckpfosten einschlagen (siehe auch das Führungsportfolio in Kapitel 3.1.3). Sie werden den Mitarbeiter aber innerhalb des festgelegten Rahmen, der durch die Eckpfosten entsteht, immer mehr zum Handeln bringen während Sie ihn „nur noch" begleiten. Das Risiko ist durch die Affenversicherung überschaubar. Es ist meines Erachtens eher eine persönliche Herausforderung, die Finger raus zu lassen und dem Mitarbeiter nicht gleich in die Speichen zu greifen.

Ich definiere daher den Begriff des Coachings so: Nach der Übertragung der Aufgabe und der dazugehörigen Verantwortung (eigentlich sind es ja zwei Affen...) begleiten Sie Ihren Mitarbeiter beim Lernen und Entscheiden sowie bei der Erledigung der Aufgabe.

Im Coaching unterstützen Sie Ihren Mitarbeiter mit Ihren Methoden, aus eigener Kraft zu Ideen, Ansätzen und Lösungen zu kommen. Sie begleiten ihn auf einer Reise des Lernens und sind sein Sparringspartner. Sie sind der Fragende, der die Lösungen aus dem Mitarbeiter herausholt, der zuhört, Fragen stellt und Feedback gibt. Ihr Mitarbeiter ist der Eigenverantwortliche, der Aktive, der sich darauf einlässt, der dann macht und ausprobiert. Im Idealfall kommt er selber auf die Lösungen. Ob eine Lösung gut oder schlecht ist, beurteilen Sie selbst.

Um Ihnen eine ungefähre Richtung zu geben, was das Verhältnis vom reinen Coachen und Lösungen/Tipps geben angeht:

[Reines Coachen : Lösungen/Tipps geben] $\approx$ [70 : 30]

Und wie vielleicht unschwer zu erkennen ist, Coachen hat nichts mit „einfach laufen lassen" zu tun und „sich nie mehr darum kümmern". Sie setzen im Coachingprozess sehr wohl Zeit und sind aktiv, nur eben halt nicht mehr, indem Sie Ihrem Mitarbeiter alles vorkauen und ihn zum Statisten degradieren. Delegation und Coaching spart Ihnen erfahrungsgemäß ca. 1/3 der Zeit zu vorher, Zeit in der Sie sich um *Ihre* Affen kümmern können.

Das Ziel des Coachings ist: „Mache deine Mitarbeiter zu Hauptdarstellen", das heißt entwickeln Sie Ihre Mitarbeiter und machen Sie sie erfolgreich. Dann sind automatisch auch Sie selbst erfolgreich. Wie gesagt, als Führungskraft werden Sie daran gemessen, wie gut Sie es schaffen, Ihre Mitarbeiter so zu entwickeln, dass die Sacharbeit brillant erledigt wird – und das geht nun mal nur mit guten Hauptdarstellern, sprich gut entwickelten Mitarbeitern.

So weit so klar? Damit haben wir ja mal geklärt, wie Sie handwerklich richtig delegieren und *was* coachen heißt. Somit können wir der Frage nachgehen, *wie* das mit dem Coaching funktioniert.

Erinnern Sie sich bitte nochmal an den Standard Führungfall zu Beginn dieses Kapitels: Der verwöhnte Mitarbeiter kommt in der Früh mit einem Zettel in der Hand zu seinem Chef und fragt: „Was soll ich da genau machen?". Variante 1 und 2 scheiden natürlich aus, das heißt bleibt noch Variante 3, guter Chef, beherrscht das Affenmanagement: belässt den Zettel beim selbstverantwortlichen Mitarbeiter, lehnt sich in seinem Sessel zurück und fragt ihn: „Was schlagen Sie vor?". Sie als aufmerksamer Leser haben den kleinen Unterschied natürlich bereits erkannt und fragen sich: Wie mache ich den *verwöhnten* Mitarbeiter zum *selbstverantwortlichen* Mitarbeiter, das heißt was tun Sie denn jetzt, wenn sich der (bisher) verwöhnte Mitarbeiter gar nicht auf Ihre Frage und damit auf Ihr ernst gemeintes Coaching einlässt?

Ich gebe Ihnen die schnelle Antwort: belassen Sie den Affen beim Mitarbeiter, stellen Sie beharrlich Fragen und halten Sie die Irritation des Mitarbeiters aus. Das bringt Ihnen nur nicht so wirklich viel an dieser Stelle. Lassen Sie uns den eingeleiteten Coachingprozeß deshalb mal genauer betrachten. Kleine Randbemerkung: da Sie dieses Kapitel lesen, um sich aufzufrischen bzw. neuen Input zu bekommen, verlasse ich in diesem Fall den Coachingweg, das heißt ich werde Ihnen keine Fragen stellen, damit Sie selbst draufkommen. Ich werde Ihnen eine Lösung präsentieren wie es funktionieren kann und Sie werden entscheiden, was Sie damit tun. Einverstanden?

Ihr Mitarbeiter kommt also mit einem Zettel in der Hand zu Ihnen und fragt, was er da genau machen solle. Sie erkennen jetzt natürlich sofort den Affen, der sich von der Schulter des Mitarbeiters in Ihre Richtung bewegt, weshalb Sie auch gar nicht den Zettel in die Hand nehmen, sonst wäre der Affe nämlich schon zu Ihnen rüber gehüpft. Statt dessen lehnen Sie sich zurück und fragen ihn: „Was schlagen Sie vor?". Die nächste Darstellung zeigt den weiteren Weg auf:

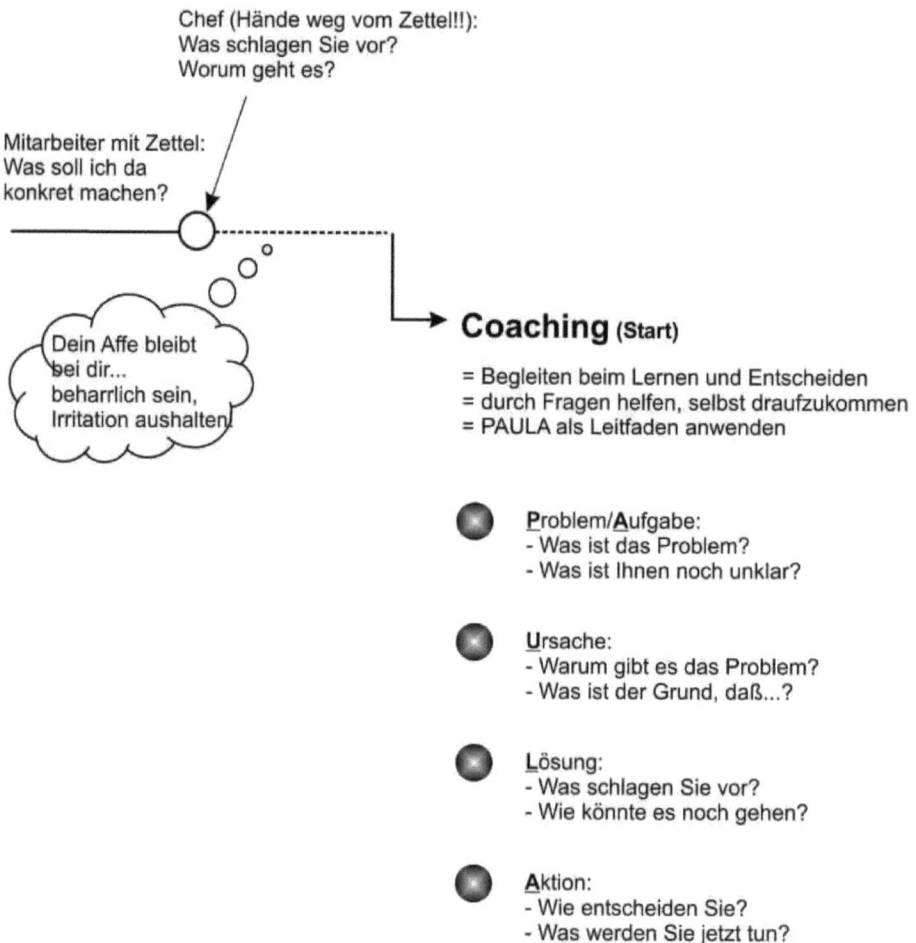

Coaching (Start)

= Begleiten beim Lernen und Entscheiden
= durch Fragen helfen, selbst draufzukommen
= PAULA als Leitfaden anwenden

Problem/**A**ufgabe:
- Was ist das Problem?
- Was ist Ihnen noch unklar?

Ursache:
- Warum gibt es das Problem?
- Was ist der Grund, daß...?

Lösung:
- Was schlagen Sie vor?
- Wie könnte es noch gehen?

Aktion:
- Wie entscheiden Sie?
- Was werden Sie jetzt tun?

Sie werden also keinesfalls seinen Zettel berühren sondern anfangen, einfache offene Fragen zu stellen, was den (bisher vielleicht noch verwöhnten) Mitarbeiter erwartungsgemäß reichlich irritieren wird. Sie wissen aber, dass es etwas Zeit dauern wird (gestrichelte Linie), bis er akzeptiert hat, dass der Affe bei ihm bleibt. Klären Sie ruhig, welcher Affe seiner ist und welcher eventuell auch Ihrer. Anmerkung: wenn Sie es interessiert, wie es der Minutenmanager bei Blanchard macht, dann lesen Sie den Absatz „Wer hat hier das Problem?" auf Seite 67 im Taschenbuch oder hier im Anhang dieses Buches.

Wenn Sie den Eindruck haben, dass der Mitarbeiter seinen Affen festhält und ihn nicht mehr zu Ihnen schieben möchte, dann helfen Sie ihm, sein Problem zu lösen, indem Sie ihn in den Coachingprozeß mitnehmen. Als methodisches Hilfsmittel hat sich dafür die von mir entwickelte PAULA bewährt.

Sie arbeiten entlang der PAULA-Methodik (detailliert erklärt in Kapitel 4.4) hauptsächlich mit offenen Fragen, die Sie dem (etwas irritierten) Mitarbeiter stellen, das heißt anders wie bei Variante 1 oder 2 bringen Sie auf diesem Wege den Mitarbeiter ins Denken und Arbeiten und Sie sind in der Rolle des Zuhörenden, Beurteilenden, Rückmeldenden, Beratenden oder eben auch Tipgebenden. Geben Sie dem (immer noch irritierten) Mitarbeiter ein leeres Blatt Papier oder ein Flipchart und fordern Sie ihn auf, die Gedanken und Ergebnisse, die er unter Ihrer Begleitung erarbeiten wird, entsprechend zu visualisieren bzw. aufzuschreiben. Zeigen Sie ihm, wie er das Blatt einteilen soll:

Als Anregung, welche Fragen Sie in welchem Prozessschritt stellen können, stelle ich Ihnen meinen eigenen Fragenkatalog zur Verfügung:

Problemdefinition/Aufgabenstellung

1. Was ist das Thema/Problem?
2. Worum geht es?
3. Wo kommen Sie nicht weiter?
4. Mit welcher Aufgabe bzw. Herausforderung sehen Sie sich jetzt konfrontiert?
5. Wie würden Sie mir das Problem und dessen Auswirkungen beschreiben?
6. Was ist Ihnen noch unklar?
7. Was brauchen Sie konkret von mir?
8. Was genau meinen Sie, wenn Sie sagen …?
9. Was verstehen Sie unter …?

Ursachen/Analyse

10. Warum ist dieses Problem da?
11. Was sind die Gründe, dass…?
12. Was könnte passieren, wenn…?
13. Was würden Sie z.B. als Kunde/Lieferant/Mitarbeiter/Geschäftsführer/… denken/tun?
14. Inwiefern stellt das ein Problem für Sie dar?
15. Was steckt hinter den Symptomen?
16. Was ist Ihre Vermutung?
17. Woran liegt es?
18. Woran könnte es noch liegen?
19. Wie erklären Sie sich, dass das bisher nicht erfolgreich war?
20. Wie oft, wie lange, wann ist das Problem bisher nicht (weniger stark) aufgetreten?
21. Was haben Sie in diesen Zeiten anders gemacht?
22. Wie wirkt Ihr Verhalten wohl auf Ihre Mitarbeiter/Kunden?
23. Auf einer Skala von 1-10, wo stehen Sie heute? Wie belastend ist das für Sie?
24. Was ist Ihnen noch unklar?

Lösungen/Ideen finden

25. Was schlagen Sie vor?
26. Wie würden Sie jetzt machen?
27. Was bräuchten Sie dazu?
28. Was haben Sie schon ausprobiert?
29. Wie könnte es noch gehen?
30. Wo könnten Sie nachschauen?
31. Angenommen, dieses Problem wäre nicht da, was würden Sie tun?
32. Was würden Sie tun, wenn...?
33. Wenn Sie die Kosten/Zeit/... nicht berücksichtigen müssten, was würden Sie dann tun?
34. Was wäre Ihnen jetzt am liebsten?
35. Was fällt Ihnen ein, wenn Sie an x/y/z/… denken?
36. Was sagt Ihnen Ihr gesunder Menschenverstand?

Sparring (Lösungen/Ideen hinterfragen oder bewerten)

37. Was darf keinesfalls sein?
38. Worauf müssen Sie achten?
39. Wie sicher sind Sie sich auf einer Skala von 1-10?
40. Was könnte passieren?
41. Welche Konsequenzen hätte dieser Weg/diese Lösung?
42. Was haben Sie dabei noch nicht bedacht?
43. Was würde passieren, wenn…?
44. Wer sagt Ihnen gerade, dass das so nicht geht?
45. Welche Vorteile/Nachteile hat Ihr Vorschlag/Ihre Lösung?
46. Inwiefern/Inwieweit passt diese Lösung, wenn Sie an xyz denken?
47. Inwieweit kann das klappen?
48. Was machen Sie, wenn…?
49. Unter welcher Voraussetzung würden Sie das so machen?
50. Was genau wollen Sie damit erreichen?

Aktion/Maßnahme

51. Wofür entscheiden Sie sich jetzt?
52. Welche Maßnahme bringt momentan am meisten?
53. Was ist Ihr erster Schritt?
54. Was ist Ihr nächster Schritt?
55. Wie sicher sind Sie auf einer Skala von 1-10 (1=sicher, 10= Panik)?
56. Was sagt Ihnen Ihr gesunder Menschenverstand?
57. Welche Maßnahmen sind für Sie am wichtigsten?

Spätestens jetzt spürt der (vielleicht noch irritierte) Mitarbeiter, dass Sie ihn nicht hängen lassen mit seinem Problem, sondern ihm wirklich helfen – zwar anders, als er es vielleicht bisher kannte (Verwöhnen durch gleich eine Lösung geben), aber so schlecht fühlt sich das möglicherweise gar nicht an. Es entstehen Ansätze und Lösungen und damit ein Plan, den er in dieser Güte vielleicht noch gar nicht kannte bei sich oder Ihrem Vorgänger. Er beginnt vielleicht schon etwas Gefallen daran zu finden, weil er es ja selbst herausgefunden hat. Es hängt etwas von Ihrer Geduld und Ihrer Fähigkeit ab, diesen für ihn irritierenden Spannungszustand auszuhalten, bis sich erste Erfolge einstellen. Wenn dann am Ende des Coachingprozesses (mit PAULA) ein Ergebnis dasteht (also wirklich auch schwarz-auf-weiß), beglückwünschen Sie Ihren zufriedenen Mitarbeiter zu dieser Lösung und wünschen ihm viel Erfolg bei der Umsetzung.

Böser Chef – Guter Chef

Vielleicht fragen Sie sich, was ist, wenn das nicht gleich beim ersten Mal so schön funktioniert, das heißt wenn Ihr Mitarbeiter nicht gleich so mustergültig mitspielt, wie ich es gerade beschrieben habe. Diese Frage ist durchaus berechtigt und sehr nahe an dem, was mir viele Führungskräfte, die mit Coaching starten, zurückmelden. Um es abzukürzen, es klappt nur selten gleich beim ersten Mal.

Nehmen Sie bitte kurz auf dem Stuhl Ihres (bisher verwöhnten) Mitarbeiters Platz. Wenn ich Ihr Chef wäre und Sie das erste Mal wie oben beschieben coache, was sehen Sie? Was spüren Sie? Was fragen Sie sich? Worüber ärgern Sie sich? Überlegen Sie mal: Sie kommen mit einem Problem zu mir, haben keine Lösung und waren es (ob bei mir oder meinem Vorgänger) bisher gewohnt, gleich eine Lösung präsentiert zu bekommen. Das war doch sehr praktisch für Sie! Sie mussten sich vielleicht eine spitze Bemerkung von mir anhören, aber letztendlich mussten Sie sich nicht besonders anstrengen, da ich (oder mein Vorgänger) gesagt habe, was Sie wie tun sollen. Außerdem, wenn´s schief ging waren nicht Sie Schuld, sondern ich. Sehr komfortabel, oder? Und jetzt komme ich mit meinen komischen Fragen und reiße Sie aus dieser angenehmen Ich-bin-nicht-Schuld-Komfortzone heraus - und selber mitschreiben müssen Sie auch noch! Dass das nicht gerade zu Ihrer Erheiterung beiträgt, ist nachvollziehbar. Sie spüren, dass ich etwas anders mache als sonst (oder als mein Vorgänger), wissen aber nicht genau was, Sie haben aber den latenten Eindruck, dass ich mit Ihnen spiele, was für Sie als „Kinderfernsehen" ankommt. Des weiteren fragen Sie sich, warum ich Ihnen die Lösung, die ich ja wohl genau kenne, nicht endlich gebe. Das würde im Vergleich zu dieser blöden Fragerei viel Zeit sparen – außerdem, dafür wäre ich doch wohl da, Ihnen bei Problemen zu helfen, dafür bin ich ja Ihr Chef und bekomme mehr Geld! Ihre Erwartungshaltung an mich wird einfach nicht erfüllt und Sie sind irritiert.

Nehmen Sie jetzt bitte wieder auf Ihrem Chefsessel Platz. Es ist keine Seltenheit, dass sich Ihr Mitarbeiter so oder so ähnlich fühlt, wenn Sie Ihre Führung auf Coaching umstellen. Egal wie vehement das ausfällt, Sie sind erst mal *Böser Chef*. Wenn Sie eine Abteilung frisch übernommen haben und Sie mit solchen neumodischen Methoden ums Eck kommen, vielleicht umso mehr. Jetzt fragen Sie sich bitte, was dieser Spannungszustand unter Umständen mit *Ihnen* macht bzw. auslöst. Die häufigsten Denkfallen in der Anfangsphase, die professionelles Coaching verhindern, sind:

- Sind Sie emotional verunsichert, wenn der Mitarbeiter bockt oder blockiert und sich entsprechend äußert,
- Indem Sie ihm gleich eine Lösung geben, wollen Sie ihm beweisen, was Sie für ein Toller sind und was Sie alles wissen und können,
- Sie wollen auf jeden Fall ein Guter Chef sein und ihm mit einer Lösung helfen (Helfersyndrom),
- Sie wollen vermeiden, dass er glaubt, Sie seien nicht kompetent, wenn Sie ihm die Lösung nicht gleich sagen,
- Sie wollen ihm beweisen, dass Sie es wert sind, sein Chef zu sein, sozusagen dokumentiert die schnelle Lösung Ihre Existenzberechtigung als Chef und das Mehr an Geld,
- Sie wollen durch so etwas keine Unruhe in die Abteilung bringen.

Vielleicht klingt das jetzt etwas platt, aber genau dafür bekommen Sie als Vorgesetzter das Mehr an Geld. Dafür, dass Sie beharrlich weiter fragen und diese anfängliche Spannung aushalten. Dafür, dass Sie erst mal *Böser Chef* sind (zumindest in den Augen des Mitarbeiters). Und nicht dafür, dass Sie gleich ein Lösung präsentieren.

Treten Sie nicht in diese Denkfallen und geben Sie sich und Ihrem Mitarbeiter etwas Zeit zu lernen, damit umzugehen. Bleiben Sie beharrlich und halten Sie das aus.

Und wie werden Sie jetzt wieder zum *Guten Chef*? Lösen Sie diesen für den Mitarbeiter unangenehmen und ungewohnten Zustand auf und machen Sie Ihr Coaching transparent. Erklären Sie ihm, was Sie da machen warum Sie das jetzt so machen, was hinter den Coachingansatz steckt und was Sie von ihm in Zukunft erwarten. Sprechen Sie Ihren Mitarbeiter nach so einer ersten Coachingsituation – vielleicht mit etwas Zeitversatz - doch mal ganz locker an und spiegeln Sie, wie es bei Ihnen ankam.

Beispiel: „Ich hatte den Eindruck, dass Sie sich vorhin etwas schwer getan haben, als ich Ihnen nicht gleich eine Lösung gegeben und statt dessen diese ganzen Fragen gestellt habe. Liege ich da richtig?" In aller Regel wird er darauf eingehen und sich öffnen, Sie bieten ihm ja gerade eine Plattform, seine Fragezeichen und diesen für ihn unangenehmen Zustand auflösen zu können. Er wird es Ihnen quittieren und vielleicht auch nochmal mit seinen Worten ausführen. Hören Sie sich das an und wertschätzen Sie seine Offenheit. Dann stellen Sie ihm – ganz im Sinne des Coachings – zwei offene Fragen.

Beispiel: „Was habe ich denn in Ihrer Wahrnehmung eigentlich getan?" Lassen Sie ihn das kurz reflektieren, was Sie konkret getan haben und was die Irritationen bei ihm waren. Und dann „Warum glauben Sie habe ich das so gemacht?" Erfahrungsgemäß kommen da eher unklare Vermutungen oder schlicht ein bloßes Schulterzucken. Das ist dann die Stelle, an der Sie das Ganze auflösen und Input liefern zu Ihren Beweggründen und zur Coachingmethode.

Beispiel: „Natürlich mache ich das *nicht*, um Sie zu ärgern oder irgendwelche Spielchen zu spielen. Ich verwende Sie auch *nicht* als Versuchskaninchen, um Methoden auszuprobieren, die ich mal in meinen Führungsseminaren gelernt habe. Das, was Sie vorher erlebt haben, ist meine (neue) Art, Sie zu führen – über Coaching. Ich möchte, dass Sie möglichst selbst auf die Lösungen kommen und die Affen, die Sie von mir bekommen, möglichst eigenverantwortlich pflegen. Ich verspreche mir davon, dass Sie sich dadurch weiterentwickeln und ich möchte, dass Sie auf diesem Wege erfolgreich werden. Und… gehen Sie davon aus, dass ich das jetzt immer so machen werde, egal ob ich die Lösung weiß oder nicht."

Wenn er das so weit verstanden hat und sich nicht mehr als Versuchskarnickel fühlt, sollten Sie ihm auch mal die Affenstory erzählen. Weihen Sie ihn in diese ungewohnte Terminologie ein und legen Sie damit die

Basis, sich immer wieder darauf beziehen zu können, wenn er den Versuch macht, seinen Affen loszuwerden zu wollen.

Wenn Sie Ihr Mitarbeiter fragt, was Sie mit „weiterentwickeln" meinen, was antworten Sie ihm dann?

- Er lernt die Methodik, Probleme zu lösen
- Er lernt, Verantwortung zu tragen
- Er lernt natürlich auch fachlich dazu, baut Wissen auf
- Er wird selbstständiger
- Er bekommt mehr Selbstvertrauen
- Er spürt mehr Motivation durch viele kleine Erfolge
- Er kann anspruchsvollere Aufgaben übernehmen
- Lösungen, die von ihm kommen, sind eventuell sogar noch besser, als Ihre eigenen

All diese Effekte, lieber Leser, laufen unter professioneller Personalentwicklung. Wenn Sie das schaffen, sind Sie Ihr Geld definitiv wert. Und es ist, nebenbei gesagt, auch Ihr Job. Machen Sie Ihre Mitarbeiter zu Hauptdarstellern, machen Sie sie erfolgreich! Damit sind Sie ein *Guter Chef*.

Trainingsprogramm für die Einführung von bzw. Umstellung auf Coaching

Und wie geht es jetzt weiter, nachdem Sie Ihrem Mitarbeiter die Coachingmethode und Ihre Motivationen dazu transparent gemacht haben? Sie sollten ihm dann klar machen, dass Sie ihn jetzt immer so führen, also coachen werden. In diesem Zuge erwarten Sie von ihm, dass er nicht mehr nur mit einem Problem zu Ihnen kommt, sondern schon mit einem Lösungsvorschlag bzw. einem Plan, das heißt, er hat vorher für sich schon eine PAULA gemacht. Damit das alles funktioniert, habe ich ein Trainingprogramm für die Hinführung Ihrer Mitarbeiter zum Coaching entworfen. Sie gehen dabei in vier Stufen vor:

1. Start (wie oben beschrieben)
   Fangen Sie bei der nächsten sich bietenden Gelegenheit an, wenn Ihr Mitarbeiter mit einem Zettel in der Hand zu Ihnen kommt und fragt: „Was soll ich da genau machen?" Machen Sie 1x PAULA auf einem weißen Blatt Papier ohne große Erklärung (siehe oben). Lösen Sie mögliche Irritationen auf (Guter Chef – Böser Chef), erzählen Sie die Affenstory und erklären Sie ihm die PAULA-Methode. Kündigen Sie an, dass Sie beide bei einem nächsten Fall nochmal miteinander eine PAULA machen werden.
2. Training
   Machen Sie bei einem nächsten Fall noch 1x die PAULA miteinander, am besten mit Formular oder auf dem Flipchart. Ermutigen Sie ihn, dass *er* schreibt bzw. visualisiert. Reflektieren Sie das Ergebnis und die Methode kurz mit ihm und fragen Sie, wie es ihm gerade damit geht und ob er sich schon fit genug fühlt, es mal alleine zu probieren. Aufforderung an den Mitarbeiter: „Machen Sie bitte bei einem nächsten Problem eine PAULA, *bevor* Sie zu mir kommen. Ich möchte mit Ihnen dann über Ihre Ideen oder Aktionen reden, nicht mehr nur über das Problem." Geben Sie ihm auch zu verstehen, dass Sie ihm zutrauen, Probleme eigenständig zu lösen. Er kann ruhig etwas mutiger werden.
3. Sparring
   Kleine Anmerkung: wenn der Mitarbeiter zu einem nächsten Fall vorher für sich schon eine PAULA gemacht hat, wird er erfahrungsgemäß in 5-6 von 10 Fällen gar nicht mehr zu Ihnen kommen – er hat ja bereits eine Lösung gefunden! Wenn er bei den restlichen Fällen doch noch zu Ihnen kommt, fragen Sie ihn, ob er schon eine PAULA gemacht hat? Wenn „nein", dann vertagen Sie das Gespräch und lassen ihn eine PAULA machen. Wenn „ja", moderieren Sie dann über Coaching- und Sparringsfragen eine Entscheidung heraus bzw. lassen Sie einen Plan erarbeiten. Loben Sie ihn und

verstärken Sie positiv, dass er auf dem richtigen Weg ist. Optimieren Sie mit ihm zusammen bei Bedarf sein Vorgehen für das nächste Mal. In dieser Trainingsstufe werden Sie wahrscheinlich einige Runden drehen, bis Sie zur nächsten, zum Coaching, übergehen können.

4. Coaching
Ihr Mitarbeiter kommt mit der Bitte: „Coachen Sie mich bitte. Ich habe ein Problem, habe einen Plan und ich möchte sehen, ob dieser valide ist, ob Sie noch Schwächen oder Lücken finden." Wenn Sie in dieser Stufe angelangt sind, haben Sie es geschafft und haben Ihren verwöhnten zu einem selbstverantwortlichen Mitarbeiter geformt. Ich verweise an dieser Stelle auch gerne nochmal auf das Zielbild im Vorwort dieses Buches.

Ich wünsche Ihnen viel Erfolg mit diesem Trainingsprogramm!

Einige Erfahrungswerte zur Affenabwehr

In der folgenden Tabelle habe ich Ihnen die Klassiker zusammengestellt, die ich in meiner Arbeit mit Führungskräften immer wieder erlebe wenn es darum geht, herauszufinden, wo der Affe gerade sitzt.

Daran erkennen Sie, dass der Affe zu Ihnen auf die Schulter gewechselt ist:	So wehren Sie den Affen ab:
• Sie fassen am Ende eines Gespräches inhaltlich zusammen und ziehen ein Fazit, was der Mitarbeiter jetzt zu tun hat	Stellen Sie ihm die Frage, was er jetzt entscheidet und lassen Sie ihn zusammenfassen
• Sie nehmen die Unterlagen des Mitarbeiters an sich (drehen sie also zu sich herum) und vertiefen sich	Die Unterlagen bleiben erst mal bei ihm, Sie sehen diese maximal auf dem Kopf
• Sie versuchen herauszubekommen, worum es geht oder warum etwas nicht geht	Nicht Sie sollen das herausbekommen, sondern Ihr Mitarbeiter, herausgefordert durch Ihre Fragen
• Sie sagen „Ich kümmere mich darum."	Ihre Standardfrage lautet: „Was schlagen Sie vor?" oder „Was werden Sie jetzt tun?"
• Der Mitarbeiter stellt Fragen, die Sie in die Enge treiben bzw. dazu veranlassen, über Lösungen nachzudenken	Die Fragen stellen Sie, siehe Fragenkatalog
• Sie schlagen Lösungen vor	Ihr Mitarbeiter schlägt Lösungen vor, die Sie bewerten
• Sie fühlen sich im Zugzwang	Gehen Sie wieder dazu über, offene Coachingfragen zu stellen
• Der Mitarbeiter hat das Gespräch beendet	Das Gespräch beenden immer noch Sie und das nur dann, wenn Sie mit dem Ergebnis zufrieden sind
• Sie akzeptieren Lippenbekenntnisse des Mitarbeiters	Fordern Sie von ihm konkrete Lösungen oder Maßnahmen, ohne „wollte, hätte, sollte, versuchen, mal schauen, …"

• Sie schreiben die Ergebnisse des Gespräches auf, der Mitarbeiter hat nicht mal Papier und Stift dabei	Trainieren Sie ihn, dass er sich die Ergebnisse aufschreibt bzw. visualisiert, am sichersten ist es, wenn Sie das PAULA-Formular benutzen
• Sie formulieren Sätze wie „man sollte noch…" oder „wir müssen unbedingt…"	Unterschieden Sie zwischen „ich mache etwas" und „Sie machen etwas"
• Sie akzeptieren nach Trainingsphase 2, dass der Mitarbeiter statt mit einer Lösung nur mit dem Problem zu Ihnen kommt	Ein Problem ist erst dann ok, wenn er auch eine Lösung oder Plan dazu entwickelt hat. Andernfalls schicken Sie ihn zurück, eine PAULA zu machen.
• Ihr Redeanteil liegt bei >60%	Verringern Sie Ihren Redeanteil, indem Sie mehr offene Fragen stellen und weniger predigen oder dozieren
• In der Früh stehen Ihre Mitarbeiter schon Schlange vor Ihrer Türe	Haben die alle schon eine PAULA gemacht? Starten Sie umgehend das Trainingsprogramm
• Sie werden tagsüber häufig von Ihren Mitarbeitern unterbrochen, die etwas von Ihnen wollen, oft sind es nur Kleinigkeiten	Haben die alle schon eine PAULA gemacht? Starten Sie umgehend das Trainingsprogramm
• Schriftstücke, Zettel oder sonstige Vorgänge landen auf Ihrem Schreibtisch, meistens mit dem handschriftlichen Auftrag, etwas damit zu tun	1. Stellen Sie das sofort ab, dass irgendjemand wild etwas auf Ihrem Schreibtisch ablegen darf. 2. Definieren Sie einen Ort, wo Infos abgelegt werden dürfen 3. Legen Sie fest, dass alle Vorgänge, an denen ein Todo hängt, persönlich mit Ihnen abzusprechen sind
• Zwei Jahre nach der Übernahme Ihrer Abteilung jammern Sie immer noch darüber, wie schlecht und unmotiviert Ihre Leute sind	Starten Sie umgehend das Trainingsprogramm

Sollten Sie zufällig im Besitz eines kleines Plüsch-Äffchens sein, haben Sie noch eine besonders nette und zugleich entwaffnende Möglichkeit, Ihrem Mitarbeiter klar zu machen, wo der Affe hingehört. Sie spiegeln mit diesem Plüschtierchen die Situation, indem Sie es zwischen Ihnen und dem Mitarbeiter auf den Tisch setzen und ihn mit einem Augenzwinkern nach seiner Einschätzung fragen, wo denn der Affe gerade sitzt. Eher bei Ihnen (wo er nicht hingehört) oder eher bei ihm. Sie machen ihm auf eine sehr leichte und unverletzliche Art klar, dass Sie seinen Affen nicht annehmen werden.

Ihre Haltung zu Delegation und Coaching

Ich möchte an dieser Stelle hinterfragen, welche Denkkäfige Sie von Delegation und Coaching abhalten könnten, also auf die mentalen Fallen kurz eingehen, die ich gerne bei Führungskräften erlebe, die anfangen, konsequent zu delegieren und zu coachen.

1. <u>Ich werde unwichtig und mache mich überflüssig</u>
   Das müssten Sie mir bei Gelegenheit mal erklären, wie das gehen soll. Coaching ist eine der anspruchsvollsten Aufgaben. Sie werden sich selbst entsprechend weiterentwickeln, lösen sich aus dem Tagesgeschäft und werden damit umso wahrnehmbarer und gefragter für Kollegen und Chefs.
2. <u>Kollegen werden neidisch auf mich</u>
   Das kann durchaus passieren und damit müssen Sie dann auch leben – die Kollegen!

3. _Man will mir meine guten Mitarbeiter abjagen_
Auch das kann passieren, da sich ja Ihre Mitarbeiter unter Ihrer Führung überdurchschnittlich entwickeln. Und es ist zugegebenermaßen lästig, immer wieder neue Leute auszubilden. Für das Gesamtunternehmen sind Sie als Talentschmiede aber unbezahlbar.

4. Ich bekomme noch mehr aufgeladen, weil ich nach außen unausgelastet wirke
Wer sagt letztendlich „Ja" zu dem Mehr? Es liegt an Ihnen, was dazu kommt und was nicht. Interessant ist es auch, die Kriterien mal zu hinterfragen, ab wann man ausgelastet ist. Übrigens dazu noch ein gutes Zitat: „Du bist ein Profi, wenn der andere es nicht mehr merkt."

5. Man hat den Eindruck, dass ich eine ruhige Kugel schiebe, weil ich ja gar keinen Stress mehr habe
Siehe Punkt 2 und 4

6. _Ich wirke inkompetent, weil meine Mitarbeiter mich oft gar nicht mehr brauchen_
Nochmal: wer hat's erfunden? Wer hat Ihre Mitarbeiter zu dem gemacht, wie sie heute sind? Was ist nochmal Ihre Aufgabe als Führungskraft? Dass Sie alles im Detail können und wissen, oder dass Sie Ihren Laden managen und weiterentwickeln?

7. _Ich werde nicht befördert, weil ich ja offenbar nicht alles gebe_
Wen würden Sie als Aufsichtsrat, Vorstand oder Geschäftsführer wohl eher befördern? Den gestressten Manager, der zwar alles gibt, aber seinen Laden nicht organisiert bekommt und kaum in übergeordneten Projekten zu finden ist? Oder den souveränen Manager, dessen Laden läuft, dessen Mitarbeitern alle haben wollen und der sich beim Topmanagement mit strategischen Impulsen empfiehlt? Würden Sie sich persönlich wirklich den ersten Manager holen, um dann eine weitere Abteilung im Chaos versinken zu sehen? Siehe auch Punkt 1

Möglicherweise werden Sie auch im Kapitel 2.5 Umgang mit Belastung bei den MINDFUCK´s fündig, wenn Sie der Frage nachgehen, was Sie vom Delegieren und Coachen abhalten könnte.

Was springt bei Delegation und Coaching eigentlich für Sie selbst heraus?

- Mehr Zeit zum Nachdenken und für Strategieentwicklung
- Mehr Zeit/Energie für die Optimierung und Weiterentwicklung Ihrer Abteilung
- Gut entwickelte, motivierte Mitarbeiter
- Höhere Qualität, Produktivität und Wirtschaftlichkeit Ihrer Abteilung
- Mehr Gelassenheit für Sie selbst, weniger Stress
- Höhere Professionalität und damit auch mehr Spaß, weil es besser funktioniert
- Die Wahrscheinlichkeit einer Beförderung steigt

Noch ein nettes Zitat zum Abschluss:

„Der gute Manager hat seine Abteilung so organisiert, dass sie auch dann funktioniert, wenn er _da_ ist."

„Wenn du ein Schiff bauen willst, so trommle nicht die Männer zusammen,
um Holz zu beschaffen, Aufgaben zu vergeben und Werkzeuge vorzubereiten,
sondern lehre die Männer die Sehnsucht nach dem weiten, endlosen Meer."

Antoine de Saint-Exupéry

3.4 Zielvereinbarung (F-Tool #3)

Wenn Sie mit Ihrer Familie oder mit Freunden in den Urlaub fahren wollen und Sie sagen „Kommt, wir fahren los.", dann wird selbstverständlich keiner losfahren, sondern erst mal mit einem etwas irritierten Blick fragen „Wohin eigentlich?" Mit der Ausnahme von Blind Booking nehme ich an, Sie sind diesbezüglich bei mir, genau so wird es ablaufen.

Es wird dann diskutiert, wohin die Reise gehen soll, wann sie stattfinden soll, wie lange sie dauern soll/darf, was sie kosten darf, auf welchem Wege, mit welchem Verkehrsmittel, und so weiter. Zudem wird geplant und abgeklärt, wer alles dabei ist, was man auf der Reise unternehmen will/kann, was man dazu alles braucht, was man noch besorgen muss, welche Vorsorgemaßnahmen zu treffen sind, und so weiter. So weit, so normal.

Szenenwechsel: wohin geht die Reise in dem Unternehmen, für das Sie arbeiten, wohin in Ihrer Abteilung? Ist das Ziel für das kommende Jahr allen bekannt und könnte mir das jeder in Ihrem Verantwortungsbereich klar vermitteln? Weiß jeder, was unternommen werden und welchen Weg er gehen soll und was er dazu braucht bzw. einsetzen kann? Und hat jeder verstanden, warum alle an dieses Ziel gelangen sollen? Und freut man sich am Ende vielleicht sogar ein Stück weit darauf? Selbst nach über 20 Jahren Erfahrung als Coach bin ich heute noch fassungslos, wenn ich auf Unternehmen stoße, in denen sich alle bewegen, aber nur die wenigsten wissen wohin und warum überhaupt. Ich stelle mir die Frage, warum funktioniert das Zielsystem im Privaten so gut, wenn es beispielsweise um Urlaub geht und warum dann nicht mehr im Business? Eine belastbare Antwort dafür habe ich ehrlich gesagt noch nicht gefunden.

Ich sehe allerdings auch, dass viele Unternehmenslenker und Manager die Ziele, ob gefühlt oder formulierbar, im Kopf haben, es aber oft nicht schaffen, das auch in die Köpfe und ins Herz der Mitarbeiter zu bringen. Dabei ist es meiner Meinung nach gar nicht so wirklich schwierig:

1. <u>Ziel</u>: Sie legen ein Ziel fest
   es ist häufig einen Vorgabe von Ihnen, Ihre strategische Entscheidung, in der Regel abgeleitet von den übergeordneten Unternehmens- oder Abteilungszielen
2. <u>Zielvereinbarung</u>: Sie vereinbaren die Umsetzung mit den Mitarbeitern
   „smart" ist der Qualitätsstandard dazu, Sie können die Vorlagen weiter unten verwenden
3. <u>Coaching</u>: Sie begleiten sie auf dem Weg der Zielerreichung
   z.B. mit Regelterminen, Statusgesprächen, o.ä.
4. <u>Feiern</u>: Mit einer Flasche Sekt stoßen Sie mit ihnen nach Zielerreichung auf den Erfolg an

Es gibt meines Erachtens kein effizienteres Tool, Menschen (und damit eine Abteilung oder ein Unternehmen) in eine definierte Richtig zu führen und ihnen damit die so wichtige Orientierung zu geben. Ob Sie Ziele unterjährig nach Bedarf festlegen und vereinbaren oder ob Sie das zum Zeitpunkt des Jahres-Mitarbeitergespräches machen, überlasse ich Ihrer persönlichen Einschätzung der Notwendigkeit. Für beide Optionen biete ich Ihnen weiter unten Arbeitshilfen an. Ich fordere Sie an dieser Stelle nur auf, es zu tun.

Ziele sind „smart"

Egal mit welchen Systemen oder Vorlagen Sie arbeiten, ein professionelles Ziel erfüllt den Qualitätsstandard „smart".

s – spezifisch

Schriftlich, konkret und klar formuliert, abgeleitet von den Unternehmens- bzw. Abteilungszielen, so formulieren, als ob es schon erreicht ist, vermeiden Sie Wörter wie sollte, müsste, man, versuchen, und so weiter, eine Zielvereinbarung ist meistens eine Mischung aus Vorgabe (von Ihnen) und Vereinbarung (mit dem Mitarbeiter)

m – messbar

Vereinbaren Sie immer Messgrößen, harte Messgrößen wie z.B. € Umsatz, % Ausschuss, min Zeitersparnis, € Einsparung, etc., weiche Messgrößen wie z.B. Teamverhalten, Kooperationsbereitschaft, Flexibilität, Kritikfähigkeit, etc. (weitere siehe Beispiele siehe unten), erst wenn ein Ziel messbar ist, können Sie die Zielerreichung wirklich überprüfen.

a – akzeptiert

Akzeptiert: Akzeptanz und Identifikation für ein Ziel entsteht dadurch, dass der Mitarbeiter es durch Ihre Erklärungen verstanden hat, warum Sie dieses Ziel setzen und in welchem Zusammenhang es zu den Unternehmenszielen steht und indem Sie ihn in die Planung der Umsetzung miteinbeziehen, also die Umsetzung vereinbaren. Formulieren Sie ein Ziel positiv. Das „a" steht oft auch für ambitioniert: das Ziel ist anspruchsvoll und herausfordernd, aber nicht überzogen.

r – realistisch

Ziele sind naturgemäß hoch gesteckt, aber doch erreichbar und verständlich für den Mitarbeiter. Die Balance zwischen „a" und „r" muss stimmen. Ein Ziel kann zwar realistisch, aber langweilig sein, das heißt es gehört mehr oder weniger zum normalen Job. Legen Sie die Latte aber so hoch, dass der Mitarbeiter schon gar keinen Anlauf mehr nimmt, um drüber zu kommen, dann mag das Ziel zwar ambitioniert sein, aber nicht mehr realistisch. Die Wahrheit liegt, wie so oft, dazwischen.

t – terminiert

Legen Sie fest, bis wann das Ziel erreicht wird bzw. ab wann es gültig ist. Neben einer Messgröße ist dadurch ebenfalls gewährleistet, dass die Zielerreichung überprüft werden kann.

Zwei Beispiele

Beispiel #1 (hartes Ziel): Jahresumsatz Werkzeugmaschinen in D/A/CH

Formuliertes Ziel: Mein Umsatz Werkzeugmaschinen in D/A/CH ist bis zum 31.Dezember 2016 um 10 % im Vergleich zum Jahr 2015 gestiegen.

Es ist glasklar formuliert, somit ist es *spezifisch*, *messbar* und *terminiert*. Wenn mit dem Mitarbeiter gemeinsam die Umsetzung vereinbart wird, dann *akzeptiert* er es in der Regel auch. Sind die 10% darüber hinaus auch noch irgendwie im Bereich des Erreichbaren, also glaubt der Mitarbeiter daran und fordert es ihn heraus, dann ist es außerdem *realistisch*.

Beispiel #2 (weiches Ziel): Persönliches Engagement

Formuliertes Ziel: Ich engagiere mich wesentlich mehr für das Team und die Prozesse, indem ich mich 1. im Shopfloor aktiver mit konstruktiven Beiträgen einbringe und 2. pro Woche einen schriftlichen Verbesserungsvorschlag mache. Ich starte damit ab Montag nächster Woche.

Auch dieses Ziel ist durch die präzise Formulierung *spezifisch*, es ist *messbar*, wenn er z.B. eine Strichliste führt und es ist *terminiert*, weil der Start angegeben ist. Da es sich hier um ein Verhaltensziel handelt, haben Sie es sinnvollerweise auch mit ihm vereinbart, damit ist es *akzeptiert*. Ob ein Vorschlag pro Woche zu viel oder zu wenig ist, überlasse ich Ihrer Einschätzung, ich denke, es bewegt sich eher im Mittelfeld, das heißt das Ziel ist auch *realistisch*.

Drei Arbeitsvorlagen

Ich möchte Ihnen nachfolgend drei Vorlagen vorstellen, wie Sie mit Zielen praktisch arbeiten können. Sie unterscheiden sich zum einen in der Komplexität und zum anderen in der Art und Weise des Gesamtzusammenhangs, in den das Ziel an sich eingebettet ist.

1. Formblatt Zielvereinbarung
2. Formblatt Jahreszielvereinbarung
3. Formblatt Abteilungsleitbild

3.4.1 Formblatt Zielvereinbarung

Zielvereinbarung

smart - spezifisch, meßbar, akzeptiert, realistisch, terminiert

zwischen: **Datum:**

Titel der Zielvereinbarung

Zielbeschreibung / Meßgröße / Termin

Coaching / Kontrolle

Ergebnisse

Maßnahmen/Aktivitäten

Pos	Maßnahme	verantwortlich	Check-Termine	ok

Erläuterungen zum Formblatt Zielvereinbarung

<u>Allgemein</u>: Wenn Sie dieses oder ein angepasstes Formular verwenden, sind Sie schon einmal dazu gezwungen, schriftlich zu arbeiten, was mindestens schon die halbe Miete ist. Schriftlich zu formulieren macht die Inhalte in der Regel wesentlich präziser und Sie können auch zu einem späteren Coachingtermin genau nachvollziehen, was festgelegt wurde. Dieses Formblatt muss nicht zwingend getippt sein, es genügt durchaus auch eine halbwegs saubere Handschrift. Wichtig ist, dass es der Mitarbeiter ausfüllt. Ist alles fertig, kann man es auf den Kopierer legen oder einscannen, so dass es dann beide Beteiligten haben.

<u>Titel</u>: einen Titel festzulegen, macht die Zielvereinbarung einfach etwas „griffiger"

Beispiel #1: Jahresumsatz Werkzeugmaschinen D/A/CH

<u>Zielbeschreibung / Messgröße / Termin</u>: Formulieren Sie das Ziel präzise und vom Wortlaut her so, als ob es schon erreicht ist, ersetzen Sie sollte, müsste, man, versuchen, und so weiter mit klaren aktiven Formulierungen in der Gegenwartsform. Damit wird alles verbindlicher und klarer. Formulieren Sie positiv. Fragen Sie Ihren Mitarbeiter, ob bei harten oder weichen Zielen, wie bzw. woran er sich messen lassen wird.

Beispiel #1: Mein Umsatz Werkzeugmaschinen in D/A/CH ist bis zum 31.Dezember 2016 um 10 % im Vergleich zum Jahr 2015 gesteigert.

<u>Coaching / Kontrolle</u>: Legen Sie miteinander fest, wie Sie Ihren Mitarbeiter bei der Zielerreichung begleiten sollen und wie bzw. wie oft die Ergebnisentwicklung überprüft wird.

Beispiel #1: In unserem Regeltermin jeweils am 1.Montag des Monats monitoren wir das Ziel mit Hilfe der Umsatzauswertung ABC, bewerten das Ergebnis und beschließen je nach Bedarf Maßnahmen.

<u>Ergebnisse</u>: Zu den jeweils festgelegten Coachingterminen (z.B. Regelgespräch) hält der Mitarbeiter inkl. Datum die festgestellten Ergebnisse sowie mögliche Maßnahmen fest. Damit wird die Beobachtung und Bewertung eines Ergebnisverlaufes möglich.

Hier nochmal zusammengefasst das Beispiel #1: (hartes Einzelziel, z.B. für einen Außendienstler, Jahresgespräch)

Zielvereinbarung

Zwischen: *Axel Germek und meinem Chef*   Datum: *19.12.2015*

Titel

Jahresumsatz Werkzeugmaschinen in D/A/CH

Zielbeschreibung / Messgröße / Termin

Mein Umsatz Werkzeugmaschinen in D/A/CH ist bis zum 31.Dezember 2016 um 10 % im Vergleich zum Jahr 2015 gesteigert

---

Coaching / Kontrolle

In unserem Regeltermin jeweils am 1.Montag des Monats monitoren wir das Ziel mit Hilfe der Umsatzauswertung ABC, bewerten das Ergebnis und beschließen je nach Bedarf Maßnahmen.

Weitere Beispiele für Zielvereinbarungen

Beispiel #2: (weiches Einzelziel, z.B. für einen Mitarbeiter, unterjährig oder Jahresgespräch)

Titel

Persönliches Engagement

Zielbeschreibung / Messgröße / Termin

Ich engagiere mich wesentlich mehr für das Team und die Prozesse, indem ich mich 1. im Shopfloor aktiver mit konstruktiven Beiträgen einbringe und 2. pro Woche einen schriftlichen Verbesserungsvorschlag mache. Ich starte damit ab Montag nächster Woche.

Coaching / Kontrolle

In unserem Regelgespräch alle 4 Wochen bewerten wir 1. die Wertigkeit meiner Beiträge im Shopfloor und 2. kontrollieren wir die Anzahl der von mir gesammelten Verbesserungsvorschläge und beurteilen miteinander deren Qualität.

Beispiel #3: (hartes Einzelziel, z.B. für einen Mitarbeiter in der Montage, unterjährig oder Jahresgespräch)

Titel

Arbeitsplatzgestaltung Zeigermontage (7.Januar 2016)

Zielbeschreibung / Messgröße / Termin

Bis 29.April 2016 habe ich meinen Arbeitsplatz Zeigermontage so optimiert, dass die momentane Montagezeit von 43 s/Zeiger auf 40 s/Zeiger reduziert ist und die Ausschussquote von derzeit 3,8% auf 2,9% gesunken ist. Das dafür eingesetzte Budget von 900 € wurde dabei eingehalten.

Coaching / Kontrolle

Statusgespräch #1 am 25.1.: erste Ideensammlung ist vervollständigt, Grobplan steht
Statusgespräch #2 am 12.2.: das Konzept ist abgestimmt, die Realisierbarkeit ist sichergestellt
Statusgespräch #3 am 19.2.: der Ausführungsplan ist abgestimmt
Statusgespräch #4 am 24.3.: der Arbeitsplatz ist umgebaut, erste Ergebnisse liegen vor
Statusgespräch #5 am 29.4.: die Leistungssteigerung wird bestätigt

Beispiel #4: (weiches Einzelziel, z.B. für einen Mitarbeiter, unterjährig oder Jahresgespräch)

Titel

Kooperationsbereitschaft (14.März 2016)

Zielbeschreibung / Messgröße / Termin

Bis 21.3.2016 habe ich drei konkrete Vorschläge erarbeitet, wie ich besser mit meinem Chef zusammenarbeite und drei konkrete Erwartungen an meinen Chef für eine bessere Zusammenarbeit formuliert. Die daraus abgestimmten Maßnahmen setzen wir ab 22.3.2016 um.

Coaching / Kontrolle

In unserem Regelgespräch monitoren wir jedes Mal die Maßnahmen und Ergebnisse und entscheiden ggfls. über Verbesserungsmaßnahmen.

Beispiel #5: (hartes Teamziel, unterjährig oder Jahresgespräch)

Titel

Ordnung und Sauberkeit (7.Januar 2016)

Zielbeschreibung / Messgröße / Termin

Ab heute halten wir die 7 vereinbarten Standards für Ordnung und Sauberkeit (siehe Foto) ein und räumen unseren Arbeitsplatz zum Feierabend entsprechend auf.

Coaching / Kontrolle

Unser Teamleiter legt unregelmäßige Stichproben fest, auf denen wir gemeinsam kontrollieren und bei Bedarf Maßnahmen einleiten.

Beispiel #6: (hartes Teamziel, z.B. im Vertriebsinnendienst, eher Jahresgespräch)

Titel

Multifunktionalität in der Auftragsbearbeitung (11.Januar 2016)

Bis 3.Juni 2016 sind alle Mitglieder unseres Teams (5 Personen) in alle Tätigkeiten in der Auftragsbearbeitung eingearbeitet und wir können uns gegenseitig und vollwertig vertreten. Ein entsprechender Einarbeitunsplan steht bis 15.Januar.

Gemäß des Einarbeitungsplanes verifiziert unser Teamleiter stichprobenarbtig, ob die Tätigkeiten beherrscht werden. Ein positives Ergebnis wird in der Skillmatrix ergänzt.

So kann ein Einarbeitungsplan aussehen:

Pos	Maßnahme	Wurde unterwiesen		Kann es selbstständig	
		von	am	kontrolliert von	am

und so eine Skill-Matrix:

Beispiel #7: (hartes Einzelziel, z.B. für den Produktionsleiter, eher Jahresgespräch)

Titel

Einführung Shopfloormanagement (11.Januar 2016)

Zielbeschreibung / Messgröße / Termin

Ab 4.Juli 2016 ist in allen Teams in Produktion und Montage der Shopfloor eingeführt.

Messgrößen: tägliche Durchführung, ein Teamboard ist installiert, Monitoring von Produktivität bzw. Leistungsgrad, der Liefertreue und der Qualität. Start eines schriftlichen Verbesserungswesens (KVP). Der Ablauf des Shopfloors ist bei allen Teams standardisiert.

Coaching / Kontrolle

Gemäß eines noch zu erarbeitenden Fragebogens werden am 2.Mai, 1.Juni und 4.Juli Audits durchgeführt. Über alle Teams werden auf einer Skala von 1-10 im Schnitt 7 Punkte erreicht.

Beispiel #8: (weiches Teamziel, z.B. 4-10 Personen, unterjährig oder Jahresgespräch)

Titel

Zusammenarbeit im Team (6.April 2016)

Zielbeschreibung / Messgröße / Termin

Die Zusammenarbeit im Team hat sich bis KW 41 signifikant (Ist-Soll) und dauerhaft (stabil, wird nicht wieder schlechter) verbessert.

Unter Zusammenarbeit verstehen wir: mindestens professioneller Umgangston oder besser, sich gegenseitig unterstützen, überlasteten Kollegen Arbeit abnehmen, Akzeptanz des Anderen, Feedback (+ und -) geben und akzeptieren, statt interpretieren nochmal nachfragen, was der Kollege meinte, mit Störungen und Auslastungsschwankungen flexibel umgehen.

Wir messen das mit einem Fragebogen, in dem jedes Kriterium mit einer Skala von 1-10 bewertet wird.

Coaching / Kontrolle

Ist-Zustand feststellen: jeder füllt den Fragebogen aus, für jedes Kriterium, wird der Schnitt gebildet

Soll-Zustand: gemeinsam legen für für jedes Kriterium den realistischen Soll-Zustand fest

So kann solch ein Fragebogen aussehen:

			Persönliche Einschätzung									
			1	2	3	4	5	6	7	8	9	10
1 Zusammenarbeit		**0,0**										
1	mindestens professioneller Umgangston oder besser	0,0										
2	sich gegensitig unterstützen	0,0										
3	überlasteten Kollegen Arbeit abnehmen	0,0										
4	Akzeptanz des Anderen	0,0										
5	Feedback (+ und -) geben und akzeptieren	0,0										
6	statt interpretieren nochmal nachfragen, w as der Kollege meinte	0,0										
7	mit Störungen und Auslastungsschw ankungen flexibel umgehen	0,0										

1 nicht erkennbar
2 kaum erkennbar
3 schw er erkennbar
4 erste Anfänge erkennbar
5 in Anfängen erkennbar, aber noch nicht stabil
6 schon einigermaßen erkennbar
7 fängt an, sich zu stabilisieren
8 gut erkennbar
9 in w eiten Teilen umgesetzt
10 100%-ig gelebt

Anmerkung zur praktischen Anwendung: es kommt in erster Linie nicht so sehr auf die absolute Größe der Zahl an, sondern welche Diskussionen und Bewusstseinsveränderungen sie in den Coachingterminen auslösen. Der eigentliche Wert solcher Fragebögen liegt darin, dass Teams lernen, wieder miteinander über Dinge zu reden, die sie plagen. Es liegt dann an Ihrem Geschick als Coach (Moderator) Ihres Teams, diese Gespräche in zielorientierte Vereinbarungen münden zu lassen.

3.4.2 Formblatt Jahreszielvereinbarung

Jahreszielvereinbarung		Name:		Datum Regelgespräch:	
		Ziel	Meßgröße	Termin	Ergebnisse
Sachziele	1				
	2				
	3				
Individualziele	4				
	5				
	6				
++zufrieden++			--noch unzufrieden--		

Die Idee hinter diesem Formblatt ist, zwei wichtige Themen hinsichtlich des Führens mit Zielen zu vereinen:

1. Jahresziele vereinbaren
   Anlässlich des Jahresgespräches können Sie zur Planung des nächsten Jahres bis zu je drei Sachziele (harte Themen) und Individualziele (weiche Themen, Verhaltensthemen) mit dem Mitarbeiter vereinbaren. Natürlich nach dem smart-Standard.
2. Regelgespräche führen (siehe auch nächstes Kapitel „Führungsgespräch")
   In unterjährigen Regelgesprächen (z.B. alle 4-8 Wochen, 30 min) monitoren Sie die Zielerreichung Ihres Mitarbeiters und geben Feedback zu Dingen, die über die Jahresziele hinausgehen (womit sind Sie schon zufrieden, womit noch unzufrieden). Damit bleiben Sie selbst immer am Ball und helfen dem Mitarbeiter, seine Ziele zu erreichen, indem er durch Ihr Coaching kontinuierlich daran arbeitet. Für jedes Regelgespräch drucken Sie sich das Original aus, auf dem dann handschriftlich, durch Sie oder Ihren Mitarbeiter, die Ergebnisse festgehalten werden.

Ob Sie dieses Formblatt individuell für einen Mitarbeiter verwenden, oder für das gesamte Team, ist Ihre Entscheidung. Funktionieren wird es bei beidem.

3.4.3 Formblatt Abteilungsleitbild

Abteilungsleitbild 2016

Spirit, Selbstverständnis Wie ticken wir? Was ist uns wichtig?	**Mission** Was ist unser Auftrag?	**Vision** Wo stehen wir in 3-5 Jahren?
Ziele Was nehmen wir uns in diesem Jahr vor?	**Strategie, Maßnahmen** Wie bzw. auf welchem Weg erreichen wir diese Ziele?	**Projekte** Mit welchen konkreten Projekten?

Stellen Sie sich vor, dieses Leitbild hängt in DIN A3 in Ihrer Abteilung, inhaltlich mit Ihrem Team erarbeitet und mit den Unternehmenszielen abgestimmt. Und stellen Sie sich vor, Sie spendieren Ihrem Team einen Kaffee und treffen sich in unregelmäßigen Abständen vor diesem Plakat zum Feedback und Gedankenaustausch. Und stellen Sie sich vor, Sie würden in solchen kleinen „Stehungen" keine Zeit mehr damit vergeuden, zu hinterfragen, warum sich Einzelne nicht an die Ziele halten, sondern würden alle Energie darauf verwenden, die bestmögliche Umsetzung der Ziele zu erreichen. Und stellen Sie sich vor, wie es jedem Einzelnen gehen würde, wenn alle an einem Strang ziehen. Und stellen Sie sich vor, mit welchem Eindruck Außenstehende bei Ihnen rausgehen, wenn jeder Einzelne Ihres Teams schlüssig rüberbringen kann, was wichtig ist in Ihrer Abteilung, an welchen Projekten gearbeitet wird und wo die Reise hingeht.

Alles nur Theorie? Probieren Sie es aus und erleben Sie einen Zustand, der sich mit „Flow" an besten beschreiben lässt. Viel Erfolg!

Der Stellenwert des Coachings bei Führen mit Zielen

Wie Sie ja schon richtig erkannt haben, ist meinem Verständnis nach ein Ziel, das Sie mit einem Mitarbeiter vereinbaren, immer in ein individuelles Coaching eingebettet. Es ist in meinen Augen sehr unprofessionell, ein Ziel zu vereinbaren, den Mitarbeiter damit laufen zu lassen und erst bei Fälligkeit zu kontrollieren, ob er es auch erreicht hat. Übrigens häufig mit dem Ergebnis, dass es nicht geklappt hat. Jetzt mal Hand aufs Herz: in solch einem Gespräch, in dem Ihnen der Mitarbeiter mit vielen kreativen Ausreden erklärt, warum er es nicht erreicht hat und Sie nun über entsprechende Sanktionen nachdenken müssen - und das beide mit einem schlechten Gefühl verlassen werden - möchten Sie sich nicht wirklich wiederfinden. Es ist reine Zeitverschwendung und demotivierend für alle.

Sehr professionell dagegen ist es, Ihre Mitarbeiter bei der Zielerreichung zu begleiten, sprich zu coachen (siehe Kapitel 3.3 „Delegation und Coaching"). Dabei geht es nicht in erster Linie darum, sie zu kontrollieren, sondern darum, ihnen dabei zu helfen, Ihre Ziele zu erreichen und damit erfolgreich zu sein. Sind Ihre Mitarbeiter erfolgreich, sind Sie es auch, denn dann haben Sie Ihren Führungsauftrag erfüllt.

w/g-Ziele

Zum Abschluss dieses Kapitels möchte ich noch das leidige *„Wenn ich alle meine Ziele erreiche, bekomme ich dann mehr Geld?"* - Thema ansprechen. Wie gehen Sie bisher damit um, wenn Ihr Mitarbeiter mit der typischen Handbewegung mit Daumen und Zeigefinger kommt? Möglicherweise fühlen Sie sich bisher eher etwas in der Defensive und versuchen dann mit fadenscheinigen Hinhalte-Argumenten möglichst schnell wieder rauszukommen. Willkommen im Club der Führungskräfte, die bisher noch nicht zwischen w- und g-Zielen unterschieden haben.

w-Ziele: Erfahrungsgemäß sind 85-90% der Ziele, die mit Mitarbeitern vereinbart werden, sogenannte w-Ziele, also werterhaltend. Mit der Erreichung seiner w-Ziele stellt der Mitarbeiter sicher, dass er seinen ursprünglichen Wert für die Firma erhält, das heißt er ist das Geld wert, wofür Sie ihn eingestellt haben. Das Unternehmen setzt voraus, dass der Mitarbeiter die Entwicklungen bei Technik, Organisation und den Märkten mitmacht und sich sozusagen auf dem Stand der Technik hält. Denken Sie beispielsweise an die Entwicklungen in der Maschinentechnik (Streckensteuerung hin zur CNC-Steuerung), oder in der Lagerverwaltung (Karteikarten hin zur Warenwirtschaft per EDV). Wer sich da entsprechenden Weiterbildungzielen (ein typisches w-Ziel) verschlossen hat („Eine Maus lange ich in meinem Alter nicht mehr an!"), der war praktisch von einem Moment zum anderen nur noch einen Bruchteil seines ursprünglichen Wertes wert, da man ihn nur noch für untergeordnete Aufgaben einsetzen konnte. Man hätte ihm theoretisch etwas vom Lohn abziehen müssen. Entschließt sich ein Unternehmen zu Teamarbeit, Shopfloormanagement, Industrie 4.0 oder moderneren agilen Führungsstrukturen, wird von den Mitarbeitern erwartet, diese Entwicklungen mitzumachen, indem sie Ihre w-Ziele erreichen – und ohne dafür einen Anspruch auf mehr Geld zu haben.

g-Ziele: Sogenannte g-Ziele, also geldwert, gehen weit über das hinaus, was man von einem Mitarbeiter hinsichtlich dem state of the art erwartet. Dahinter stecken sehr hoch gesteckte Ziele, besondere Leistungen oder anspruchsvolle Projekte. Bei Erreichung eines g-Ziels kann man schon über eine Prämie, einen Bonus oder sonstigen Leistungen sprechen.

Was genau Sie als w- bzw. g-Ziel definieren, werden Sie im Einzelfall entscheiden. Dabei spielen einige individuelle Faktoren des jeweiligen Mitarbeiters eine Rolle, die es fein abzuwägen gilt.

Arbeiten Sie bereits mit einer jährlichen Leistungsbeurteilung, in die Ziele hineinfließen, gibt es dafür normalerweise ohnehin schon entsprechende Entscheidungskriterien.

„Viele Führungskräfte halten es mit Führungsgesprächen wie mit dem Besuch beim Zahnarzt –
am liebsten würden Sie sich davor drücken und erst hingehen, wenn es weh tut."

Rainer W.Stroebe

3.5 Führungsgespräche (F-Tool #4)

Nun, welche MINDFUCK´s stecken hinter diesem einleitenden Zitat, das Bände spricht und ganz gut die nur allzu verständliche Scheu des (führenden) Menschen widerspiegelt, unnötig Stress mit seinen Mitarbeitern anzufangen? Ein reinrassiges Regel-MINDFUCK in Tateinheit mit einem Katastrophen-MINDFUCK: Wenn ich ihn zu hart anpacke, dann macht er nur noch Dienst nach Vorschrift, macht krank oder ich verliere ihn sogar!

Machen wir ein einfaches Beispiel dazu: Ihr Mitarbeiter ist in letzter Zeit auffallend häufig nicht am Arbeitsplatz. Sie sehen ihn oft in der Kaffee Ecke oder in offensichtlich privaten Gesprächen mit Kollegen.

Welches Führungsverhalten ist bei den oben genannten MINDFUCK´s wahrscheinlich? Sie versuchen es lange im Guten, diskutieren und erklären mit Engelszungen, geben kleine Hinweise, in der Hoffnung, dass er es von selber merkt (mit einem Augenzwinkern: „Na, schmeckt der Kaffee heute?"), geben ihm viel Zeit, um es abzustellen, erklären es, rechtfertigen sich und ziehen eine Schleife nach der anderen, ohne dass sich sein Verhalten wirklich ändert. Sie hoffen, dass es besser wird – na ja, irgendwann - vielleicht. Irgendwann reißt Ihnen dann der Geduldsfaden und Sie werden rabiat – ohne Ankündigung, vielleicht mit einer Abmahnung?

Ich spare mir an dieser Stelle weitere Beispiele. Wie Sie mit solchen Dysfunktionen umgehen, ist letztendlich ja Ihre Sache. Klar ist nur, zu geduldig funktioniert nicht und zu rabiat auch nicht. Bevor ich Ihnen aber ausgewählte Werkzeuge für solche Führungsfälle anbiete und Sie das ein oder andere anwenden, möchte ich, dass Sie Ihre Haltung in solchen Situationen klären (siehe auch Kapitel „Selbstführung"). Ist es die falsch verstandene Partnerschaft wie oben, wo Sie Angst haben, jemanden zu konfrontieren, weil Sie ihn sonst verlieren oder ist Ihr Verständnis von Partnerschaft, dass ein frühzeitiges Ansprechen und Klären von Dingen die Beziehung zu Ihren Mitarbeitern offener und stabiler macht? Entscheiden Sie!

Ich biete Ihnen in diesem Kapitel vier bewährte Leitfäden an, die Ihnen in nahezu allen Führungsfällen weiterhelfen werden:

Leitfaden #1: Führungsgespräch

Leitfaden #2: Regelgespräch

Leitfaden #3: Fehlzeitengespräch

Leitfaden #4: Eskalationsmodell

Voraussetzung für das Funktionieren aller vier ist, dass Sie eine klare Haltung einnehmen, z.B. etwas in dieser Art:

Sie haben den (Führungs-) Anspruch, den Mitarbeiter ggfls. zu korrigieren und ihn damit erfolgreich zu machen, Sie übernehmen die aktive, impulsgebende Rolle und sind überzeugt, dass ein faires offenes Feedback wesentlich partnerschaftlicher ist, als eine geduldige Unbestimmtheit, bei der Ihr Mitarbeiter nicht weiß, woran er ist und wo die Grenzen sind. Sie sind „weich zum Menschen, aber hart in der Sache", „Sie lieben Ihre Mitarbeiter, müssen aber nicht immer lieb sein".

„Weich zum Menschen" heißt:

- Sie hören dem Mitarbeiter aktiv zu und gehen auf seine Sorgen oder Bedenken ein. Sie versuchen ihn zu verstehen.
- Sie lassen Widerstand zu und sehen ihn als Chance, Lösungen zu finden.
- Er erfährt durch Ihr offenes Feedback (Ich-Botschaft), wo er bei Ihnen gerade steht.
- Er bekommt die Chance, sich zu verbessern und zu entwickeln.
- Sie wollen ihm letztendlich helfen, weiter zu kommen und erfolgreich zu werden.
- Sie kommen ihm, im Rahmen Ihrer Möglichkeiten, auch mal etwas entgegen. Das machen Sie aber abhängig von seiner Kooperation („Meine Partnerschaft gibt es nicht zum Nulltarif")

„Hart in der Sache" heißt:

- Bei allem Verständnis für seine Sorgen und Bedenken ändert das trotzdem nichts an der Sache selbst, also daran, dass der er an einem Defizit arbeitet oder dass er ein Ziel erreicht.
- Ihre Ansage bleibt deshalb auch klar und deutlich.
- Ziel bleibt, den Missstand, das Fehlverhalten, die schlechte Leistung oder sonstige „Fehlfunktionen" zu korrigieren bzw. ein Ziel zu erreichen.
- Der Mitarbeiter hat den Affen, das heißt er muss tätig werden bzw. eine Entscheidung treffen.
- Sie stellen viele Coachingfragen und führen ihn durch den PAULA-Prozess.
- Sie bleiben beharrlich und halten unangenehme und angespannte Situationen aus. Sie bleiben stehen und fallen nicht um.

So, nachdem Sie jetzt Ihre Haltung optimiert und geschärft haben, lassen Sie uns zum Leitfaden #1 kommen.

3.5.1 Leitfaden #1: Führungsgespräch

Dieser Leitfaden beschreibt einen sehr hohen Qualitätsstandard für ein professionelles Führungsgespräch, das Sie immer dann führen können, wenn Dysfunktionen beim Mitarbeiter auftreten. Das können wiederholte Dinge sein, die vielleicht auch bestimmt Muster aufweisen (siehe Beispiel oben) oder auch einmalige, besonders gravierende Vorfälle (z.B. Mitarbeiter hat einen Kollegen bedroht). Auch kommt es vor, dass sich etwas „eingeschlichen" hat, das Sie grundsätzlich korrigieren wollen. Das hier beschriebene Führungsgespräch ist gleichzeitig auch Schritt 1 im siebenstufigen Eskalationsmodell (siehe Leitfaden #4).

Zum besseren Verständnis des Leitfadens: die grauen Kästchen sind die Ablaufschritte, links davon stehen stichpunktartig die winner-Faktoren, das heißt also wie es der Profi macht, rechts davon die looser-Faktoren, eine Empfehlung, wie Sie es besser nicht machen sollten. Im Anschluss finden Sie in der Tabelle nähere Erläuterungen dazu.

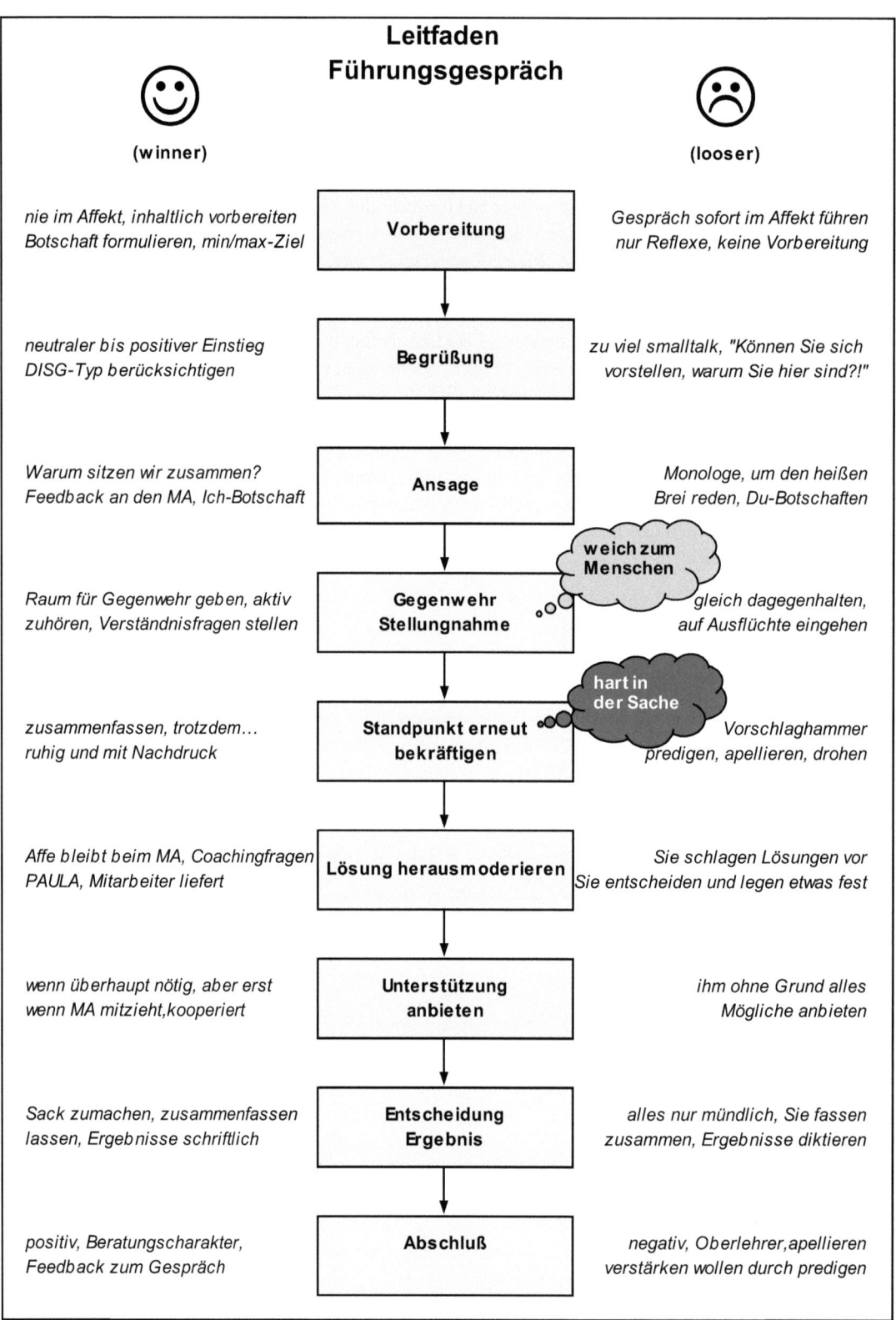

Leitfaden
Führungsgespräch

☺ (winner) ☹ (looser)

(winner)		(looser)
nie im Affekt, inhaltlich vorbereiten Botschaft formulieren, min/max-Ziel	**Vorbereitung**	Gespräch sofort im Affekt führen nur Reflexe, keine Vorbereitung
neutraler bis positiver Einstieg DISG-Typ berücksichtigen	**Begrüßung**	zu viel smalltalk, "Können Sie sich vorstellen, warum Sie hier sind?!"
Warum sitzen wir zusammen? Feedback an den MA, Ich-Botschaft	**Ansage**	Monologe, um den heißen Brei reden, Du-Botschaften
Raum für Gegenwehr geben, aktiv zuhören, Verständnisfragen stellen	**Gegenwehr Stellungnahme**	gleich dagegenhalten, auf Ausflüchte eingehen
zusammenfassen, trotzdem... ruhig und mit Nachdruck	**Standpunkt erneut bekräftigen**	Vorschlaghammer predigen, apellieren, drohen
Affe bleibt beim MA, Coachingfragen PAULA, Mitarbeiter liefert	**Lösung herausmoderieren**	Sie schlagen Lösungen vor Sie entscheiden und legen etwas fest
wenn überhaupt nötig, aber erst wenn MA mitzieht, kooperiert	**Unterstützung anbieten**	ihm ohne Grund alles Mögliche anbieten
Sack zumachen, zusammenfassen lassen, Ergebnisse schriftlich	**Entscheidung Ergebnis**	alles nur mündlich, Sie fassen zusammen, Ergebnisse diktieren
positiv, Beratungscharakter, Feedback zum Gespräch	**Abschluß**	negativ, Oberlehrer, apellieren verstärken wollen durch predigen

weich zum Menschen

hart in der Sache

Erläuterung zum Leitfaden Führungsgespräch:

Vorbereitung	Das Gespräch nie im Affekt führen, immer einen zeitlichen Abstand zwischen Anlass und Gespräch lassen Womit sind Sie noch unzufrieden? Inhaltlich vorbereiten (Zahlen, Daten, Fakten, Beispiele, eigene Eindrücke, etc.) Nie mit Hören-Sagen begründen, es zählt immer nur der eigne Eindruck!! Auf den DISG-Typ vorbereiten (siehe unten DISG) Ihre Botschaft schriftlich für sich formulieren Was macht diese Dysfunktion mit Ihnen? Gesprächsziel <u>minimal</u> festlegen: vorher beenden Sie das Gespräch nicht Beispiele: • Der Mitarbeiter hat von mir Feedback zur Dysfunktion bekommen und macht sich bis zu einem zweiten Gespräch Gedanken dazu • Er hat mein Feedback verstanden, und entwickelt bis zu einem zweiten Gespräch Maßnahmen Gesprächsziel <u>maximal</u> festlegen: nice to have, wenn möglich darauf hinarbeiten Beispiele: • Er hat den Fehler eingesehen und ein Maßnahmenplan zur Korrektur ist vereinbart • Er korrigiert ab sofort sein Verhalten Innerhalb dieses Korridors bewegt sich das Gespräch Einladung an den Mitarbeiter wenigstens mit einem Tag Vorlauf, Thema bekanntgeben
Begrüßung	Typgerecht begrüßen (siehe unten DISG) Nicht die eigene Unsicherheit mit der Frage „Können Sie sich vorstellen, warum Sie hier sind?" kompensieren wollen. Das bringt ihn sofort in die Defensive und tötet Offenheit Neutral bis positiv einsteigen
Ansage	Botschaft: warum sitzen wir zusammen? (10-60 Sekunden) Feedback, Fakten Womit Sie noch nicht einverstanden sind Ganz wichtig: Ich-Botschaften senden!! Nie mit Hören-Sagen begründen, es ist immer <u>Ihr</u> Eindruck (wie auch immer der zustande kommt)
Gegenwehr Stellungnahme (Weich zum Menschen)	Sie erwarten, dass er sich wehrt Rechtfertigungen, Ausflüchte, Ausreden werden kommen Raum dafür geben, es gehört dazu Wirklich verstehen wollen, was den Mitarbeiter antreibt (aktiv zuhören) Nachfragen, damit Sie ihn verstehen (Verständnisfragen) Wertschätzung zeigen Notizen machen und Überblick verschaffen, nicht gleich einhaken Ablenkungsmanöver nicht zulassen, Schleife ziehen, aber nicht darauf eingehen
Standpunkt erneut bekräftigen (Hart in der Sache)	Zusammenfassen der Gegenwehr/Stellungnahme, wie Sie es verstanden haben und welche Dinge den Mitarbeiter umtreiben Trotzdem… Zurückkommen zur Sache, Botschaft wiederholen Ruhig und mit Nachdruck den eigenen Standpunkt bekräftigen

Lösung heraus-moderieren	Entscheidend: der Affe bleibt beim Mitarbeiter!! Mit Coachingfragen durch den PAULA-Prozess führen Lösungsideen kommen vom Mitarbeiter, er liefert Immer visualisieren (Block, Flipchart, Whiteboard) Kommt noch nicht viel, Gespräch vertagen mit Aufgabe, sich Gedanken zu machen, neuen Termin festlegen (abhängig vom Gesprächsziel)
Unterstützung anbieten	Klären Sie, ob es überhaupt nötig ist Erst unterstützen, wenn Sie den Eindruck haben, dass er kooperiert (im Rahmen Ihrer Möglichkeiten) Machen Sie ihm klar, dass Ihnen die Balance zwischen Geben und Nehmen wichtig ist • Was brauchen Sie von mir, um…? • Womit könnte ich Sie noch unterstützen? • Was würde Ihnen helfen? Beispiele: • Temporär etwas mehr Flexibilität in der Arbeitszeit zeigen • Überstunden anbieten, damit er mehr Geld verdienen kann • Ihn temporär etwas aus der Schusslinie nehmen, damit er sich fangen kann • Sonderurlaub, um private Dinge regeln zu können • Kontakt zu Ärzten oder Therapeuten herstellen • Schulung, Weiterbildung • Vorschuss • Firmenkredit
Entscheidung Ergebnis	Sack zumachen (abhängig vom Gesprächsziel) Mitarbeiter zusammenfassen lassen, er schlägt vor, was er nun tun/verändern wird Sie entscheiden, ob Sie damit schon zufrieden sind Keine Lippenbekenntnisse akzeptieren (mal schauen…, vielleicht…, probieren…, könnte…, und so weiter) Ergebnisse dokumentieren, eine handschriftliche Notiz ist in der Regel vollkommen ausreichend, aber auch notwendig (siehe Eskalationsmodell) Kann auch eine Zielvereinbarung sein (smart)
Abschluss	Positiv abschließen, ermutigen Sie ihn mitzumachen Beraten Sie ihn gewissermaßen, warum es besser ist, mitzumachen Geben Sie ihm zu verstehen, dass Sie ihm mit solch einem Gespräch nicht schaden möchten. Sie wollen ihm dabei helfen, weiterzukommen und erfolgreich zu sein. Seine Perspektiven aufzeigen, … …wenn er sich ändert …wenn er sich nicht ändert Eventuell auch das Thema Love it – Change it – Leave it ansprechen (siehe auch Kapitel 3.1.4 „Autobahn") Mit kurzem Feedback zum Gespräch von beiden Gesprächspartnern schließen • Wie war das Gespräch für Sie? Positiv, negativ • Wie geht es Ihnen jetzt, wie kommen Sie damit zurecht?

Stellen Sie sich typorientiert nach DISG auf Ihren Gesprächspartner ein:

(siehe auch Kapitel 3.2."Typorientiert führen")

	D	I	S	G	Ihre Notizen zur Vorbereitung
Genereller Charakter des Gespräches	auf den Punkt kommen, direkt, zügig, herausfordernd, sachlich, aktiv	offen, freundlich, lebhaft, demokratisch, auf Augenhöhe,	Ruhig, verbindlich, sachlich, behutsam, unterstützend	Sachlich, formal, strukturiert, distanziert, gründlich, offiziell, höflich	
Begrüßung	kurzes Anwärmen, kein Smalltalk	Zeit zum Anwärmen nehmen, Smalltalk	Etwas anwärmen, nach aktuellen Dingen fragen	Kein Anwärmen, kein Smalltalk	
Übergang zur Ansage	Gleich zur Ansage kommen	Übergang zur Ansage eher fließend	Definierter Übergang zur Ansage	Gleich zur Ansage kommen	
Ansage	klare Ansagen, nicht rumeiern, eventuell Schuss vor den Bug	offen und ehrlich, eventuell etwas ausholen	behutsam, Schritt für Schritt, viel Info, ehrlich, pragmatisch	viel ZDF, Beweise bringen	
Fragen stellen	mit Fragen herausfordern	mit Fragen aktivieren und Ideen fördern	mit Fragen den Rahmen abstecken	mit Fragen versachlichen	
Umgang mit Widerstand	hart am Wind bleiben, nicht umfallen	emotional abholen, viele Ich-Botschaften, freundlich aber bestimmt bleiben	persönlich abholen, versachlichen, nochmal Erwartung erklären, freundlich aber bestimmt bleiben	beharrlich dran bleiben, Details liefern, Zeit zum Nachdenken geben, neuen Plan machen lassen	
Abschluss	„Jetzt zeige, was Du drauf hast!"	„Alles wird gut!"	„Ich bin immer für dich da."	„Noch Fragen?"	
Dauer	eher kürzer	eher länger	eher normal	kurz oder lang	

3.5.2 Leitfaden #2: Regelgespräch

Das individuelle Regelgespräch mit Ihrem Mitarbeiter findet regelmäßig z.B. wöchentlich, monatlich, vierteljährlich, … statt und dauert je nach Frequenz in der Regel nicht länger als eine halbe Stunde. Je nach Bedarf bzw. Performance des Mitarbeiters erhöhen oder verringern Sie die Häufigkeit.

Ziel ist es,

- den persönlichen Kontakt zum Mitarbeiter zu halten (am Ball bleiben),
- seine Leistung abzusichern,
- dass er seine Ziele erreicht (siehe Kapitel 3.4 „Zielvereinbarung")
- und ihm damit zu helfen, erfolgreich zu sein.

Die wesentlichen Inhalte sind:

- Monitoring von Zielen, Projekten und Maßnahmen
- Feedback (+/-) an den Mitarbeiter
- Feedback (+/-) an die Führungskraft
- Themen des Mitarbeiters

Nicht-Inhalte sind: Dinge und Aspekte des Tagesgeschäftes, Reklamationen, und so weiter.

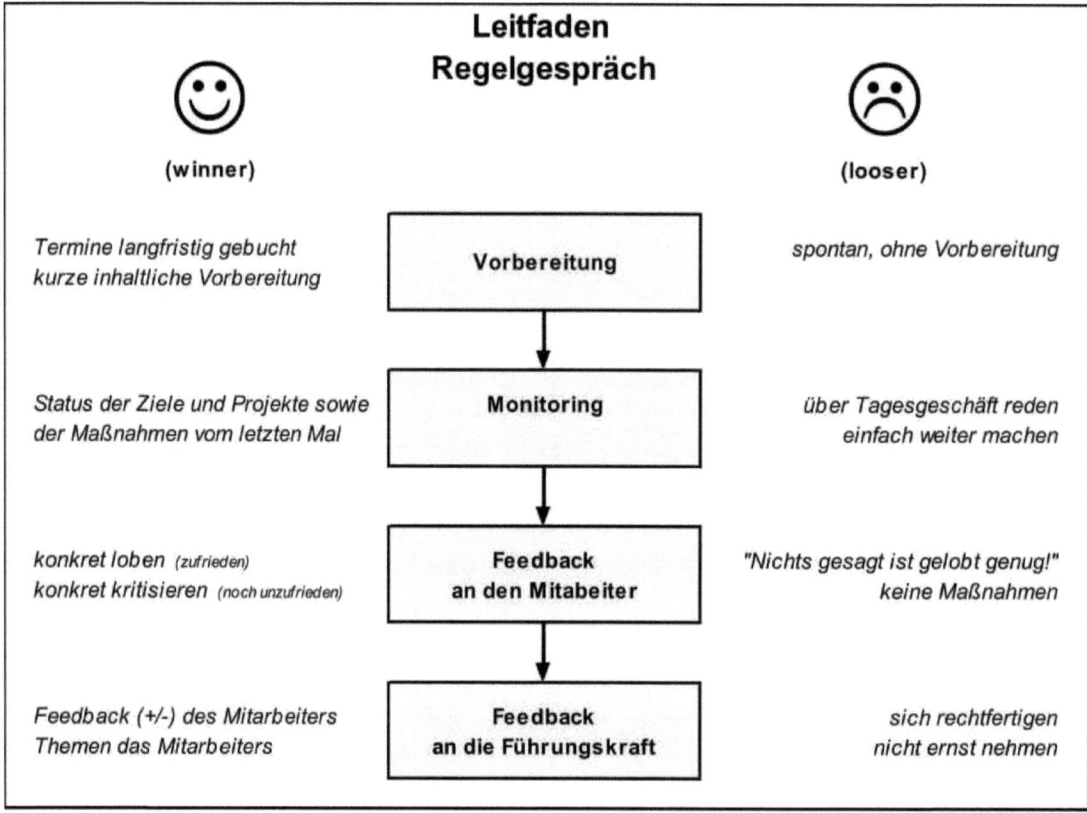

Erläuterungen zum Regelgespräch:

Vorbereitung	Termine sind langfristig gebucht Kurze inhaltliche Vorbereitung Feedback + Feedback -
Monitoring	Begrüßung Status Ziele präsentieren lassen und feststellen Status Maßnahmen vom letzten Mal feststellen
Feedback an den Mitarbeiter	Zufrieden: • Was ist Ihnen seit dem letzten Mal positiv aufgefallen? • Worüber haben Sie sich besonders gefreut? • Was hat Sie beeindruckt? Noch unzufrieden: • Womit sind Sie noch unzufrieden? • Woran wollen Sie, dass Ihr Mitarbeiter arbeitet? • Was wollen Sie beim Mitarbeiter verändern oder abstellen? Entsprechende Maßnahmen veranlassen Nicht-Inhalte sind: Aspekte des Tagesgeschäftes, Reklamationen, und so weiter
Feedback an die Führungskraft	Womit ist Ihr Mitarbeiter bei Ihnen zufrieden? Womit noch nicht? Mitgebrachte Themen des Mitarbeiters besprechen Abschluss

Die Dokumentation der Regelgespräche erfolgt lückenlos und für jeden Mitarbeiter individuell in einer Art Mitarbeiter-Tagebuch. Ob Sie es Old School auf Papier führen oder digital, bleibt Ihnen überlassen. Diese Dokumentation erstellen Sie im Beisein und nur im Beisein des Mitarbeiters, nie für sich alleine, damit es für ihn transparent bleibt und keine Spekulationen aufkommen, Sie würden so eine Art Schwarzbuch führen. Ein solches Tagebuch kann vom Prinzip her in etwa so aussehen:

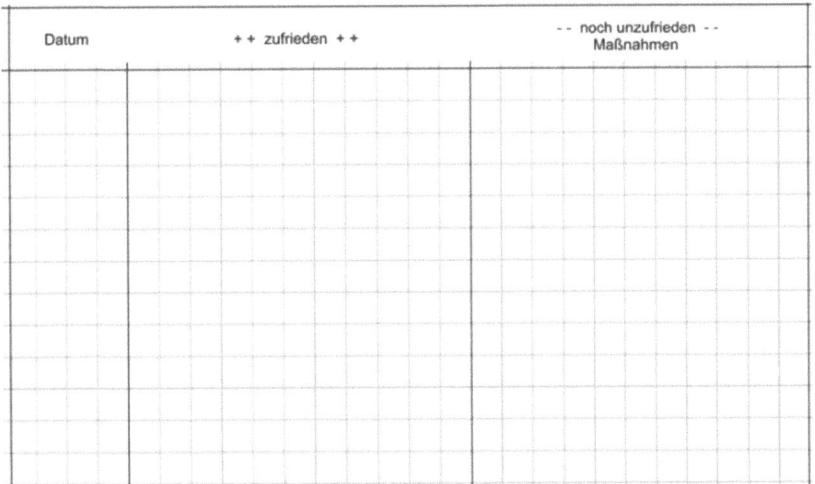

Ich habe bei Führungskräften schon die verschiedensten Möglichkeiten für eine individuelle Mitarbeiter-Dokumentation gesehen:

- Excel oder Word-Datei, ist aber schwierig, dass es für den Mitarbeiter transparent bleibt
- Ein eigenes Heftchen für jeden Mitarbeiter
- Eines dieser gebundenen Notizbücher mit karierten Seiten
- One-Notes-System, auch hier ist die Transparenz schwieriger

Es ist wichtig sicherzustellen, dass die Dokumentation für Dritte immer unzugänglich aufbewahrt wird. Einsicht haben grundsätzlich nur die direkte Führungskraft und sein Mitarbeiter. Um Wirbel zu vermeiden, macht es bei der Existenz eines empfindlichen Betriebsrates stellenweise Sinn, die Einführung dieser Dokumentation mit ihm abzustimmen. Das ist aber nur eine Kann-Maßnahme, da es ja Ihre Privataufzeichnungen sind, die generell nicht mitbestimmungspflichtig sind.

Ein zusätzlicher Nutzen für Sie und Ihren Mitarbeiter ist, dass diese Dokumentation eine wertvolle Grundlage für die jährliche Mitarbeiterbeurteilung sein kann.

Werden die Regelgespräche kontinuierlich geführt, wird zum Zeitpunkt des sogenannten Jahresgespräches keine Überraschung mehr kommen, weil die zu korrigierenden Dinge schon über das Jahr angesprochen und im besten Fall abgestellt wurden. Die eigentliche Beurteilung nach einem Punktsystem ist meines Erachtens dann nur noch eine Formsache.

3.5.3 Leitfaden #3: Fehlzeitengespräch

An dieser Stelle möchte ich das Thema Fehlzeiten durch Krankheit ansprechen, was auf der Beliebtheitsskala von Führungskräften nicht immer besonders weit oben rangiert, werden doch bei Gesprächen dieser Art damit auch gleich rechtliche Aspekte aus dem Betriebsverfassungsgesetz, BetrVG, tangiert. Ich möchte aus diesem Grund auch an dieser Stelle ausdrücklich betonen, dass ich niemandem unterstelle „blau" zu machen, also absichtlich krank zu machen. Ich mache aber auch keinen Hehl daraus, dass ich die Position vertrete, dass keine Führungskraft deshalb wie die Maus vor der Schlange erstarren und sich auf diesem Wege von Mitarbeitern, die es vielleicht darauf anlegen, für dumm verkaufen lassen muss.

Beim Thema Fehlzeiten durch Krankheit unterscheide ich zwischen drei Arten:

a) Begrüßungsgespräch
b) Fehlzeitengespräch
c) Danke-Gespräch

a) Begrüßungsgespräch

Sie finden es auch häufig unter dem Begriff Krankenrückkehrgespräch. Nach jeder längeren Ausfallzeit (Krankheit, auch Urlaub oder Weiterbildung) ist es einfach eine schöne Geste, ein Begrüßungsgespräch zu führen. Der Mitarbeiter fühlt sich wertgeschätzt und man signalisiert ihm, dass er gebraucht wird.

Inhalte Begrüßungsgespräches:

„Schön, dass Sie wieder da sind" - drücken Sie ihm Ihre Fürsorge und Ihr Interesse an ihm aus und signalisieren sie ihm zugleich, dass er mit seiner Leistung für Sie und die Firma wichtig ist. Informieren Sie ihn über Neuigkeiten am Arbeitsplatz oder im Team, sofern dies nötig ist.

Klären Sie, beispielsweise an Arbeitsplätzen mit Maschinenbedienung, ob der Mitarbeiter noch Medikamente nimmt, die ihm bei der Maschinenbedienung einschränken könnten. Rechtlich gesehen können Sie nach der Diagnose fragen, der Mitarbeiter muss aber nicht antworten. Die Frage nach der Diagnose kann leicht auch als Misstrauen gewertet werden, gehen Sie daher mit Fingerspitzengefühl vor! Bezweifeln Sie niemals die Arbeitsunfähigkeitsgescheinigung.

Das Begrüßungsgespräch erfolgt völlig formlos und ungezwungen, es wird auch nicht dokumentiert. Das Gespräch sollte jedoch am Tag der Rückkehr Ihres Mitarbeiters stattfinden.

b) Fehlzeitengespräch

Häufen sich Fehlzeiten oder zeigen sich „Muster" in den Krankheitstagen (z.B. immer montags oder freitags, immer wenn…) führen Sie sinnvollerweise ein Fehlzeitengespräch.

Inhalte des Fehlzeitengespräches:

Nennen Sie den Gesprächsgrund offen (z.B. „Sie haben überdurchschnittlich viele Fehltage"). Zeigen Sie ihm die vorbereitete Statistik oder Aufzeichnung über ihn. Halten Sie den Schnitt im Unternehmen und den Bundesdurchschnitt für Ihre Branche bereit, zeigen Sie diese aber noch nicht.

Treffen Sie die Richtigen: kreuzen Sie an, mit wem Sie ein Fehlzeitengespräch führen würden.

Mitarbeiter	Fehltage 2015	Häufigkeit 2015	Häufigkeit 2014	
A	30	1x30	0x0	
B	17	1x5, 6x2	1x4, 4x2	
C	14	1x14	0x0	
D	9	1x5, 4x1	1x8, 4x1	
E	7	1x7	0x0	
F	0	0x0	0x0	

Kurze Einschätzung:

Mitarbeiter A:	eher unkritisch, es sind zwar viele Tage, aber er hatte eine einmalige Krankheit, vielleicht ein Unfall. Wäre es direkt im Anschluss an seinen Jahresurlaub, fassen Sie nach
Mitarbeiter B:	relevant, es sind zwar in Summe nicht viele Tage, aber es wurden mehr und in kleinen Einheiten
Mitarbeiter C:	unkritisch
Mitarbeiter D:	eher unkritisch, da es weniger wurden, schauen Sie aber trotzdem nach wegen der kleinen Stückelung
Mitarbeiter E:	unkritisch
Mitarbeiter F:	unkritisch

Fragen Sie nach, ob die Ursache aus Sicht des Mitarbeiter *betriebsbedingt* (Stress, Ergonomie, Kollegen, Hitze/Kälte) oder *personenbezogen* (privates Umfeld, allg. körperliche Verfassung) ist.

Wenn *betriebsbedingt* (erfahrungsgemäß wird dies der Mitarbeiter nur in ca. 10% der Fälle sagen) fragen Sie konkret nach: Was müsste verändert werden hinsichtlich des Arbeitsplatzes, der Arbeitsumgebung, den Arbeitsbedingungen oder auch hinsichtlich der Zusammenarbeit im Team?

Nehmen Sie aber auch den Mitarbeiter in die Verantwortung: Was kann er selbst zur Verbesserung der betriebsbedingten Situation beitragen? Wird sein Krankenstand sinken, wenn die angeregten Verbesserungen umgesetzt werden? Weisen Sie zudem ggf. auch darauf hin, dass andere im Team trotz gleicher betrieblicher Bedingungen geringe Fehlzeiten aufweisen. Damit öffnen Sie die Diskussion noch in Richtung der Frage, ob nicht doch (auch) personenbezogene Gründe eine Rolle spielen.

Wenn *personenbezogen* fragen Sie nach, was der Mitarbeiter tun wird oder tun kann, um den Krankenstand zu verringern. Zeigen Sie ihm nochmal seine Statistik und fragen Sie ihn, was er für „normal" hält. Konfrontieren Sie ihn dann auch mit dem Unternehmensschnitt und wenn förderlich auch mit dem Bundesdurchschnitt. Fragen Sie ihn nach einer schlüssigen Erklärung für diese Fakten. Auch werden Sie ihn auf die Tatsache aufmerksam machen, dass seine Kollegen sein Fehlen über Mehrleistung kompensieren müssen.

Der Affe ist jetzt beim Mitarbeiter. Sammeln Sie seine Vorschläge und moderieren Sie ihn hin zu einem Maßnahmenplan. Erinnern Sie ihn in diesem Zuge auch daran, dass er eine arbeitsvertragliche Verpflichtung zur Gesunderhaltung und hat und sicherstellen muss, dass dem Unternehmen seine Arbeitskraft wie vereinbart zur Verfügung steht.

Privatsache contra Betriebsinteresse: Natürlich ist beispielsweise Fußball am Wochenende sein Privatvergnügen. Wenn er sich aber in guter Regelmäßigkeit verletzt und am Montag ausfällt, werden Sie das nicht einfach als gesetzt hinnehmen. Oder wenn einer von Freitag Abend bis Sonntag durchfeiert und am Montag kaum aus den Augen schauen kann und dann einen gelben Schein bringt, überschreitet das die Grenze der Verhältnismäßigkeit und Sie werden reagieren und beharrlich dran bleiben. Wenn es jemand darauf anlegt, muss ihm klar sein, dass er Sie nun an der Backe hat. Denken Sie ruhig auch mal über die Variante nach, seinen Fall im Team öffentlich zu machen, z.B. im Team-Meeting oder im Shopfloor. Die Gruppendynamik hat in solchen Fällen schon oft Einiges bewirkt.

Dokumentieren Sie die Umstände und Ergebnisse des Fehlzeitengespräches im Beisein des Mitarbeiters und erzeugen Sie somit Verbindlichkeit. Terminieren Sie das Folgegespräch (ca. 3-6 Monate) mit der Ankündigung, die Fehltage dann erneut zu überprüfen.

Bleiben die Krankentage des Mitarbeiter auch nach mehreren Fehlzeitengesprächen sehr hoch oder bleiben Fehlzeiten-Muster bestehen, binden Sie auf jeden Fall Ihre nächsthöhere Führungskraft und die Personalleitung mit ein.

c) Danke-Gespräch

Für den Fall, dass Ihr Mitarbeiter in einem Jahr keine Krankheitstage hat, wertschätzen Sie das in einem formlosen Danke-Gespräch. Das ist ja nicht unbedingt selbstverständlich.

3.5.4 Leitfaden #4: Eskalationsmodell

Das Eskalationsmodell ist ein 7-stufiges Modell aufeinander aufbauender Gespräche, das dann Anwendung findet, wenn normale Führungsgespräche ohne Wirkung bleiben und Sie als Führungskraft Gefahr laufen, sich in einer sogenannten Endlosschleife mit Ihrem Mitarbeiter wiederzufinden.

Oft hört sich das dann so an: „Wie oft soll ich es Ihnen denn noch sagen..." oder „Jetzt habe ich es Ihnen schon 100 Mal gesagt..." oder Ich habe den Eindruck, dass es bei Ihnen zum einen Ohr rein..." Ihre Gefühlslage lässt sich dabei zwischen hilflos, veralbert und verärgert beschreiben. Irgendwann reicht es Ihnen dann und Sie resignieren oder werden rabiat – beides ist unprofessionell und bringt Sie nicht wirklich weiter.

Ich habe das Eskalationsmodell entwickelt, damit Sie erst gar nicht unkontrolliert herum mäandern und sich einen Wolf reden müssen, sondern auf einen geradlinigen, professionellen Prozess zurückgreifen können, der einen Sachverhalt gezielt und kontrolliert eskaliert und zu einer Lösung führt ohne Kollateralschäden zu hinterlassen. Für den Mitarbeiter ist dieser übrigens völlig transparent.

Die Anwendungsfälle sind, wenn:

*   Führungsgespräche (entspricht 1.Gespräch im Modell) ohne Wirkung bleiben,
*   Vereinbarungen, die in einer der Gesprächsstufen des Modells getroffen wurden, nach einiger Zeit doch nicht mehr eingehalten werden, das heißt wenn sie nicht nachhaltig sind und der Mitarbeiter sozusagen rückfällig wird. Der erneute Einstieg ins Eskalationsmodell erfolgt dann übrigens genau an der Stelle, wo Sie es verlassen haben.

Mir ist wichtig, Folgendes an dieser Stelle festzustellen: es ist <u>nicht</u> das Ziel, das Eskalationsmodell jedes Mal bis zum bitteren Ende durchzuziehen. Ich bin generell der Meinung, dass eine Abmahnung oder ein Rausschmiss der Offenbarungseid einer Führungskraft ist. Dadurch gibt jemand zu, dass er nicht mehr weiter weiß. Ich bin weiter der festen Überzeugung, dass Mitarbeiter normalerweise kooperativ sind und nach der zweiten, spätestens aber nach der dritten Schleife, wieder an Board sind. Ich meine, um mit der Gauß´schen Normalverteilung zu sprechen, dass ca. 75% der Mitarbeiter so sind. In den Randbereichen müssen Sie leider hin und wieder auf solche Eskalationsmodelle zurückgreifen.

Dem Eskalationsmodell liegt übrigens auch zugrunde, dass es für Sie als Führungskraft besser ist, möglichst früh wahrzunehmen, rückzumelden und zu reagieren, um noch möglichst viele Handlungsoptionen zu haben und Situationen und Beziehungen noch „retten" zu können. Deshalb gibt es nach jedem Gespräch auch die Möglichkeit, den Ausgang zu nehmen.

1.Gespräch   direkte FK   Es ist noch alles ok

z.B. Führungsgespräch (evt. auch Regelgespräch)
Gemäß des Leitfadens Führungsgespräch, Feedback geben, zuhören und verstehen, offener Austausch, Vereinbarung treffen
Weich zum Menschen, ermuntern, Hindernisse beseitigen, Perspektiven, ich brauche Sie
Abschluss: Doku, n.T., lange Leine

2.Gespräch   direkte FK   Etwas ernster

Status feststellen, auf Grundlage der Doku

Stop ← ja ⟨ok?⟩
                nein
"Was hindert Sie daran, sich an die Vereinbarung zu halten?", offener Austausch, weich zum Menschen - hart in der Sache
Ihre Erwartungen und Anforderungen dem Mitarbeiter präzise erklären (Autobahn), Motivation hochhalten
Abschluss: Doku, n.T., kurze Leine

3.Gespräch   direkte FK   Anzählen

Status feststellen, auf Grundlage der Doku

Stop ← ja ⟨ok?⟩
                nein
Anzählen, "Spreche ich undeutlich?", Thema "Geisterfahrer" klären (love it - change it - leave it), evt. angemessene Sanktion
Gespräch evt. auf nächsten Tag vertagen mit der Aufgabe an den Mitarbeiter, darüber nachzudenken und Vorschläge zu machen
Abschluss (nach evt. Vertagung): Stellungnahme Mitarbeiter anhören, Doku, über weiteren Prozess informieren, n.T., kurze Leine

4.Gespräch   direkte FK   Weichenstellung, letzte Chance

Status feststellen, auf Grundlage der Doku

Stop ← ja ⟨ok?⟩
                nein
Klären, ob "Nicht-Können" oder "Nicht-Wollen", klarmachen, daß es seine letzte Chance ist, bevor es "offiziell" wird
Weichenstellung: Entscheidung von Mitarbeiter über weiteres Vorgehen einfordern (Kind= anordnen, Erwachsener= vereinbaren)
Gespräch vertagen mit der Aufgabe, nachzudenken und eine Entscheidung zu treffen, n.T.
Abschluss (nach Vertagung): Entscheidung des Mitarbeiters, entsprechend Doku, nächste FK + BR ankündigen, n.T., kurze Leine

5.Gespräch   direkte FK, nächste FK, BR   Es wird offiziell

Status feststellen, auf Grundlage der Doku

Stop ← ja ⟨ok?⟩
                nein
An einer Lösung arbeiten, Thema Geisterfahrer evt. nochmals aufgreifen
Abschluss: Doku, kurze Leine, ankündigen, daß nächstes Gespräch mit Personalleiter stattfindet, Ankündigung des Eintrages in Personalakte
Personalleiter anhand der Doku informieren, Vorgehen abstimmen und Termin vereinbaren

6.Gespräch   direkte FK, nächste FK, BR, Personalleiter   Es wird disziplinarisch

Status feststellen, auf Grundlage der Doku

Stop ← ja ⟨ok?⟩
                nein
An einer Lösung arbeiten
Entscheidung über eine disziplinarische Maßnahme (Ermahnung, 1.Abmahnung, versetzen)
Abschluss: Doku, Eintrag in die Personalakte, n.T., kurze Leine
Info an die GL, Absprache mit GL, BR und Personalleiter über weiteres Vorgehen

7.Gespräch   direkte FK, nächste FK, BR, Personalleiter, evt. GL   Finale Entscheidung

Status feststellen, auf Grundlage der Doku

Stop ← ja ⟨ok?⟩
                nein
An einer Lösung arbeiten
Entscheidung über eine nächste disziplinarische Maßnahme (2.Abmahnung, versetzen, Änderungskündigung, Vertragsauflösung, Kündigung)
Abschluss: Doku, Eintrag in die Personalakte, Entscheidung ankündigen
Absprache mit GL, BR und Personalleiter über weiteres Vorgehen, Mitarbeiter über die Entscheidung informieren

Begriffserklärungen und Erläuterungen zum Eskalationsmodell

direkte FK	direkte Führungskraft des Mitarbeiters
nächste FK	nächst höhere Führungskraft
BR	Betriebsrat
GL	Geschäftsleitung, Geschäftsführer, Vorstand, …
Abschluss	Gesprächsabschluss, dazu gehören die erwähnten Dinge
Doku	Saubere Dokumentation machen: Notizen und Maßnahmenplan auf Block, im Beisein des Mitarbeiters, der Mitarbeiter liefert (Affen!), ab 3.Gespräch eventuell sinnvoll, unterschreiben zu lassen
n.T.	nächsten Termin ausmachen
kurze Leine	beobachten, Kontrolle der Umsetzung, individuell Zwischenfeedback geben, Doku der Beobachtungen und Ergebnisse
lange Leine	beobachten, Kontrolle der Umsetzung, Einschätzen der Wirkung, eventuell Doku
Status feststellen	Gegenseitiges Feedback über die Einschätzung der Wirksamkeit der vereinbarten Maßnahmen. Stellen Sie fest, ob Sie damit schon zufrieden sind. Wenn ja – stopp und Modell verlassen, wenn nein – weitermachen
Geisterfahrer	Siehe Kapitel 3.1.4 „Autobahn" love it – change it – leave it Möglicherweise müssen Sie gar nicht mehr weiter eskalieren, sondern dieses Grundsatzgespräch mit Ihrem Mitarbeiter führen mit der Aufforderung, sich zu entscheiden
angemessene Sanktion	z.B. andere Aufgabe geben, "Hof kehren", das heißt unbeliebte Aufgaben übertragen, nach Hause schicken, Kompetenzen beschneiden, temporär versetzen, …
weiterer Prozess	Im 3.Gespräch machen Sie dem Mitarbeiter transparent, dass Sie sich mit ihm im Eskalationsmodell bei Stufe 3 befinden und wie die nächsten Schritte aussehen. Es ist keine Endlosschleife vorgesehen
„Nicht-Können" „Nicht-Wollen"	Geben Sie dem Mitarbeiter mit einer Ich-Botschaft eine klare Rückmeldung hinsichtlich seiner mangelnden Kooperation, dass Sie dieses Gespräch unterbrechen werden und dass Sie nun eine Spielregel einführen. "Sie haben jetzt genau zwei Möglichkeiten, wie unserer Gespräch weiterlaufen kann und ich möchte, dass Sie sich bis zum nächsten Termin überlegen, für welche der beiden Möglichkeiten Sie sich entscheiden: Ich behandle Sie a) wie einen Erwachsenen, oder b) wie ein Kind. Erwachsener heißt: "Sie behalten die Kontrolle für sich selbst. Sie lassen sich auf mich und dieses Gespräch ein und sind bereit, ernsthaft an einer Lösung zu arbeiten. Wir treffen eine Vereinbarung und jeder von uns übernimmt die Verantwortung für das Gelingen."

	Kind heißt:
	„Ich übernehme die Kontrolle über Sie. Ich höre auf zu diskutieren, beende dieses Gespräch und nutze meine Kompetenz als Ihre Führungskraft, indem ich Ihnen detailliert vorschreibe, was Sie zu tun und zu lassen haben. Eine Zuwiderhandlung verstehe ich dann als Arbeitsverweigerung, was die einschlägigen disziplinarischen Konsequenzen nach sich zieht." „Ich selbst würde Sie lieber als Erwachsenen behandeln, ich kann aber auch Kind. Sie haben die Wahl."
Über die Entscheidung informieren	Im 7. Gespräch ist in der Regel nicht mehr viel zu reparieren. Treffen Sie unter Einbezug aller nötigen Beteiligten eine Entscheidung und teilen Sie diese dem Mitarbeiter mit.

„Wenn zwei verantwortlich sind, ist keiner verantwortlich."

Ungarn

3.6 Dienstweg

In diesem Kapitel möchte ich Ihnen die Konsequenzen aufzeigen, die die Einführung von Hierarchien in Organisationen mit sich bringt und die damit verbundenen Regeln transparent machen, die es folglich einzuhalten gilt. Ich erlebe in vielen KMU Unternehmen wenig Bewusstsein dafür und auch eine sehr laxe Handhabung dieser Regeln.

Einige Beispiele:

- Ihr Chef gibt einem Mitarbeiter Ihrer Abteilung die Anweisung, Auftrag X dem Auftrag Y vorzuziehen; er greift in Ihre Planung ein
- Ihr Chef zieht kurzfristig einen Ihrer Mitarbeiter ohne Ihr Wissen für zwei Stunden ab; Sie wussten nichts davon
- Ihr Mitarbeiter geht zu Ihrem Chef, um dort den Urlaub zu bekommen, den Sie ihm nicht genehmigt haben; Sie werden hintergangen
- …

Kennen Sie diese Situationen? Höchstwahrscheinlich ja und höchstwahrscheinlich schlagen Sie sich auch mit den unangenehmen Folgen dieser Praxis herum: man versucht immer wieder, Sie auszuspielen, Ihr Mitarbeiter ist verunsichert, weil er nicht weiß, wer jetzt sein Chef ist. Sie haben den Eindruck, dass Sie nicht mehr ernst genommen werden und dass es an Respekt Ihnen gegenüber mangelt, Sie fühlen sich nicht stark gegenüber Ihren Mitarbeitern, Sie tun sich schwer, sich bei Ihren Mitarbeitern durchzusetzen (Wirksamkeit), Sie werden als Führungskraft vielleicht sogar in Frage gestellt, Ihr Team hält Termine nicht, und so weiter.

Egal, in welcher Führungsebene Sie selbst sind, es gibt immer ein oben und unten. Wie gehen Sie also mit solchen Situationen um? Was machen Sie dann? Welche Regeln gibt es in Ihrem Unternehmen diesbezüglich? Gibt es überhaupt Regeln?

Ich möchte Ihnen drei wesentliche Szenarien zum Thema Dienstweg aufzeigen, sowie die Folgen, wenn Sie nicht auf Dysfunktionen reagieren und die dazugehörigen Abstellmaßnahmen.

Szenario #1: Ihr Chef umgeht Sie

indem er direkt auf Ihren Mitarbeiter zugreift, z.B. um eine Anweisung zu geben oder ihn für etwas anderes abzuziehen

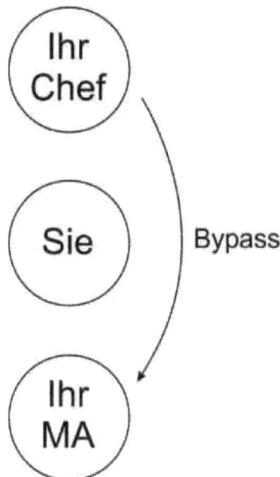

Folgen:

1. Tut er das, schwächt er Sie
2. Der Mitarbeiter ist verunsichert, wer jetzt das Sagen hat
3. Ihr Chef macht Ihren Job und übernimmt die Verantwortung

Ihre Maßnahmen:

- Rückmeldung an Chef: „Ich fühle mich in meiner Führung geschwächt, wenn Sie direkt auf meinen Mitarbeiter zugreifen (Ich-Botschaft). Bitte weisen Sie nichts direkt an, in Zukunft bitte nur über mich oder meinen Stellvertreter."
- Vereinbarung mit dem Mitarbeiter: „Sie nehmen keine Anweisungen von Dritten entgegen, sondern nur von mir, schicken Sie den Chef bitte das nächste Mal zu mir."

Szenario #2: Ihr Mitarbeiter umgeht Sie

indem er mit einem Anliegen direkt zu Ihrem Chef geht, z.B. weil er mit etwas nicht einverstanden ist oder weil er Urlaub möchte, …

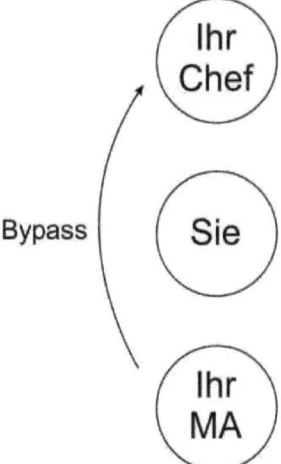

Folgen:

1. Lässt Ihr Chef das zu, schwächt er Sie
2. Ihr Chef macht es dem Mitarbeiter leicht, Sie auszuspielen
3. Ihr Chef macht Ihren Job und übernimmt die Verantwortung

Ihre Maßnahmen:

- Vereinbarung mit Ihrem Chef: „Natürlich dürfen Sie meinem Mitarbeiter zuhören und sich informieren, aber bitte entscheiden Sie nichts oder weisen Sie nicht an, sondern schicken Sie ihn zu mir und informieren Sie mich umgehend über seinen Besuch bei Ihnen."
- Rückmeldung an den Mitarbeiter: „Machen Sie das bitte nie wieder! Wenn Sie etwas regeln wollen, dann machen Sie das mit mir. Kommen wir zu keinem Ergebnis gehen wir zusammen zum Chef."

Szenario #3: Ihr Kollege umgeht Sie

indem er direkt auf Ihren Mitarbeiter zugreift, z.B. um eine Anweisung zu geben oder ihn zu korrigieren

Folgen (wie in Szenario #1):

1. Tut er das, schwächt er Sie
2. Mitarbeiter ist verunsichert, wer jetzt das Sagen hat
3. Ihr Kollege macht Ihren Job und übernimmt die Verantwortung

Ihre Maßnahmen (wie in Szenario #1):

- Rückmeldung an den Kollegen: „Ich fühle mich in meiner Führung geschwächt, wenn Sie direkt auf meinen Mitarbeiter zugreifen (Ich-Botschaft). Bitte weisen Sie nichts direkt an, in Zukunft bitte nur über mich oder meinen Stellvertreter."
- Vereinbarung mit dem Mitarbeiter: „Sie nehmen keine Anweisungen von Dritten entgegen, sondern nur von mir, schicken Sie bitte den Kollegen das nächste Mal zu mir."

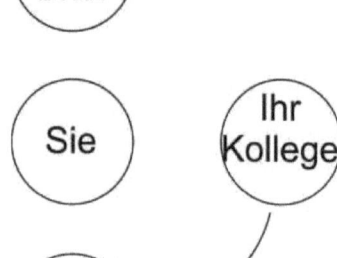

In allen drei Szenarien wird Ihre Position geschwächt und damit Ihre Führungswirksamkeit untergraben. Ich beobachte das häufig noch in kleineren Unternehmen, oft auch inhabergeführt. Die vermeidbaren Auswirkungen habe ich zu Beginn dieses Kapitels beschrieben: Sie schlagen sich zunehmend mit Dingen herum, die es gar nicht gäbe, würden die Regeln des Dienstweges eingehalten werden.

Korrigieren Sie diese Dysfunktionen und stellen Sie klare Regeln auf, auch wenn das in Ihrer Firma noch nicht so üblich ist oder noch keiner so genau darauf geachtet hat oder sich der Inhaber darüber hinweg setzt mit dem Argument, es sei ja schließlich seine Firma.

Ihr Führungsanspruch sagt: ich bin für meine Abteilung verantwortlich und alle wesentlichen Prozesse von außen laufen über mich. Ich übernehme 100% Verantwortung und daher möchte ich auch 100% beeinflussen können. Das ist die eine Seite der Medaille. Auf der anderen steht, die Verantwortung auch dann zu übernehmen, wenn es anspruchsvoll wird, z.B. auch in den Fällen, in denen es bisher einfacher war, den Mitarbeiter direkt an den Chef weiterzuleiten, z.B. niedrige Leistung ansprechen oder Fehlverhalten korrigieren. Sie sind erster Ansprechpartner für den Mitarbeiter, also regeln Sie auch die Dinge mit ihm. Erst, wenn Sie nicht mehr weiterkommen, eskalieren Sie nach oben (siehe auch Kapitel 3.5.4 Eskalationsmodell).

Dienstweg, das ist zugegebenermaßen ein sehr trockener Begriff, der häufig mit dem Adjektiv „beamtenmässig" belegt ist. Ich möchte an dieser Stelle betonen, dass ich nichts von Abschottung von Mitarbeitern halte oder von starren (starrsinnigen?) Prozessen, ganz im Gegenteil. Die formalen Organisationsmodelle erwachen erst zum Leben, wenn die informellen Strukturen funktionieren. Machen Sie sich aber trotzdem bewusst, dass ein gutes Funktionieren von Hierarchien, die Einhaltung der oben beschriebenen Regeln voraussetzt. Wenn Ihnen das alles zu starr ist, empfehle ich Ihnen, bei den sogenannten agilen Führungsmodellen reinzuschauen.

3.7 Führen in Veränderung (Change Management)

In unserer schnelllebigen Zeit, in der die Innovationsgeschwindigkeit schon tendenziell zu hoch ist, sind Sie als Führungskraft auch immer ein Veränderungsmanager. „Nichts ist so beständig wie der Wandel" heißt es. Sie können mir bestimmt genügend Beispiele dafür geben. Im Business sind das sehr häufig Marktveränderungen, Konsumentenveränderungen, Moden, neue Organisationsformen (z.B. Shopfloor, Industrie 4.0, etc.), interne Umstrukturierungen, die Firma ist abgebrannt, die Firma ist insolvent, und so weiter. Im privaten geht der Partner fremd, eine Krankheit (Herzinfarkt, Bandscheibe, Burnout, Krebs, …), plötzliche finanzielle Schwierigkeiten, Tod von Angehörigen, und so weiter.

Wie man mit Veränderungen persönlich umgehen kann, ist sehr schön im Buch „Die Mäusestrategie" beschrieben (siehe Kapitel Umgang mit Krisen). Um Veränderungsprozesse allerdings besser zu verstehen und sich im betrieblichen Kontext eine entsprechende Führungsstrategie zurecht legen zu können, gibt es zwei aussagekräftige Modelle: der Prozess nach Levy und das Change House.

3.7.1 Der Veränderungsprozess nach Levy

Dieses Denk- und Verfahrensmodell beschreibt meines Erachtens sehr klar und transparent, in welchen Schritten sich eine Krisenbewältigung vollzieht. Auch die Trauerbegleitung orientiert sich übrigens stark daran. Eine der Kernaussagen ist, dass jeder Schritt notwendig ist und zugelassen werden muss, es darf nichts übersprungen werden. Wie lange man in den einzelnen Schritten verweilt, ist individuell unterschiedlich. Ob das bei Ihnen selbst ist oder ob Sie einen Mitarbeiter durch eine Krisensituation führen, der Prozess ist identisch.

1 • **Ereignis tritt ein**
(Tod, Arbeitsplatzverlust, Markt, Wetter, Veränderung, Neuigkeit...)

2 • **Schock, Überraschung**
(Starre, durch den Wind, Erstaunen, körperliche Reaktionen, nichts tun)

3 • **Ablehnung, Ärger, nein**
(alles wird negiert, keine Akzeptanz, keine Annahme des Ereignisses, ungerecht)

4 • **Rationale Einsicht**
(kopfgesteuert, ok, das Beste draus machen, pos.Seiten suchen, noch unsicher)

5 • **Emotionale Akzeptanz**
(bauchgesteuert, jetzt ist es durch, Chancen sehen, Selbstsicherheit wächst)

6 • **Ausprobieren**
(mutig genug, Lust danach, Prozess erleben, Ideen generieren)

7 • **Erkenntnis, Erfahrungen machen**
(erste Erfahrungen, Erfolge spornen an, Mißerfolge deprimieren, schwankend)

8 • **Erfolg, Stabilisierung**
(ich komme zurecht, es stabilisiert sich, ich stelle um)

9 • **Anerkennung, Verinnerlichung**
(Point of no Return, es ist verinnerlicht und angenommen)

Nehmen Sie mal an, Sie würden Ihrem Mitarbeiter im Vertriebsinnendienst eröffnen, dass er aufgrund von Marktverschiebungen nicht mehr die Vertreter in Osteuropa betreut, sondern in Zukunft die von Asien, was für ihn eine durchaus gravierende Veränderung bedeutet. Was müssten Sie jetzt führungstechnisch beachten? Genau, lassen Sie ihn „trauern", wenn nötig. Er darf schockiert sein und Sie gewähren ihm einen gewissen Raum für Ablehnung und Ärgern. Erst wenn er das ausleben durfte, ist er bereit, sich von Ihnen auf den Weg einer Lösungsfindung mitnehmen zu lassen.

3.7.2 Das Change House

Geht es um Veränderungsprozesse, kommt man (neben Levy) um das Change House als praktisches Erklärungsmodell nicht herum, denn es beantwortet einige interessante Fragen: In welcher Phase stecken wir oder einzelne Mitarbeiter gerade? An welcher Denke oder an welchem Verhalten können Sie das fest machen? In welcher Rollen befinden Sie sich je nach Phase? Wie passen Sie dementsprechend Ihren Führungsstil an?

Interessanterweise durchläuft man bei Veränderungen die Zimmer immer in der gleichen Reihenfolge. Im Zimmer der Selbstzufriedenheit ist man zufrieden mit sich und der Welt, sonnt sich eventuell auf dem Balkon im eigenen Ruhm. Nach dem Ereignis geht man in das Zimmer der Verweigerung, ärgert sich. Manche bleiben für immer und ewig im Verlies. Wenn der Druck anhält, wechselt man in das Zimmer der Verwirrung, ist frustriert und verunsichert. Manche nehmen hier die Hintertüre und verlassen das Unternehmen. Und irgendwann geht man in das Zimmer der Erneuerung, wo man zupackt und die Zukunft gestaltet. Bis man vielleicht dann wieder im Zimmer der Selbstzufriedenheit landet. Die Aufenthaltsdauer in jedem Zimmer kann übrigens unterschiedlich sein. Das dauert eventuell einige Minuten oder auch mehr als ein Jahr.

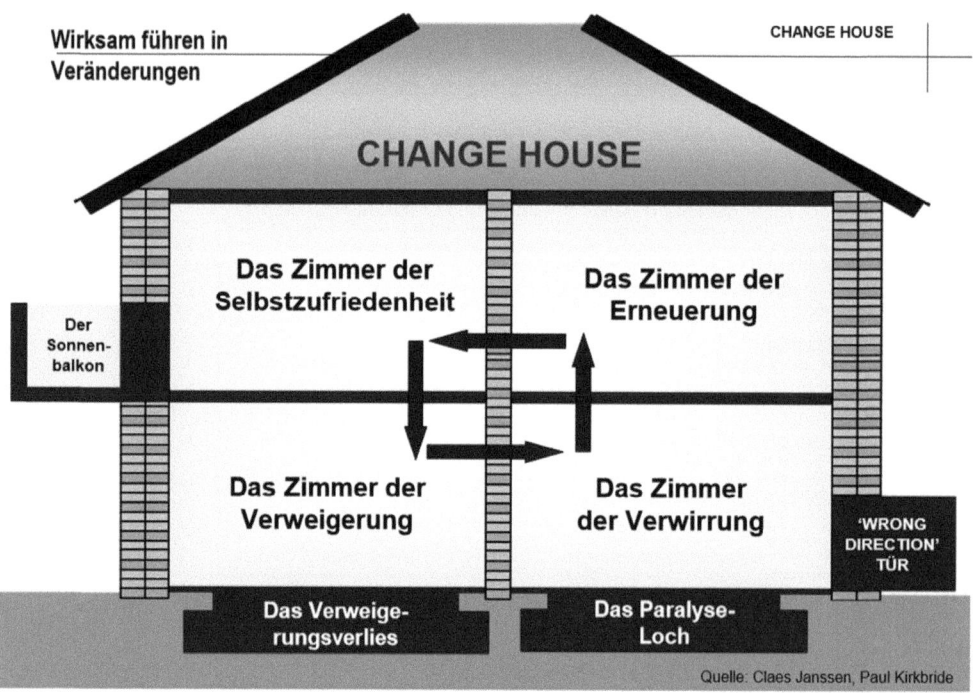

Ich möchte Ihnen das im Folgenden die Zimmer detailliert erklären.

Das Zimmer der Selbstzufriedenheit (Levy: Schock, Überraschung): „Muss das wirklich sein?"

Das sagen wir	So verhalten wir uns. Wir…
• Wir sind doch die Besten	• ignorieren die Außenwelt
• Die da oben wollen das ja so	• lassen und viel Zeit
• Die Kunden sollen froh sein, …	• sind arrogant
• Dazu haben wir jetzt keine Zeit	• haben den Wettbewerb nicht im Blick
• Das ist nur vorübergehend	• schwärmen von der Vergangenheit
• Wir machen doch Gewinne	• fokussieren uns auf das Tagesgeschäft
• Unser Geschäft läuft doch	• machen alles wie immer
• Den anderen geht´s auch nicht besser	• haben wenig bis keine Innovationsdynamik

Ansätze zur Mitarbeiterführung

Ihre Rolle in diesem Zimmer: *Spinner, Hofnarr*

Erwarten: Ihre Mitarbeiter beginnen, über Veränderungen nachzudenken und dass es notwendig ist

Nicht erwarten: Ihre Mitarbeiter werden es noch nicht akzeptieren, dass die Veränderung unumgänglich ist

• Akzeptieren Sie, dass Sie die Mitarbeiter schockieren werden
• Reden Sie viel mit Ihren Mitarbeitern, nehmen Sie sie mit
• Akzeptieren Sie, dass Ihre Mitarbeiter Sie für völlig duchgeknallt halten werden
• Wachrütteln, Teufel an die Wand malen
• Vieles in Frage stellen, gemeinsam über den Tellerrand schauen, SWOT, PDCA
• Erzeugen Sie Aufbruchstimmung durch neues Denken
• Entwickeln Sie gemeinsam Visionen und Leitbilder
• Brechen Sie Strukturen auf, bewegen Sie die Mitarbeiter (auch physisch), verlagern Sie Abteilungen

Das Zimmer der Verweigerung (Levy: Ablehnung, Ärgern, nein), „Nicht mit mir!"

Das sagen wir	So verhalten wir uns. Wir…
• Wir haben es immer so gemacht	• glorifizieren die Vergangenheit
• Das ist nur wieder so eine Modeerscheinung	• verteidigen den Status Quo
• Bei uns ist das etwas anderes	• sind aggressiv und arbeiten gegeneinander
• Warum gerade wir?!	• kommunizieren nicht offen miteinander
• Der ganzen Branche geht es doch schlecht	• schönen Berichte und Zahlen
• Das funktioniert sowieso nicht	• hören Mitarbeitern nicht zu
• Die anderen sind schuld	• köpfen den Überbringer unangenehmer Nachrichten
• Mit meiner Mannschaft geht das doch gar nicht	
• Die spinnen in der Zentrale	

Ansätze zur Mitarbeiterführung

Ihre Rolle in diesem Zimmer: *Prügelknabe, Richter*

Erreichbar: Ihre Mitarbeiter denken darüber nach, dass einiges verändert werden sollte

Noch nicht: Ihre Mitarbeiter verstehen noch nicht, was alles zu tun ist und welche Ihre Rolle ist

- Akzeptieren Sie, dass Widerstand dazu gehört und dass die Mitarbeiter noch nicht mitziehen werden
- Beziehen Sie Ihre Mitarbeiter so früh wie möglich in die Veränderungsprozesse ein
- Zeigen Sie Respekt für das Früher und verzichten Sie auf Schuldzuweisungen
- Nehmen Sie die Sorgen, Bedenken und Ängste ernst und hören Sie zu
- Werden Sie nicht müde, die Vision aufzuzeigen und den Plan verständlich zu machen
- Sind Sie weich zum Menschen, aber hart in der Sache und sehr konsequent
- Leben Sie die Veränderung selbst vor (auch wenn es Ihnen manchmal selber noch schwer fällt)

Das Zimmer der Verwirrung (Levy: Rationale Einsicht), „Kann mir eigentlich einer sagen, wo es lang geht?"

Das sagen wir	**So verhalten wir uns. Wir…**
- Jeder erzählt was anderes - Wie konnte es nur dazu kommen? - Wir brauchen neue Konzepte/Berater - Was haben wir bloß falsch gemacht? - Ich habe das schon lange kommen sehen - Hilfe!!	- trauern - sind frustriert - sind depressiv oder verärgert - ziehen uns zurück - beschuldigen andere - sind total verunsichert - verlieren die Orientierung - setzen noch mehr Arbeitskreise ein - werden langsam, drehen uns im Kreis

Ansätze zur Mitarbeiterführung

Ihre Rolle in diesem Zimmer: *Missionar, Sanitäter, gute Fee, Spielertrainer*

Erreichbar: Ihre Mitarbeiter verstehen, was alles getan werden muss (Plan) und Ihre neue Rolle

Noch nicht: Ihre Mitarbeiter werden noch in alte Gewohnheiten zurückfallen, „die gute alte Zeit"

- Bleiben Sie sehr präsent für Ihre Mitarbeiter, geben Sie dadurch Sicherheit
- Akzeptieren Sie, dass Ihre Mitarbeiter trauern müssen und dürfen und begleiten Sie sie dabei
- Kommunizieren Sie weiter die Vision und halten Sie die Richtung (Leitbild, Plan)
- Binden Sie Ihre Mitarbeiter immer mehr ein, die Wege selbst festzulegen, Verantwortung zu übernehmen
- Ermuntern Sie Ihre Mitarbeitern zum Experimenten und Ausprobieren
- Helfen Sie Ihren Mitarbeitern weiter, ohne gleich den Affen zurückzunehmen
- Ermutigen Sie Ihre Mitarbeiter, offen über Gefühle zu reden, Feedback zu geben
- Verstärken Sie positiv, erwischen Sie jemand, wenn er etwas gut gemacht hat
- Geben Sie zeitnahes Feedback über Ergebnisse, visualisieren Sie Ergebnisse (Shopfloor)
- Fordern Sie eine Entscheidung von Ihren Mitarbeitern ein (Thema Autobahn!)
- Versichern Sie auch, was sich nicht verändern wird

Das Zimmer der Erneuerung (Levy: Emotionale Akzeptanz), „Yes we can!"

Das sagen wir	So verhalten wir uns. Wir…
• Packen wir es an!	• übernehmen Verantwortung
• Lass es uns gemeinsam probieren	• sind auch mal enthusiastisch
• Es geht nur, wenn wir zusammenarbeiten	• kommunizieren professionell
• Jetzt verstehe ich	• trauen uns wieder mehr zu (Selbstverstrauen)
• Es war hart, aber wir haben es geschafft	• akzeptieren Ungewissheiten
• Jetzt sind wir stärker und es hat sich gelohnt	• sind flexibel und kreativ
• Hätte mir das einer vor 1 Jahr noch gesagt	• verbessern uns kontinuierlich (PDCA)
• Es ist besser als erwartet	• setzen neue Ziele
• Wir können es noch besser	
• Wo ist die nächste Herausforderung	

Ansätze zur Mitarbeiterführung

Ihre Rolle in diesem Zimmer: *Coach, Moderator, Kompass, Trainer*

Erreichbar: Ihre Mitarbeiter verstehen, dass Veränderung niemals endet, sie haben viel Energie und Lust auf weitere Veränderungen

Noch nicht: --

• Seien Sie Vorbild!
• Feiern Sie Erfolge der Mitarbeiter
• Etablieren Sie Shopfloor Management zur Messung und Kontinuierlichen Verbesserung
• Keine Bestrafung von schiefgelaufenen Experimenten
• Ziehen Sie sich mehr aus dem Tagesgeschäft zurück und lassen Sie Ihre Mitarbeiter machen
• Sie kicken nicht mehr mit, Sie trainieren
• Coachen Sie Ihre Mitarbeiter, lassen Sie die Affen bei ihnen
• Sind Sie sehr wachsam und tun Sie alles, damit niemand in die Selbstzufriedenheit rutscht

Wichtig für Sie als Führungskraft ist,

- zu wissen, dass es diesen Zyklus gibt,
- zu akzeptieren, dass man nicht einfach in das Zimmer der Erneuerung hüpfen kann
- zu akzeptieren, Mitarbeitern Zeit zu geben, die Zimmer zu durchlaufen, sie also mitzunehmen
- und dass Sie die Mitarbeiter je nach Zimmer unterschiedlich führen.

3.8 Sechs Schlüsseleigenschaften

In den vorausgegangenen Kapiteln habe ich immer wieder auf besondere Eigenschaften einer Führungskraft – ich nenne sie Schlüsseleigenschaften – hingewiesen. Ich möchte sie in diesem Kapitel etwas näher erläutern.

Meines Erachtens scheitert Führung nicht immer an einem Fehlen oder dem ungeschickten Gebrauch von Kommunikations- und Führungstools, sondern eher am Fehlen dieser Schlüsseleigenschaften. In den letzten 20 Jahren meiner Arbeit mit Führungskräften bin ich auf insgesamt sechs solcher Eigenschaften gestoßen, die aus meiner Sicht darüber entscheiden, ob man in der Führung erfolgreich wird oder im Mittelmaß verharrt.

Es sind dies:

1 Mut	Sich überwinden, Dinge zu klären und Dysfunktionen zu korrigieren
2 Beharrlichkeit	Dran bleiben, es ist Ihr Anspruch, dass sich der andere auf Sie einlässt
3 Aushalten	Für Sie emotional anspruchsvolle Zustände aushalten, nicht umfallen
4 Konsequent	Regeln definieren, Feedback zeitnah geben, Affenmanagement
5 Diszipliniert	Vorbild sein, eigene Hygiene, Dinge tun, die getan werden müssen
6 Bewusst	Bewusst sein, bewusst wahrnehmen und bewusst handeln

Die Reihenfolge hat nichts zu sagen, es sind alle Eigenschaften gleich wichtig, sie hängen alle miteinander zusammen.

1 Mut

In allererster Linie meine ich damit den Mut, die eigene Unangenehm-Schwelle zu überschreiten, Dinge anzusprechen, zu klären und Dysfunktionen zu korrigieren. Dinge, die man aus Gründen der Höflichkeit o.ä. oft glaubt, nicht ansprechen zu dürfen und das dann auch noch in einer für andere ungewohnten Offenheit und Direktheit. Dysfunktionen, die im Sinne des Unternehmens oder Ihrer Werte zu korrigieren sind.

Wer annimmt, dass jemand (Mitarbeiter, Kollege, Chef, etc.) schon noch selber drauf kommt und man da ruhig etwas geduldiger sein kann (sprich: nicht mutig) und vielleicht nur mal mit zarten Hinweisen arbeitet, der wird allzu häufig herbe enttäuscht und ist dann doch gezwungen, größere Geschütze auszupacken, weil sich Dinge eingeschlichen haben, die aus der Sicht der Führungskraft oder des Unternehmens nicht okay sind.

Bei aller Unannehmlichkeit für alle Beteiligten, einen Vorteil hat es, mutig zu sein: Dinge oder Dysfunktionen werden sehr früh angesprochen und können somit relativ leicht korrigiert werden, ohne viel Stress, ohne dass etwas anbrennt. Gemäß dem Motto „Wehret den Anfängen".

Seien Sie mutig – es wird erfahrungsgemäß nicht schlimmer als vorher, fast immer besser. Man nennt das dann *führen*.

2 Beharrlichkeit

Die Erfahrung lehrt, dass es häufig nicht ausreicht, Dinge einmalig anzusprechen. Eine nachhaltige Wirkung erhalten Sie erst, wenn Sie auch „dran bleiben". Damit meine ich aber nicht die sogenannte Schallplatte mit Sprung, das heißt, dass Sie mantraartig ermahnen und immer wieder die gleichen Dinge ansprechen. Das bleibt in der Regel ohne Wirkung, weil der andere auf „Durchzug" schaltet und denkt, lass ihn nur reden, ich kann es ja aussitzen (siehe auch konsequent). Nein, mit dran bleiben, also beharrlich sein, meine ich Ihren Anspruch, dass wenn Sie etwas ansprechen, Sie dann auch eine Reaktion des anderen erwarten. Das kann eine Entscheidung, eine Verhaltensänderung oder eine Vereinbarung sein, das „Sich-Einlassen" auf Ihren Versuch, etwas zu korrigieren, eine Entscheidung zu fordern oder ganz einfach die Beantwortung einer von Ihnen gestellten Frage.

Mit dieser Beharrlichkeit signalisiert der Profi dem Mitarbeiter unausgesprochen, dass er seinen Chef nicht los wird, bis er kooperiert. Die Zeit, bis er sich auf Sie einlässt, kann unter Umständen über Tage, Wochen, vielleicht sogar Monate gehen, das heißt Gespräche werden Sie in solchen härteren Fällen dann auch unterbrechen und zu einem definierten späteren Zeitpunkt genau an der Stelle fortsetzen, wo Sie es unterbrochen haben. Signal an den Mitarbeiter: er kommt nicht raus aus dieser Nummer. Dann heißt es auch *Aushalten* (siehe nächste Eigenschaft). In aller Regel geht es aber wesentlich schneller (z.B. innerhalb eines Gespräches), weil Menschen meiner Erfahrung nach normalerweise kooperieren.

Seien Sie beharrlich – es wird erfahrungsgemäß nicht schlimmer als vorher, fast immer besser. Man nennt das dann *führen*.

3 Aushalten

Wenn Sie Dinge ansprechen und klären oder jemanden korrigieren, wird dieser nicht immer begeistert von Ihnen sein und lässt Sie das mit entsprechenden Reaktionen auch spüren. Diesen Zustand aus- und durchzuhalten, bis das Klima oder die Beziehung wieder besser wird und eben nicht umzufallen oder um des lieben Friedens willen nachzugeben, ist dann Ihre eigentliche Leistung. Denken Sie auch mal ganz praktisch an folgende Gesprächssituation: Sie haben Ihrem Mitarbeiter eine Frage gestellt und aus noch nicht identifizierten Gründen kommt keine Antwort. Damit entsteht eine Leere, ein Schweigen, das nur schwer auszuhalten ist – übrigens nicht nur für Sie, sondern auch für den Mitarbeiter. Der Amateur macht dann gerne den Fehler und füllt diese Leere mit sinnlosen Worten, weiteren Fragen oder mit Lösungsvorschlägen, was immer einen kleinen Sieg für den anderen bedeutet, weil der Affe jetzt wieder bei der Führungskraft sitzt. Der Profi hält diese paar Momente bewusst aus und belässt den Affen dort, wo er hingehört. Der Mitarbeiter hat in diesem Fall Bringschuld.

Halten Sie es aus – es wird erfahrungsgemäß nicht schlimmer als vorher, fast immer besser. Man nennt das dann *führen*.

4 Konsequent

Eines der Zauberwörter bei der Kindererziehung ist *konsequent*. Leider hat der Ausspruch „Das ist hier ja wie im Kindergarten!" im Führungskontext manchmal eine gewisse Berechtigung. Ich neige in diesen Fällen allerdings dazu, primär nicht die Kinder - Entschuldigung - die Mitarbeiter zu tadeln, sondern Sie, die Führungskraft. Ihr Team ist lediglich der Spiegel Ihrer Führung. Der Amateur hat nicht immer klare Regeln. Mal lässt er etwas durchgehen, dann wieder ahndet er es – und keiner kennt sich am Ende mehr damit aus, was nun gilt. Natürlich wird dann ständig ausprobiert, wie weit man gehen kann und es werden unter Umständen Grenzen ausgetestet (Kindergarten). Der Profi definiert die Regeln, trifft Entscheidungen und gibt bei Verstoß *jedes* Mal Feedback und bei *jedem*. Das ist anfangs zwar anstrengend, aber das legt sich, wenn sich herumgesprochen hat, dass er so tickt. Und damit hat er auch das Thema Gerechtigkeit im Griff, auf das Mitarbeiter sehr genau achten.

Konsequent sein im Sinne von „die Verantwortung da lassen, wo sie hingehört" ist eine weitere Facette, die beim Thema Delegation und Coaching (Klammeraffen) eine weitreichende Rolle spielt. Konsequent sein hat übrigens auch viel mit Disziplin zu tun (siehe nächste Eigenschaft).

Seien Sie konsequent – es wird erfahrungsgemäß nicht schlimmer als vorher, fast immer besser. Man nennt das dann *führen*.

5 Diszipliniert

Bei dieser Eigenschaft möchte ich, dass Sie Ihr Augenmerk verstärkt auf sich selbst richten. Diszipliniert verbinde ich vordringlich damit ein Vorbild zu sein. Damit meine ich nicht etwa mustergültig, moralisch oder verkrampft, sondern so zu leben und zu handeln, dass es authentisch zum eigenen Anspruch passt. Das ist in meinen Augen ein hoher Anspruch, der anstrengend ist und den man, wenn man ehrlich ist, nicht immer erfüllen kann. Fragen Sie Ihre Mitarbeiter.

Des weiteren ist es für mich ein Zeichen von Disziplin, auch auf die eigene Hygiene zu achten. Damit meine ich wach genug zu sein, um sich nicht vom Umfeld (Mitarbeiter, Chefs, Kollegen, Kunden, Familie, Freunde) vereinnahmen zu lassen und nur noch zu funktionieren. Achten Sie auf Ihre Balance.

Dinge tun, die getan werden müssen, zähle ich als dritten Aspekt zur Disziplin. Immer wieder über die persönliche Unangenehm-Schwelle zu gehen und sich den entsprechenden Reaktionen aus dem Umfeld auszusetzen, bedarf Nehmerqualitäten und muss sehr bewusst getan werden (siehe nächste Eigenschaft).

Seien Sie diszipliniert – es wird erfahrungsgemäß nicht schlimmer als vorher, fast immer besser. Man nennt das dann *führen*.

6 Bewusst

Unter dem Begriff „bewusst" vereinige ich drei Aspekte. Zum einen meine ich damit selbst-bewusst zu sein, das heißt sich seiner selbst bewusst zu sein. Machen Sie sich klar, wer Sie sind, wie Sie ticken, machen Sie sich Ihre Haltung klar und entwickeln Sie Ihr passendes Leitbild. Dadurch sind Sie authentisch und müssen sich nicht verstellen.

Mit dem zweiten Aspekt fordere ich Sie auf, die Menschen in Ihrem Umfeld bewusst wahrzunehmen. Hören Sie nicht nur zu, sondern schauen Sie auch zu (Körpersprache). Nehmen Sie Signale von anderen bewusst wahr und melden Sie Ihre Eindrücke zurück, um sie besser zu verstehen, schädliche Spielchen abzustellen und Missverständnissen vorzubeugen. Achten Sie auf den DISG-Typ und machen Sie sich klar, wen Sie gerade vor sich haben.

Und damit kommen wir zum dritten Aspekt: handeln Sie dementsprechend bewusst und absichtlich. Wie tickt Ihr Gegenüber, was sagt er (Sprache), was meint er (Körper), welches Manöver fährt er gerade, was treibt ihn an – versuchen Sie, all diese Signale und Eindrücke zu verstehen, greifen Sie in Ihre Werkzeugkiste und handeln Sie dann entsprechend bewusst und absichtlich.

Seien Sie bewusst – es wird erfahrungsgemäß nicht schlimmer als vorher, fast immer besser. Man nennt das dann *führen*.

4 Tools zur Führung von Gruppen

Wann führen bzw. moderieren Sie im Normalfall Gruppen von Menschen?

- In einmaligen Meetings, zu dem Sie aus einem bestimmten Anlass eingeladen haben
  z.B. Besprechung, Workshop, o.ä.,
- In Regelmeetings
  z.B. Teammeeting, Shopfloor, Projektmeeting
- In Vermittlungsgesprächen
  z.B. zwischen zwei oder mehreren Mitarbeitern, o.ä.
- Eventuell noch in Schulungssituationen
  z.B. Sie schulen Mitarbeiter

Wie das Setting auch sein mag, ich bin felsenfest davon überzeugt, dass der Erfolg im Wesentlichen davon abhängt, wie gut Sie solche Gruppensituationen leiten, sprich moderieren. Und mit Erfolg meine ich das konkrete Ergebnis an sich, das Verhältnis von Zeitaufwand zu Ergebnis, also die Produktivität, wie gut Ergebnisse visualisiert bzw. dokumentiert sind sowie die Motivation der Teilnehmer, die erarbeiteten Ergebnisse umzusetzen.

In diesem Kapitel stelle ich Ihnen sehr kompakt bewährte Tools bereit, die Ihnen helfen, Ihre Performance in der Führung von Gruppen weiter zu optimieren. Darüber hinaus ergänze ich Themen wie Shopfloor Management, Großgruppenmoderation und das von mir entwickelte Cross Coaching. All diese Tools sind erprobt und hochwirksam. Einige werden Sie aus Ihrer Praxis wiedererkennen. Wenn Sie sich diesbezüglich weiter verfeinern möchten, empfehle ich Ihnen einige Literatur am Ende dieses Kapitels.

„In der Moderation sind Sie fast immer ein Doppelagend!"

Axel Germek

4.1 Moderation (F-Tool #5)

Was macht der Moderator in einer Talkshows? Richtig, er führt durch die Sendung. Was macht er in einem Meeting oder Workshop? Richtig, er führt durch das Meeting oder den Workshop. Was ist beiden gemeinsam? Sie beteiligen sich nicht an der inhaltlichen Diskussion, sondern führen lediglich und achten darauf, dass Ergebnisse erzielt bzw. Konflikte gelöst werden – und das mit bestimmten methodischen und kommunikativen Hilfsmitteln.

Die Reinform der Moderation im betrieblichen Sinne ist also: Zielgerichtetes Führen einer Gruppe zur Erarbeitung eines definierten Ergebnisses unter Anwendung von speziellen Methoden oder Werkzeugen. Das Ergebnis ist Definitionssache und kann vieles bedeuten. Häufig reden wir von: ein bestimmtes Problem ist gelöst, eine Meinungsbildung für ein bestimmtes Thema ist erreicht, Ideen wurden erarbeitet, ein Problem wurde analysiert, die Teilnehmer sind für ein bestimmtes Thema sensibilisiert, die Teilnehmer sind zu einem Thema informiert, und so weiter.

Der Moderator löst also nicht selbst Aufgaben oder Probleme, sondern lässt sie lösen und begleitet die Gruppe methodisch auf dem Weg zur Lösung. Eines der am häufigsten eingesetzten Kommunikationstools sind beispielsweise offene Fragen. Die Teilnehmer arbeiten inhaltlich, der Moderator stellt die Methoden zur Verfügung. Diese Methoden füllen Tonnen von Büchern, was das Ganze etwas unübersichtlich macht. Und wenn Sie nicht gleich eine umfassende Moderatorenausbildung machen möchten, kommen Sie in der betrieblichen Anwendung mit der folgenden Auswahl sehr gut zurecht.

Dies sind Tools zur

1. Visualisierung
   z.B. Mindmap, Kärtchen, statische Haftnotizen, Office-Anwendungen, Videos, Folien, Modelle, Zeichnungen, etc.
2. Problemlösung
   z.B. PAULA, Fragensequenz
3. Analyse
   z.B. 5x warum, Fischgrätdiagramm
4. Kreativität
   z.B. Brainstorming, Brainwriting, Analogien, Impulskärtchen
5. Entscheidung
   z.B. Punktabfrage, Entscheidungsmatrix, Pareto, Listing, MAP
6. Kommunikation
   z.B. Aktives Zuhören, Fragetechnik, Ich-Botschaft, Spiegeln, Situationsbarometer. Auf die K-Tools gehe ich an dieser Stelle nicht mehr ein und verweise Sie auf Kapitel 2.

Die Wirksamkeit dieser Methoden und Tools setzt eine halbwegs solide handwerkliche Ausrüstung voraus, die ich im nächsten Kapitel „Visualisierung" beschreibe (Pinnwand, Flipchart, Moderatorenkoffer, und so weiter).

Warum eigentlich Moderation? Die Komplexität der Abläufe nimmt zu und der Grad der Arbeitsteilung verringert sich. Hinzu kommt, dass sich Mitarbeiter heute neben materiellen Faktoren verstärkt durch Partizipation und die Möglichkeit, Verantwortung übernehmen zu können, motivieren. Dieser Trend nimmt meines Erachtens mit dem Hineinwachsen der Generation Y und Z in den Arbeitsmarkt weiter zu. Wie ich schon in Kapitel 3 ausführlich dargestellt habe, favorisiere ich ja in der Mitarbeiterführung immer mehr die Coachingrolle (Affenmanagement), was im Endeffekt nichts anderes ist als Moderation. Sie werden Ihren Erfolg in der Führung immer stärker an Ihrer Fähigkeit messen, Mitarbeiter in Bewegung und in die Verantwortung zu bringen. Coaching und Moderation bietet hierfür sehr gute Ansätze.

Was bewirkt eine gute Moderation? Der Effekt eines gut moderierten Meetings lässt sich mit folgender Formel beschreiben: 1+1 = 3. Das heißt, ein guter Moderator schafft es, die Teilnehmer so zu führen und zum Arbeiten zu bringen, dass das Ergebnis besser ist, als die Summe der Einzelpotentiale. Es kommt also in der Gruppe mehr heraus, als wenn alle Teilnehmer in getrennten Räumen für sich alleine an einer Aufgabe arbeiten würden.

In gut moderierten Meetings beispielsweise kann man häufig Folgendes beobachten:

- Ruhigere Teilnehmer kommen auch zu Wort
- Man steckt sich gegenseitig bei der Ideenfindung an
- Ergebnisse werden visualisiert
- Es wird „konstruktiv gestritten"
- Man hört sich gegenseitig zu
- Bevor über Ideen gesprochen wird, wird erst mal das Problem definiert
- Es wird nicht über Schuldige gesprochen, sondern über Lösungen
- und so weiter

Wenn Sie jetzt mal kurz an typische Meetings in Ihrem Umfeld denken, inwieweit können Sie an der Liste schon überall einen Haken machen? Ein weiterer Beweis für die Richtigkeit dieser Formel ist meine Beobachtung, dass Gruppenentscheidungen tendenziell besser sind als Einzelentscheidungen. Mag sein, dass fallweise ein einzelner Mensch eine noch bessere Idee hat als die Gruppe.

Spätestens bei der Frage nach der Wahrscheinlichkeit für die Umsetzung einer Idee, gewinnt die Gruppe, weil alle dahinter stehen. Wenn beides zusammen kommt – die genialste Idee und eine gut moderierte Gruppe, dann ist der Erfolg nicht mehr zu vermeiden.

In der Praxis sind Sie fast immer ein Doppel-Agent, Sie stecken also in einer Doppelrolle. Der Moderator ist mehr oder weniger ein Dienstleister für die Gruppe, der er Methoden und seine Leitung zur Verfügung stellt. In der Reinstform beteiligt er sich, wie oben beschrieben, inhaltlich nicht und steuert nur den gruppendynamischen Prozess der Ergebnisfindung. Man vergleicht den Moderator manchmal mit einer Hebamme, die das Kind zwar nicht selbst zur Welt bringt, jedoch die Geburt unterstützt. Moderatoren helfen einer Gruppe, eigenverantwortlich zu arbeiten und die Lösungen selbst zu finden.

Warum dann die Doppelrolle? In der Praxis, wenn Sie mit Ihren Mitarbeitern in Meetings oder Workshops arbeiten, haben Sie fast immer eine Doppelrolle. Sie sind einerseits Moderator und gleichzeitig immer noch Führungskraft. Sich dabei inhaltlich rauszuhalten, ist schwierig bis unmöglich. Diese Doppelrolle finde ich übrigens noch etwas anspruchsvoller, als das reine Moderieren, weil Sie den sogenannten „gesunden" Mittelweg zwischen dem reinen Moderieren und dem „Sich-inhaltlich-beteiligen" finden müssen. Hierbei geht es aber weniger um die Frage, ob Sie sich inhaltlich beteiligen, sondern darum wann, nämlich nach den Beiträgen der Teilnehmer. Ganz im Sinne des Affenmanagements warten Sie geduldig ab, was die Teilnehmer inhaltlich liefern, bevor Sie noch Ihre Ideen beisteuern (siehe auch Kapitel 3.3 Delegation und Coaching). Wenn Sie es geschickt machen, kommen die Lösungen, ohne dass Sie noch etwas von beisteuern müssen.

Was ich komplett ablehne ist, wenn Sie in Ihrer Doppelrolle versuchen, Gruppenarbeitsprozesse so „hinzumoderieren", dass am Schluss Ihr gewünschtes Ergebnis herauskommt. Das ist in meinen Augen nicht ehrlich und Sie beleidigen damit die Intelligenz Ihrer Mitarbeiter. Man kommt Ihnen früher oder später sowieso auf die Schliche. In diesem Fall, also wenn Sie schon eine Entscheidung getroffen haben, finde ich es professioneller, wenn Sie Ihre Mitarbeiter über Ihre Entscheidung informieren und diese dann auch durchziehen – und nicht eine Alibi-Veranstaltung daraus zu machen (siehe auch Führungsportfolio Kap. 3.1.3). Oder Sie holen Ihr Team zusammen mit dem offen kommunizierten Ziel, dass Sie zu einem Thema deren Meinung einholen möchten, um dann selbst eine Entscheidung zu treffen. Dann wäre es auch wieder sauber.

Hier noch eine kleine Checkliste zur Rolle und den dazugehörigen Aufgaben.

Der Moderator

- plant eine Veranstaltung, lädt ein,
- fordert Teilnehmer auf, sich vorzubereiten,
- stellt viele offene Fragen, hört aktiv zu,
- steuert den Arbeitsprozess mit passenden Methoden,
- ist Bezugsperson für die Gruppenmitglieder,
- führt die Gruppe situativ je nach Entwicklungsstand,
- steuert Gruppendiskussionen zielorientiert,
- verfolgt konsequent den roten Faden,
- bringt Konflikte an die Oberfläche und lässt sie lösen,
- erteilt das Wort, achtet auf Einhaltung der vereinbarten Spielregeln,
- visualisiert und organisiert die Ergebnisdoku (z.B. MAP),
- lässt die Gruppe inhaltlich arbeiten,
- bringt sich inhaltlich – wenn nötig – erst später ein,
- macht die Gruppe erfolgreich.

4.2 Visualisierung

Die Visualisierung ist eine Art Grundgesetz in moderierten Veranstaltungen, sozusagen einer der Grundpfeiler der Moderation. Dabei spielt es keine Rolle, wer gerade visualisiert – Hauptsache, es wird getan, damit die diskutierten Inhalte und Stimmungen durch das Sichtbarmachen und Bebildern für alle Teilnehmer verständlich, nachvollziehbar und im Gedächtnis bleiben.

Das hat handfeste Vorteile:

- Die Informationen bleiben ständig präsent, nichts wird vergessen
- Auch komplexe Sachverhalte können verständlich dargestellt werden
- Der Stand der Diskussion ist jederzeit erkennbar. Sokann sie auch nach einer Unterbrechung nahtlos fortgesetzt werden
- Fehlinterpretationen werden stark reduziert, alle verstehen das Gleiche
- Der „schreibende Teilnehmer" fühlt sich besser einbezogen, sein Beitrag zählt
- Querverbindungen und Analysen werden besser sichtbar, weil man den Überblick hat. Dadurch lassen sich Probleme leichter lösen
- Der Wiedererkennungswert im Vergleich zu einem Protokoll ist wesentlich höher, besonders, wenn ein unterbrochenes Meeting zu einem anderen Zeitpunkt fortgesetzt wird
- Der Hergang der Ideenfindung + Problemlösung wird festgehalten, das Arbeiten wird dadurch zielorientierter
- Die Qualität der Lösungen steigt unvermeidlich
- Man sieht, was man erarbeitet hat, das steigert die Zufriedenheit der Teilnehmer
- Das Ergebnis wird hinsichtlich seiner Wertigkeit besser messbar. Hat sich der Zeitaufwand für dieses Ergebnis gelohnt? (siehe auch Kostenticker im Kapitel „Meetings")
- Ergebnisse werden festgehalten, das heißt ein aufwendiges Protokoll entfällt eventuell sogar, wenn Sie es einfach abfotografieren und verschicken
- Ein höherer Lerneffekt durch "hören *und* sehen" wird erreicht
- Die Präsentation vor anderen Zuhörern (z.B. Fachspezialisten oder Managern) wird anschaulicher

Welche Medien werden eingesetzt? Die handwerklichen Medien wie z.B. Flipchart, Pinnwand und Kärtchen sind für die Visualisierung nach wie vor unverzichtbar und daher auch omnipräsent. Ein gut gefüllter Moderatorenkoffer sowie die oben genannten Medien gehören daher zur Standardausstattung. Durch die hohe Verfügbarkeit von Smartphones und deren hochauflösenden Kameras erleben die handwerklichen Medien sogar eine Art Renaissance, da ein beschriebenes Flipchart schnell abfotografiert ist und sofort als Dokumentation verschickt werden kann.

Bei richtiger Handhabung ist auch ein Stück Software über Beamer sinnvoll, wie z.B. Mindmapping (Software XMIND), Office-Anwendungen, CAD-Anwendungen oder ERP-Software.

Um vernünftig arbeiten zu können, empfehle ich Ihnen folgende Ausrüstung:

- Flipchart, Pinnwand, Whiteboard
- Moderatorenkoffer, ordentlich sortiert
- Beamer oder Monitor, Notebook
- Muster, Modelle
- Digitalkamera bzw. Smartphone
- Stehtische

Zur Egalisierung von Zeit und Raum in Meetings werden mittlerweile auch einige sehr gute Internetplattformen (z.B. GoToMeeting, Teamviewer, Skype) angeboten, die neben der Sprache auch die Bearbeitung und den Austausch von Dokumenten gewährleisten.

Wer visualisiert? Sie als Moderator fangen natürlich erst mal mit der Visualisierung an. Hier ist das Motto: je mehr, desto besser. Visualisieren Sie, bis der Arzt kommt! Die Gruppe wird es Ihnen danken, wenn sie dadurch vernünftig arbeiten kann. Abhängig von Ihrem Geschick schaffen Sie es relativ zügig, dass nach und nach auch die Teilnehmer selber mitmachen. Ein entsprechendes Setting im Raum (z.B. Stehtische statt Sitzordnung) unterstützt diesen Effekt gewaltig.

Kleiner Zusatzaspekt: wenn Sie selbst Teilnehmer in einem Meeting sind, wo nichts visualisiert wird, probieren Sie es doch mal aus, was passiert, wenn Sie anfangen zu visualisieren. Einfach nur mal die letzten 5 Minuten auf dem Flipchart mit ein paar Stichworten zusammenfassen. Was dann passiert, ist immer wieder erstaunlich. Das Meeting bekommt auf einmal eine Richtung, es bekommt Zug und die Teilnehmer beginnen zielgerichteter zu arbeiten – und es gibt am Schluss ein Ergebnis, was ja nicht immer selbstverständlich ist. Einfach mal ausprobieren und genießen.

Beachten Sie bei der Visualisierung folgende Regeln:

- Ihre Teilnehmer haben freien Zugang zu den Materialien und Medien, so dass auch jeder jederzeit mitmachen kann.
- Die Visualisierung dient dazu, auf ein Ziel hinzuarbeiten
- Die Gestaltung der Charts und Pinnwände ist nahezu egal (Farben, Formen,…), versuchen Sie aber übersichtlich zu bleiben und Strukturen zu bilden
- Die Strukturierung folgt einer inneren Ordnung bzw. dem Moderationsziel
- Freiflächen sind wichtig für Ergänzungen, sie ermöglichen die Mitarbeit der Gruppe
- Setzen Sie Farben, Formen und Skizzen als Bedeutungsträger bewusst ein
- Verwenden Sie für eine gute Lesbarkeit stets Moderationsmarker, achten Sie auf angemessene Schriftgröße
- Achten Sie beim Einsatz von Software über Beamer oder Monitor darauf, dass die Dokumente für alle sichtbar bleiben bzw. wieder schnell eingeblendet werden können
- Planen Sie die Art der Visualisierung vor einem Meeting
- Ermuntern Sie Teilnehmer, auch zu visualisieren

Beispiele für die Visualisierung

Untereinanderschreiben	von Daten, Informationen, Sachverhalten auf Flipchart, Tafel, etc.
Skizzieren	Grundrisse, Details, Übersichten, Modelle, Lagepläne
Symbole	lachendes/weinendes Gesicht, Strichmännchen, Blitze, geometrische Gebilde wie Kreis, Quadrat, etc.,
Bilder	Fotos, Videos, Zeitungsausschnitte, kopierte Folien
Grafiken	Balken/Linien/Kuchendiagramme
Flussdiagramme	Abläufe und Prozesse, Informationen hintereinander
Gegenstände	Modelle, Prototypen, Vergleichsmuster
Kärtchen schreiben	pro Karte eine Idee, Kärtchen quer beschreiben, Verdichtung von gleichartigen Kärtchen, Häufchen bilden, tabellarisch stecken

4.3 Meetings

Kennen Sie solche Meetings?

Nun, ich hoffe, dass sich diese Szene höchstens in einzelne Fragmente Ihres Meeting-Alltags widerspiegelt. Ganz so schlimm sollte es normal nicht sein.

Meetings sind die formale bzw. organisatorische Plattform, die wir brauchen, um Informationen zu vermitteln und gemeinschaftliche (und damit tragfähige) Lösungen zu erarbeiten. Auch im digitalen Zeitalter von Videokonferenzen und Skype-Sessions ist das face-to-face-Meeting oft unabdingbar. Mittlerweile mache ich aber auch stellenweise die Erfahrung, dass lieber ein Meeting einberufen wird (=Verantwortung auf Viele verteilen), als selbst eine Entscheidung zu treffen (=Verantwortung selbst tragen). Daher gilt als Grundregel Nr.1: „Mache kein Meeting, wenn es auch ohne geht". Und wenn Sie dann eines einberufen, dann bitte gut vorbereitet und immer bewusst moderiert.

Die Winner-Faktoren für Meetings:

- Das Meetingziel ist bekannt
- Die Vorbereitung ist vollständig (siehe Einladung)
- Nach dem Meeting weiß jeder genau, was er zu tun hat
- Es gibt immer einen MAP (Maßnahmenplan) bzw. ein Ergebnisprotokoll
- Es kann sich jeder mit seinen Ideen einbringen
- Das Meetingklima ist professionell bis gut
- Die Meetingregeln sind definiert und bekannt
- Die Meetingregeln werden eingehalten (siehe unten Regeln)
- Uneinigkeiten werden behandelt und nicht unter den Tisch gekehrt
- Abschweifen wird unterbunden
- Es kommen auch die „ruhigeren" Teilnehmer zu Wort
- Bei der Verteilung von Aufgaben sind alle dabei
- Bei Problemen werden Lösungen gefunden und nicht Schuldige gesucht
- Nach dem Meeting hat jeder das Gefühl, wieder ein Stück weiter gekommen zu sein

- Die Smartphones waren aus und keiner hat seine Emails bearbeitet oder sich mit anderen Teilnehmern per SMS/Whatsapp im Stillen abgestimmt
- Es sind die richtigen Teilnehmer an Board
- Die Teilnehmer sind gut vorbereitet
- Der Meetingraum ist mit Medien (digital, handwerklich) ausgestattet
- Das Catering funktioniert (Getränke, Kaffee)
- Das Meeting ist bewusst moderiert
- Es wird ausreichend visualisiert

Im Meeting-Audit am Ende dieses Kapitels finden diese Faktoren nochmal in einer Checkliste.

Die Meeting-Regeln

Der Moderator vereinbart mit der Gruppe vorab die Meetingregeln und stellt sie für alle sichtbar auf. Durch diese Vereinbarung mit den Teilnehmern ist er automatisch legitimiert, darauf zu achten, dass die Regeln von allen eingehalten werden.

1. Pünktlich beginnen
2. Handys aus
3. Es spricht nur einer
4. Zuhören und ausreden lassen
5. Fasse dich kurz
6. Keine Killerphrasen
7. Beim Thema bleiben
8. Jeder Vorschlag ist wichtig
9. Gegenseitig auf Einhaltung achten
10. Maßnahmenplan erstellen

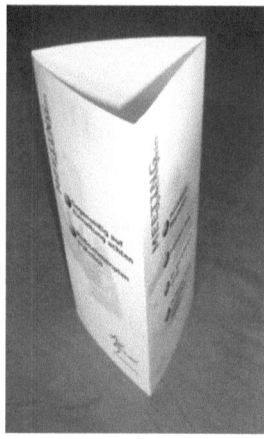

Der hier abgebildete Aufsteller kann auf meiner Homepage im Downloadbereich heruntergeladen und selbst ausgedruckt werden.

4.3.1 Einladung zum Meeting

Dieses Blatt rechts habe ich vor Jahren bei einem Kunden hängen sehen:

Jetzt aber Spaß beiseite. Wie oft gehen Sie in ein Meeting, von dem Sie nicht wirklich wissen, worum es gehen soll, auf das Sie nicht richtig vorbereitet sind oder sich nicht vorbereiten konnten? Wie oft berufen Sie ein Meeting ein und stellen fest, dass die wenigsten der Eingeladenen vorbereitet sind? Wenn ich zu Beginn eines Ihrer Meetings die Teilnehmer fragen würde, was heute das Ergebnis sein soll, wie breit, glauben Sie, würden die Antworten streuen? Wie hochwertig schätzen Sie die Ergebnisse Ihrer Meetings ein? Sind sie das investierte Geld eigentlich immer wert?

Meines Erachtens wird mit der Qualität der Einladung die Basis für ein erfolgreiches Meeting gelegt – oder eben für ein nutzloses Meeting. Neben der Tatsache, dass ein Meeting anständig moderiert wird, hat die Einladung einen elementaren Stellenwert. Ohne eine vernünftige Einladung zu bekommen, besuche ich übrigens schon seit langem kein Meeting mehr.

Was bereiten Sie vor und welche Informationen gehören in eine Einladung?

Einladung zum Meeting			
Thema			
Ziel			
Termin	Uhrzeit		Raum
Teilnehmer			
Moderation		Protokollführer	

Uhrzeit	Agenda	zuständig

Vorbereitung der Teilnehmer

Zum allergrößten Teil nutzt man heute natürlich Outlook, Notes oder sonstige Kalenderanwendungen oder Apps, um jemanden zum Meeting einzuladen. Ich habe oben die Formularform gewählt, um Ihnen auch einen optischen Eindruck zu geben. Letztendlich ist es egal, mit welchem Medium Sie einladen. Achten Sie darauf, dass folgende Inhalte darin enthalten sind.

Thema

Mit Thema meine ich eine Art Überschrift, ein Schlagwort, das man kennt, oder mit dem man schon etwas verbinden kann. Damit ist aber noch nicht das Ziel definiert. Beispiele:

- Durchlaufzeitverkürzung in der Montage
- Reklamation Beispielkunde
- Wettbewerbsanalyse Russland
- Vorgabezeiten Beispielartikel
- und so weiter

Ziel

Die Frage ist, was das Ziel des Meetings ist, das heißt was am Schluss herauskommen soll. Formulieren Sie das Ziel, als ob es schon erreicht wäre. Beispiele:

- Alle Teilnehmer sind jetzt über das Thema XYZ informiert
- Wir haben uns eine Meinung zum Problem XYZ gebildet
- Wir haben Lösungsoptionen für das Problem XYZ entwickelt als Grundlage für eine Entscheidung, die ich danach treffen werde
- Das Problem XYZ ist gelöst und ein Maßnahmenplan ist erarbeitet
- Es sind Maßnahmen erarbeitet, die die Durchlaufzeit um 5% verkürzen
- Wir haben möglichst viele Idee entwickelt, um die Aufgabe XYZ lösen zu können
- Die Ursachen des Problems XYZ sind gründlich analysiert
- und so weiter

Termin, Uhrzeit, Raum

Normalerweise sind diese Angaben selbstverständlich und mit Benutzung digitaler Kalender in der Regel safe. Trotzdem erlebe ich es immer wieder, dass kurz vor dem Meeting ein reger Email/Whatsapp Verkehr los geht, um z.B. zu klären, wo wir denn eigentlich sind. Noch ein organisatorischer Hinweis. Wenn Sie viel in Meetings unterwegs sind, rechnen Sie zwischen den Meetings ausreichend Zeiten ein, um physisch von einem Raum in den anderen zu kommen und auch die entsprechenden Unterlagen einpacken zu können.

Teilnehmer

Die Zusammensetzung der Teilnehmer ist sehr entscheidend für ein gutes Ergebnis. Der erste Filter ist: Entscheider oder Know How Träger. Es müssen nicht immer die Chefs sein, da die Experten oft viel mehr beitragen können. Deren Chefs sollten sie natürlich auch mit den entsprechenden Entscheidungskompetenzen ausstatten. Der zweite Filter ist: die Anzahl der Teilnehmer, bleiben Sie eher an der unteren Kante und blasen Sie das Meeting nicht unnötig auf. Ein Meeting mit mehr als 6-8 Personen ist von der Moderation her gesehen ohnehin tendenziell immer schwieriger. Wichtig ist generell, dass jeder Eingeladene weiß, wer sonst noch kommt. Eine kleine bilaterale Abstimmung vorab, kann oft sinnvoll sein und das Meeting beschleunigen.

Moderation

Legen Sie immer einen Moderator fest, unabhängig davon, ob das Sie selbst sind, jemand aus dem Teilnehmerkreis oder eventuell sogar ein Externer (andere Abteilung oder ein Dienstleister). Neben der eigentlichen Moderation bereitet er auch die Visualisierung und den Raum entsprechend vor (Medien, Getränke, etc.).

Protokollführer

Legen Sie auch immer den Protokollführer fest. Das kann im klassischen Sinne derjenige sein, der das Meeting eben protokolliert, sprich mitnotiert und am Ende das Protokoll verfasst und verschickt. Im digitalen Zeitalter geht das allerdings auch schon wesentlich eleganter. Der Protokollführer hat dabei die Rolle, dafür zu sorgen, dass Ergebnisse – und das ist meistens nicht der Meetingverlauf, sondern getroffene Entscheidungen und der Maßnahmenplan (MAP) – dokumentiert werden. Er fotografiert beispielsweise wichtige Flipcharts, Details von Pinnwänden und so weiter, packt alles in eine Fotoprotokoll und verschickt es. Eine weitere zeitsparende Variante ist, Entscheidungen und Maßnahmen noch im Meeting auf einem Notebook mit Word o.ä. festzuhalten, das Formulierte nochmal kurz mit den Teilnehmern abzustimmen (Passt das so, wie ich es geschrieben habe?) und nach dem Ende zu verschicken. Selbstverständlich ist es auch möglich, Ergebnisse einfach auf einem Block zu formulieren (z.B. den Maßnahmenplan), ihn nach Ende zu kopieren und an die Teilnehmer zu verteilen. Oder man macht ein Foto des Blocks mit dem Smartphone und verschickt es.

Ich persönlich gebe mittlerweile den digitalen Medien ganz klar den Vorrang, da Sie flexibel einsetzbar sind, im Nachhinein nichts mehr „dazu gedichtet" werden kann und sie dem Protokollführer eine Menge Zeit ersparen.

Agenda

Die Agenda zwingt Sie gewissermaßen, das Meeting organisatorisch und thematisch zu strukturieren und inhaltlich vorzubereiten. Für verschiedene Themen (oder auch Tagesordnungspunkte) vergeben Sie eine ungefähre Zeit und einen Teilnehmer, der dieses Thema vorbereitet bzw. Infos oder Unterlagen mitbringt. Das fängt bei der inhaltlichen Vorbereitung des Fachgebietes an, geht über die Beschaffung von Auswertungen und Unterlagen bis hin zur Erstellung eines entsprechendes Handouts für die Teilnehmer, bereits im Vorfeld, damit sich alle einlesen können. Für die einzelnen Punkte der Agenda planen Sie, soweit möglich, eine passende Visualisierung.

Vorbereitung der Teilnehmer

Neben der Agenda, in der manche Teilnehmer schon etwas vorbereiten, können Sie hier festlegen, was an allgemeiner Vorbereitung zu tun ist. Hier einige Beispiele:

- Bringen Sie zum Problem XYZ je drei Lösungs-Ideen auf Kärtchen mit
- Recherchieren Sie zum Thema XYZ
- Tragen Sie Ihre bisherigen Erfahrungen mit dem Verfahren XYZ auf Kärtchen zusammen und bringen Sie diese mit
- Lesen Sie sich in die der Einladung beiliegenden Unterlage ein
- Stellen Sie die Kosten hinsichtlich Thema XYZ, die bei Ihnen bisher angefallen sind, zusammen und bringen Sie das Handout mit
- Bereiten Sie Gründe und Ursachen für das Problem XYZ vor, wie es sich für Sie darstellt. Bringen Sie diese auf Kärtchen mit
- @Herr Mustermann: bereiten Sie bitte das Thema XYZ so vor, dass Sie uns in 5 Minuten die Sachlage verständlich machen können
- und so weiter

Mit einer so gestalteten Einladung sind Sie schon auf einem sehr professionellen Qualitätsniveau. Wenn das darauf folgende Meeting auch noch bewusst moderiert wird, kann nicht mehr viel schief gehen.

4.3.2 Tipps für bessere Meetings

Stehung statt Sitzung

Sitzung sitzt – Bewegung bewegt. Warum sitzen wir so viel und so gerne – in Meetings, Konferenzen, Vorträgen, Seminaren – wenn es den Initiatoren oder Rednern doch meistens darum geht, etwas zu bewegen bzw. in Bewegung zu bringen? Ist das Sitzen in einer auf Effizienz ausgerichteten Arbeitswelt tatsächlich die angebrachteste Haltung?

Werfen wir dazu ein Blick in die Evolution: Der Mensch ist von seinem Ursprung her ein Läufer und kein „Sitzer". Er war ständig in Bewegung, was sein Überleben sicherte. Wenn Sie auf Ihre eigene Geschichte schauen, werden Sie ebenfalls feststellen, dass Sie als Kind die Welt in Bewegung erobert haben. Oder sind Sie auf einem Stuhl gesessen und haben sich die Welt in Worten erklären lassen? Auch das zeigt, dass der Bewegungsdrang im Menschen natürlich angelegt ist. Nicht umsonst hatten die Mönche früher den Wandelgang, in dem sie während des Gehens diskutiert haben.

Mehr Bewegung, mehr Inspiration, mehr Kreativität, mehr Motivation. Es ist übrigens erwiesen, dass Sie im Sitzen rund 10% weniger Gehirnleistung haben als im Stehen, im Sitzen fährt Ihr Körper den Kreislauf herunter und Sie werden früher oder später müde. Verbannen Sie die Besprechungstische an die Seite und ersetzen Sie diese durch Stehtische, auf denen Moderationsmaterial steht. Noch ein Flipchart / Whiteboard / Pinnwand, ein Beamer und es kann los gehen. Wenn Sie stehen oder sich bewegen, passiert oft viel mehr, Hierarchien sind aufgelöst und man begegnet sich auf Augenhöhe, jeder ist automatisch in die inhaltliche Arbeit involviert. Stehungen dauern häufig kürzer und sind dadurch auch effizienter.

Arbeitslandschaften

In Ergänzung bzw. zusätzlich zur Stehung können Sie auch einen Stuhlkreis installieren, der nach vorne offen ist und sozusagen die Medien einrahmt. Dadurch kann man sich bei Ermüdung setzen, in Kleingruppenarbeit arbeiten oder einfach „abseits" nachdenken. Installieren Sie sozusagen Arbeitslandschaften, die durch einem Medienmix und verschiedene Settings zum Arbeiten motivieren. Am Rand des Raumes bzw. an den Wänden stehen dann noch normale Tische zur Ablage. Ich würde Sie auch nicht dafür rügen, wenn Sie irgendwo im Raum ein Sofa plazieren, auf dem man etwas entspannter Arbeiten oder diskutieren kann. Stellen Sie in solchen flexiblen Landschaften auch Schreibbretter zur Verfügung.

Controlling: Produktivität

Erfassen Sie mit einer Strichliste (siehe auch Meeting-Audit) zwei Arten von Beiträgen der Teilnehmer: produktiv (=führt zu einem Ergebnis, bringt die Gruppe voran) oder unproduktiv (=macht Stress, schafft Verwirrung, gehört nicht zum Thema). Auf diese Weise ermitteln Sie mit dem Quotient sehr einfach eine Art Produktivität in xx%. Diese Kennzahl können Sie der Gruppe spiegeln und gemeinsam reflektieren, wie zielorientiert sie arbeitet und mit Ihr zusammen an der Optimierung der Zielorientierung und der Gesprächskultur arbeiten.

Kostenticker

Mit einem Kostenticker ermitteln Sie während eines laufenden Meetings dessen Kosten. Aus einer relativ großen Auswahl an Produkten habe ich folgende auch selbst im Einsatz:

1. Eine selbstentwickelte Softwareanwendung für das Notebook (siehe www.AxelGermek.de)

Invest 55 €

Bewertung:

- je nach Displaygrösse sehr gut sichtbar
- Einmallizenz, das heißt auf mehreren Geräten installierbar
- Gebunden an ein Notebook

2. BringTIM-Uhr zum Aufstellen

(siehe z.B. www.proidee.de, amazon, ebay)

Invest ca. 35 €

Bewertung:

- mobil
- keine sonstige Hardware nötig
- jedes Gerät kostet
- ziemlich vergriffen, schwer zu beschaffen

Verschiedene App´s für Android und Apple, (z.B. Meeting Cost Timer)

In der Regel als freeware

Bewertung:

- gute Funktionalität
- kostenlos
- schlecht für alle sichtbar

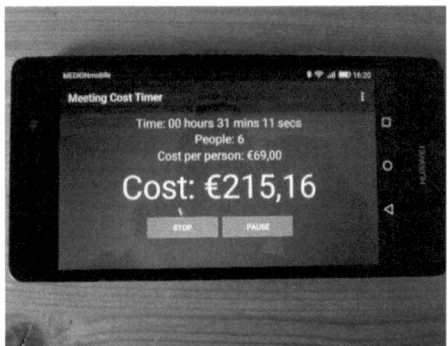

Die laufenden Kosten sind visualisiert und für jeden Teilnehmer während des Meetings sichtbar. Auf diese Weise sensibilisieren Sie die Gruppe und geben Ihr durch die Visualisierung die Gelegenheit, das Verhältnis zwischen „Qualität der Ergebnisse" und den „dafür aufgewendeten Kosten" im Auge zu behalten.

Kostensätze: Personalkosten inkl. Nebenkosten + Fixkosten (Abschreibung für Raum, Einrichtung, Medien)

	€/min	€/h
1.Ebene (Vorstand, Geschäftsführer)	2,20	131
2.Ebene (Abteilungsleiter, Spartenleiter)	1,32	79
3.Ebene (Teamleiter, Gruppenleiter)	0,97	58
4.Ebene (Meister, Fachleiter)	0,76	46
5.Ebene (Werker, Sachbearbeiter)	0,68	40
Pauschaler Durchschnitt über alle	1,15	69

Beispiel: Ein Meeting mit dem Geschäftsführer, zwei Abteilungsleitern, zwei Teamleitern und Ihnen für ca. eine Stunde kostet rund 480 €. Wenn Sie nun das visualisierte Ergebnis dieser Stunde dagegenhalten, können Sie und die Gruppe recht gut abschätzen, ob es das wert war oder nicht.

Zum Doing: Je nachdem, mit welcher Anwendung Sie arbeiten, erfassen Sie die Teilnehmer mit den jeweiligen Kostensätzen und starten die Anwendung bei Meetingbeginn. Auf dem Display werden die aufsummierten Kosten für alle sichtbar. Nach ca. 1/3 des Meetings fragen Sie die Gruppe, wie sie das bisherige Meeting-

Ergebnis im Verhältnis zu den aufgelaufenen Kosten sieht. Ist es ok, kann es weiter gehen. Ist es nicht ok, können Sie die Gruppe nach Optimierungvorschlägen fragen. Häufig kommt dann so etwas wie „Wir sollten mehr beim Thema bleiben." oder „Was haben wir eigentlich bisher an Ergebnissen?" oder „Jetzt sollten wir wohl etwas Gas geben, dass wir etwas auf's Papier bekommen." Auf alle Fälle ist es für Sie als Moderator eine gute Methode, die Teilnehmer zu mehr Disziplin anzuhalten, die Effizienz des Meetings zu erhöhen und insgesamt mehr Zug reinzubekommen – und das ohne dass Sie groß ermahnen müssen oder als Besserwisser dastehen, Sie lassen schließlich die Gruppe reflektieren und daran arbeiten.

4.3.3 Meeting Audit

Zum Schluss dieses Kapitels biete ich Ihnen noch eine Möglichkeit an, um an Ihren Meetings bzw. an der Meetingskultur in der Firma zu arbeiten. Bitten Sie jemand, sich in einige Ihrer Meetings zu setzen und diese mit Hilfe des Audit-Bogens zu bewerten und nach dem Meeting ein kurzes Feedback zu geben. Oder setzen Sie ein Projekt auf, die Meetingkultur in der ganzen Firma zu optimieren. Viel Erfolg damit!

	++	+	-	--	Bemerkung
Termin, Raum und Zeit waren bekannt					
Das Meeting wurde bewusst moderiert					
Das Meetingziel war allen bekannt					
Das Meetingziel wurde erreicht					
Der Teilnehmerkreis war angemessen					
Die Agenda war allen bekannt					
Die Agenda wurde vollständig abgearbeitet					
Verlauf und Ergebnisse wurden visualisiert					
Jeder hat (durfte) visualisiert					
Die Eingeladenen waren anwesend					
Das Meeting startete pünktlich					
Die anberaumte Zeit wurde eingehalten					
Die Teilnehmer waren alle vorbereitet					
Maßnahmen aus vorherigen Meetings wurden erledigt					
Die Redebeiträge waren zielorientiert					
Jeder kam zu Wort					
Auch strittige Punkte kamen auf den Tisch					
„Lösung finden" stand vor „Schuldige suchen"					
Es gibt Ergebnisse/Entscheidungen/Maßnahmen					
Ergebnisse/Entscheidungen/Maßnahmen wurden dokumen-					

tiert, z.B. MAP			
Zuständigkeiten und Termine wurden fair verteilt			
Das Meetingklima war professionell und konstruktiv			
Die Meetingregeln waren bekannt und sichtbar			
Die Meetingregeln wurden eingehalten			
Smartphones der Teilnehmer haben nicht gestört			
Notwendige Medien waren vorhanden			
Es war eine Stehung statt einer Sitzung			
Getränke/Catering waren vorhanden			
Meetingkosten: Entweder ermitteln Sie den Wert mit einer Anwendung oder Sie rechnen pauschal mit 69 €/Stunde und Teilnehmer	Summe		
Ist es das Ergebnis wert?			
Anzahl produktiver Beiträge Anzahl unproduktiver Beiträge		Produktivität?	

4.4 Toolbox für die Moderation

In diesem Kapitel biete ich Ihnen einen gut sortierten Werkzeugkasten an, der bewährte und effiziente Werkzeuge für die Durchführung Ihrer Moderation enthält. Sollten Sie Bedarf an weiteren Werkzeuge haben, verweise ich Sie gerne an die Literaturempfehlungen. Bitte beachten Sie auch meine Empfehlungen in Kapitel 4.2 zur Visualisierung, ich gehe im Folgenden nicht mehr darauf ein.

4.4.1 PAULA

In den meisten Moderationen geht es um die Lösung von Aufgaben oder Problemen. Den roten Faden für solche Moderationen liefert die von mir entwickelte PAULA-Methode. Hinter dem Begriff PAULA steckt eine einfache und zugleich hochwirksame Problemlösungsmethode. Die einzelnen Buchstaben definieren den roten Faden von der Problemdefinition bis hin zum Maßnahmenplan. Im Kapitel 3.3 „Delegation und Coaching" kam sie schon zur Anwendung und ich werde sie nun wesentlich detaillierter erklären.

P/A	Beschreiben Sie das **P**roblem bzw. die **A**ufgabe
U	Finden Sie die **U**rsachen für das Problem, analysieren Sie es
L	Finden Sie **L**ösungsideen
A	Bewerten und entscheiden Sie, legen Sie die **A**ktionen oder Maßnahmen fest

Ich biete Ihnen in diesem Kapitel drei Varianten auf der Basis von PAULA an:

- Die Kurzversion: für kleinere Problem/Aufgabenstellungen, Coachings, Meetings, Cross Coaching (siehe Kapitel 4.6)
- Die Langversion: für komplexere Problem/Aufgabenstellungen, Workshops ab ca. drei Stunden
- Die Fragensequenz

PAULA kurz

Die kurze Variante hilft Ihnen bei der Lösung einer Problem/Aufgabenstellung in Meetings, die nicht länger als 1-2 Stunden dauern. Dazu verwenden Sie entweder dieses Formular, ein weißes Blatt Papier oder ein Flipchart, das Sie wie im Formular einteilen. Hilfreich beim Erarbeiten der einzelnen Schritte sind die Coachingfragen in Kapitel 3.3, egal ob Sie selbst arbeiten oder einen Mitarbeiter coachen. Wichtig dabei ist, dass Sie die Reihenfolge einhalten und sich Schritt für Schritt durcharbeiten. Die Ergebnisse im jeweiligen Schritt werden in der Regel handschriftlich dokumentiert bzw. visualisiert.

Sollten Sie mit dem vorhandenen Platz nicht auskommen, das heißt die Komplexität ist höher und Sie sollten für jeden Schritt detailliertere Methoden brauchen, dann empfehle ich Ihnen die folgende lange Variante.

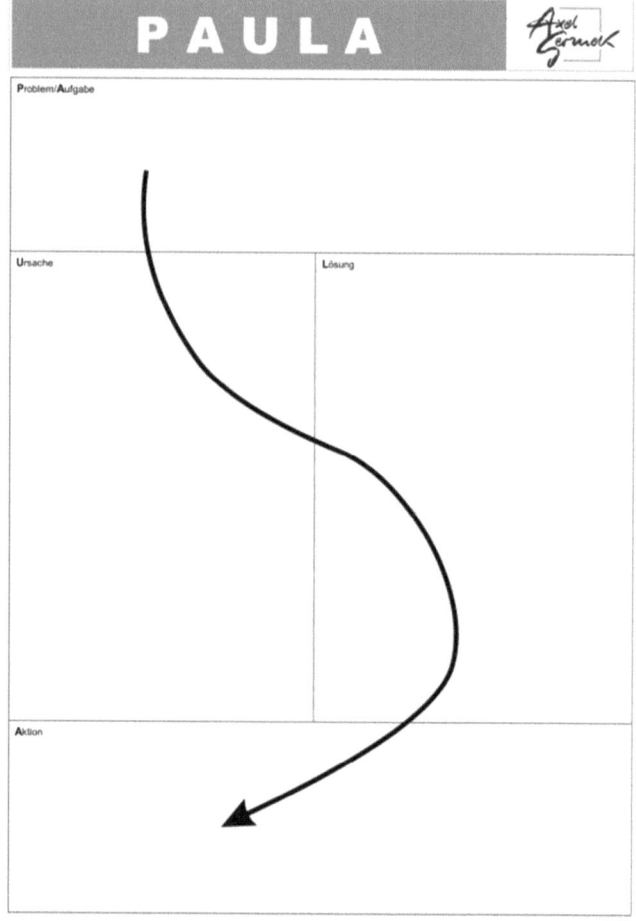

PAULA lang

Für komplexere Aufgabenstellungen und Workshops nutzen Sie die lange Variante der PAULA-Methode als methodischen roten Faden. Im Gegensatz zur kurzen Variante setzen Sie nun für jeden einzelnen der vier Schritte wiederum spezialisierte Werkzeuge ein (siehe Tabelle), die in 4.4.2 detailliert erklärt sind. Der Einsatz der langen Variante lohnt sich ab einer Meetingdauer von 2-3 Stunden aufwärts.

Schritt	Inhalte	Zeitanteil an der gesamten Moderation	Toolbox (siehe 4.4.2)
P/A	• Problem beschreiben lassen • Problem exakt definieren • Nachfragen, ob das jetzt auch wirklich das Problem ist, oder nur eine Auswirkung	20-30%	• Mindmap • Flussdiagramm • Pareto
U	• Analyse des Problems • Ursachen herausfinden, die zum Problem führen • Viel Zeit dafür verwenden	30-40%	• 5x warum • Mindmap • Fischgrätdiagramm • Flussdiagramm
L	• Lösungsideen sammeln • Über Optionen nachdenken • Noch nicht bewerten	10-20%	• Brainstorming mit Kärtchen • Brainwriting • Mindmap • Fischgrätdiagramm • Analogienmethode • Impulskarten
A	• Ideen diskutieren und bewerten • Entscheiden • Maßnahmen und Aktionen festlegen	20-30%	• Entscheidungsmatrix • Pareto • Tabelle • Punktabfrage • MAP

PAULA mit Fragensequenz

Basierend auf den vier Schritten der PAULA-Methode, geben Sie einer Gruppe mit einer vorbereiteten Fragensequenz den roten Faden vor. Durch das Abarbeiten der einzelnen Fragen kann ein Ziel dadurch sehr genau und äußerst effektiv angesteuert werden. Anwendbar für Meetings von 1-2 Stunden Dauer.

Die folgende Fragensequenz hat sich für viele Problemstellungen bewährt:

Schritt	Inhalte	Mögliche Visualisierung
P/A	1. Was ist das Problem bei [Thema]?	Mindmap auf Flipchart
U	2. Was sind die Gründe für dieses Problem? - Von uns beeinflussbar - Nicht von uns beeinflussbar	Kärtchensammlung auf Pinnwand mit 2 Spalten, eine breitere für „beeinflussbar", eine schmale für „nicht beeinflussbar"
L	3. Welche Lösungsmöglichkeiten gibt es für „von uns beeinflussbar"? 4. Welche dieser Lösungen bringen in Summe 80% der Effekte?	In der breiten Spalte neben jedem Grund Ideenkärtchen pinnen Pareto auf Flipchart machen
A	5. Wie priorisieren wir diese Lösungen? 6. Welche Maßnahmen leiten wir davon ab?	Punktabfrage MAP auf Flipchart oder Notebook

4.4.2 Toolbox

Mindmap

Das Mindmapping ist ein sehr brauchbares Tool zum Strukturieren und Visualisieren für sich und vor der Gruppe. Durch den „kreativen Touch" hat es den Ruf verspielt oder unseriös zu seun, meines Erachtens aber völlig zu unrecht. Wie es der Begriff schon vermuten lässt, erstellen Sie sozusagen eine Karte dessen, was in Ihrem Gehirn ist, das heißt Sie arbeiten gehirngerecht, chaotisch und bringen es auf dem Papier in eine Ordnung. Der Vorteil liegt in der Art der Darstellung. Sie finden Überschriften für die Hauptäste und lassen an diesen Ästen die Inhalte kristallisieren. Sie müssen dabei nicht systematisch vorgehen, sondern so, wie es ihren gerade einfällt. So verästeln Sie immer weiter, hüpfen von einem Ast zum anderen und das Gesamtbild wird immer konkreter. Durch die spezielle Anordnung geht Ihnen der Platz lange nicht aus und die Übersicht bleibt erhalten. Versuchen Sie das mal mit einer Liste. Fällt Ihnen noch ein Detail zu einem Punkt in der Mitte der Liste ein, quetschen Sie es noch irgendwo hinein, mit der Zeit wird alles sehr unleserlich.

Vorgehen

Sie beginnen das Mindmap, indem Sie das Thema oder die Frage in den Kreis in der Mitte schreiben und einfach anfangen. Wenn Sie es z.B. an einem Flipchart machen, ist der Effekt für die Gruppe, dass sie sehen kann, wie die einzelnen Beiträge vor Ihren Augen zu einem Gesamten wachsen. Es bedarf einiger Übung, die Hauptäste zu so zu benennen, dass nicht ein Detail auf zwei Äste gleichzeitig passt. Es sollen nicht mehr als 5-6 Stück sein.

Hier einige Beispiele:

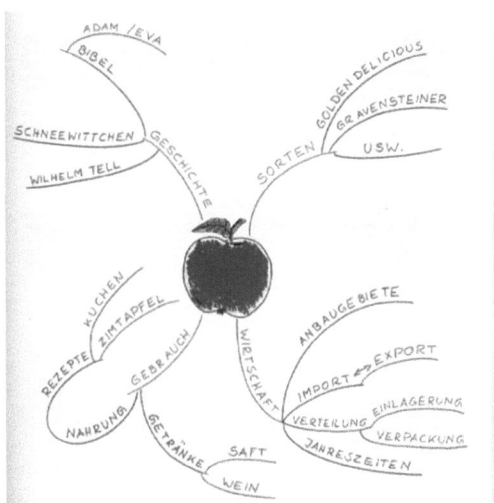
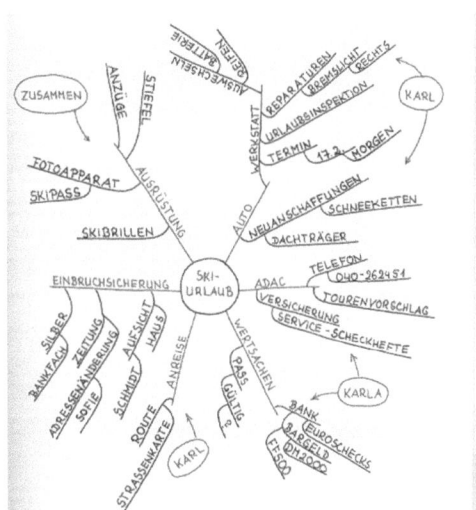

Es gibt auch pfiffige Freeware wie z.B. XMIND, mit denen Sie problemlos Mindmaps erstellen können. Sie müssen sich noch nicht mal einen Kopf wegen der Platzeinteilung machen, das macht das Programm für Sie.

Anwendungen

- Visualisieren
- Strukturieren und übersichtlich machen
- Zum Mitmachen anregen durch selbst schreiben
- Probleme definieren
- Ursachenanalyse
- Brainstorming, Ideen finden

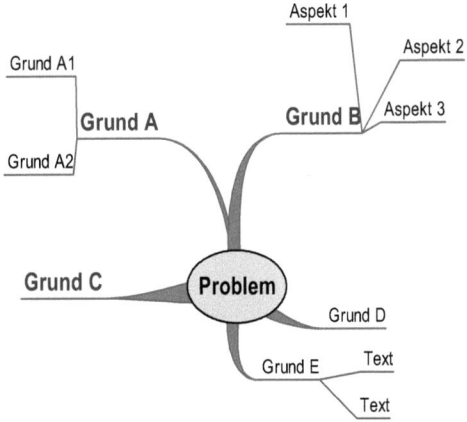

Fischgrätdiagramm

Sie finden diese Diagrammart in der Literatur auch als Ursache-Wirkungs-Diagramm, Fehlerbaumanalyse oder Ishikawa-Diagramm. Es ist eine Sonderform des Mindmap und eines der brillantesten Analyse und Ideenfindungstools, die ich kenne. Im Gegensatz zur offenen Variante, arbeiten Sie mit dem Fischgrätdiagramm mit sechs vordefinierten Ästen. Dabei sind Sie völlig frei, wie Sie diese benennen. Häufig verwendet werden: Mensch, Maschine/Ausrüstung, Umwelt, Management, Material, Methode. Es geht dabei immer um die grundsätzliche Frage: Welche Ursachen haben welche Wirkung? Egal, ob es um Analyse oder Ideenfindung geht.

Vorgehen

Stellen Sie der Gruppe möglichst präzise Arbeitsfragen. Hier einige Beispiele:

Zur Ursachenforschung	Zur Ideenfindung
Was verhindert eine Produktivitätssteigerung?	Wie erreichen wir eine Produktivitätssteigerung?
Warum werden die Laufkarten nicht immer abgestempelt?	Wie erreichen wir, dass die Laufkarten besser gestempelt werden?
Was verhindert, dass der Kunde bei uns kauft?	Wie schaffen wir es, dass der Kunde bei uns kauft?
Warum können wir die Liefertermine nicht halten?	Wie können wir die Liefertreue erhöhen?
Was führt zu einem Ausfall des Sicherheitssystems?	Wie erreichen wir, dass unser Sicherheitssystem stabil ist?
Warum sind unsere Meetings unproduktiv?	Wie steigern wir die Produktivität unserer Meetings?
Warum geben unsere Mitarbeiter Fehler nur ungern zu?	Wie erreichen wir eine offenere Fehlerkultur?
Was verhindert bei uns, dass Verbesserungsvorschläge eingebracht werden?	Wie können wir die Zahl der Verbesserungsvorschläge steigern?

Was verhindert eine Produktivitätssteigerung?

Wie erreichen wir eine Produktivitätssteigerung?

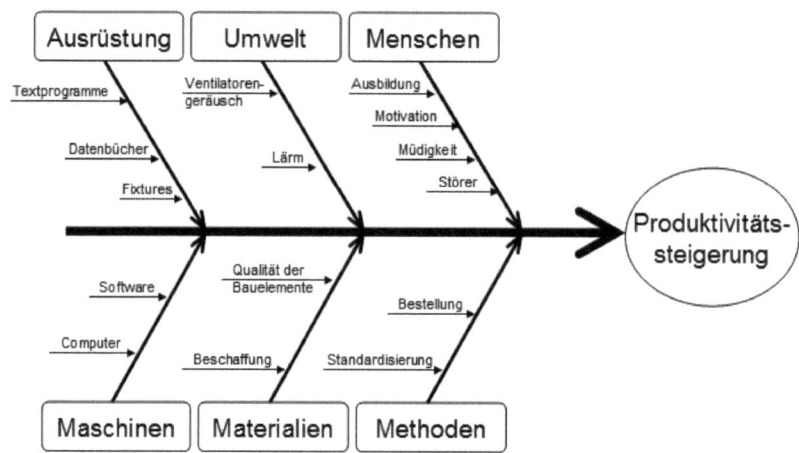

Anwendungen

- Visualisieren
- Strukturieren und übersichtlich machen
- Zum Mitmachen anregen durch selbst schreiben
- Ursachenanalyse
- Brainstorming, Ideen finden

Flussdiagramm

Mit Flussdiagrammen stellt man meistens Abläufe bzw. Prozesse dar. Durch die Visualisierung der einzelnen Prozessschritte fördern Sie das Erkennen, Verstehen und Analysieren von Abläufen jeglicher Art. Die Qualität einer Diskussion über Prozesse nimmt bei deren Verwendung deutlich zu, da Schwierigkeiten, Probleme und Dysfunktionen sehr genau lokalisierbar werden. Sie sind auch hervorragend zur Gegenüberstellung von Ist- und Soll-Zustand oder für Schulungen geeignet.

Vorgehen

Starten Sie handwerklich mit Kärtchen auf einer Pinnwand. Somit können Sie leicht verschieben und ändern. Verwenden Sie verschiedene Farben und Formen, um Unterschiede, Grenzen oder verschiedenartige Informationen optisch darzustellen.

Anwendungen

- Visualisieren
- Strukturieren und übersichtlich machen
- Zum Mitmachen anregen durch selbst auch schreiben
- Erkennen und Analyse von Abläufen
- Soll-Ist-Zustand darstellen
- Schulungen

Pareto (80/20-Regel)

Mit Pareto werden Daten so analysiert und visualisiert, dass Wichtiges von Unwichtigem getrennt wird und Prioritäten sichtbar werden. Ob es das Herausarbeiten von Ursachen oder die Festlegung von Maßnahmen, die die meisten Effekte bringen, ist. Häufig ergibt sich eine Teilung im Verhältnis 80/20. Z.B.: 80% des Umsatzes werden mit 20% der Kunden gemacht – auf welche Kunden konzentrieren wir uns also besonders? Oder 20% der Artikel machen 80% des wertmäßigen Lagerbestandes aus, und so weiter. Durch die Pareto-Analyse können Sie die wichtigsten Ursachen aus einer großen Anzahl von Ursachen herausfiltern oder aber eine kleinere Anzahl von Kernaufgaben aus einer Maße nützlicher Aufgaben herausfiltern.

Vorgehen

Sammeln Sie Fakten und tragen Sie diese in eine Excel-Tabelle oder auf einem Flipchart untereinander ein. Sie haben zum Beispiel verschiedene Einsparungsmaßnahmen und sowie deren geschätzte Einsparungspotentiale.

Maßnahme	Einsparungs-potential
A	198 €
B	5 €
C	84 €
D	50 €
E	156 €
F	98 €
G	14 €
H	19 €
I	15 €
J	74 €
K	211 €
L	12 €
M	123 €
N	9 €
O	66 €
P	32 €

Sortieren Sie jetzt die Tabelle nach absteigendem Wert. Danach addieren Sie die Werte von oben nach unten, bis Sie bei ca. 80% sind und es werden die höchstwahrscheinlich wenigen Maßnahmen sichtbar, die 80% der Effekte bringen. Das bedeutet, Sie haben jetzt eine gute Entscheidungsgrundlage, die richtigen Prioritäten zu setzen. In diesem Beispiel haben die Maßnahmen K, A, E, M, F, C und J Priorität.

Je mehr Daten Sie haben und je schwieriger es dadurch wird, Prioritäten zu setzen, umso mehr lohnt sich die Pareto-Analyse.

Maßnahme	Einsparungs-potential
K	211 €
A	198 €
E	156 €
M	123 €
F	98 €
C	84 €
J	74 €
O	66 €
D	50 €
P	32 €
H	19 €
I	15 €
G	14 €
L	12 €
N	9 €
B	5 €
Summe	1.166 €

80% = ca. 944 €

Anwendungen

- Visualisieren
- Strukturieren und übersichtlich machen
- Probleme definieren
- Ursachenanalyse
- Entscheiden, Maßnahmen finden
- Prioritäten finden

5x warum?

Die Frage nach dem „Warum" ist die wahrscheinlich älteste Methode zur Analyse eines Problems aber gleichzeitig auch diejenige, die am meisten Disziplin und Diskussionskultur erfordert. Sie kennen das vielleicht, wenn Sie ungeduldig werden, weil Sie ein Kleinkind mit Warum-Fragen löchert. Sie können sich das wie bei einer Zwiebel vorstellen. Sie fragen so lange nach dem „Warum?", bis alle Schalen entfernt sind – dann sind Sie am Kern des Problems angelangt ist und können gezielte Maßnahmen einleiten, statt an oberflächlichen Symptomen herumzudoktern. Die Japaner haben diese Methode im Kaizen kultiviert.

Vorgehen anhand eines Beispiels (hier mit 6x warum)

1. Warum ist der Ausschuss an dieser Maschine so hoch?
   Weil der Kunststoff Flecken hat.
2. Warum hat der Kunststoff Flecken?
   Weil Öl an der Maschine austritt.
3. Warum tritt Öl aus?
   Weil die Leitung verstopft ist.
4. Warum ist die Leitung verstopft?
   Weil die letzte Wartung Monate her ist.
5. Warum wurde die Maschine so lange nicht gewartet?
   Weil wir nicht vorbeugend warten, sondern nur bei Funktionsstörungen.
6. Warum warten wir Maschinen nur bei Funktionsstörungen?
   Weil die Instandhaltung sagt, es wäre billiger.

Anwendungen

- Ursachenanalyse

Brainstorming mit Kärtchen

Das Brainstorming mit Kärtchen ist die wohl bekannteste und am häufigsten gebrauchte Methode in der Moderation, um auf schnellem Wege möglichst viele unterschiedliche und kreative Ideen für eine Aufgabe oder Lösungsansätze für ein Problem zu finden. Durch das gegenseitige Anstacheln der Teilnehmer oder auch die Weiterentwicklung von Ideen der anderen, kommt wesentlich mehr heraus, als wenn man alleine vor sich hin brütet (1+1=3!).

Die wichtigsten Kriterien für eine Brainstorming-Sitzung, auf deren Einhaltung Sie als Moderator besonderen Wert legen, sind:

- Die Problem- bzw. Aufgabenstellung ist klar definiert und für alle Teilnehmer sichtbar formuliert (z.B. auf einem Flipchart)
- Dauer ca. 5 bis max. 20 Minuten
- Anwendung der Kärtchentechnik
- Jeweils nur ein Begriff pro Kärtchen
- Die Kärtchen quer mit einem dicken Moderationsstift beschriften
- Es gibt keine dummen Ideen oder Vorschläge, alles zählt
- Die Kärtchen rasch anpinnen, um die restlichen Teilnehmer weiter anzuregen
- Es wird noch nicht bewertet oder diskutiert, sondern erst einmal ohne Wertung gesammelt

Wem das Arbeiten mit Nadeln und Kärtchen zu umständlich ist, dem seien die durch statische Aufladung selbsthaftenden Zettel in verschiedenen Größen empfohlen (Stattys von Firma Stattys oder Slickynotes von Neuland).

Vorgehen

Nachdem Sie die Aufgabe an die Gruppe gestellt haben, gehen Sie wie folgt vor:

1.Wurf: Hirn aussaugen! Jeder Teilnehmer schreibt spontan seine ersten Ideen auf Kärtchen. Wenn Sie den toten Punkt spüren, wo nichts mehr kommt, nochmal mindestens zwei weitere Ideen von Jedem einfordern. Wenn dann nichts mehr kommt, pinnen Sie die Kärtchen an die Pinnwand während Sie diese laut vorlesen und eventuell eine Erklärung des jeweiligen Autors anfordern.

2.Wurf: Provozieren! „Ok, das waren also die *normalen* Ideen. Aber war das schon alles? Jetzt bringen Sie mal die *außergewöhnlichen* Ideen. Die Welt hat sich aufgrund von verrückten Ideen weiterentwickelt, nicht wegen der normalen." Wenn nichts mehr kommt, pinnen Sie die „verrückten" Kärtchen wieder an die Pinnwand während Sie diese laut vorlesen und eventuell eine Erklärung des jeweiligen Autors anfordern.

3.Wurf: Verfremden! Jetzt holen Sie das Letzte aus der Gruppe heraus, indem Sie sie mit themenfremden Impulsen weiter anregen, z.B. Impulsbox, Analogien, Umkehrmethode (Erklärungen siehe unten).

Stellen Sie sich vor, Sie haben jetzt eine bunte Kärtchensammlung an der Pinnwand hängen, die Sie im nächsten Schritt clustern werden, also zu Häufchen mit gleicher Überschrift zusammenhängen. Da das aber ziemlich zeitaufwändig ist, können Sie diese Sortierarbeit gleich beim erstmaligen Anpinnen der Kärtchen machen. Die einzelnen Cluster bekommen jetzt noch eine Überschrift und fertig ist das Brainstorming. Damit haben Sie jetzt einen wertvollen Ideenpool zur Verfügung, mit dem Sie weiterarbeiten können.

Wenn Sie viele Optionen erarbeitet haben und es anfängt, unübersichtlich zu werden, z.B. bei mehr als 6-8 Clustern (Häufchen), bietet es sich an, per Punktabfrage (siehe weiter hinten) die Optionen zu selektieren, mit denen Sie in Schritt 4 der PAULA-Methode weiter arbeiten werden.

Anwendungen

- Brainstorming, Ideen finden

Impulsbox	Geben Sie der Gruppe Impulse und jeder soll spontan auf Kärtchen schreiben, was ihm im Zusammenhang mit der Aufgabenstellung dazu einfällt.

Beispiele: Verändern Sie die Form! Verringern Sie die Geschwindigkeit! Ändern Sie die Konsistenz! Steigern Sie die Aktivitäten! Denken Sie „klein"! Machen Sie es härter! Vergessen Sie die Ziele! Vertauschen Sie! Steigern Sie die Eigenverantwortung! Machen Sie es biegsamer! Verändern Sie den Geruch! Erhöhen Sie die Sicherheit! Verändern Sie die Temperatur! Steigern Sie die Freude! Helfen Sie sparen! Lernen Sie von der Natur! Schaffen Sie eine Hülle! Vergleichen Sie! Machen Sie es leichter! Verringern Sie die Anzahl! Erhöhen Sie die Verfügbarkeit! Komplizieren Sie! Lockern Sie! Steigern Sie den Komfort! Ändern Sie die Reihenfolge! Ändern Sie bestehende Grenzen! Glätten Sie! Verändern Sie die Farbe! Machen Sie es weicher! Höhlen Sie aus! Teilen Sie! Verschenken Sie etwas! Verändern Sie die Lautstärke! Kehren Sie das Innere nach außen! Machen Sie es schmäler! Spiegeln Sie! Verändern Sie die Einstellung! Klären Sie! Vervielfältigen Sie! Reduzieren Sie die Aktivitäten! Erhöhen Sie die Geschwindigkeit! Verändern Sie den Geschmack! Verändern Sie das Material! Senken Sie den Preis! Ändern Sie den Namen! Machen Sie es breiter! Kooperieren Sie! Lösen Sie Verbindungen! Ändern Sie den Inhalt! Fügen Sie etwas hinzu! Vereinfachen Sie! Mischen Sie! Verändern Sie die Perspektive! Denken Sie „groß"! Lassen Sie etwas weg! Kombinieren Sie! Verändern Sie die Zusammensetzung! Machen Sie es schwerer! Ändern Sie die Funktion! Schaffen Sie einen Kontrast! Erhöhen Sie die Transparenz! Ändern Sie das Design! Drehen Sie es! Veredeln Sie es!

Analogien	Man stellt ungewöhnliche Verbindungen her, indem man das Problem mit anscheinend nicht verwandten Gegenständen, Lebewesen oder Wörtern vergleicht. Daraus können sich aus der vermeintlichen Einbahnstraße wieder neue Ansatzpunkte ergeben, bei dem eigentlichen Problem weiterzukommen.

Beispiel: „Wenn das Problem ein Elefant wäre, was fällt Ihnen aufgrund seiner Eigenschaften für die Lösung unseres Problems ein?"

Beispiel: Blättern Sie in einem Buch und lassen Sie einen Teilnehmer auf ein Wort tippen, das Sie auf ein Flipchart schreiben. Lassen Sie jetzt von der Gruppe eine Verbindung zwischen diesem Wort oder einzelnen Wortteilen und dem Problem herstellen.

Umkehrmethode	Hier werden die Dinge auf den Kopf gestellt, um zu einer Lösung zu kommen. Statt sich zu fragen, wie z.B. möglichst viele Kunden an Land gezogen werden können, lassen sie die Gruppe notieren, was wir tun müssen, damit Kunden abspringen. Hier kommen oft erstaunliche Erkenntnisse zu Tage.

Brainwriting

Neben dem klassischen Brainstorming mit Kärtchen hat sich eine pfiffige Spielart etabliert, das Brainwriting, auch bekannt unter dem Begriff Methode 6-3-5 (6 Personen schreiben je 3 Ideen in 5 Minuten auf ein Formular). Es ist eine hochwirksame Kreativitätsmethode, die die Teilnehmer zwingt, bewusst auf den Sichtweisen und dem Input anderer aufzubauen – und es macht auch noch richtig Spaß.

Vorgehen

Die Teilnehmeranzahl sollte zwischen 4-7 Personen liegen. Jeder Teilnehmer faltet ein DIN A4 Blatt längs, so dass drei Spalten entstehen, und schreibt seinen Namen oben drauf.

Jeder Teilnehmer schreibt jetzt zu einer Problem-Aufgabenstellung seine ersten drei Ideen auf, in jeder Spalte eine. Dann zieht er einen Strich drunter und gibt das Blatt im Uhrzeigersinn zum Nachbarn weiter. Wieder schreibt jeder drei Ideen auf, die möglichst auf den Ideen aufbauen, die schon auf dem Blatt stehen. Die Blätter werden so lange weitergegeben, bis jeder das Blatt mit seinem Namen wieder hat.

Anwendungen

- Brainstorming, Ideen finden

Aufgabenstellung:
Ideen zur Gestaltung von Wohnungen für alte und gebrechliche Menschen

Blatt Nr.: 2   Datum: 31.3.2000

Keine Türschwellen (Rollstuhlfahrer!)	Raumklimatisierung	Feste Notrufeinrichtung zu Polizei oder Krankenhaus
Rutschfeste Bodenbeläge	Schallschutzfenster	In allen Räumen Telefonanschlussdosen
Weiche, dämpfende Fußböden (Stürze!)	Fernbedienung für Licht (Ein - Aus)	Notrufanlage zur Nachbarwohnung
Gepolsterte Wand- und Türkanten	Lampen mit Dämmerstufen (Nachtbeleuchtung)	Notrufklingel an der Badewanne
Funksprechanlage zur Haustür	Großzügige Balkons mit Pflanzen	————
„Fahrstuhl-Briefkasten", der an das Fenster hochgefahren werden kann	Automatische Schiebetüren	Kochherd mit automatischer Zeitabschaltung

219

Entscheidungsmatrix

Mit der Entscheidungsmatrix kann man auf systematische Weise die beste Lösung aus mehreren Optionen herausfinden, z.B. Kauf einer Maschine, eines Autos, Auswahl eines passenden Dienstleisters, und so weiter. Jede Möglichkeit wird anhand von Muss-, Soll- und Kann- Kriterien gegeneinander abgewogen. Vergessen Sie aber bitte nicht, dass diese Methode zwar vom Ergebnis her sehr objektiv wirkt, aber auf subjektiven Einschätzungen beruht.

Entscheidungsmatrix							
Kriterien	Gewichtung	Optionen				Zeilenhöchstwert	Bemerkung
	Summen						

Vorgehen

- Formulieren Sie die Kriterien
- Legen Sie die Gewichtung auf einer Skala von 1-10 fest (1=weniger wichtig, 10= sehr wichtig)
- Schätzen Sie den Erfüllungsgrad der Optionen für jedes Kriterium, wieder auf einer Skala von 1-10 (1=erfüllt das Kriterium nicht, 10=voll erfüllt) und schreiben Sie den jeweiligen Wert in der Zelle links oben vom Querstrich
- Multiplizieren Sie diesen Wert mit dem Gewichtungsfaktor und schreiben Sie das Ergebnis in die Zelle rechts unten vom Querstrich
- Addieren Sie in der Summenzeile für jede Option die Werte
- Ermitteln Sie pro Zeile den Zeilenhöchstwert
- Bilden Sie die Summe der Zeilenhöchstwerte

In diesem Beispiel werden drei KFZ-Modelle verglichen. Sie können nun zwei Ergebnisse ablesen:

1. Den Sieger mit der höchsten Punktzahl (hier: Modell E mit 316).
   Bemerkung: Je näher die Punkte aller Optionen zusammenliegen, umso weniger eindeutig gibt es einen Sieger.
2. Wie nah der Sieger an die Ideallösung herankommt (hier: 379).
   Bemerkung: Es obliegt Ihrer Einschätzung, wie nah der Sieger am Ideal liegen sollte. In diesem Beispiel erreicht er fast 84%, was nicht schlecht ist. Bei kleiner 75% sollten Sie noch weitere Optionen prüfen.

Auswahlkriterien	Gewich-tungs-faktor	Modell B	Modell D	Modell E	Maximale Punktzahl
Soll-Kriterien					
1. Viersitzer	10	8 / 80	9 / 90	10 / 100	100
2. Motorleistung unter 2 Liter	8	7 / 56	6 / 48	5 / 40	56
3. Preis unter DM 28.000,-	6	10 / 60	4 / 24	8 / 48	60
4. Lokaler Händler	7	5 / 35	6 / 42	8 / 56	56
Kann-Kriterien					
5. Zentralverriegelung	3	10 / 30	8 / 24	8 / 27	30
6. Elektrische Fensterheber	5	4 / 20	7 / 35	5 / 25	35
7. Metalliclackierung	2	3 / 6	8 / 16	10 / 20	42
Gesamtsumme		287	279	316	379

Anwendungen

- Entscheidungsfindung

Tabelle

Teilen Sie eine Pinnwand wie im Beispiel rechts ein. Hier werden z.B. drei Lösungsoptionen diskutiert. Visualisieren Sie die Diskussionsbeiträge stichpunktartig in der mittleren Spalte, z.B. Vor/Nachteile. So können die Teilnehmer die Argumente und Infos für die spätere Entscheidungsfindung nochmal gut nachvollziehen. Die Entscheidung selbst können Sie z.B. mit einer Punktabfrage (siehe unten) in der rechten Spalte herbeiführen.

Punktabfrage

Mit einer Punktabfrage führen Sie in der Gruppe eine Mehrheitsentscheidung herbei, indem Sie jedem Teilnehmer eine bestimmte Anzahl Punkte zuweisen, die er dann bei den von ihm favorisierten Optionen anbringen kann. Da Klebepunkte in Moderatorenkoffern normalerweise Mangelware sind, können Sie die Teilnehmer auch bitten, die Punkte mit einem dicken Marker selbst zu malen.

Hier eine Orientierungtabelle, wenn Sie sich die Frage stellen, wie viele Punkte ein Teilnehmer bekommt und ob er diese auf einer Option kumulieren darf. Die Version „schärfer" wählen Sie, wenn Sie erreichen wollen, dass möglichst eindeutige Ergebnisse herauskommen.

Anzahl Optionen	Punkte pro Teilnehmer		
	normal	schärfer	
	Punkte	Punkte	kumulieren
3-4	2	1	nein
5-7	3	2	max. 2
8-10	4	3	max. 2
>10	variabel	Hälfte	max. 3

Anwendungen

* Entscheidungsfindung

MAP (Maßnahmen und Aktivitätenplan)

Der Maßnahmen- und Aktivitätenplan fasst das Ergebnis eines Meetings oder Workshops zusammen und verdichtet es zu Maßnahmen für die Umsetzung. Das ist zwar kein wirkliches Geheimnis, aber leider fehlt er häufig und man geht auseinander ohne ein dokumentiertes Ergebnis. Also – immer einen MAP erstellen, egal ob Sie das mit solch einem Formular machen, es auf dem Flipchart notieren und abfotografieren oder es auf einem Notebook tippen und anschließend verschicken.

MAP - Maßnahmen- und Aktivitätenplan

Pos	Maßnahme / Aktivität	verantwortlich	erledigt bis	ok

Anwendungen

* Dokumentation der Ergebnisse

4.4.3 Planung einer Moderation bzw. eines Workshops

Zu guter Letzt möchte ich Ihnen noch die Planungsschritte für Moderationen oder Workshops skizzieren:

1. Thema festlegen
2. Ziel festlegen
3. Zeitplan grob nach den Prozentangaben der obigen Tabelle festlegen
4. Werkzeuge für die vier PAULA-Schritte auswählen, alternativ Fragensequenz entwickeln
5. Entsprechende Visualisierungen planen
6. Notwendige Medien und Moderationsmaterial planen
7. Passende Arbeitslandschaft planen

4.5 Shopfloor Management

4.5.1 Grundlagen

Dieses Kapitel erhebt nicht den Anspruch darzustellen, wie man das Shopfloor Management im Detail einführt. Es trägt vielmehr meine Praxiserfahrungen aus der Einführung solcher Systeme zusammen.

Welche Idee steht hinter dem Shopfloor Management?

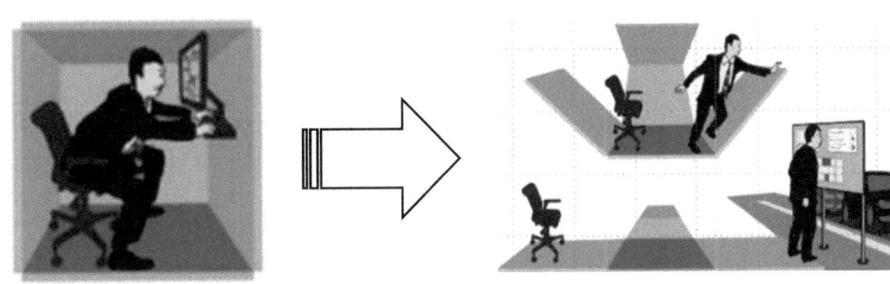

Diese Skizze zeigt sehr gut, worum es geht: die Führungskraft arbeitet und entscheidet nicht mehr alleine für sich (Planung, Organisation, Arbeitseinteilung, Optimierungen, und so weiter), sondern geht nach draußen auf den Shop Floor (übersetzt: Fabrikboden), wo sie alle Informationen und Kennzahlen öffentlich macht und dann zusammen mit ihren Mitarbeitern am Ort der Wertschöpfung arbeitet und entscheidet. Die Führungskraft bindet diese auf diesem Wege stärker in Planungs- und Entscheidungsprozesse ein. Damit ist dann auch der Start in agile Führungssysteme gemacht, die danach streben, Mitarbeiter durch immer mehr Partizipation an den Planungs- und Organisationsprozessen zu Partnern zu machen und in die Verantwortung zu bringen.

Wenn ich in diesem Kapitel von Shopfloor spreche, meine ich das tägliche Meeting mit den eigenen Mitarbeitern. Shopfloor ist letztendlich der Gebrauchsbegriff im Alltag für diese Meetings. Beispiel: „Wir haben gestern im Shopfloor ausgemacht, dass wir heute eine Stunde länger bleiben. Klappt das bei jedem?" Mit „KVP" kürze ich den Kontinuierlichen Verbesserungsprozess ab. KVP-Zettel sind dann kleine Formulare, auf die Probleme und Verbesserungsideen geschrieben und die an das Shopfloor Board gehängt werden.

In einem Shopfloor werden also innerhalb eines Teams (z.B. Komponentenmontage) täglich sämtliche Belange, Probleme und Aufgaben des eigenen Bereiches/Teams vor Ort behandelt und – wenn möglich – auch gleich gelöst. Die Führungskraft geht noch mehr in eine Coaching-Rolle. Zwar kommt der Shopfloor ursprünglich aus der Produktion (Fertigung, Montage), wird aber mittlerweile auch in den administrativen Bereichen eingeführt.

Ziele des Shopfloor

Das sind die Gründe, Shopfloor einzuführen:

- Jeden Tag ein bisschen besser werden
- Ein Bereich wird durch die Einführung von Kennzahlen messbar und transparent
- Die Prozesse eines Bereiches entwickeln sich weiter
- Die Mitarbeiter entwickeln sich weiter (Partizipation, Verantwortung)

- Die Gruppe entwickelt sich weiter (Zusammenarbeit, Team)
- Die nötige Nähe zwischen Team und Führungskraft ist sichergestellt (direkte Kommunikation)

Wussten Sie, dass der größere Teil Ihrer täglichen Führungsarbeit mit der Durchführung des Shopfloors erledigt ist? Das heißt, Sie konzentrieren Ihre Führungsaktivitäten hauptsächlich auf die Zeit des Shopfloors und können sich den Rest des Tages weitgehend um Ihre eigenen Affen kümmern.

Philosophie

Shopfloor Management ist nicht ein bestimmtes Projekt im Unternehmen, sondern die weiterentwickelte Art und Weise zu führen. Der Ansatz „Agiles Management" taucht in diesem Zusammenhang immer wieder auf. Damit ist gemeint, dass Führungskräfte stärker und konsequenter als zuvor in eine Coachingrolle schlüpfen und das Team sich noch mehr und direkter an der Gestaltung der eigenen Belange und Prozesse beteiligt. Durch eine offene Fehler-und Kommunikationskultur und eine hohe Transparenz will man die Weiterentwicklung eines Bereiches vorantreiben. Das erfordert sowohl eine Weiterentwicklung der Mitarbeiter (mehr Partizipation, mehr gefühlte Verantwortung, aktiveres Einbringen in die Gestaltung des eigenen Bereiches, höhere Transparenz) als auch der Führungskräfte (mehr Coaching, loslassen, mehr indirekt führen).

Die Rolle der Führungskraft, Erwartungen

Die Rolle der Führungskraft verlagert sich weg von der direkten Führung einzelner Mitarbeiter hin zum Coach, der

- am Shopfloor Board alles Relevante visualisiert,
- offene Kommunikationsprozesse in der Gruppe steuert,
- aktiv und offen Lösungsprozesse für harte und weiche Themen anstößt,
- Lösungsprozesse selbst vorantreibt, wenn sie nicht im Team gelöst werden können,
- die Mitarbeiter wesentlich stärker in das Finden und Umsetzen von Lösungen einbindet,
- Feedback gibt über die laufenden Maßnahmen und deren Abschluss,
- Dinge/Themen aktiv anspricht, sie damit an die Oberfläche bringt und dafür sorgt, dass sie gelöst werden (Moderator, Streitschlichter),
- Dinge lösen lässt und nicht selbst löst (Affenmanagement).

Die Rolle der Mitarbeiter, Erwartungen

Die Mitarbeiter übernehmen mehr Verantwortung und sind aktiver an der Gestaltung des eigenen Bereiches beteiligt. Sie

- lassen sich darauf ein und sind als Aktivposten dabei,
- decken Probleme auf und liefern einen Vorschlag zur Lösung (nur Probleme aufzählen ohne Lösung wird nicht mehr akzeptiert),
- beteiligen sich an der Feinorganisation der täglichen Arbeit,
- kommunizieren offen untereinander und geben Feedback,
- übernehmen ein Stück mehr Verantwortung als bisher (auch wenn es nicht explizit in der Stellenbeschreibung stehen sollte),
- sehen im Shopfloor die Chance, den eigenen Bereich weiterzubringen und nutzen die Zeit dafür.

Die vier Elemente eines Shopfloor

Visualisierung	Kommunikation
• Auf der eigenen Team- Bereichstafel • Visualisiert wird, was für den Bereich wichtig ist • Kennzahlen, die die Performance des Bereiches transparent machen (Leistung, Qualität, Termin, etc.) • Feste Sektoren auf der Tafel, wo steht welche Info • Ideen, Vorschläge, Anregungen ausschließlich auf KVP-Zettel. Anpinnen im PDCA-Bereich • Der Zettelfluss: Zettel wird geschrieben – Besprechung im Shopfloor – Lösung direkt oder Eskalation nach oben - zeitnahes Feedback über Ergebnisse zurück an das Team	• Shopfloor ist eine Art Drehscheibe, wo man miteinander spricht und die eigenen Belange behandelt • Eine Art „Heimat" für alle Teammitglieder, die gemeinsame Konstante für alle • Hier kommen Dinge zur Sprache (harte wie weiche) • Positives Feedback: „Damit bin ich/sind wir zufrieden." • Negatives Feedback: „Damit bin ich/sind wir noch nicht zufrieden." • Infos für den Bereich/das Team • Infos über das Unternehmen (top down)
Problemlösung	**Prozesse**
• KVP-Bedarf ableiten aus der Reflexion der Kennzahlen • Harte Themen/Probleme werden miteinander gelöst bzw. eine Lösung wird veranlasst (Eskalation nach oben) • Weiche Themen/Probleme werden miteinander gelöst bzw. im 4-Augengespräch behandelt • Es werden nur Themen behandelt, die auf einem KVP-Zettel stehen • Problemlösungmethoden verwenden (z.B. PAULA, Ishikawa) • Zeitnahes Feedback über den Verlauf einer Maßnahme	• Blick zurück: was war gestern gut/schlecht? welche Erkenntnisse ziehen wir daraus? welche Maßnahmen veranlassen wir? • Blick nach vorne: Arbeitseinteilung für heute Organisation für heute Motto für heute? Ist heute etwas besonders wichtig?

Spielregeln im Shopfloor

1. Jeden Tag ein bisschen besser
2. Jeder bringt sich aktiv ein, keine Konsumveranstaltung für die Mitarbeiter
3. Probleme/Anregungen/Vorschläge generell schriftlich auf KVP-Zettel
4. Kein Problem ohne Lösungsidee
5. Lösungen sind wichtiger als Schuldige
6. Auch bei schwierigen Themen respektvoll miteinander umgehen
7. Ich-Botschaften senden, wenn mich etwas stört
8. Ausreden lassen, zuhören und Verständnisfragen stellen, um Missverständnisse zu vermeiden
9. Pünktlich beginnen, auch wenn noch nicht alle da sind

4.5.2 Das Format eines Shopfloor

Der Shopfloor findet räumlich an dem Ort statt, wo die Gruppe, die Sie führen, arbeitet und an einem festen dafür eingerichteten Platz. Die Visualisierung passiert an eigens dafür installierten Boards (siehe Bilder unten). Die Struktur und der Ablauf sollte für alle Gruppen einen bestimmten Standard haben, kann aber je nach Anforderung angepasst werden. Der Shopfloor findet täglich zu einem möglichst frühen aber fixen Zeitpunkt statt (z.B. zu Schichtbeginn oder nach der Frühstückspause). Die Dauer schwankt je nach Themenlage zwischen 5-20 Minuten.

Struktur und Ablauf

1 Begrüßung	• Guten Morgen, schön, dass Ihr da seid! • Frage nach dem Lob des Tages (Kollegen loben Kollegen)
2 Kennzahlen	• Standard in Produktionen: Produktivität, Qualität, Termine • Optional: individuelle Kennzahlen der Gruppe • Reflexion: „Wie waren wir gestern?" • Lob bei guter Performance • Problemlösung/Maßnahmen bei schlechter Performance
3 Arbeitseinteilung	• Einteilung der Arbeit und der Mitarbeiter • Ausfallbedingte Umorganisation, Kapa besorgen • Was ist heute besonders wichtig • „Tagesmotto"
4 Optimierung	• Feedback zu erledigten Maßnahmen • KVP`s hart/weich von der Führungskraft • KVP`s hart/weich von den Mitarbeitern • Lösung/Entscheidung entweder sofort • oder kleine Projekte durch Führungskraft veranlassen
5 Unternehmensinfos	• Allgemeine Infos, Neuigkeiten aus dem Unternehmen/Bereichen • Infos aus der Regelkommunikation des Managements • Sonstiges
6 Startschuss	• An die Arbeit – Yes we can!

Vergleich Produktion (Shopfloor), Administration (Daily Meeting)

In Produktionsbereichen ist der Begriff Shopfloor eingeführt. In administrativen Bereichen wird das dann eher Daily Meeting o.ä. genannt. Prinzipiell ist die Idee und der Ablauf der beiden Meetings sehr vergleichbar. Sie können sich allerdings in der Zusammensetzung der Teilnehmer und den Kennzahlen unterscheiden.

	Produktion	Administration
Teilnehmer	• Hauptsächlich die Mitarbeiter eines Team, z.B. Komponentenmontage	• Mitarbeiter eines Teams, z.B. Personalabteilung • Teamübergreifende, interdisziplinäre Teilnehmer, z.B. AV, Einkauf, Fertigung, Vertrieb

Das Shopfloor Board

Das Shopfloor Board ist in der Regel die "Heimat" der Gruppe, hier trifft man sich täglich, hier wird gearbeitet und visualisiert. Jede Gruppe hat ein Board, das sinnvollerweise an einem fixen Standort direkt im Bereich oder der Abteilung, also am Ort der Wertschöpfung, installiert ist. Bitte machen Sie den Shopfloor nie in einem Besprechungsraum abseits der Abteilung. Oft ist es von Vorteil, wenn das Board auf Rollen steht, damit man es leicht verschieben kann. Die Fläche des Boardes, die häufig magnetisch ist, hat eine feste Einteilung, das heißt es gibt einen Platz für die Kennzahlen, für die Anwesenheit, für das KVP und so weiter. Es hat sich bewährt, dafür bedruckbare Magnetunterlagen oder Magnetrahmen, in die Ausdrucke gesteckt werden, zu verwenden. Hier ein Beispiel der Firma J.Schmalz GmbH in Glatten:

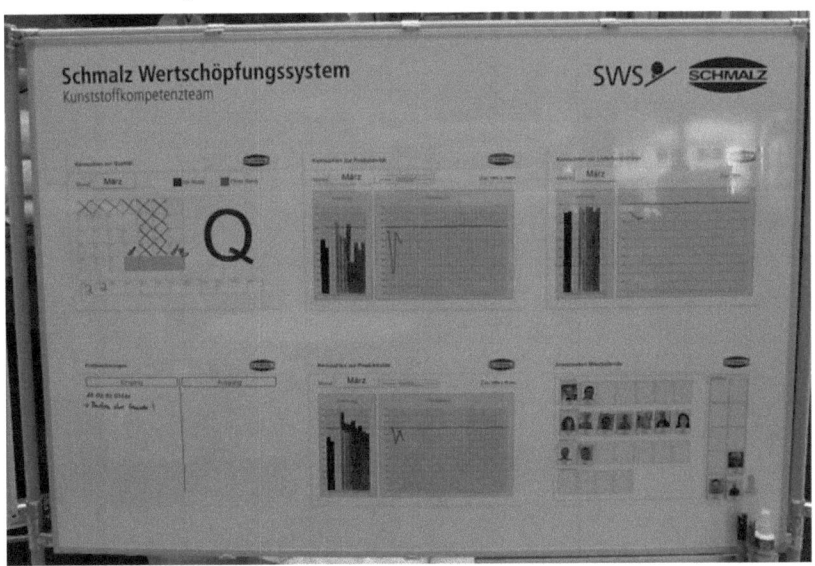

4.5.3 Aus dem Nähkästchen eines Shopfloor-Coaches

Ich möchte in diesem Kapitel das Nähkästchen eines Shopfloor-Moderators öffnen und Ihnen für anspruchsvollere Situationen, die Sie in einem Shopfloor erleben können, Lösungen anbieten.

Fall #1: Kennzahlen reflektieren

Eine Kennzahl nur zu präsentieren, ist zu wenig, da sie dann nur noch konsumiert wird, aber das Team nichts über die Einflussgrößen auf die Arbeitsprozesse lernt. Lassen Sie den Vortag vom Team erst einmal schätzen, bevor Sie oder ein dafür bestimmter Mitarbeiter die Kennzahl auf dem Chart mit einem wasserlöslichen Stift händisch einträgt. Beispiel: „Wo glaubt Ihr lagen wir gestern mit unserem Leistungsgrad?" Es gibt jetzt zwei Möglichkeiten, wo die Zahl liegen kann: überhalb oder unterhalb der Ziellinie.

Mögliche Reflexionsfragen, die darauf abzielen, dass die Mitarbeiter die Einflüsse auf Ihre Arbeitsprozesse kennenlernen und verstehen können:

- Warum lagen wir gestern über/unter dem Ziel?
- Was hinderte uns, das Ziel zu erreichen?
- Was hat bewirkt, dass wir drüber lagen?

- Was meint Ihr zum gestrigen Tag/Schicht?
- Worauf schaut Ihr besonders, wenn Ihr die Kennzahl schätzt?
- Warum seid Ihr dieses Mal so daneben gelegen?
- Was sollten wir heute verändern oder im Auge behalten?
- und so weiter

Fall #2: Führungskraft möchte selbst ein Thema einbringen

Sie als Führungskraft haben ein Thema, eine Beobachtung, das Sie aus bestimmten Gründen der Gruppe zurückmelden wollen.

Mögliche Ich-Botschaften der Führungskraft:

- Ich habe da ein Thema, das ich bei euch mal ansprechen möchte...
- Ich beobachte seit ein paar Tagen, dass...
- Mir fällt in letzter Zeit auf, dass...
- Ich habe den Eindruck, dass...

Mögliche Reflexions- und Lösungsfragen:

- Was kommt da bei Euch an?
- Wie nehmt Ihr das wahr?
- Was ist eure Beobachtung?
- Was ist denn da in letzter Zeit los?
- Wir wollen wir/wollt Ihr damit umgehen?
- Wie können wir/könnt Ihr das verbessern bzw. abstellen?

Fall #3: Unsachliches Herummaulen eines Mitarbeiters

Ein Mitarbeiter wird unssachlich, emotional und gefährdet damit das konstruktive Klima in der Gruppe. Beispiele: „Das funktioniert doch sowieso nicht!" „Das klappt nie!" „Das ist doch alles Sche....!"

- Konkretisieren lassen:
  „Was genau stört dich da?" „Womit genau kommst du nicht klar?"
- Auffordern, eine Ich-Botschaft zu senden: „Was stört dich?" „Warum stört es dich?" „Wie geht´s dir dabei?" „Wie hättest du es gerne, was brauchst du?"
- Eventuell Situationsbarometer benutzen (siehe Fall #6)

Fall #4: Mitarbeiter ist frech, aggressiv, stört, destruktiv

In solchen Fällen, spiegeln Sie sauber:

- „Bei mir kommt an, dass dir etwas gewaltig stinkt und du deshalb ziemlich aggressiv bist. Ich komme damit aber schlecht klar und wünschte mir, dass du etwas konkreter wirst. Damit könnten wir alle besser umgehen."
- „Was passt denn heute nicht mit dir? Ich habe den Eindruck, dass du ziemlich aggressiv bist. So kenne ich dich gar nicht. Was ist los?"
- „Sorry, ich komme damit nicht klar, wenn du so aggressiv auftrittst. Ich brauche von dir mehr konstruktive Mitarbeit, damit wir das Thema gelöst bekommen."

Fall #5: Mitarbeiter ist passiv, unbeteiligt, nicht bei der Sache

Diese Mitarbeiter stehen oder sitzen gerne etwas abseits, sagen kaum etwas von sich aus, beschäftigen sich mehr mit der Umgebung und warten, bis der Shopfloor endlich zu Ende ist.

Abhilfe:

- Fragen Sie ihn persönlich nach seiner Meinung
- Bitten Sie ihn, näher ans Board zu kommen
- Geben Sie ihm eine Aufgabe, z.B. Kennzahl eintragen
- Spiegeln Sie es vor der Gruppe und machen Sie ihm klar, dass Ihnen seine Mitarbeit wichtig ist

Fall #6: Führungskraft hat eine Vermutung, weiß aber nicht, wie sie es ansprechen soll

Gerade bei den weichen Themen ist es nicht immer ganz leicht, gewisse Themen präzise ansprechen zu können. Wenn Sie etwas im Team feststellen, sich aber nicht ganz sicher sind, was wirklich los ist, können Sie, bevor Sie mit Vorwürfen oder Falschinterpretationen kommen, das Situationsbarometer benutzen. Die Skala geht von 1-„miserabel" bis 10-„super gut".

Mit diesen Fragen können Sie viele Bereiche abklopfen und konkretisieren:

- Wie nehmt Ihr das Klima im Team momentan wahr?
- Wie klappt eurer Meinung nach die Zusammenarbeit im Team?
- Wie zufrieden seid Ihr mit mir als Chef?
- Wie zufrieden ist gerade jeder von Euch mit sich und seiner Arbeit?
- Wie klappt es eurer Meinung nach mit der Organisation im Team?
- Wie ausgewogen empfindet Ihr gerade das Geben und Nehmen?
- Wie seht Ihr in den letzten Tagen das Thema Ordnung und Sauberkeit?

Natürlich können Sie das Team bitten zu sagen, was sie gerade gerne wissen würden: „Was würdet ihr das Team gerade fragen wollen?"

Benutzen Sie eine entsprechende Magnetvorlage, auf der das Barometer bereits aufgedruckt ist oder ein weißes Blatt Papier, auf dem Sie das Barometer aufzeichnen und visualisieren Sie die Antworten. Jeder kann sein Kreuzchen machen oder einen kleinen Magnet befestigen. Wenn die abgefragte Situation auf diese Weise visualisiert ist, reflektieren Sie zusammen mit dem Team:

- Warum seht Ihr/siehst du das so?
- Was genau ist miserabel/sehr gut?
- Wo sollte es liegen, damit es für dich/euch ok ist?
- Was ist realistisch?
- Was fehlt noch, damit es gut ist?
- Was könnt Ihr dazu beitragen, dass es besser wird?
- Was kann ich als Führungskraft dazu beitragen?
- Wie entscheidet Ihr jetzt?

Fall #7: Mitarbeiter lenkt vom Thema ab

Kurz spiegeln: „Ich halte deine Bemerkung für wichtig, meine aber, dass uns das vom Thema xyz abbringt. Bitte notiere das auf einem KVP und bringe es morgen vor. Ich würde jetzt gerne beim Thema xyz weitermachen."

Fall #8: Korrektur von Verhaltensthemen

Bitte gehen Sie bei sensiblen Themen (meistens sind es Verhaltensthemen) wie z.B. niedriger Leistungsgrad, schlechte Stimmung verbreiten, unkooperativ, zu langsam, Streit mit Kollegen, wenig Zusammenarbeit, egoistisches oder unkollegiales Handeln, und so weiter zweistufig vor.

Stufe 1: Mit dem Mitarbeiter unter vier Augen besprechen. Wenn es dann gelöst ist, gut. Wenn nicht, informieren Sie ihn, dass Sie es im Shopfloor öffentlich machen, weil die gesamte Gruppe eventuell darunter leidet.

Stufe 2: Thematisieren im Shopfloor, die Gruppe mit einbeziehen, Gruppendynamik für sich nutzen, Lösung herbeiführen. Beispiel: „Es geht um das Thema Samstagsarbeit. Es gibt Kollegen unter Euch, die finden, dass Samstagsarbeit ungerecht verteilt ist. Bitte, würden diese Kollegen etwas dazu sagen?" Sie ziehen sich damit komplett in die Moderationsrolle zurück und lassen die Gruppe an einer Lösung arbeiten.

Fall #9: Auf eine Fragen der Führungskraft kommen keine Antworten, keiner sagt etwas

Sie haben den Eindruck, dass der Affe bei Ihnen sitzt. Mögliche Maßnahmen:

- Die Frage wiederholen und schweigen
- Spiegeln an die Gruppe: „Der Affe bleibt bei Euch."
- Einzelne Mitarbeiter direkt ansprechen
- Optionen aufzeigen: Ihr habt zwei Möglichkeiten, a) „Ihr macht mit und könnt die Lösung beeinflussen" oder b) „Ich bestimme und es gibt keine weitere Diskussion", wie wollt Ihr es haben? Wenn ich b) machen soll, möchte ich euern offiziellen Auftrag dazu.
- Die Gruppe auffordern, bis morgen eine PAULA zu diesem Thema zu machen. Machen Sie Ihre Erwartung klar, dass die Gruppe bis morgen liefert.

Fall #10: Keine Einigung beim Urlaubsplan

Fordern Sie Ihre Mitarbeiter auf, bis zu einem bestimmten Stichtag (z.B. 31.Januar) die Urlaubswünsche bei Ihnen abzugeben. Sie tragen das z.B. in Excel zusammen und zeigen es am Board. Jetzt gibt es in einem bestimmten Zeitfenster einen Konflikt, weil Sie zwei oder mehreren Mitarbeitern nicht gleichzeitig Urlaub geben können. Achtung! Nicht selbst entscheiden, geben Sie diesen Affen an die Gruppe.

- „Ihr seht, hier gibt es einen Terminkonflikt. Wie schlagt Ihr vor, diesen zu lösen?" Wird sich die Gruppe bzw. die betroffenen Mitarbeiter nicht einig, machen Sie nochmal klar, dass Sie nicht entscheiden werden, außer Sie bekommen den offiziellen Auftrag der Gruppe, das zu tun. Vertagen Sie das Thema auf einen anderen Shopfloor und geben Sie der Gruppe die Aufgabe, das zu lösen.
- Sollte nach mehreren Runden keine Entscheidung kommen, zeigen Sie der Gruppe bzw. den betroffenen Mitarbeitern die Optionen auf: Ihr habt zwei Möglichkeiten, a) „Ihr einigt Euch untereinander und könnt Einfluss nehmen" oder b) „Ich bestimme wer Urlaub bekommt und dann gibt es keine weitere Diskussion. Wie wollt Ihr es haben?" Wenn ich b) machen soll, möchte ich euern offiziellen Auftrag dazu.

Fall #11: Keine Einigung bei der Festlegung von Mehrarbeit

Visualisieren Sie der Gruppe, welche Aufträge für den Tag oder die Woche anstehen und geben Sie Ihre Vermutung ab, dass dies in der normalen Arbeitszeit wahrscheinlich nicht zu bewältigen sein wird. Achtung! Nicht selbst entscheiden, geben Sie den Affen wieder an die Gruppe.

- „Was schlagt Ihr vor, um diese Aufträge termingerecht zu bearbeiten?" Wird sich die Gruppe nicht einig, machen Sie nochmal klar, dass Sie nicht entscheiden werden, außer Sie bekommen den offiziellen Auftrag der Gruppe, das zu tun. Vertagen Sie die Entscheidung auf den nächsten Shopfloor und geben Sie der Gruppe die Aufgabe, sich zu überlegen, unter welchen Umständen dieses Paket zu schaffen ist.
- Sollte auch am nächsten Shopfloor keine Einigung zustande kommen, zeigen Sie der Gruppe die Optionen auf: Ihr habt zwei Möglichkeiten, a) „Ihr einigt Euch untereinander und könnt Einfluss nehmen, wann wer Überstunden macht" oder b) „Ich bestimme, wann wer reinkommt und keine weitere Diskussion. Wie wollt Ihr es haben?" Wenn ich b) machen soll, möchte ich euern offiziellen Auftrag dazu.

Fall #12: Ein Teilnehmer möchte seinen Frust loswerden

Es kommt häufiger vor, dass sich einer der Teilnehmer (inkl. Ihnen) mal Luft machen möchte, weil er sich unberechtigt angegriffen fühlt, sich ungerecht behandelt fühlt, immer er irgendetwas ausbaden soll oder einfach wegen eines Frustes, den er loswerden will. Mit Worten ist das oft schwierig und man schluckt es dann herunter – was aber nicht gut ist.

- Um ihm das Feedback zu erleichtern, können Sie die „Arschkarte" einsetzen. Diese ist am Board mit einem Magnet befestigt und kann von jedem abgenommen werden. Es ist wie Spiegeln (K-Tool #4) nur erst mal ohne Worte, weil er nur die Karte nimmt und damit zum Ausdruck bringt, dass etwas nicht passt für ihn.

- Die Regel ist dann, dass derjenige, der die Karte genommen hat gefragt wird, was los ist und er dann der Gruppe Feedback gibt. Wenn sein Anliegen bearbeitet ist, geht der Shopfloor weiter.

Fall #13: Lob des Tages

„Nix gesagt ist genug gelobt" ist ja in bundesdeutschen Unternehmen eher der Standard, wenn etwas gut gelaufen ist. Denken Sie mal darüber nach, ob Sie die Kommunikationskultur in Ihrem Shopfloor nicht mit einem „echten" Lob bereichern wollen.

- Dafür ist die Karte „Lob des Tages" gedacht, die auch mit einem Magnet am Board befestigt ist.
- Jeder (nicht nur Sie) kann diese Karte abnehmen und jemand in die Hand drücken, wenn er ihm sagen will, dass er etwas gut gemacht hat. Beisiel: „Dass Du mir gesten noch geholfen hast, finde ich gut, danke dafür." „Dass Sie beide den Auftrag gestern noch fertig gemacht haben, hat mir gefallen, vielen Dank dafür." Es tut einfach nur gut.

4.5.4 Bilder

Bei einem meiner langjährigen Kunden, der J.Schmalz GmbH in Glatten, habe ich u.a. den Shopfloor mit eingeführt. Die nachfolgenden Bilder sind von Schmalz und den darauf befindlichen Mitarbeitern genehmigt.

Diese Gruppe ist aus der Produktion (Kunststoffspritzerei):

Diese Gruppe ist aus der Administration (Finanzwesen):

 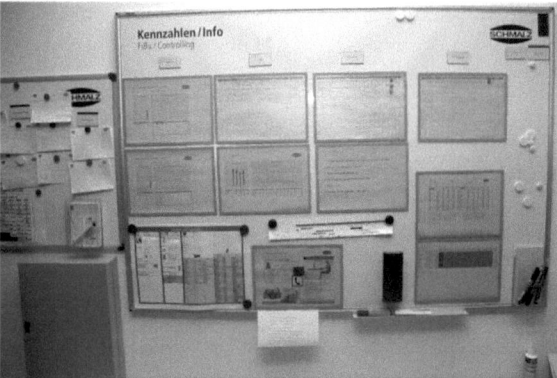

4.6 Großgruppenformate

Ich hoffe, Sie haben den ironischen Unterton aus dem Zitat herausgehört und richtig interpretiert. Oft stellt sich wirklich die Frage, wie Sie größere Gruppen sinnvoll beschäftigen bzw. moderieren können. Für den Fall, dass Sie einmal in die Verlegenheit kommen, größere Gruppen (15-30 Personen oder mehr) zu moderieren, biete ich Ihnen in diesem Kapitel drei sehr bewährte Formate an, mit denen ich selbst auch beste Erfahrungen mache. Anlässe dafür sind Tagungen (z.B. Vertrieb), Abteilungskonferenzen oder ähnliches.

1. World Café
2. Dynamic Facilitation
3. Open Space

4.6.1 World Café

Der Begriff Café ist hier ganz bewusst gewählt. Sie stellen in diesem Format so etwas wie eine Kaffeehaus-Atmosphäre her, in der die Teilnehmer an bestimmten Themen arbeiten. Der Charakter ist also eher informell, locker und von viel Austausch geprägt – so, wie an einem Kaffeehaus-Tisch eben.

Mögliche Aufträge an die Gruppe	• Welche Erfahrungen haben Sie bisher mit dem Thema XYZ gemacht? • Was halten Sie von „Agiles Management"? • Wie können wir das Thema XYZ bei uns lösen? Entwickeln Sie Ideen. • Was müssen wir tun, damit der Kunde bei uns nicht kauft? • Was heißt für Sie XYZ? Beispiel unten: Motivation
Ziel	Sensibilisierung von Teilnehmern für ein Thema, Erfahrungsaustausch, sich mit einer bestimmten Fragestellung beschäftigen, Meinungsbildung betreiben, eventuell auch Finden von Lösungsansätzen bzw. Handlungsoptionen
Stärken der Methode	Einbindung Vieler, Interesse wecken, hohe Partizipation, unterschiedliche Perspektiven verbinden, Knowledge Sharing, Kreativität entwickeln, Sensibilisierung für ein Thema
Vorgehen	Stehtische mit Papierdecken und Stiften. Eine Gruppe (ca. 5 Personen) diskutiert zum Auftrag und visualisiert auf dem Tisch. Nach einer festgelegten Zeit, die Sie festlegen kommt ein Wechsel, das heißt ein „Gastgeber" bleibt am Tisch, die restlichen Personen („Reisende") wechseln an einen anderen Tisch, wo sie von dem dortigen Gastgeber empfangen werden, der ihnen kurz die Inhalte der Vorgruppe vorstellt. Die Gruppen wechseln so 2-3 Mal durch und lassen sich von den Dingen der anderen Gruppen anregen, um es zu verfeinern oder zu ergänzen. Am Ende erfolgt eine Präsentation der Ergebnisse, die auf den Tischdecken visualisiert wurden. Sie als Moderator führen die Ergebnisse in einer Synthese zusammen.
Material	Stehtische mit runder Platte, Papiertischdecken, Klebefilm, Stifte, Catering

Beispiel einer solchen Tischdecke. Der Auftrag war: „Was bedeutet für Euch Motivation?"

So kann das Setting aussehen (in diesem Fall sitzen die Teilnehmer):

Diese Prinzipzkizze macht den Kreislauf nochmal deutlich

4.6.2 Dynamic Facilitation

Wie der Begriff „Dynamic" schon verrät, geht es hier nicht um eine lineare Moderation (wie z.B. bei der PAULA), sondern um eine, die viel Spontanität und Unordnung zulässt. Dieser völlig neue Weg der Prozessmoderation wurde von dem US-Amerikaner Jim Rough entwickelt. Dynamic Facilitation erlaubt spontane Richtungswechsel in der Diskussion, scheinbares Chaos und das Einbringen von Emotionen und Gefühlen. Indem man sich von herkömmlichen Rede- und Denkmustern löst, werden scheinbar unlösbare Probleme lösbar.

Im Gegensatz zur konventionellen Moderation werden Probleme, Lösungsansätze, Bedenken und Befürchtungen gleichzeitig besprochen und in einer Gesamtschau zusammengeführt. Der Moderator unternimmt nichts, um den Diskussionsprozess auf einem linearen Weg zu halten. Ein Thema wird "hin- und her bewegt", bis es zur Einsicht aller kommt. Emotionen, z.B. die Leidenschaft für Ideen oder Bedenken und Befindlichkeiten werden als hilfreich anerkannt und im Prozess berücksichtigt.

Anwendungen	• Anwendbar für Groß- und Kleingruppen und alle Arten von Meetings, besonders, wenn ein Thema sehr emotional ist und scheinbar unlösbar erscheint • Alle Arten von Themen und Problemstellungen, für die bis jetzt noch keine Lösung gefunden wurde, oder die der Gruppe unter die Haut gehen
Ziel	Auflockern und Lösen von emotional festgefahrenen Situationen, neue Ansätze erkennen, der Gruppe die Hoffnung geben, dass es doch noch eine Lösung gibt.
Stärken der Methode	Hohe Partizipation, nichts geht unter, hirngerechtes Arbeiten, Lösen von emotionalen, scheinbar unlösbaren Themen, führt oft zu schnelleren Ergebnissen
Vorgehen	Stuhlkreis stellen, 4 Pinnwände mit der Beschriftung: Herausforderung/Fragen, Ideen/Lösungen, Bedenken/Emotionen, Info-Pool. Sie eröffnen die Diskussion, steuern Beiträge und schreiben einzelne Beiträge auf Kärtchen, die Sie an die jeweiligen Pinnwände verteilen. Sie steuern nicht bewusst längs eines roten Fadens, sondern lassen die Themen kommen. Am Ende fassen Sie die Ergebnisse in einer Synthese zusammen. Einer besonderen Bedeutung kommt dabei der Pinnwand mit den Bedenken zu. Bedenken werden als hilfreich deklariert und sind ausdrücklich erlaubt. Sie kommen damit an die Oberfläche und rumoren nicht mehr unkontrolliert im Untergrund. Bei mehr als 15-20 Teilnehmern holen Sie sich noch einen Co-Moderator dazu, der die Kärtchenarbeit übernimmt.
Material	Stühle, Stehtische, Pinnwände, gut gefüllter Moderatorenkoffer, Flipchart

Diese beiden Prinzipskizzen verdeutlichen nochmal das Setting bei Dynamic Facilitation.

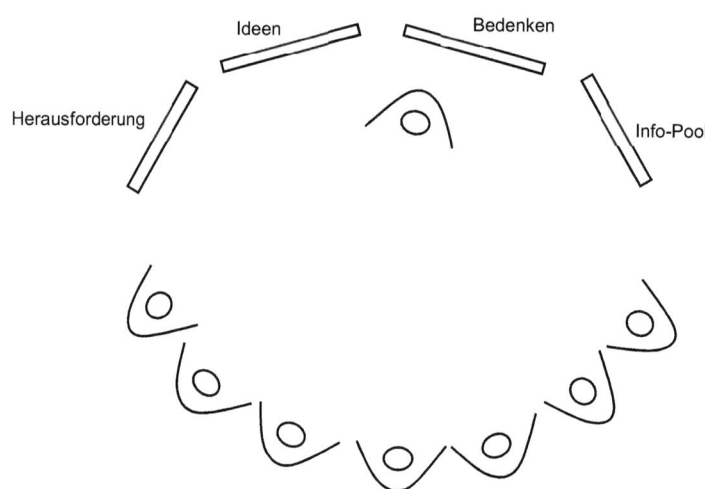

4.6.3 Open Space

Open Space, also »Offener Raum« oder auch »Freiraum«, ist eine sehr wirksame Konferenzmethode, die von Harrison Owen maßgeblich entwickelt wurde. Sie trägt der Tatsache Rechnung, dass die wirklich wichtigen Gespräche auf Konferenzen immer in den Kaffeepausen stattfinden. Warum? Weil durch den informellen Geist einer Kaffeepause eine kreative und unbeschwerte Kraft namens Selbstorganisation frei wird. Open Space organisiert sozusagen diese Selbstorganisation, was zwar widersprüchlich klingt, aber gut funktioniert, weil es etwas mit dem Prinzip der zwei Füße zu tun hat.

Anwendungen	• Konferenzen jeglicher Art, auf denen verschiedene Themen, Produkte, Problemstellungen, und so weiter besprochen werden • Vertriebsmeetings, bei denen Produkte/Lösungen vorgestellt werden • Schulungsveranstaltungen, wo verschiedene Lernthemen angeboten werden
Ziel	Auflockern und Lösen von emotional festgefahrenen Situationen, neue Ansätze erkennen, der Gruppe die Hoffnung geben, dass es doch noch eine Lösung gibt.
Stärken der Methode	Hohe Partizipation, hohe Motivation durch eigene Entscheidung, an der man teilnimmt
Vorgehen	Stellen Sie sich einen Marktplatz vor. Wo gehen Sie hin? Natürlich dort hin, wo Ihnen die Produkte und Waren gefallen oder schmecken. Bauen Sie auf Ihrer Konferenz an definierten Plätzen die jeweiligen Themen, Probleme oder Produkte auf. Man erkennt diese Plätze oft an den Pinnwänden, Flipcharts, Displays oder Tischen, auf denen Produkte oder Modelle stehen. Es hat auch eine gewisse Ähnlichkeit mit einer Messe. An jedem Platz gibt es z.B. einen Moderator oder Präsentator, der fix installiert ist und das Arbeiten dort moderiert und Ergebnisse entsprechend visualisiert. Zusätzlich gibt es einen Bereich, wo sich das gesamte Plenum trifft. Zum Start der Konferenz erklären Sie im Plenum, worum es geht und ab da gibt es eine Abstimmung mit den zwei Füssen, das heißt jeder Teilnehmer entscheidet frei, an welchen Platz er geht und wo er mitarbeitet. Es kann vorkommen, dass ein Platz vielleicht verwaist bleibt, weil es keinen interessiert. Sie können bestimmte Regeln einführen, z.B. maximale Arbeitszeiten an den Plätzen. Zwischen- oder Endergebnisse werden im Plenum zusammengeführt und das weitere Vorgehen erarbeitet.
Material	Großzügige Räumlichkeiten, eventuell mehrere Moderatoren, Stühle, Stehtische, Pinnwände, gut gefüllter Moderatorenkoffer, Flipchart, sonstiges Inventar

Diese Prinzipskizze verdeutlicht ein mögliches Setting für eine Open Space Konferenz.

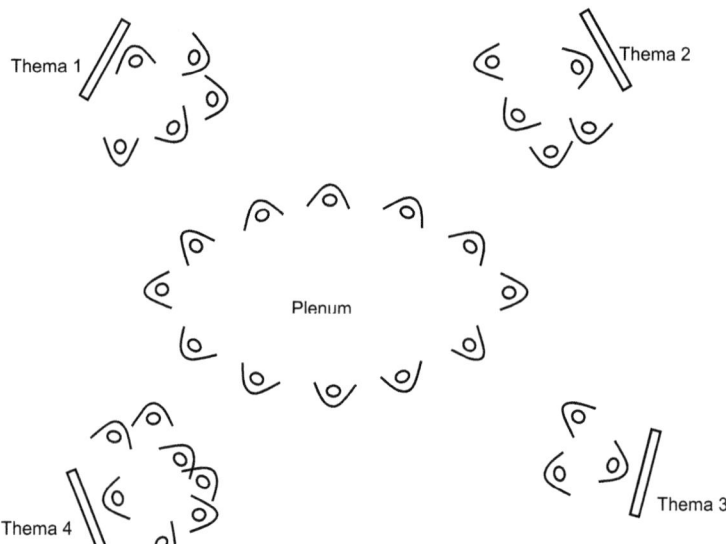

4.7 Cross Coaching

4.7.1 Cross Coaching (normal)

Sie kommen alleine mit einem Thema oder Fall nicht weiter und bräuchten jetzt Unterstützung - an wen in der Firma würden Sie sich wenden?

So oder so ähnlich geht es ja oft los, wenn Sie

- einen kniffligen Führungsfall haben, den Sie noch nicht ganz einschätzen können und gerne ein paar andere Meinungen haben möchten,
- ein „schweres" Führungsgespräch vor sich haben, zu dem Ihnen noch eine gute Strategie fehlt,
- bei einem Thema nicht weiter kommen und einfach ein paar frische Ideen bräuchten,
- an einem Projekt rummachen und Sie noch nicht genau wissen, wie Sie es anpacken sollen,
- ein Zeitmanagementthema haben und Sie noch nicht wissen, wo Sie die Prioritäten setzen sollen,
- sie persönlich etwas belastet und Sie das gerne mit jemand reflektieren würden,
- bei einem fachlichen Thema feststecken und nicht so recht weiterkommen,
- einen Plan haben, aber noch unsicher sind, ob er auch funktioniert,
- und so weiter

Oft stehen Sie alleine da, weil Sie meinen, dass Ihnen da sowieso niemand helfen kann (Achtung! Misstrauens-MINDFUCK) oder Sie keine Schwäche zeigen wollen (Achtung! Übermotivations-MINDFUCK) oder Ihnen bisher noch nie jemand geholfen hat (Selbstverleugnungs-MINDFUCK) oder weil es in Ihrer Firma vielleicht schlicht noch nicht üblich ist, sich Rat zu holen. Wie auch immer, für solche Fälle, habe ich das Cross Coaching entwickelt, das den Ansatz der systemischen Kollegialen Beratung und die Denkhüte von De Bono vereint.

Die Idee ist, dass Sie mit Hilfe einiger „Berater" auf neue Ansätze und Lösungen für Ihr Anliegen kommen. Diese „Berater" rekrutieren Sie in Ihrer Firma individuell je nach Thema. Sie bitten sie praktisch, ob sie sich mal eine ¾ Stunde Zeit für Sie nehmen und Sie bei Ihrem Anliegen coachen würden – Kaffee und Butterbrezen gibt´s umsonst.

Zugegeben, in vielen Firmen sind solche Methoden tatsächlich noch nicht üblich und Sie werden mit Ihrer Bitte unter Umständen auf einige Fragezeichen stoßen. Aber warum eigentlich nicht?! Ich meine warum sollten Sie denn in einer gedanklichen Sackgasse schmachten, wo Ihnen andere doch oft heraushelfen könnten? Werfen Sie mal Ihre möglichen MINDFUCK´s über Board und nutzen Sie die vorhandenen Ressourcen Ihrer Kollegen und Mitarbeiter!

Kleiner Ausblick auf Agiles Management: Methoden wie das Cross Coaching fördern in der Regel die Offenheit und den Austausch unter den Menschen in einem Unternehmen, man begegnet sich immer mehr auf Augenhöhe, Machtspielchen durch Hierarchien werden weniger und die Möglichkeit zur Integration und Partizipation der Generation Y/Z wächst.

Ablauf des Cross Coaching

Teilnehmer: 2-5 Personen, wer mit welchem Wissen oder Fähigkeiten, ist Ihre Entscheidung

Material: Flipchart oder Whiteboard, Stifte

Doku: mit PAULA auf dem Flipchart/Whiteboard

Zeit: max. 45 Minuten

Zeit	Phase	Bemerkungen, Regeln
2 min	Rollenverteilung festlegen PAULA-Prozess vorstellen optional: Denkhüte verteilen	Der Fallbringer (bringt den Fall ein, dokumentiert mit PAULA) Die Coaches (fragen, beraten, geben Tipps) Der Fallbringer erstellt die PAULA, was dokumentiert wird, ist seine Sache Eventuell auch die Denkhüte (siehe unten) verteilen, ist aber nur eine Zusatzoption, Cross Coaching funktioniert auch ohne Hüte gut
5 min	Fallbringer stellt seinen Fall/ sein Anliegen/sein Problem vor	Flipchartblatt nach PAULA einteilen Er dokumentiert stichpunktartig bei „Problem/Aufgabe" Die Coaches hören zu, stellen Verständnisfragen und machen sich Notizen (noch keine Problemlösung)
2 min	Qualität/Ausprägung des Ergebnisses festlegen	Fragen an den Fallbringer: „Was soll in diesem Cross Coaching passieren, damit du zufrieden bist?" „Welche Art von Ergebnis stellst du dir vor?" Meinungen einholen, neue Ideen, konkrete Strategie, konkrete Maßnahmen, …
30 min	Ursachen ermitteln/ Lösungen brainstormen	Ursachenforschung und Lösungsentwicklung wechseln sich ab Für die Coaches: Verhältnis Fragen : Tipps ≈ 60 : 40 Fallbringer dokumentiert bei „Ursachen" und „Lösungen" nach seinem Ermessen, es ist seine Verantwortung, was dokumentiert wird
3 min	Entscheidung durch den Fallbringer, Doku der Ergebnisse/ Aktionen/ Maßnahmen	Fallbringer denkt nach und entscheidet Er dokumentiert bei „Aktion" und teilt es den Coaches mit Am Ende nimmt er das Flipchart an sich
3 min	Reflexion	Kurze Feedbackrunde über den Cross Coaching Prozess
45 min		

Mögliche Coachingfragen für den PAULA-Prozess

Mit dieser Übersicht können Sie den Coaches eine Idee geben, wann sie Ihnen welche Fragen stellen können/sollen.

PAULA-Prozess	Mögliche Fragestellungen für die Coaches
Problem/**A**ufgabe (Verständnisfragen der Coaches)	• Was ist das Thema/Problem? • Worum geht es? • Mit welcher Herausforderung siehst du dich jetzt konfrontiert? • Wie würdest du mir das Problem und dessen Auswirkungen beschreiben? • Was ist dir noch unklar? • Was genau meinst du, wenn du sagst …? • Was verstehst du unter …? • Kannst du mir nochmal … erklären?
Ursachen ermitteln	• Warum ist dieses Problem da? • Was sind die Gründe dafür, dass…? • Was könnte passieren, wenn…? • Was würdest du als z.B. Kunde denken/tun? • Wie erklärst du dir, dass das bisher nicht erfolgreich war? • Wie oft, wie lange, wann ist das Problem bisher nicht (weniger stark) aufgetreten? • Was hast du in diesen Zeiten anders gemacht? • Was denkst du, wie wirkt das auf deine Mitarbeiter/Kunden, wenn du dich so verhältst? • Auf einer Skala von 1-10, wo stehst du heute? Wie belastend ist das für dich? • Was ist dir noch unklar?
Lösungen brainstormen	• Wie bist du bisher mit ähnlichen Situationen umgegangen? • Was schlägst du vor? • Wie würdest du das jetzt machen? • Was hast du schon ausprobiert? • Wie könnte es noch gehen? • Wo könntest du nachschauen? • Angenommen, dieses Problem wäre nicht da, was würdest du tun? • Was würdest du tun, wenn…? • Wenn du die Kosten/Zeit/... nicht berücksichtigen müsstest, was würdest du dann tun? • Was wäre dir jetzt am liebsten? • Was fällt dir ein, wenn du an xyz denkst? • Was brauchst du konkret noch von uns? • Was würdest du als z.B. Kunde denken/tun? • Was sagt dir dein gesunder Menschenverstand?
Sparringsfragen für erste Handlungs-optionen	• Was darf keinesfalls sein? • Worauf musst du aufpassen? • Wie sicher bist du schon auf einer Skala von 1-10? • Was könnte passieren? • Welche Konsequenzen hätte dieser Weg/diese Lösung? • Was hast du dabei noch nicht bedacht? • Was würde passieren, wenn…? • Wer sagt dir gerade, dass das so nicht geht? • Welche Vorteile/Nachteile hat Dein Vorschlag/Deine Lösung? • Inwiefern/Inwieweit passt diese Lösung, wenn du an xyz denkst? • Inwieweit kann das klappen? • Was machst du, wenn…? • Unter welcher Voraussetzung würdest du das so machen? • Was genau willst du damit erreichen?

Aktion	• Wofür entscheidest du dich jetzt? • Welche Maßnahmen bringen momentan am meisten? • Was ist Dein erster Schritt? • Was ist Dein nächster Schritt? • Wie sicher bist du schon auf einer Skala von 1-10 (1=sicher, 10= Panik)? • Was sagt dir dein gesunder Menschenverstand? • Welche sind die für dich wichtigsten Maßnahmen?
Reflexion	• Wie hast du den Coachingprozess empfunden? • Was hättest du (Fallbringer) noch gebraucht? • Was sollten wir das nächste Mal anders machen?

4.7.2 Cross Coaching (mit den Denkhüten nach De Bono)

Wenn Sie wollen oder es das Thema hergibt, können Sie optional an die Coaches sogenannte Denkhüte verteilen. Jeder der Denkhüte hat eine bestimmte Charakteristik und der Hutträger vertritt im Coaching eine dieser Rollen:

1. Analytiker (weißer Hut)
2. Emotionaler (rot)
3. Kritiker (schwarz)
4. Optimist (gelb)
5. Kreativer (grün)
6. Strukturierer (blau)

1. Analytiker (weißer Hut: das Weiße Blatt)

Weiß steht für neutrales, analytisches Denken. Mitglieder in dieser Rolle beschäftigen sich nur mit Fakten, Zahlen und Daten. Sie vermeiden es, sich eine subjektive Meinung zu bilden und bewerten nicht.

• Analytisches Denken
• Konzentration auf Tatsachen
• Objektive Haltung

Der weiße Hut steht dafür, Informationen zu sammeln ohne sie schon zu werten. Wer den weißen Hut aufsetzt, ist einem Computer sehr ähnlich: es zählen nur die nackten Fakten und Zahlen. Versuchen Sie mit dem weißen Hut auf dem Kopf, sich konsequent freizumachen von allen Emotionen oder Vorurteilen – keine Angst, Sie müssen Ihre Gefühle ja nicht für immer wegschieben, denn mit einem anderen Hut können Sie alle Ihre Gefühle rauslassen!

Der Träger des weißen Huts verschafft sich einen objektiven Überblick über alle verfügbaren Daten und Informationen – vollkommen unabhängig von der persönlichen Meinung. Dieser weiße Hut wird meistens zu Beginn einer Diskussion oder eines Prozesses aufgesetzt, um einen ersten neutralen Überblick zu erhalten.

2. Emotionaler (roter Hut: Feuer und Wärme)

Diese Farbe steht für subjektives, emotionales Denken. Mitglieder in dieser Rolle bilden sich eine persönliche Meinung und betrachten positive wie negative Gefühle. Hier dürfen auch Widersprüche auftreten.

- Emotionales Denken und Empfinden
- Konzentration auf Gefühle und Meinungen
- Subjektive Haltung

Ganz im Gegensatz zum weißen Hut steht der rote Hut nun für Emotionen. Lassen Sie alle Gefühle zu, die in ihnen sind. Gemeint sind sowohl positive als auch negative Gefühle, wie zum Beispiel Ängste, Freude, Zweifel, Hoffnungen, Frustration oder was auch immer. Zusätzlich geht es hier aber auch um "allgemeinere" Ansätze, wie zum Beispiel Intuition. Lassen Sie mit dem roten Hut immer Ihren Bauch sprechen, nicht den Kopf. Als Träger des roten Hutes können Sie alles äußern, was Sie aktuell in sich fühlen, unabhängig davon, wie klar Sie es formulieren können oder ob die anderen in der Gruppe etwas damit anfangen können oder nicht. Alles Diffuse, alles Gefühlsmässige kann mit dem roten Hut auf dem Kopf ausgesprochen werden ohne dass Sie sich rechtfertigen müssen.

3. Kritiker (schwarzer Hut: Schwarzmalerei)

Diese Rolle repräsentiert den pessimistischen Kritiker. Der Kritiker konzentriert sich auf objektive Argumente, die negative Aspekten hervorheben. Mitglieder mit schwarzem Denkhut denken an Risiken und Einwände.

- Kritisches Denken
- Risikobetrachtung, Probleme, Skepsis, Kritik und Ängste beschreiben
- Objektive Haltung

Beim schwarzen Hut geht es darum, die objektiv negativen Aspekte der Aufgabenstellung zu finden. Dazu gehören Bedenken, Zweifel, Risiken, u.ä. – also alle sachlichen Argumente, die gegen ein Projekt beziehungsweise eine Entscheidung, sprechen oder die eine Fragestellung verneinen. Wer den schwarzen Hut aufsetzt strebt an, objektiv (!) alle negativen Aspekte eines Themas herauszufinden, zum Beispiel: "Gegen dieses Projekt spricht...", "Die objektiv erkennbaren Gefahren unseres Vorhabens sind...". Besonderer Hinweis: Bringen Sie hier aber bitte wirklich nur objektive Bedenken an und nicht Ihre persönlichen negativen Gefühle – diese werden mit dem roten Hut geäußert.

4. Optimist (gelber Hut: Sonnenschein)

Gelb steht für den Gegensatz zum Kritiker. Hier ist realistischer Optimismus gefragt. Positive Argumente werden gesammelt. Objektive Chancen und Vorteile sind Thema des "gelben Denkers".

- Optimistisches, chancenorientiertes Denken
- Was ist das Best-Case Szenario
- Spekulative Haltung

Der gelbe Hut steht für das Gegenteil des schwarzen Huts: Hier geht es darum, das objektiv Positive zu entdecken. Wer den gelben Hut aufsetzt, hat die Aufgabe, Chancen oder Pluspunkte zu finden, aber auch realistische Hoffnungen und erstrebenswerte Ziele zu formulieren. Auch hier geht es wieder darum, die positiven Aspekte aus einer möglichst objektiven Sicht zu erkennen und nicht aus einer persönlichen Gefühlsstimmung heraus (so gehört zum Beispiel Euphorie zum roten Hut). Hier geht es auch noch nicht darum, Ideen zu entwickeln (grüner Hut), sondern um das Erkennen aller Aspekte, die für ein Problem sprechen.

5. Kreativer (grüner Hut: Wachstum)

Der grüne Denkhut steht für Innovation, Neuheit und Assoziation. Mitglieder in der grünen Rolle produzieren neue Ideen und kreative Vorschläge. Kritik ist hier fehl am Platz: alle Ideen werden gesammelt.

- Kreatives, assoziatives Denken
- Neue Ideen, Kreativität
- Konstruktive Haltung

Dieser Hut steht für die Kreativität, für Wachstum und für neue Ideen. Wer diesen Hut trägt, begibt sich auf die Suche nach allen möglichen Alternativen. Der grüne Hut befähigt über das hinauszudenken, was bereits getan wird oder angedacht ist. Mit dem grünen Hut können Sie Kreativitätstechniken einsetzen oder zum Beispiel auch das Mittel der Provokation nutzen, um andere zum Widerspruch zu reizen. Träger des grünen Huts dürfen alles formulieren, was zu neuen Ideen und Ansätzen führt, unabhängig davon, wie verrückt oder unrealistisch die Ideen sind. Besonderer Hinweis: Mit dem grünen Hut auf dem Kopf sind kritische Bemerkungen untersagt (dafür steht der schwarze Hut).

6. Strukturierer (blauer Hut: blauer Himmel)

Die blaue Rolle sorgt für Ordnung, Durch- und Überblick. Ihre Aufgabe ist es, Ideen und Gedanken zu strukturieren und den Prozess aus der Meta-Ebene zu betrachten.

- Ordnendes, moderierendes Denken
- Überblick über die Prozesse
- Big Picture Haltung

Der blaue Hut steht für Kontrolle und für die Organisation des gesamten Denkprozesses. Wer den blauen Hut trägt, begibt sich auf die sogenannte Meta-Ebene, blickt also sozusagen von einem übergeordneten Punkt auf den gesamten Prozess und erlangt so einen Überblick. Die Aufgaben des Trägers des blauen Hutes bestehen zum Beispiel daraus, die Ergebnisse zusammenzufassen oder Entscheidungen darüber zu treffen, welche Hüte im weiteren Prozess überhaupt oder noch einmal aufgesetzt werden müssen. Meistens, beziehungsweise sinnvollerweise, wird der blaue Hut am Ende einer Sitzung aufgesetzt.

„Du bist dann ein Profi, wenn es der andere nicht mehr merkt!"

Axel Germek

5 Strategien für Standardsituationen

Ich habe Ihnen in diesem Kapitel typische Gesprächssituationen zusammengetragen, denen Sie in der Mitarbeiterführung immer wieder begegnen werden. Der richtige Umgang damit ist sehr wesentlich für Ihre Performance als Führungskraft. Die Klarheit, die hinter diesen Strategien steckt, ermöglicht Ihnen eine eindeutige Positionierung und einen wesentlich transparenteren und angenehmeren Umgang mit Ihren Mitarbeitern.

Wenn Sie die folgenden Standardsituationen beherrschen, dürften Sie meiner Erfahrung nach ca. 80-90% aller Gespräche mit Mitarbeitern im Griff haben und sich weitgehend sicher fühlen. Sie wird nichts mehr wirklich überraschen können. Eine hohe Gesprächsqualität sowie mehr Gelassenheit und Professionalität sind die Folge.

Allen gemeinsam ist die Haltung: Weich zum Menschen – hart in der Sache. Bei aller Härte in der Sache, bleiben Sie immer respektvoll und wertschätzend.

Ich gebe Ihnen sehr konkrete Beispiele für Formulierungen. Finden Sie Ihre eigene Wortwahl und Formulierungen heraus, passen Sie diese an, so dass sie auch zu Ihnen und Ihrem DISG-Typ passen. Bleiben Sie authentisch.

5.1 Standardsituationen

Situation #1: Gespräch sitzt fest, Mitarbeiter blockiert

Situation #2: Ablenkmanöver, Ausreden

Situation #3: Masche, Mitarbeiter spielt ein Spielchen

Situation #4: Mitarbeiter verweigert die Kooperation, will nicht

Situation #5: Erpressungsversuch

Situation #6: Mitarbeiter will Affe zurückgeben

Situation #7: Mitarbeiter ist aggressiv, frech, ausfallend, droht

Situation #8: Unberechtigte Lohnforderung

Situation #9: Mitarbeiter sieht Fehler nicht ein, immer die anderen

Situation #10: Auffällige Verhaltensänderung des Mitarbeiters

Situation #11: Performance leidet wegen privater Krise

Situation #12: Mitarbeiter beendet das Gespräch, lässt Sie stehen

Situation #13: Mitarbeiter spielt beleidigt

Situation #14: Mitarbeiter redet viel, kommt nicht auf den Punkt

Situation #15: Tränen

Situation #16: Das Gespräch droht zu eskalieren

5.1.1 Gespräch sitzt fest, Mitarbeiter blockiert

Woran erkennen Sie das? An einem gewissen Punkt des Gespräches haben Sie das subjektive Gefühl, dass Sie in der Sache nicht mehr weiterkommen, an den Mitarbeiter nicht mehr rankommen. Irgendetwas scheint vorgefallen zu sein, das den Mitarbeiter dazu veranlasst, sich zurückzuziehen oder zu blockieren. Sie beobachten das u.a. auch daran, dass er einsilbig wird, auf Ihre Fragen nicht mehr antwortet und von der Körpersprache her zumacht.

Strategie: Gespräch anhalten, spiegeln und Vereinbarung treffen, erst dann die eigentliche Sache wieder aufgreifen

Variante 1: gleich lösen und Gespräch fortsetzen

Ich-Botschaft: „Ich halte das Gespräch mal kurz an, weil ich für mich schnell etwas klären möchte. Ich habe momentan das Gefühl, dass wir gerade auf der Stelle treten und ich beobachte, dass Sie sich in den letzten Minuten etwas zurückgezogen haben. Wenn mein Eindruck richtig wäre, würde ich gerne erfahren, was los ist. Wie sehen Sie das?"

Wenn sich der Mitarbeiter darauf einlässt, sich öffnet und Sie zusammen das Hindernis aus dem Weg räumen konnten (schlechter Tag, Sie haben etwas Falsches gesagt, Kollegen sind doof, private Probleme, …), vereinbaren Sie, wie das Gespräch weitergehen soll und setzen Sie es fort. Bei privaten Problemen könnte auch Situation #10 oder #11 relevant werden.

Wenn er sich noch nicht darauf einlässt und weiter blockiert, z.B. „Nein, nein, ist alles ok, machen Sie weiter", schieben Sie auf seine Steilvorlage nochmal nach: „Sehen Sie, das meinte ich, Sie haben es gerade wieder gemacht… Was ist denn eigentlich los mit Ihnen?" Taucht er mit Ihnen nicht unter die Wasseroberfläche, setzen Sie die nächste Ich-Botschaft: „Ich fühle mich von Ihnen ausgebremst und ich komme mir irgendwie doof vor, wenn Sie trotz meines Kooperationsangebotes auf stur schalten und mir nicht entgegen kommen. Ich kann damit nur schwer umgehen und will es ehrlich gesagt auch nicht. Ich befürchte einfach, dass wir so zu keinem guten Ergebnis kommen. Bitte nehmen Sie dazu Stellung."

Wenn er sich nach dieser zweiten Runde darauf einlässt, räumen Sie zusammen das Hindernis aus dem Weg, treffen eine Vereinbarung und setzen Sie das Gespräch fort.

Wenn er immer noch blockiert, gehen Sie zu Variante 2.

Variante 2: Gespräch vertagen

Unterbrechen Sie das Gespräch mit der Ansage, es zu einem späteren Zeitpunkt fortzusetzen. Sie möchten ihm damit Zeit zum Nachdenken geben.

Geben Sie ihm eine Aufgabe mit auf den Weg: „Machen Sie sich bitte Gedanken über Ihre Haltung bzw. Ihr Verhalten und wie wir dieses Gespräch Ihrer Meinung nach fortsetzen sollen, so dass etwas dabei herauskommt."

Machen Sie gleich einen Termin für Fortsetzung des Gespräches aus, z.B. einen Tag später.

5.1.2 Ablenkmanöver, Ausreden

Woran erkennen Sie das? Ihr Mitarbeiter versucht, auf andere Themen auszuweichen (wenn der Vertrieb das gemacht hätte, dann…), stellt Ihnen geschickte Fragen, um Sie von Ihrem Thema abzubringen (was ist eigentlich mit den anderen, die dürfen das doch auch?!), schimpft (ja toll, jetzt muss ich dafür herhalten!), findet Ausreden (das konnte ich nicht erledigen, weil…), verweist auf Kollegen oder andere Abteilungen

(Sie sollten lieber mal das bei denen regeln, bevor Sie…). Übrigens: wenn jemand versucht abzulenken, ist das ein sehr sicheres Indiz dafür, dass Sie ihn „erwischt" haben, Sie einen wunden Punkt getroffen haben.

Strategie: kurz auf die Bemerkung eingehen und zurück zum Thema kommen, viel offene Fragen stellen, aktiv Zuhören.

„Das ist durchaus ein wichtiger Punkt, den Sie da ansprechen, allerdings möchte ich jetzt mit Ihnen über XYZ reden."

„Sie meinen also, dass ich nicht merke, dass Sie jetzt vom Thema ablenken wollen? Wie häufig sind Sie damit bei meinem Vorgänger durchgekommen?"

„Warum sprechen Sie jetzt dieses Thema an, wo wir mit unserem eigentlichen noch gar nicht fertig sind?"

„Können Sie sich noch erinnern, was Ihre Eltern früher erwiderten, als Sie meinten, dass der Nachbarsjunge ja auch bis 20 Uhr fernsehen darf?"

5.1.3 Masche, Mitarbeiter spielt ein Spielchen (vor der Notbremse)

Welche Spielchen laufen denn häufig? Schleimen, anlügen, Ausreden suchen, solche Maschen wie „blöd stellen" (ich muss mich nur ein bisschen blöd anstellen, dann lässt er mich schon in Ruhe), kokettieren, weinen, petzen, mich vor seinen Karren spannen…

Strategie: direkt danach fragen oder spiegeln, egal ob Ihr Eindruck richtig oder falsch ist, Sie setzen auf jeden Fall das Signal, dass Sie wachsam sind und dass das mit Ihnen nicht läuft, erst abstellen, bevor Sie am Thema weiter reden. Offene Fragen, aktiv Zuhören.

Direkt danach fragen: „Mir fällt da gerade etwas auf und ich möchte das jetzt doch mal kurz ansprechen. Ich weiß zwar nicht, ob ich richtig liege, aber kann es sein, dass Sie -…?" – mich anschleimen? – mich anschwindeln? – versuchen, mich mit Ausreden abzulenken? – Sie glauben, wenn Sie sich ein bisschen ungeschickt anstellen, dann geht der Kelch an Ihnen vorüber? – mich mit Ihrer netten Art ein bisschen einwickeln wollen? – den Kollegen gerade verpetzen? – mich vor Ihren Karren spannen wollen? oder fragen Sie ihn „Was genau wollen Sie mir denn mit Ihrer Bemerkung sagen?" Lassen Sie ihn sein Ansinnen konkretisieren und eventuell auf diesem Weg entkräften.

Spiegeln: „Mir fällt da gerade etwas auf und ich denke, ich spreche es jetzt doch mal kurz an. Ich habe den Eindruck, als ob Sie mit mir ein Spielchen spielen, wenn Sie das und das tun/sagen. Ich meine, so kommt es jedenfalls bei mir an. Wenn dem so wäre, würde ich mich von Ihnen nicht ernst genommen fühlen. Mich würde jetzt interessieren, wie Sie das sehen." oder „Das klingt jetzt für mich so, also ob Sie wollen, dass ich zu Max rüber gehe und ihm die Leviten lese. Meinten Sie das so?" oder „Mich beschleicht gerade das Gefühl, dass Sie mich vor Ihren Karren spannen wollen, weil Sie sich nicht trauen, selber zu Max zu gehen und das zu klären. Liege ich da richtig mit meiner Einschätzung?".

Wenn Sie das Spielchen auf diesem Wege nicht abstellen können, weil eventuell noch mehr dahinter steckt, dann lesen Sie in Situation #4 (Notbremse) weiter.

5.1.4 Mitarbeiter verweigert die Kooperation, will nicht (Notbremse)

Woran erkennen Sie das? Im Laufe des Gespräches haben Sie den subjektiven Eindruck, dass Ihr Mitarbeiter einfach nicht kooperieren will. Sie beobachten das daran, dass er eventuell stur wird, Ihre Argumente vom Tisch fegt, trotzig reagiert, sich in Ausreden flüchtet oder eventuell sogar den Raum verlässt, also flüchtet.

Strategie: Gespräch anhalten, spiegeln und klären, ob kann-nicht oder will-nicht vorliegt, ihn vor die Wahl stellen, wie es weiter geht.

Ich-Botschaft: „Mir fällt seit einiger Zeit etwas auf und ich möchte das mit Ihnen mal klären. Bei mir kommt an, dass Sie sich nicht auf mich und meine Argumente einlassen möchten und an einer gemeinschaftlichen Lösung nicht wirklich interessiert sind. Ich möchte mit Ihnen jetzt klären, ob Sie nicht können oder nicht wollen. Bitte nehmen Sie dazu Stellung."

Wenn er sich darauf einlässt und Sie einen gewissen Willen bei ihm erkennen, können Sie ja auch mal fragen, was denn eigentlich los ist mit ihm, also mal richtig unter die Wasseroberfläche gehen. Damit kann man die Situation oft wieder etwas auflockern.

Blockt er weiter ab, kündigen an, dass Sie jetzt eine Spielregel einführen: "Sie haben jetzt genau zwei Möglichkeiten, wie es mit unserem Gespräch weitergehen soll und ich möchte, dass Sie sich für eine der beiden Möglichkeiten entscheiden: Ich behandle Sie wie einen Erwachsenen, oder wie ein Kind."

Erwachsener heißt:

"Sie behalten die Kontrolle für sich selbst. Sie lassen sich auf mich und dieses Gespräch ein und sind bereit, ernsthaft an einer Lösung zu arbeiten, was ein Wollen voraussetzt. Wir treffen eine Vereinbarung und jeder von uns übernimmt die Verantwortung für das Gelingen."

Kind heißt:

„Ich übernehme die Kontrolle über Sie. Ich höre auf zu diskutieren, beende dieses Gespräch und nutze meine Kompetenz als Ihr Vorgesetzter, indem ich Ihnen detailliert vorschreibe, was Sie zu tun und zu lassen haben. Eine Zuwiderhandlung verstehe ich dann als Arbeitsverweigerung, was die einschlägigen disziplinarischen Konsequenzen nach sich zieht."

Sie können ihm noch Ihre persönliche Sichtweise mitgeben: „Wenn ich entscheiden dürfte, ich selbst würde Sie lieber als Erwachsenen behandeln, ich kann Sie aber auch als Kind behandeln."

Variante 1: Jetzt gleich

Sie sagen ab jetzt nichts mehr und fordern ihn auf, sofort eine Entscheidung zu treffen. Sie lassen sich auf keine weitere Diskussion oder Ausflüchte ein. Für ihn muss es sich jetzt anfühlen, dass es eng wird. Fordern Sie eine Entscheidung ein, bevor Sie das inhaltliche Gespräch weiter führen.

Variante 2: Gespräch vertagen

Häufig kommt da noch nicht viel vom Mitarbeiter, weil er noch nicht bereit ist, die Tragweite dieser Weichenstellung zu überblicken oder weil er sich einfach etwas überrumpelt fühlt. In diesem Fall vertagen Sie dieses Gespräch mit der Aufgabenstellung, sich Gedanken dazu zu machen und eine Entscheidung zu treffen, die er Ihnen zum Fortsetzungstermin mitteilen möchte. Machen Sie gleich einen Termin für Fortsetzung des Gespräches aus, z.B. 1-2 Tage später oder nach dem Wochenende.

Die Strategie, die ich Ihnen hier vorschlage, läuft in meinem Verständnis unter »Notbremse«. Gehen Sie sparsam damit um, aber manchmal ist es einfach nötig, um dem Mitarbeiter aufzuzeigen, dass Sie eine Verweigerung von Kooperation nicht akzeptieren. Oft reicht auch schon die Strategie, die ich Ihnen bei Situation #3 anbiete, praktisch als Vorstufe zur Notbremse.

Variante 3: Autobahn

Möglicherweise steht ein grundsätzlicheres Gespräch an, in dem Sie dem Mitarbeiter mit dem Dreigespann »love it – change it – leave it« konfrontieren. Die detaillierte Vorgehensweise habe ich in Kapitel 3.1.4 Autobahn beschrieben.

5.1.5 Erpressungsversuch

Woran erkennen Sie das? Sehr einfach! Wenn Formulierungen kommen wie „wenn nicht, dann ...“ (also, wenn ich da jetzt keinen Urlaub bekomme, dann können Sie mich für Überstunden am Wochenende gleich mal streichen) oder „...dann kündige ich halt.“ oder „... dann können wir das ja gleich lassen.“

Strategie: Ich-Botschaft + Konjunktiv

Ich-Botschaft: „Also, lieber Herr Beispiel, ganz ehrlich, wenn Sie das so sagen, fühle ich mich von Ihnen in die Ecke gedrängt und erpresst, weil Sie mir ja sagen entweder – oder.“

Konjunktiv: „Wenn das so *wäre*, dass Sie mich erpressen *wollten*, dann *wäre* ich zum einen sehr enttäuscht von Ihnen, weil ich mir einen anderen Umgang erwarte und zum anderen *würde* ich dann so und so entscheiden, weil ich nämlich nicht erpressbar bin. Jetzt sagen Sie mir bitte (mit tief in die Augen schauen), ob Sie das wirklich so gemeint haben, wie es bei mir angekommen ist.“

Sie machen dem Mitarbeiter einerseits klar, dass Erpressung bei Ihnen nicht läuft, andererseits lassen Sie ihm durch den Konjunktiv aber noch eine Hintertüre offen, durch die er durchgehen kann. Den meisten Mitarbeiter ist das oft gar nicht bewusst, was sie damit anrichten und es passiert öfter, als man denkt. Sie als Führungskraft würden sich mehr Probleme schaffen, als nötig, wenn Sie deswegen gleich jedes Mal ein Fass aufmachen würden. Der Konjunktiv hilft Ihnen und dem Mitarbeiter, wieder ohne Stress aus dieser Nummer herauszukommen.

Aber, lieber Leser, passen Sie da wirklich gut auf. Wenn sich herumspricht, dass solche oft subtilen Erpressungen bei Ihnen funktionieren, dann probiert es natürlich jeder und das Thema Durchsetzen oder Souveränität hat sich für Sie zumindest weitgehend erledigt – und das wollen Sie nicht wirklich.

5.1.6 Mitarbeiter will Affe zurückgeben

Am Ende von Kapitel 3.3 Delegation und Coaching finden Sie eine umfangreiche Tabelle zur Affenerkennung und Strategien, um diese abzuwehren.

Ein wirksame Strategie ist auch diese: Drehen Sie den Spieß sozusagen um. Lassen Sie ihn herausarbeiten, was er meint, was Sie jetzt an seiner Stelle tun sollten, um das Problem zu lösen. Dazu stellen Sie Ihrem Mitarbeiter eine Auswahl folgender Fragen:

- „Was meinen Sie sollte ich jetzt tun bzw. womit könnte ich Ihnen weiter helfen?“
- „Was sollte ich wo recherchieren?“
- „Wen sollte ich kontaktieren bzw. mit einbeziehen?“
- „Wie könnte ich zu neuen Ideen kommen?“
- „Wer schlagen Sie vor könnte mir dabei helfen?“
- „Was sollte ich an welcher Stelle veranlassen?“
- „Welchen ersten Schritt sollte ich machen?“
- Und so weiter…

Visualisieren Sie die Antworten in Form eines Maßnahmenplans, drücken Sie ihm diesen in die Hand und wünschen Sie ihm viel Erfolg bei der Umsetzung. Jetzt ist der Affe wieder da, wo er hingehört.

5.1.7 Mitarbeiter ist aggressiv, frech, ausfallend, droht

Woran erkennen Sie das? Der Ton wird schärfer, er vergreift sich im Ton, wird laut oder droht Ihnen mit irgendetwas. Manchmal passiert das sogar sehr subtil ohne Lautstärke, indem er sehr spitz oder zynisch wird.

Strategie: Zeitnah spiegeln und klären, nicht lange warten.

Beispiele für einleitende Ich-Botschaften, um zu klären:

„Bei mir kommt gerade viel Aggressivität an. Hat das einen bestimmten Grund?"

„Ich empfinde es als sehr frech, wenn Sie das so und so zu mir sagen. Wie sehen Sie das?"

„Ich tue mir sehr schwer damit, wenn Sie in diesem Ton mit mir sprechen und ich möchte das nicht. Was meinen Sie dazu?"

Beispiele für anschließende Aufforderungen:

„Ich brauche von Ihnen mehr Respekt, weil ich mir damit leichter tue."

„Ich bitte Sie, Ihre Tonlage anzupassen. Sie können ganz normal mit mir reden."

„Ich wünsche mir von Ihnen einen normalen Umgangston. Ganz ehrlich, nur weil Sie lauter sprechen, werden Ihre Argumente deswegen nicht wirklich besser."

5.1.8 Unberechtigte Lohnforderung

Woran erkennen Sie das? Nun natürlich, wenn er danach fragt.

Strategie: Hinterfragen warum, Erwartungen, Leistung diskutieren

Fragen Sie ihn direkt: „Warum meinen Sie sollten Sie mehr Geld bekommen?" Und zusätzlich eventuell noch „Und warum außerhalb der normalen Lohnrunde?"

Diskussion: beharren Sie auf schlüssige Antworten und Argumente und bleiben Sie dran. Entkräften Sie seinen Vorstoß in der Diskussion.

Zahlen/Daten/Fakten: auf den nächsten Schritt werden Sie sich wahrscheinlich erst vorbereiten. Erstellen Sie eine Leistungsbeurteilung für ihn. Entweder existiert schon ein entsprechendes System in Ihrer Firma (z.B. Formular) oder Sie schreiben die Aufgaben und Leistungskriterien zusammen und bewerten diese auf einer Skala von 0 (nicht erfüllt) -10 (voll erfüllt). Alternativ können Sie auch den persönlichen Leistungsgrad in Ihrem BDE-System (sofern vorhanden) ermitteln. Diese Daten werden in der Regel darstellen, dass er nicht die von Ihnen erwartete Leistung erfüllt – wofür er aber bereits bezahlt wird.

Ihre Argumentation ist nun: Ihre Leistung liegt momentan bei z.B. 85%, Sie bekommen aber Geld für 100%. Womit rechtfertigen Sie also eine Lohn/Gehaltserhöhung? Genau genommen, müsste ich Ihnen ja 15% abziehen. Entkräften Sie seinen Vorstoß auf diesem faktischen Weg.

Ganz nebenbei: wenn Sie Ihre Regelgespräche (Kapitel 3.5.2) konsequent führen und Ihr Mitarbeiter weiß, wo er steht und woran er arbeiten soll, wird er mit der Frage nach mehr Geld ohnehin erst dann kommen, wenn es berechtigt ist.

5.1.9 Mitarbeiter sieht Fehler nicht ein, immer die anderen

Woran erkennen Sie das? Viel „Ja, aber…", ablenken (siehe auch Situation #2), „Ich war´s nicht!", manchmal erkennen Sie auch eine unglaublich verschobene Selbstwahrnehmung bei Ihrem Mitarbeiter.

Strategie: spiegeln, offene Fragen

Wenn sich Ihr Eindruck verfestigt hat, dass er gerne auf andere schaut, statt vor seiner eigenen Haustüre zu kehren, halten Sie das Gespräch an und spiegeln Sie das, was Sie wahrnehmen. Z.B. „Jetzt müssen Sie mir mal kurz helfen, besser zu verstehen. Ich beobachte gerade, dass Sie mir bei dem Thema eher etwas ausweichen und den Fehler bei anderen suchen. Ich tue mir außerdem schwer damit, zu erkennen, ob Sie jetzt an einer Verbesserung arbeiten werden. Bitte sagen Sie mir bitte, wie Sie das sehen."

Klären Sie so lange, bis Sie bei ihm das Bewusstsein geschaffen haben, dass er auch mitmachen muss. Erst dann kommen Sie auf das eigentliche Thema zurück.

5.1.10 Auffällige Verhaltensänderung des Mitarbeiters

Woran erkennen Sie das? Er ist anders als sonst, nicht nur einmalig, sondern über einen bestimmten Zeitraum. Die Veränderung wirkt sich negativ auf seine Performance aus (Leistung, Umgang, Stimmung, Fehlerquote, und so weiter).

Strategie: Der Veränderung auf den Grund gehen und ausloten, ob bzw. wie Sie ihm helfen können.

Nutzen Sie eine sogenannte passende Gelegenheit, um ihn mit einer sauberen Ich-Botschaft auf seine Verhaltensänderung anzusprechen (Ich beobachte…, Bei mir kommt an…, Ich habe den Eindruck…). Häufig ist es allerdings so, dass er sich nicht gleich öffnen wird, weil es ihm peinlich ist, er sich schämt oder er einfach noch nicht darüber reden kann/will. Bleiben Sie aber trotzdem beharrlich und versuchen Sie, dass er sich Ihnen gegenüber öffnet.

„Es muss doch einen Grund für diese Veränderung geben, ich kenne Sie doch ganz anders, Sie sind doch normalerweise so und so drauf…"

Achtung, fragen Sie auch explizit nach privaten Gründen. Viele Führungskräfte vermeiden das aufgrund gewisser gesellschaftlicher Konventionen (MINDFUCK´s?), weil es sie nichts anzugehen hat und sie nicht als neugierig oder unhöflich gelten möchten. Nach dem Motto, Privates gehört nicht ins Geschäft. Da bin ich allerdings ganz anderer Meinung. Ich meine, das nicht trennen zu können, weil private Themen sehr wohl die geschäftliche Performance beeinträchtigen können.

Wenn Sie ihm helfen wollen, können Sie sich an diesen sieben Themen orientieren, mit denen Sie in der Regel die meisten Ursachen abdecken:

1. Seine Arbeit
2. Seine Kollegen
3. Ich als sein Chef
4. Gesundheit
5. Partnerschaft
6. Familie, Kinder
7. Finanzen

Sie können ihm privat nicht helfen, weil Sie doch kein Paar- oder Finanzberater sind! Da haben Sie recht, aber im Vorgriff auf Situation #11 geht es in erster Linie nicht darum, dass Sie eine Maßnahme vorschlagen, sondern ihm alleine durch Ihr Zuhören zu helfen. Dass er es loswerden kann.

5.1.11 Performance leidet wegen privater Krise

Wenn Sie in Situation #10 „fündig" geworden sind und Ihren Mitarbeiter plagen tatsächliche private Probleme, kann es sich durchaus schon mal um eine Krise handeln, die sich erheblich auf seine Performance auswirken wird.

Strategie: Zuhören, zuhören, zuhören – recht viel mehr können Sie sowieso nicht machen. Und trotzdem auch wieder die Zügel anziehen.

Variante 1: er öffnet sich

Über das Zuhören hinaus werden Sie natürlich überlegen, wie Sie ihm im Rahmen Ihrer Möglichkeiten entgegenkommen können und es für eine bestimmte Zeit berücksichtigen, dass er gerade etwas „neben der Spur" läuft. Das kann helfen:

- Arbeitszeiten anpassen (z.B. dass er seine Kinder versorgen kann)
- Arzt aussuchen (bei Krankheit)
- Psychologe empfehlen (bei mentalen Problemen)
- Vorschuss (bei kleinen Lücken)
- Firmenkredit (bei größeren Lücken)
- und so weiter

Womit Sie ihm aber nicht helfen ist, wenn Sie ihn nur bemitleiden und ihn in seinem „Depri-Loch" stecken lassen oder dadurch noch weiter reindrücken. Äußerungen wie z.B. „Ich kenne das, das dauert ewig, bis man da wieder rauskommt." sind da nicht hilfreich. Vielmehr werden Sie ihm zwar behutsam aber doch auch mit der gebotenen Strenge zu verstehen geben, dass Sie und die Kollegen ihn nach einer gewissen Schonzeit wieder mit seiner gewohnten Leistung brauchen, das heißt zeigen Sie ihm eine Perspektive auf und geben Sie ihm einen Grund, dass er sich dann auch mal wieder „an den Riemen reißen muss". Das fühlt sich für Ihren Mitarbeiter vielleicht erst mal hart an, aber diese Strenge hilft ihm sich nicht hängen zu lassen und aus seinem Loch wieder heraus zu kommen. Wenn Sie das schaffen, haben Sie ihm wirklich geholfen. Sie sind für ihn gewissermaßen so eine Art Leuchtturm in der Krise.

Variante 2: er öffnet sich nicht

Wenn Ihr Mitarbeiter Ihnen nicht mitteilen möchte, was mit ihm los ist, dann akzeptieren Sie das natürlich. Nur dann haben Sie nur noch eine Möglichkeit, damit umzugehen. Fordern Sie ihn auf, dass er wieder zu seiner alten Leistung zurückkommt. Dann können Sie ihm halt auch nicht entgegenkommen. Nach dieser Ansage, entschließen sich manche dann doch noch, sich zu öffnen.

Variante 3: Alkohol- oder Drogenprobleme

Um ehrlich zu sein, meiner Erfahrung nach haben Sie in 8 von 10 Fällen so gut wie keine Chance. Die kranken Mitarbeiter sehen oft gar nicht ein, ein Problem zu haben. Durch die hohe Rückfallquote sind selbst Entziehungskuren – sollte er sich überhaupt dazu entschließen - nur wenig erfolgreich. Ich verweise in diesem Fall auf Spezialseminare, die den Umgang mit drogenkranken Mitarbeitern adressieren.

5.1.12 Mitarbeiter beendet das Gespräch, lässt Sie stehen

Woran erkennen Sie das? Typische Aussagen sind „OK, dann kann ich ja jetzt weitermachen." oder „Ich muss mir das nicht länger anhören.". Oder eben das Verlassen des Raumes bzw. er lässt Sie einfach stehen.

Strategie: *Sie* beenden das Gespräch

Hier geht es letztendlich ganz stumpf um die Machtfrage. Lassen Sie es zu, dass er das Gespräch beenden darf oder dass er Sie einfach stehen lässt, dann hat er die Oberhand. Er respektiert Sie damit nicht mehr als Autorität und wird das ständig in anderer Form wieder tun.

Variante 1: kommunikativ

Wenn Ihr Mitarbeiter mit einem der obigen Sätze versucht, das Gespräch zu beenden und z.B. aufsteht, um zu gehen, werden Sie ihn freundlich aber bestimmt bitten, noch da zu bleiben und sich wieder zu setzen, da Sie noch nicht fertig sind. Sie beenden dann das Gespräch, wenn Sie fertig sind.

Variante 2: körperlich

Wenn er aufsteht und einfach geht, werden Sie ihn natürlich nicht am Arm festhalten oder die Türe zusperren, um ihn am Gehen zu hindern. Nein, Sie werden ihn ziehen lassen und zu einem späteren Zeitpunkt, wenn er wieder runtergekühlt ist (vielleicht 1 Stunde später), zu sich bitten und ihm erst mal klar machen, dass nicht *er* das Gespräch beendet, sondern *Sie*. Machen Sie ihm mit einer unmissverständlichen Ich-Botschaft klar, was Sie von seinem Verhalten halten und was Sie zukünftig von ihm erwarten. Erst danach beenden Sie das eigentliche Gespräch, das er unterbrochen hat.

5.1.13 Mitarbeiter spielt beleidigt

Woran erkennen Sie das? Trotzige Reaktionen jeglicher Art, frech werden, verstummen, abgewandte Körpersprache.

Strategie: Spiegeln, eventuell vertagen

Tauchen Sie kurz ab und melden Sie ihm zurück, dass Sie sein „Beleidigt-sein" wahrgenommen haben und dass Sie es nicht für besonders produktiv halten hinsichtlich eines guten Gesprächsergebnisses. Spiegeln Sie ihm also sein Verhalten und klären Sie es, bevor Sie am eigentlichen Thema weitermachen. Je nach Grad der Emotion, kann es durchaus hilfreich sein, das Gespräch auf einen späteren Zeitpunkt zu vertagen.

Wenn das „Beleidigt-sein" eine Masche sein sollte, können Sie auch in Situation #3 nochmal nachschauen.

5.1.14 Mitarbeiter redet viel, kommt nicht auf den Punkt

Strategie: geschlossene Fragen stellen oder spiegeln

Entscheiden Sie selbst, wann es für Sie so weit ist, zu intervenieren. Da hat jeder seine Toleranzschwelle woanders. Sie müssen aber aus Höflichkeit nicht geduldiger sein als nötig. Bleiben Sie aber freundlich und respektvoll.

Variante 1: geschlossene Fragen

Schalten Sie um und stellen Sie mehr geschlossene Fragen, um ihm weniger Raum für seine Ausführungen zu geben. Das wären im wesentlichen Fragen, auf die er mit »ja/nein« antworten kann oder Alternativfragen wie „Wollen Sie jetzt recht oder links herum gehen?"

Variante 2: spiegeln

Ich-Botschaft: „Lieber Herr Mustermann, darf ich Ihnen mal kurz etwas zurückmelden, was mich gerade stört? Vielen Dank." Holen Sie sich sozusagen die „offizielle" Erlaubnis von ihm ein. Natürlich brauchen Sie diese nicht wirklich, fühlt sich für ihn aber besser an und macht ihn aufmerksamer. „Es geht um Ihre Art, mir etwas zu erklären. Mein Eindruck ist, dass Sie etwas umständlich erklären, viele Wörter brauchen und es nicht immer schaffen, die Dinge auf den Punkt zu bringen. Das macht mich nervös und ungeduldig und es fällt mir dann schwer, ihnen zuzuhören. Was meinen Sie denn dazu?" Nach einem offenen Austausch senden Sie ihm die Botschaft: „Mir wäre geholfen, wenn Sie sich etwas knapper halten würden."

5.1.15 Tränen

Tränen in Gesprächen ist für Viele eine heikle Sache. Ich selbst nehme mich da auch nicht aus. Wenn Sie sich nicht sicher sind, wie Sie damit umgehen möchten, empfehle ich Ihnen zwei Möglichkeiten.

Strategie: vertagen oder Masche klären

Variante 1: vertagen

Unterbrechen Sie das Gespräch und setzen Sie es zu einem späteren Zeitpunkt fort. Zu Beginn der Fortsetzung können Sie klären, was der Grund für die Tränen war.

Variante 2: Masche klären

Haben Sie das Gefühl, dass es eher eine Masche Ihres Mitarbeiters ist, siehe Situation #3

5.1.16 Das Gespräch droht zu eskalieren

Woran erkennen Sie das? Nicht nur am Verhalten Ihres Mitarbeiters, sondern hauptsächlich auch an Ihrem eigenen. Wenn Sie das Gefühl haben, dass Ihr Pegel schon über Ihrer eigenen Frustschwelle liegt und Sie es emotional nicht mehr kontrolliert bekommen, rate ich Ihnen zu reagieren.

Strategie: Kaffee/Zigarettenpause, Gespräch vertagen

Variante 1: Kaffee/Zigarettenpause

Das ist die schnelle Variante. Sie unterbrechen und holen sich beide einen Kaffee oder gehen eine Zigarette rauchen. In dieser informelleren Atmosphäre entkrampft man, was häufig schon hilft, dass es wieder weitergehen kann.

Variante 2: Gespräch vertagen

Unterbrechen Sie das Gespräch und melden Sie mit einer Ich-Botschaft zurück, dass Sie das Gefühl haben, dass es gerade eskaliert und Sie das aber nicht wollen und für schädlich halten. Aufgabe für beide: „Lassen wir das mal setzen und sprechen weiter, wenn wir beide wieder etwas abgekühlt sind." Machen Sie einen Termin für die Fortsetzung aus (eine Stunde oder ein Tag später, …).

Anhang

Auflösung des DISG-Übungsbogens

Wem ist es besonders wichtig:	Dass alles reibungslos ablaufen sollte?	S
	Kontakt zu Menschen zu haben?	I
	Ergebnisse zu erzielen?	D
	Präzision?	G
Wer befürchtet:	Kritik an seiner Arbeit?	G
	Verwirrung und Instabilität?	S
	Die Kontrolle zu verlieren?	D
	Dass Menschen sich aufregen und ihn nicht mögen?	I
Wer sollte besonders darauf achten:	Entscheidungen objektiver zu treffen?	I
	Geduldiger mit anderen zu werden?	D
	Sich mehr mit emotionalen Situationen anzufreunden?	G
	Besser mit Veränderungen umgehen zu lernen?	S
Wer übertreibt mit:	Zu viel Bescheidenheit?	S
	Zu sehr ins Detail?	G
	Das Ausdrücken von Gefühlen?	I
	Die Schaffung von Herausforderungen?	D
Wer hat besonderes Interesse daran:	Mit anderen zusammenzuarbeiten?	S
	Die Umgebung zu kontrollieren?	D
	Alles richtig und korrekt zu tun?	G
	Andere zu überzeugen?	I
Wen motiviert es:	Konnte eine Herausforderung annehmen?	D
	Wusste genau, was auf ihn zukommt?	S
	Darf jetzt die Endkontrolle machen?	G
	Konnte sich profilieren?	I
Wer hat entschieden:	Vor und Nachteile abwägend?	G
	Sich auf Empfehlungen verlassend?	I
	Zielorientiert und schnell?	D
	Noch eine Nacht überschlafend?	S
Wer stand unter Druck:	Hat jemand persönlich (emotional) angegriffen?	I
	Wurde sehr autoritär?	D
	Hat nachgegeben?	S
	Ist ausgewichen, wurde stur?	G
Wer spielte seine Stärke aus:	Hat das Problem schnell gelöst?	D
	Hat den Vorgang genau und ohne Fehler bearbeitet?	G
	Hat das Team vorangebracht?	S
	Hat das Team für das Ziel begeistern können?	I
Wer braucht andere, die:	Risiken abschätzen und berechnen?	D
	Eine größere Übersicht haben?	G
	Systematische Vorgehensweisen entwickeln?	I
	Neue Ideen und Aufgaben einbringen?	S

Auszug aus: Der Minutenmanager und der Klammeraffe, S.67, an der Stelle, an der Mitarbeiter Gordon seinen Affen zurückdelegieren möchte:

Ich sage zu Gordon: „Wir haben kein Problem und werden auch nie wieder eins haben. Es gibt sicher ein Problem, aber das ist nicht unseres, sondern Ihres oder meins. Wir müssen als erstes die Pronomen klären und herausfinden, wessen Problem es ist. Stellt es sich als mein Problem heraus, hoffe ich, dass Sie mir dabei helfen. Ist es Ihr Problem, werde ich Ihnen auch helfen, aber nur unter einer Bedingung: Auch wenn ich Ihnen bei Ihrem Problem helfe, wird Ihr Problem in keinem Moment zu meinem Problem, denn in dem Moment, in dem Ihr Problem mein Problem wäre, hätten Sie ja überhaupt kein Problem mehr - und ich helfe prinzipiell niemandem, der gar kein Problem hat."

Weiterführende Literatur

John Strelecky, The Big Five For Live, dtv

John Strelecky, Das Café am Rande der Welt

Petra Bock, MINDFUCK, Knaur, Band 1 (schwarz), Band 2 (gelb)

Spencer Johnson, Die Mäusestrategie, Ariston

Carnegie, Sorge dich nicht – lebe, Fischer

Christian Meier, Spielraum für Wesentliches, jobs, business, future

Eva-Maria Altemöller, Gelassenheit, Pattloch

Conrad Seidl, Werner Beutelmeyer, Die Marke Ich, Üeberreuter

Paul Watzlawick, Anleitung zum Unglücklichsein, Piper

Schulz-von-Thun, Das 4-Ohren-Modell

Marshall B.Rosenberg, Gewaltfreie Kommunikation, Junfermann

Lothar J.Seiwert und Friedbert Gay, Das 1x1 der Persönlichkeit, Gabal

Blanchard, Incken, Burrows, Der Minutenmanager und der Klammeraffe, rororo

Martin Wehrle, Die 500 besten Coaching-Fragen, ManagerSeminare

Thomas Gordon, Managerkonferenz, Heyne

Monty Roberts, Das Wissen der Pferde, Bastei Lübbe

Claes Janssen, Paul Kirkbride, Das Change House

Firma Neuland, Lernlandkarten Nr. 1 (Open Space) und 2 (World Café)

Quest Quality, Die Lösung zum Problem, Quest Worldwide, The Manor House, Huxley Close, Godalming, Surrey GU7 2AS, UK

Sperling, Stapelfeld, Wasseveld, Moderation, Jokers

Jan A.Dressle, Ideenbox, Karlsruhe

Mogens Kirckhoff, Mind Mapping, PLS Verlag

Carole Maleh, Open Space in der Praxis, Beltz

www.ideenfindung.de

Firma Festo Wendlingen, Präsentation zu Shopflooreinführung

Jim Rough, www.tobe.net, Dynamic Facilitation

Edward de Bono, Denkhüte, Econ

Das Selbstverständnis meines Tuns

Was ist passiert, nachdem ich mit jemandem gearbeitet habe?

Mein Tun führt zu mehr Gelassenheit bei der Mitarbeiterführung, im Umgang mit anderen Menschen und generell im Sein. Man geht sicherer und professioneller mit anspruchsvollen Situationen um und agiert bewusster und präziser.

Mit welchem Selbstverständnis arbeite ich?

[inner game] Jeder findet seinen Weg selbst. Ich begleite ihn dabei. Die Verantwortung für Entscheidung und Handeln bleibt bei meinem Gegenüber. Im persönlichen Umgang lege ich Wert auf Respekt, Offenheit, Vertrauen, Transparenz und Wertschätzung.

[kiss] Keep it simple and stupid. Es ist nicht immer so komplex, wie es manchmal aussehen mag. Ich vereinfache, ohne trivial zu werden. Mit „kiss" erleichtere ich damit meinem Gegenüber den angstfreien Zugang zu den Themen des menschlichen Miteinanders.

[Leidenschaft] Arbeiten ist keine lästige Unterbrechung meines Lebens, sondern ein Teil dessen. Sie ist meine Berufung und Leidenschaft und beantwortet zu einem guten Teil auch die Sinnfrage. Nicht-Arbeiten ist nicht die Abwechslung vom Muss, sondern ein aktiver und notwendiger Teil des Ganzen.

In welchen Kontexten arbeite ich?

Meine Leistungen biete ich in den Kontexten Führung, Team, Strategieentwicklung, Organisationsentwicklung (Change), Management- und Personalentwicklung sowie zum Thema Sein/Leben/Selbstbild an.

In welchem Umfeld tue ich das?

Die Menschen, mit denen ich arbeite, erleben mich in Seminaren und Trainings indoor oder outdoor, in Coachings sowie in Beratungen.

Wie tue ich es?

Ich lebe meine Systeme grundsätzlich und wende sie an. Ich gebe Orientierung und Sicherheit durch klare Handlungsimpulse und griffige Handwerkszeuge. Durch klares und unerschrockenes Feedback rege ich zur Selbstreflexion an. Meine Kunden schätzen an mir den fundierten Input und die konsequente Begleitung von Projekten bis zur Umsetzung.

Was passiert im Bereich Selbstmanagement?

Im Bereich Selbstmanagement arbeite ich entweder seminaristisch oder im Einzelcoaching. In diesem Zusammenhang adressiere ich vorwiegend die Themen der eigenen Positionierung, des Selbstverständnisses, des Umgangs mit mentalen Blockaden (MINDFUCK) und der Stressbewältigung.

Welche Werkzeuge vermittle ich?

Es sind insgesamt 10 Werkzeuge, die ich im Bereich Persönlichkeit, Führung und Kommunikation in Seminaren und Coachings vermittle:

»Persönlichkeit«

1. DISG-Persönlichkeitsprofil

»Führung»

2. Zielvereinbarung
3. Delegation
4. Führungsgespräch
5. Moderation

»Kommunikation«

6. Aktives Zuhören
7. Fragetechnik
8. Ich-Botschaft
9. Spiegeln
10. Situationsbarometer

Welche Beratungsleistungen biete ich?

Typische Projekte sind die Mitarbeit bei der Einführung von Personalentwicklungssystemen (Mitarbeiterbeurteilung, Entgeltdifferenzierung, Weiterbildungsprogramme), die Entwicklung und Durchführung von Potentialanalysen (PLV-System) und Assessment-Center, die Begleitung in Change Prozessen (Organisationsentwicklung) sowie die Trainingsbedarfsanalyse TBA, mit dem Ziel, ein individuelles Inhouse Trainingsprogramm zu konzipieren.

Also in English

Nearly all my seminars and workshops are also provided in English. Are You considering about the next Leadership Seminar, an international DISG-Training, an International Sales Meeting, or maybe a sophisticated Strategy Workshop? You are welcome to contact me.

Meine offenen Seminarprogramme

Neben meinen individuellen Inhouseaktivitäten biete ich eine spezifische Auswahl an offenen Programmen an, die Sie auch unter www.AxelGermek.de finden.

Programm	Zielgruppe	Inhalte
Teamcoaching IHK In 6 Modulen (12 Tage) zu mehr Gelassenheit und Professionalität in der Mitarbeiterführung (mit IHK-Abschluss)	Führungskräfte, Nachwuchsführungskräfte, sowie Menschen, die sich updaten oder für die Teamleitung fit machen wollen	Modul #1: Führen und Persönlichkeit (2 Tage) Modul #2: Selbstverständnis (2 Tage) Modul #3: Kommunikationswerkzeuge (2 Tage) Modul #4: Führungswerkzeuge (2 Tage) Modul #5: Moderation und Besprechungen (2 Tage) Modul #6: Teams entwickeln und erleben (2 Tage)
Kommunikation für Ingenieure In 3 Modulen (5 Tage) zu mehr Sicherheit und Professionalität im Umgang mit anderen Menschen im beruflichen Umfeld.	Ingenieure, Techniker und Naturwissenschaftler aus allen Branchen	Modul #1: Typgerecht kommunizieren (2 Tage) Modul #2: Kommunikationstools (2 Tage) Modul #3: Reflexion (1 Tage)

Aus meiner DISG+ Reihe

Programm	Zielgruppe	Inhalte
DISG +K 1 Tag »Sich selbst erkennen - typgerecht kommunizieren - Konflikte vermeiden«	Für Menschen, die Wege suchen, Beziehungen bewusster zu gestalten und den Umgang untereinander zu verbessern.	• Kennenlernen der Verhaltensstile • Original DISG-Test (inkl. Begleitheft) • Auswertungen und Interpretationen • Übungen zur typgerechten Kommunikation • Fallstudien
DISG +F 1 Tag »Sich selbst erkennen - typgerecht führen - Mitarbeiter richtig einsetzen«	Für Menschen, die Wege suchen, Mitarbeiter typgerecht zu führen	• Kennenlernen der Verhaltensstile • Original DISG-Test (inkl. Begleitheft) • Auswertungen und Interpretationen • Typgerechte Delegation • Typgerechte Vorbereitung von Führungsgesprächen • Typgerechte Zuweisung von Aufgaben
DISG +T 1 Tag »Sich selbst erkennen - Teams typgerecht zusammenstellen - transparent miteinander umgehen«	Für Menschen, die Wege suchen, Teamprozesse offener und transparenter zu gestalten	• Kennenlernen der Verhaltensstile • Original DISG-Test (inkl. Begleitheft) • Auswertungen und Interpretationen • Input Teamrollen/Teamverständnis • Teamrollen transparent machen

Zu meiner Person

Axel Germek 1962 | verheiratet | drei Kinder | Österreicher

Ich lebe nach dem Leitsatz »Weich zum Menschen – hart in der Sache«. Ich glaube daran, dass sich Menschen in einem Umfeld von Respekt, Vertrauen, Transparenz und Wertschätzung nachhaltig entwickeln. In Unternehmen sehe ich signifikante Produktivitätsreserven insbesondere in einer konsequenten und offenen Kommunikation und darin wie gut es Führungskräften gelingt, Ihre Mitarbeiter zu mehr Eigenverantwortung und Selbstorganisation zu entwickeln.

Als diplomierter Holz- und Wirtschaftsingenieur (FH) sehe ich die Dinge mit meiner technisch- wirtschaftlichen Ausbildung eher pragmatisch und griffig. kiss – keep it simple an stupid – heißt für mich, dass die Dinge nicht immer so komplex sind, wie sie scheinen oder dargestellt werden. Ich vereinfache, ohne trivial zu werden und ermögliche damit den Menschen den angstfreien Zugang zu den Themen des menschlichen Miteinanders.

Mein Anspruch ist, dass sich die Menschen, mit denen ich arbeite, am Ende für Ihren eigenen Weg entschieden haben, professioneller und sicherer führen und insgesamt gelassener sind.

Seit über 20 Jahren arbeite ich mit dem mittleren und oberen Management meiner Kunden und begleite sie in der Management- und Personalentwicklung sowie bei Change Prozessen. 1988 startete ich meinen Consultingweg in der Holzbranche, seit 2001 bin ich selbstständig in unterschiedlichen Branchen. Seit über 15 Jahren lehre ich als Dozent an verschiedenen Hochschulen.

Kontakt

Nähere Informationen zu mir finden Sie unter www.AxelGermek.de

Direkt kontaktieren können Sie mich unter info@Axel Germek.de